Bernhard Bock

Schon immer wollte ich zum Film

Eine bewegte Lebensgeschichte

TELESCOPE VERLAG

Impressum

1.Auflage: Juni 2020
© Telescope Verlag
www.telescope-verlag.de

Lektorat: Sylvia Kling | www.sylvia-kling.net
Bildnachweise/Cover: razoomanetu, Denis Aglichev | Fotolia
Autorenfotos: Marion Bock

ISBN: 978-3-95915-066-8
Preis: 16,90 Euro

*Sehr geehrte
Frau Hörnig,
für das Buch
positiv
hoffend.*

Mein Leben bin ich und ich habe allen Grund, nichts zu vermissen und auch auf nichts mehr zu warten.

Bernhard Bock, geb. 1936

*Ihr   Bernd Bock
            19./8. 20*

*Dieses Buch widme ich allen Menschen, die diesen unsäglichen
II. Weltkrieg überlebt haben und aus den Trümmern dieses
Lebens ein besseres schufen.*

Inhalt

Im Frieden geboren, im Krieg gewachsen	9
Ich war ein „rationiertes Kind"	11
Die Wohnung der Großeltern	14
Die „Offizierin" des Hauses	18
Der Krieg kam über uns	23
Der Krieg dauert an	28
Wir sind wieder in Berlin	31
Frieden, du kannst kommen	37
Hamstern	39
Unerprobte Kindererlebnisse	42
Berni, der werdende „Künstler"	44
Mit Zeitungen bergauf, bergab	49
Wir mit der Währungsreform	53
Die Währung und was ich durch sie machte	54
Meine Fahrt zum Sender	55
Mein Papa kam gesund wieder	56
Die Bedingungen für einen „Grenzgänger"	59
Meine „Teilzeit" in der Schule	60
Leben mit meinem Gott	65
Ein Zufall bestimmte meine Zukunft	69
Mein erster Kontakt mit Bild und Licht	75
Ausgelernt	79
Begegnung mit Bruno Apitz	86
Der Mann mit meiner Zukunft	88
Die erste Liebe	91
Das Schicksal war mir gnädig	99
Die unterbrochene Karriere	103
Auf ein Neues	107

Das zerbrochene Berlin	111
Auch die Werbung ging weiter	114
Meine veränderte Zukunft	116
Ich beim richtigen Film	118
Manchmal ein besonderer Drehort	122
Wie siehst denn du aus?	129
Mühe, Not und – beim Film	132
Das Teleskop im Kaukasus	137
Erstmalig zum Pirkuli	144
„... dass mich nicht die Bären beißen!"	148
Anreise mit Gastgeschenk	151
Neue Strukturen in der Heimat	162
Auf großer Fahrt nach Afrika	165
Ganz nahe bei Mekka	179
Bei den kleinen Fischlein	186
Uns erwartet eine Überraschung	189
Vom Schmutz der nördlichen Halbkugel gereinigt	193
Wir schipperten weiter	202
Ich zu meiner Sehnsucht	204
Es hat uns erwischt und auf nach Hause	206
Wieder eingefangen von der Wirklichkeit	208
Student mit 26	211
Der Weg zum Diplom	215
Ausstudiert	218
Mein Schritt nach oben	219
Wieder mal in Moskau	221
„Bernhard, ich muss mal mit dir ..."	224
Meine Eltern wollen „auswandern"	227
Man kann etwas tiefer auch ganz oben sein	231
Ich mache mich beruflich frei	233
Ganz privater Szenenwechsel	238
Mein Loch in der Mauer	248

Fehleinschätzung, jetzt aber unter Kontrolle	257
Änderungen stehen an	261
Wieder nachhause – zur DEFA	262
Vom Film zur Uni	265
... gedacht, bis ans Ende meiner Tage	270
Neue Sorgen, alte verschwinden	277
Es gab keine Mauer mehr	279
Der Weg in die erhoffte Zukunft	283
Abgelenkt, aber kein Trost	287
Rentner mit Traumberuf	291
Marion, die Frau mit dem liebevollen Lasso	303
Mein „Blind Date"	316
Besinnen auf mich	324

Im Frieden geboren, im Krieg gewachsen

Der Klapperstorch, der mich 1936 abgesetzt hatte, muss etwas flügellahm gewesen sein, denn er legte mich schon im vierten Stock eines Seitenflügels von Berlin ab. Damit hatte er damals für mich eine Vorbestimmung getroffen, weil Leute, die im Hinterhaus wohnten, im Ansehen der Mieter aus dem Vorderhaus eine geringere soziale Stellung genossen als die von da vorn.

Meine Mutter war selbst in dieses Milieu hineingeboren worden. Sie kam aus einem Elternhaus einfacher Leute. Es war damals, 1906, das gleiche Wohnhaus, in dem ich später geboren wurde. Muttis Mutter war Hausfrau und der Vater fuhr als Kutscher mit einem Pferdegespann das Bier aus. So wurde meiner Mutter das Gefühl in die Wiege gelegt, eben nicht zu den „Reichen" aus dem Vorderhaus zu gehören, sondern zu den einfachen Menschen ihrer Generation und ihres Standes. Es war für sie selbstverständlich, sich mit Respekt und Anstand zu bewegen, Achtung vor anderen Menschen zu haben – vor allem vor der sogenannten „Obrigkeit", den Reichen ihrer Generation – und auch vor denen aus dem Vorderhaus. Das war die Art, in die ich hineinerzogen wurde. Und so durchlebte ich mit meiner Mutter alle Freuden und Geschehnisse, die sie in diesem Leben hatte. Sie war bald mit mir allein, da ihr Ehemann, also mein Vater, dann zur Wehrmacht musste.

Ihre eigentliche Zufriedenheit, über ihr Leben und ihre Wohnung, bekam ich immer mal wieder von meiner Mutter zu hören, weil sie stets von unserer schönen Wohnung sprach. Das war eine ganz sichere und wichtige Empfindung – für sie. Es gab für meine Mutter nichts Schöneres, als diese Wohnung zu haben. Diese Formulierung resultierte aus ihrer damaligen emotionalen Haltung. Das war aber auch die von Oma und Opa, dass wir da hinten Menschen zweiter Klasse seien, die einen Lebensstil, von da vorn, nicht bezahlen konnten. Unsere Wohnung hatte eineinhalb Zimmer und eine Küche. Es gab kaltes Wasser aus dem Hahn und einen Kohleherd, auf dem meine Mutter kochte. Die Innentoilette war ohne Wasserhahn. Noch heute nehme ich

Reißaus, sobald ich kaltes Wasser fühle. Das liegt wohl an der Erinnerung an das eiskalte Wasser in der Küche meiner Kindheit. Die Morgenwäsche wurde zu einer täglichen Qual. Ich hatte Glück, denn meine „große" Wäsche stand nicht täglich auf der Tagesordnung. War ich aber mit gründlicher Reinigung an der Reihe, geschah auch das in der Küche. Es gab einen Küchentisch, der ausziehbar war. Der Auszug enthielt zwei Schüsseln. Hier wurde das Geschirr abgewaschen. Oder auch mal ich, wenn nötig.

Manchmal konnten wir bei einer Bewohnerin des Vorderhauses baden. Selbstverständlich gab es frisches Wasser für uns. Aber wir waren an zweiter Stelle, wenn es um das Baden ging. Wir stifteten die Kohlen und sie das warme Wasser. Das fand freitags statt. Es galt die damals bekannte Regel, dass freitags gebadet wurde. Wenn ich es recht bedenke, war der Badetag der einzige feste Termin in unserem mühsamen Alltag. Bevor wir zur Nachbarin gingen, belehrte mich meine Mutter, ich sollte artig und vorsichtig mit allem sein. In ihren Augen handelte es sich ja bei den Leuten aus dem Vorderhaus um bekanntlich vornehme Menschen. Es war das Ende der dreißiger Jahre. Eine Zeit, in der Männer zum Gruß ihren Hut lüfteten und einer Frau in der Bahn ihren Platz anboten. Niemand rauchte auf der Straße. Geküsst wurde öffentlich nicht. Frauen trugen keine langen Hosen.

Ich war ein „rationiertes" Kind

Gemäß meiner Geburtsurkunde bin ich ein echter Berliner. Bernhard, Wolfgang und Peter lauten meine Vornamen. Bernhard, nach meinem Vater, Franz-Bernhard. Meine Mutter gab mir den Namen Wolfgang und Tante Hertha wünschte sich, dass ich Peter genannt würde. Meinem Vater gefiel „Peter" nicht. „Peter kommt als Rufname überhaupt nicht in Frage", so seine Meinung. „Meine Frau hat einen Sohn geboren und keinen Kater." Mein Rufname lag damit fest. Die Driesener, wie meine Geburtsstraße heute noch heißt, lag nur zwei Querstraßen, knapp 200 Meter, vom Bezirk Wedding entfernt. Ich lebte im Stadtbezirk Prenzlauer Berg. Nach dem Krieg war ich ein Ossi, Prenzlauer Berg lag im russischen Sektor. Ob das für mein gesamtes Leben nachteilig war, wage ich zu bezweifeln – obwohl ich viel darüber nachgedacht habe. Darüber kann es aber keine Wahrheit geben.

Aber leider war noch nicht „nach dem Krieg".
Mein Kinderleben wurde bald durch den Krieg unterbrochen.
Der Krieg schlich sich in unser Leben.

Ich bekam im Alter von vier Jahren von all dem, was zu diesem unsäglichen Krieg führte, natürlich nichts mit und meine Eltern erklärten später: sie auch nicht. *Das mit Hitler und so.* An dieser Aussage von Vater und Mutter hatte ich später immer mal wieder zu knabbern, denn die von Hitlers Nationalsozialismus ausgehenden Geschehnisse waren eigentlich zu erschütternd, als könnte ich meinen Eltern ihre völlige Unkenntnis glauben. „Hitler" und „Krieg" waren die Worte, die meine nächsten Jahre bestimmten. Die ersten Fotos von meinen Eltern und mir waren noch „in Zivil". Doch spätere Bilder zeigten Vater in Uniform, eine Schwalbe auf dem Revers. Mein Vater war gerade 35 Jahre alt und Soldat gewesen. Es gibt Fotos, auf denen ich den Soldatengruß zeige. Den hatte ich sicherlich von der Straße, von anderen Soldaten abgeguckt, weil mir kleinem Kerl das wahrscheinlich imponiert hat. Als Kind macht man vieles nach, ohne zu wissen, was und warum – oder eine Bedeutung zu kennen. Ich glaube nicht, meinen Vater voller Stolz imitiert zu haben, denn wann hatte ich ihn schon erlebt, mich auf ihn richtig besinnend? Der Krieg stellte auch an mich neue Anforderungen, den heranwachsenden Knaben. Noch waren wir nicht ausgebombt. Aber wer wusste schon, was morgen auf uns zukam? Es wurde ein Kampf unsäglichen Ausmaßes.

Unsere Küche stand häufig unter Wasser. Nicht durch den Krieg. Das Nass kam von oben zu uns in den vierten Stock. Die zentrale Waschküche, in der die Frauen des Hauses ihre Wäsche abkochten und wuschen, lag genau über unserer Wohnküche. Der Fußboden war undicht und die meisten Frauen gingen sorglos mit Wäsche und Wasser um. Sie wohnten ja nicht in unserer Wohnung. Wenn ich aus der Schule kam und meine Mutter nicht in der Wohnung vorfand, ahnte ich Furchtbares. Sie konnte dann eigentlich nur in der Waschküche sein. Große Wäsche hatte sie monatlich ein Mal. Das war nicht meine Mutter, wenn sie mit ihren durchfeuchteten roten Haaren, den Wäscheknüppel in der Hand, die nasse Wäsche aus dem Zuber in die Waschwanne hob, in der das Waschbrett schon wartete. Die Gummischürze, die sie dabei vor den Bauch gebunden hatte, flößte mir, auch durch ihren widerlichen Geruch, Furcht ein. Der Waschtag war immer wieder ein schrecklicher Tag für mich. Ich konnte mich einfach an den Anblick meiner Mutter nicht gewöhnen. Die nasse Wäsche aus dem Zuber rüber in die Waschwanne zu hieven und sie dann am Waschbrett mit der Bürste zu bearbeiten, war harte Arbeit. Dann noch spülen und um sie zu trocknen, mussten die Frauen auch die nasse Wäsche auswringen. Per Hand. Nichts mit trockenschleudern. Es war Schwerstarbeit. Hilfreich war für meine Mutter eine Wringmaschine, die die Nässe aus der Wäsche presste. Die erinnerte mich an eine Drehorgel, nur ohne Musik. Eine Seite nasse Wäsche rein, durchgedreht, andere Seite kam sie halbklamm raus. Das war zum Trocknen hilfreich und erleichterte das Auswringen, es sparte Kraft. Gegenüber der Stahltür zur Waschküche gab es noch eine weitere Tür. Sie führte auf den Trockenboden. Er war mit Wäscheleinen zum Aufhängen bestückt. Dem Fußboden vom Trockenboden hatten die Feuerlöschverantwortlichen des Hauses die Bretter entnommen. Nicht, weil es kein Brennholz mehr gab, sondern damit eventuelle Brandbomben kein Futter finden würden. So hatte auch im Krieg alles seine scheinheilige Ordnung. An den Waschtagen holte ich mir von meiner Mutter meine Order aus der Waschküche immer schnell ab und sputete mich, um aus dieser feuchtwarmen Tropenluft zu verschwinden. Hätte ich damals davon schon gehört, dann hätte ich gefragt: „Was ist eine *Waschmaschine*?"

Schon kurz vor Kriegsbeginn gab es die ersten Lebensmittelkarten. Daher waren die mit den Lebensmittelmarken eingekauften „Lagerbestände" so gering, dass die *Speise*kammer unserer Wohnung, die diesen Namen nicht mehr verdiente, anderweitig und zweckentfremdet eingesetzt werden konnte. Zur Kohlenlagerung zum Beispiel. Oder auch für weitere „Untermieter" in unserer Wohnung. Das waren drei Küken. Die hatte meine Mutter, bald nach Kriegsbeginn, von irgendwoher beschafft. Ach, wie waren die niedlich. Herrlich wird es sein, mit ihnen zu spielen, dachte ich. Meine Mutter hatte mit ihnen jedoch anderes vor. Ich durfte den dreien zumindest einen Namen geben und erinnere mich, dass es eines Morgens nur noch zwei Küken waren. Das Küken, das schon einige Zeit kränkelte, war plötzlich nicht mehr da. Nirgendwo gelang es mir, den kleinen „Schilp" zu entdecken. Ein herzzerreißender Schmerz erfasste mich. Von nun an hatte ich die Sorge und Angst, dass den anderen beiden auch was zustoßen könnte. Doch aus ihnen wurden über die Zeit ausgewachsene Hühner, die uns erfolgreich mit Eiern versorgten. Damit waren die Erwartungen meiner Mutter erfüllt. Wir gewöhnten uns an unsere Untermieter, bis eines Tages etwas Seltsames geschah. Eines der Hühner krähte. Es krähte nicht ausnahmsweise, sondern sehr oft, nachdem es einmal damit angefangen hatte. Das schien uns als schwerer Verrat, weil die Nachbarn durch den „Huhngesang" auf unsere Eierproduktion aufmerksam werden könnten. Das krähende Huhn musste, schon wegen der Nachbarn, bald verschwinden. Diese Entscheidung traf meine Mutter, obwohl sie sehr traurig war, weil für sie erneut ein Eierlieferant ausfiel.

Die Wohnung der Großeltern

Zu den Anfängen des Krieges, zu einer Zeit, als er in Berlin noch nicht stark spürbar war, half es uns schon sehr, dass die Eltern meiner Mutter im gleichen Aufgang des Hauses wohnten wie wir. Ihre Wohnung lag in der zweiten Etage, Stube und Küche, mit Außentoilette. Diese befand sich eine halbe Treppe tiefer, auf dem Zwischenpodest. Meine Großeltern und die Mieter, die in der darunter liegenden Wohnung wohnten, benutzten die Toilette gemeinsam, natürlich nicht zusammen. So war das bei einigen Mietern aus den Seitenflügeln. Die einen gingen runter, die anderen die halbe Treppe rauf, wenn sie mussten. Und wenn der Schlüssel in der Toilettentür steckte, dann erkannte man, dass besetzt war. In der Wohnküche meiner Großeltern war noch ein funktionierender Gaslichtanschluss, der offensichtlich bei der Installation vom Elektroanschluss vergessen worden war. An der Gaslampe hingen zwei Ketten mit den Medaillons *A* und *Z*. Also „auf" und „zu", Gaslicht an, Gaslicht aus, wenn entsprechend daran gezogen wurde. Wenn es eine Stromsperre gab und die gab es, auch noch nach dem Krieg regelmäßig, dann trat für mich ein Glücksfall ein, denn Opa brachte den Gasstrumpf zum Leuchten. Da aber auch Strom und Gas während des Krieges rationiert worden waren, musste damit immer sparsam umgegangen werden. Daher kann ich mich auch noch an die schönen Schummerstunden mit Oma am Küchenfenster erinnern, das nach dem Fliegerangriff gestückelt verglast worden war. Der Glaser musste alles verwenden, was es an Glas noch gab und daher hatten die Scheiben auch große Blasen aus veralteten Herstellungsmethoden in sich und mitten darin. Manchmal war noch zu erkennen, dass die Scheibe vorher vornehm eine Schranktür verziert hatte. Beide Großeltern sahen schon im Alter von 60 Jahren wirklich wie Oma und Opa aus. Mein Opa hatte nur noch wenige und schon weiße Haare, aber einen stolzen „Kaiser-Wilhelm-Bart" und zerfurchte Haut. Die kam sicher daher, weil er schon immer auf dem Kutschbock gesessen und Bierfässer in Kneipen ausgefahren hatte. Das Freibier von seiner Brauerei und das von den belieferten

Restaurants hatten ihn zu einem abhängigen Freund des Gerstensaftes gemacht. „Meine Pferde kennen die Tour. Die finden von selbst nach Hause", sagte mein Opa stets und so lebte er seine Bierfreuden schon während seines Dienstes aus. Der Autoverkehr war damals noch eine reine Zufälligkeit, so dass die wenigen Autos kein Hinderungsgrund für die Pferde waren. Auch nicht für meinen Opa, denn Punkte in Flensburg wegen „Alkohol am Pferd" gab es noch nicht. Stolz saß er da oben auf dem Bock seines Biertransporters. Weiße Kleidung mit schicker Mütze und Lederschürze trug er. Seine zwei Pferde standen der Attraktivität des Kutschers in nichts nach. Es waren „Schwere Belgier", Kaltblüter mit großen Haarbüschen an den Hufen. Das Bierausfahren veränderte sich mit dem Krieg. Die Müllkutscher waren eingezogen worden. Daher musste mein Großvater auf den Kutschbock der Müllabfuhr umsteigen. Seine Pferde behielt er vorerst, wenn auch nur noch für kurze Zeit. Diese Arbeit konnte für meinen Opa, altersbedingt und körperlich, nicht gut sein. Es bedeutete damals eine unglaubliche persönliche Anstrengung für einen Müllkutscher bei Wind und Wetter. Da es zur Achtung dieses Berufsstandes beiträgt, will ich erzählen, was ich darüber in Erinnerung habe, denn diese Schufterei ist im Nachhinein aller Ehren wert. Der Müll wurde mit Pferdefuhrwerken von den Wohnhäusern abgeholt. Er bestand fast ausschließlich aus Kohleasche, denn zu verpacken gab es damals noch kaum etwas und wenn, dann wurde die Verpackung verbrannt. Die Müllkästen standen auf den Höfen. Sie mussten von den Müllmännern zum Pferdefuhrwagen auf die Straße transportiert werden. Für den Transport der schweren Kästen gab es keine Hilfsmittel. Die Müllkästen wurden durch die Müllkutscher mit reiner Körperkraft transportiert. Sie nutzten dafür einen Kutschergriff, über den Hof, durch den Hausflur, auf die Straße. Die Müllmänner kamen zu zweit. Sie stellten sich nebeneinander, legten ihre Innenarme über die Schultern des anderen Kollegen und trugen mit den Außenarmen – den Kasten am Henkel fassend –, den Müllkasten vom Hof zum Müllwagen auf die Straße. Dann wurde der Kasten auf ein Brett am Wagen etwa in Bauchnabelhöhe gehoben, etwas höher eingehakt über den Kopf gehievt und in den Müllwagen ausgekippt. Nun leer mussten

die Kästen wieder runter und zurück auf die Höfe getragen werden. Lange hielt Opa bei dieser körperlich schweren Arbeit nicht durch. Im März 1942 starb er an einer Lungenentzündung. Ich war sehr traurig. Ich konnte mir als kleiner 5-jähriger Stippi nicht vorstellen, dass mein Opa nicht mehr wiederkommen sollte. Wo war er denn plötzlich hingegangen? Diese Frage stellte ich auch meiner Mutti, die dann meinte, dass er nun im Himmel sei und sich dort ganz bestimmt sehr wohl fühlen würde. Und, dass wir alle mal dorthin kommen, wenn wir denn alt sein würden. So richtig konnte ich mir gar nicht vorstellen, wie es im Himmel sein könnte und so sah ich in meiner Phantasie, dass mein Opi auf einer Wolke saß und auf uns herunter schaute. Opa war zu mir immer ein ganz Lieber. Er ließ mich auf seinem Schoß reiten, machte mit mir Spaß und erzählte mir oft etwas aus einer Zeit, die schon für ihn „früher" war. Das klang für mich immer, als erzählte er Märchen. Vielleicht handelte es sich auch um welche, von ihm ausgedacht. Nun war er nicht mehr da. So wie er zu mir war, hatte ich mir meinen Papa erträumt, aber der war ja jetzt Soldat. Das sind so einige Erinnerungssplitter, die noch in meinem Gedächtnis sind. Wenige Einzelheiten aus dieser Zeit. Gemäß der damaligen Tradition hatten die Hausbewohner für einen Kranz gesammelt. Auf dem Hof stand – wie damals üblich – die Kranzspende auf einem Stuhl. Einige Mieterinnen, während des Krieges natürlich fast nur Frauen, begleiteten meine Oma und meine Mutter mit dem Kranz zum Friedhof. Als Dankeschön und zum nachträglichen Gedenken lud Oma diese Begleitpersonen zum „Leichenschmaus" ein. In Berlin sagte man auch gelegentlich „zum Fell versaufen" dazu. Dazu erzählte mir Mutti später: Die Gäste saßen um den Kaffeetisch und Oma kam wieder ins Wohnzimmer, in die „gute Stube". Sie hatte eine aufgebrühte große Kanne Bohnenkaffee in den Händen. Zu diesem besonderen Anlass keinen Muckefuck, schließlich kamen besondere Gäste. Sie sagte: „Alle kann er werden, aber reichen muss er!"
Es war die Zeit, wo man nicht mehr viel hatte. Keiner der Gäste soll sich über den Ausspruch gewundert haben, denn man wusste damals, dass Bohnenkaffee etwas ganz Besonderes war. Meine Oma folgte meinem Opa in den Tod, um fast auf den Tag genau, ein Jahr später. Sie hätte es verdient gehabt,

länger zu leben, so sagte es meine Mutter, da das Leben für sie bisher wenig glücklich gewesen sei.

Die „Offizierin" des Hauses

Einer der Beerdigungsgäste war Frau Wolff. Sie war die Nachbarin – nun nur noch von Oma –, bewohnte die Wohnung eine Treppe tiefer und die Mieterin, mit der sich meine Großeltern die Außentoilette geteilt hatten. Frau Wolff war für uns Kinder als Portiersfrau des Hauses eine Respektsperson. Sie hatte für Ordnung und Sauberkeit im Haus zu sorgen. Das mit der Sauberkeit interessierte uns Kinder nicht weiter, aber die Sache mit der Ordnung war für uns schon hinderlich. Immer, wenn wir Initiativen entwickelten, fielen wir bei Frau Wolff störend auf. Sie meldete dies dann an unsere Mütter.
Von Parterre bis zu uns in den vierten Stock gab es ein Treppengeländer aus Holz. Der Weg nach oben war für mich immer ein langer, bei dem mir wahrscheinlich die Abwechslung fehlte, die ich mir aber selbst zu organisieren trachtete. Auf dem Weg die Treppe hinauf, fand ich es interessant, mit Nagel oder Stift den Griffbereich des Holzgeländers zu verzieren. Eigentlich unabsichtlich, eben nur so, gelangweilt, gedankenlos und verspielt. Infolge aufkommender Bedenken einer eventuellen Beschuldigung gegen mich, beschloss ich, meine „künstlerische" Tätigkeit immer rechtzeitig im Bereich der dritten Etage einzustellen, weil der Wolfgang in der dritten wohnte. Wolfgang war der gleichaltrige Sohn einer Nachbarfamilie. Und damit waren wir zwei. Ich musste es also nicht immer gewesen sein, der Frau Wolffs Ordnungssinn in Erregung geraten ließ. Eines Tages stand sie vor unserer Wohnungstür. Jetzt mit dem Vorwurf, dass *ich* derjenige sei, der für die Ritzen im Griffbereich des Holzgeländers verantwortlich gewesen war.
Frau Wolff hatte einen für sie scheinbar berechtigten Beweis, denn einige Kratzer gingen bis zu uns in die vierte Etage. Meine Mutti hielt, gegenüber Frau Wolff, eine solche Tat durch mich für unwahrscheinlich. „Ach Berni", ich selbstkritisch zu mir: „da hast du mit dir nicht aufgepasst!"

Die „Frau-Wolff-Vorschriften" an uns Kinder:

- Spielen an und mit der Klopfstange: nein,
- Spielen am Müllkasten, da war ja nur Asche drin: nein,
- Mit dem Ball auf dem Hof tippen: um Gottes Willen, nein,
- Der Roller mit Metallreifen: nein, nicht schieben, man sollte ihn auf die Straße tragen,
- Mit Kreide das Hofpflaster bekritzeln: nein, nein, schon der Gedanke daran war strafbar,
- Selbst in der Haustür stehen war „genehmigungspflichtig".

Und wenn ich eine Blüte von den vielen Hortensien-Büschen im Hof abgerissen hätte – ich glaube, das hätte sie gemerkt. Die Hortensien-Büsche mit den großen weißen Blüten standen rechts und links im Hof. Der Innenhof wurde durch eine gemauerte Rückwand eines flachen Gebäudes vom Nachbargrundstück begrenzt, dem Wochenmarkt. Vom Vorderhaus kommend, stand auf dem Hof mittig die Klopfstange. Dahinter wuchs eine schon betagte Kastanie, die den Hof dunkler machte, die zu unserem Kinderärger nie blühte und daher auch keine Kastanien abwarf. Hinter der Kastanie, kurz vor der Gebäudewand des Wochenmarktes, wuchs eine Pappel hoch bis in den vierten Stock, wo wir wohnten. Die Pappel wurde an ihrer Spitze durch ein Taubennest mit dem endlosen Gurren seiner gefiederten Bewohner gekrönt. Meine Mutter trieb der Lärm regelmäßig in die Verzweiflung. Selbsthilfe gab es noch nicht. Damals dachte man noch nicht daran, etwas gegen die Tauben zu unternehmen. Und außerdem hätte Frau Wolff – selbst ganz oben auf der Pappel sitzend – sich schützend vor das Taubennest gesetzt. Das war ihr alles zuzutrauen; sie führte ein starkes Regime, gelegentlich auch gegenüber Erwachsenen. Für all das, inklusive Hausreinigung von Vorderhaus, zwei Seitenflügeln einschließlich Innenhof und Keller, bekam Frau Wolff damals im Monat 50,00 Reichsmark und konnte mietfrei wohnen.

Was ich nicht verstand, war, dass Frau Wolff gegen alles war, was wir Kinder machten. Fremde Erwachsene konnten auf unserem Hof aber tun, was sie wollten. Das war dann nie zu laut und störte auch nicht. So kamen z. B. in Abständen ein Scherenschleifer, ein Leierkastenmann und andere Erwachsene auf unseren Hof. Der Scherenschleifer zum Beispiel kam nicht etwa heimlich und leise. Nein, der stellte sich mitten auf den Hof. Mit einer bimmelnden Glocke in der Hand, kündigte er lautstark an: „Der Scherenschleifer ist da". Für uns Kinder war es zwar spannend, wie er mit Scheren und Messern umging, so, dass sogar die Funken sprühten. Was mich jedoch wunderte, die „Wolffin", so nannten wir sie, kam nicht einmal, um zu meckern. Das fand ich seltsam und gemein. Sie tat das auch nicht, wenn mal ein Leierkastenmann kam und ziemlich laut spielte. Für den Leierkastenmann wickelte meine Mutter sogar einen Groschen in ein Stück Zeitungspapier und warf die Münze vom vierten Stock aus dem Fenster. Durch das Zeitungspapier konnte der Drehorgelspieler das Geld auf dem Hof, zwischen den Pflanzen, besser finden. So machten es alle, die für ihn etwas Geld übrig hatten. Wenn der Leierkastenmann unseren Hof verließ, gingen wir Kinder mit ihm mit, auf den Hof von nebenan. In unserer Straße, wenige Häuser von unserem Haus entfernt, gab es auf dem Hinterhof sogar noch einen Kuhstall. In einem anderen Haus, um die Ecke, noch einen. Also Landleben inmitten von Wohnhäusern. Da die Kühe auch Hunger hatten, musste den Eigentümern in diesen Kriegszeiten was einfallen. Und so ging eine Frau über die Höfe mit dem Ruf: „Brennholz für Kartoffelschalen". Wer also solche, inzwischen rar gewordenen Abfälle hatte, ging mit seinem gefüllten Eimer auf den Hof, gab seine Abfälle ab und erhielt nicht die erhoffte Menge Brennholz. Natürlich brannte das Holz, was zum Tauschen angeboten wurde. Nur wenige Holzspäne konnte man zum Feueranmachen nehmen. Zum Heizen war dieses dünne Holz ungeeignet, weil es geizig zerkleinert wenig Wärme abgab. Die Frau vom Kuhstall hatte, wenn sie die Hölzlein in den dann leeren Abfalleimer beförderte, so viel Schwung, dass sie sich querlegten und daher nur wenige von ihnen tatsächlich im Eimer Platz fanden. Es schien, als hätte die Frau genau das beabsichtigt. Wegen der geringen Menge Holz bei ihr herum zu knurren, hätte ohnehin keine Erfolge gebracht.

Der Kohlenhändler Schechau hatte neben der Hauseingangstür seinen kleinen, sehr schmalen Laden, der nach hinten ging, bis zum Hof. Herr Schechau war ein alter, kleiner, vom Leben gebeugter Mann. Wie schmuddelig Herr Schechau war, wie er lief und welche Kräfte er besaß, das hatte sich für immer in mir eingeprägt. Er hatte Kräfte, die man ihm nicht zutraute. Herrn Schechaus Einmannunternehmen war aufgrund seiner Persönlichkeit für uns Kinder beeindruckend. Sicher auch dadurch, weil wir alle in unseren Wohnungen Ofenheizungen hatten, er also für die warme Stube wichtig war. Dass es Schüttkohlen geben könnte, darauf wäre ich damals nie gekommen, denn der Kohlenmann kam immer mit vollen Kohlekästen auf seinem nicht kleinen, vierrädrigen Wagen zu seinem Laden gezogen. Den breiten Ledergurt schräg über dem Rücken, die Deichsel in der Hand, so kam er daher. Auf dem Wagen standen mindestens zwanzig Kästen, in denen er die Kohlen fein säuberlich eingestapelt hatte. Ein solcher Kasten musste bei einer späteren Auslieferung an seine Kunden nicht mehr abgewogen werden. Die Kohlen in dem Kasten wogen immer genau einen Zentner. Zum Abladen lud er sich seine Fracht auf den Rücken, indem er nur einen Tragegurt in einem der beiden Löcher durch das Blech vom Kasten hakte, sich rücklings an den Kasten stellte und den Gurt um die Hand wickelte. Für seinen Weg – vom Wagen über den Bürgersteig in den Laden – hatte Herr Schechau seine besondere Technik entwickelt, die ihm den Transport offensichtlich leichter machte. Vielleicht war das jedoch nur seine persönliche Note: Er verlagerte das gesamte Gewicht, seines und das der Kohlen, einmal auf das linke Bein und dann alles auf das rechte. Der Kasten rutschte jedes Mal mit, hin und her. Dabei hatte zwischen den Schritten unser „schwarze Mann" immer einen festen Stand. Mit dieser Technologie wurde jeder Kasten in den Laden getragen. Leer brachte Herr Schechau ihn wieder heraus und legte ihn auf den Wagen zurück. Eine besondere Achtung verlangte mir die Ordnung im Kohlenladen ab. Wenn es mir gelang, einen

Blick hineinzuwerfen, sah ich, dass die Kohlen an den Wänden mustergültig gestapelt standen, wie Soldaten. Musste er liefern, dann tat er es meist, indem er mit seinem vollen Karren direkt zum Kunden fuhr. Ich habe aber auch mal gesehen, dass er seine Kohlen innerhalb des Ladens wieder in die Kästen stapelte und sie anschließend ausfuhr. Noch heute muss ich sehr oft an Herrn Schechau denken. Er hat für mich die Symbolik einer ruhigeren Zeit verkörpert, ohne Hast. Auf mich machte er immer den Eindruck, dass es ihm dabei aber wahrscheinlich nicht gut gegangen ist und er hatte vermutlich nicht erfassen können, was trotzdem gut für ihn an seiner Zeit war. Ein Kuriosum an Herrn Schechaus Laden war, dass sich neben der Kohlenhandlung – nur mit einer Haustür getrennt – Fräulein Schmitt mit ihrer Weißwäscherei etabliert hatte. Fräulein Schmitt wusch nicht nur große Stores, sondern spannte sie auch. Gestärkt, in einem großen Rahmen, etwa drei mal vier Meter, so stellte sie die gewaschene und gestärkte Wäsche auf die Straße. Das störte damals niemanden. Entweder die Kohlen haben nicht so gestaubt, der Wind hat nicht so stark geblasen oder aber die Menschen waren nicht so empfindlich und anspruchsvoll wie heute. Komischerweise hatte ich nie dunkle Stellen an den Gardinen entdeckt.

Der Krieg kam über uns

Lange war die Straße für Fräulein Schmitt nicht mehr der Trockenplatz, denn mit seinen Luftangriffen wurde schon ab 1940 der Krieg zur baldigen Routine für uns. Ab August 1940 kam es zu Großangriffen der Engländer, die immer intensiver wurden. Damit auch unsere Angst. Sirenen hatte man auf den Dächern Berlins montiert. Die heulten das Signal, dass wieder englische oder später auch amerikanische Flugzeuge Berlin anflogen und uns bombardieren würden. Wenn die drei langen Töne der Sirenen den Voralarm heulten, musste meine Mutter mich rasch wecken, denn die Angriffe erfolgten anfänglich immer nur nachts. Das Anziehen war trainiert und ging schnell. Das Leibchen – ein Strumpfgürtel für Kinder, an denen damals die langen Strümpfe anzuknüpfen waren – wurde von mir verkehrt herum angezogen, damit ich es von vorn selbst zuknöpfen konnte. Riss in der Eile ein Strumpfknopf ab, wurde spontan ein Pfennig als Ersatz in den Strumpf untergebracht. Jeder hatte mit sich zu tun, um rasch in den Keller zu kommen. Ein Kellerkoffer, wie wir ihn genannt hatten, mit nur dem Nötigsten, stand bereit und ab ging es nach unten. Dann heulte es auch meist schon auf und abschwellend zum direkten Alarm und die schwere mit Gummi gepolsterte Stahltür zum Keller wurde hinter uns mit großen Riegeln verschlossen. Wir, die vom 4. Stock, waren fast immer die Letzten, die im Luftschutzkeller ankamen. Das war ein Keller, der für einen Krieg nicht gedacht war, als man das Wohnhaus im 19. Jahrhundert errichtet hatte. Der ungeschützte Weg von der Tür aus dem Seitenflügel in den daneben liegenden Kellereingang, war zum Glück kurz. Doch ich erinnere mich noch deutlich, dass ich stets meinen Gang verlangsamte und rasch einen Blick zum Himmel warf. Ich wollte eventuelle Flieger, wie die Flugzeuge damals genannt wurden, nicht verpassen. Immer habe ich ein Geschwader über uns gesehen. Meist fünf Bomber, die im Fadenkreuz der deutschen Scheinwerfer gefangen waren. Was mich damals wunderte, war, nie beobachtet zu haben, dass sie getroffen worden sind. Nicht mal einer. Vielleicht, weil sie sich über Berlin befanden und man einen Absturz hier verhindern wollte? Ich weiß es nicht. Vielleicht haben die Deutschen auch nur nicht getroffen. Die gebündelten Leuchtkörper, die die feindlichen Flugzeuge abwarfen, um ihre Ziele in der Nacht besser sehen zu können, wurden von uns Kindern als „Weihnachtsbäume" bezeichnet, denn sie sahen so schön aus. Am Himmel wurden sie von uns bestaunt und nicht als ernste Bedrohung angesehen. Daher verzögerte ich den kurzen Weg in den Keller, wann immer es ging. Sonst leuchtete ja nichts anderes mehr, denn es war eine grundsätzliche Verdunkelung angeordnet. Einmal jedoch wurde meine verträumte Beobachtung von den „Weihnachtsbäumen" durch einen furchtbaren Knall unterbrochen. Ganz nahe. Da leuchtete für mich kein „Weihnachtsbaum" mehr, sondern nur noch Angst in den Augen und mein Drang, in den Keller zu kommen. Da unten saß schon die Realität und die Furcht vor dem Kommenden. Als ich im Keller eintraf, hatte die Angst schon Gestalt angenommen, weil es inzwischen noch zweimal gekracht hatte, nur näher. Doch meine erlebte Angst, die ich mit in den Keller gebracht hatte, lies in mir nach. Mutti war ja da, an die ich mich klammern konnte. Ihre Angst, die sie wahrscheinlich selbst hatte, war ihr nicht anzumerken. Die anderen Frauen, es waren ja eigentlich jetzt nur Frauen und Kinder im Keller, verbargen ihre Gesichter angstvoll in ihren Händen. Die Hände wiederum lagen zwischen den gebeugten Knien, so als wäre das ein Schutz gegen das Unheil. Verständlich, denn die Psyche musste sich ja auch irgendwo festhalten können. Es bebte wieder, den Ton dazu haben wir alle überhört, so glaube ich, denn der machte ja nur Krach, noch nichts kaputt. Von der Decke staubte es. Als wir später wie die Maulwürfe aus unseren Löchern krochen, waren wir glücklich, dass wir das, was da so furchterregend gerumst hatte, überlebt hatten und unser Haus noch stand. Vor unserer Haustür, bis zum Haus gegenüber, gab es einen großen Bombentrichter. Wir hatten Glück gehabt! Das Nebenhaus hingegen war ausgebrannt. Die Häuser in der Straße an der Ecke waren weg gebombt. Nach diesem Fliegerangriff war meine Schule, die daneben stand, unbeschädigt geblieben. Die Männer des Hauses sind alle für das Kriegsgeschehen eingezogen worden. Und doch waren einige wenige offensichtlich nicht „kv" und dadurch zu Hause geblieben. Für uns alle, die wir im

Keller saßen, waren sie die Sicherheit, dass das Dach oder Haus infolge Phosphorbrandbomben nicht abbrannte. Diese Kerle hatten Mut, weil sie sich während der Fliegerangriffe auf dem Dach oder dem Dachboden aufhielten. Gelegentlich ergriffen sie die durch das Dach gefallenen Stabbrandbomben und warfen sie durch das defekte Dach auf den Hof oder auf die Straße. Die erwähnte Holzbeplankung vom Dachboden war ja auch schon vorsorglich entfernt worden. Überall standen Eimer mit Sand und Wasser, auch Feuerklatschen. Diese Familienväter, denen wir Nachbarn diese Courage im bisherigen Leben nie zugetraut hätten, genossen bei uns allen inzwischen großes Ansehen und Dankbarkeit.

Ich glaube, wir Kinder gingen mit diesem Gesamtstress lockerer um als die Erwachsenen. Wir wussten noch nicht, was es heißen könnte, das Leben zu verlieren. Nach jedem Fliegerangriff suchten wir Jungs die Straßen nach Bombensplittern ab und präsentierten den anderen „Piepels" stolz unseren Fund, der nicht immer groß und häufig war. Aber Sammlerwert hatten sie für uns, die Bomben- und Granatreste. Da ein Kinderspiel zumeist mit einer Nachahmung verwoben ist, spielten wir alle natürlich auch, Soldat zu sein. Das Spiel war zum Glück recht oberflächlich. Was wir alle anstrebten, war eine Uniform. Auch die hatte keine Ähnlichkeit mit dem wahren Leben. In dieser Kinderphantasie hatte die Tatsache, als Soldat das Leben zu verlieren, natürlich keinen Platz, denn so weit dachten wir nicht, weil unsere Kinderaugen solche Tatsachen bis dato noch nicht erleben mussten. Von meiner Mutti kamen da auch keine erklärenden Sätze, vielleicht war sie ja mit dem Tagtäglichen im Krieg so viel beschäftigt oder traute sich auch nicht, über diese teilweise schlimmen Erfahrungen zu sprechen, die da vielleicht auf uns zugekommen wären. Sie wird froh gewesen sein, dass ich erst 1936 geboren wurde, so würde ich nicht in die Auswahl derer kommen können, die als „harte Reserve" noch in ganz jungen Jahren in den Krieg ziehen mussten. Eines Freundes Bruder wurde z. B. noch mit 15 Jahren eingezogen, Volk und Vaterland zu verteidigen und starb qualvoll an einem Bauchschuss – wenige Tage vor Kriegsende. Aber davon wusste ich zum Glück damals noch nichts und musste es auch nicht in meinen Kinderjahren erfahren. Es gab Uniformläden, in denen es Pimpfhemden, Lederknoten und HJ-Tücher gab, für die Jungs, die in die Hitlerjugend kamen. Ich war noch nicht alt genug dafür, erinnere mich jedoch der Knaben, die als Gefolgschaft mit großen Trommeln im Gleichschritt durch die Straßen ziehen durften. Den Hitlerjungendress trugen die auch. Doch ein großer Teil anderer Jungs marschierte Zivil gekleidet mit, aber nicht weniger stolz. Ja, so war das damals. Heute kann man das kaum noch nachvollziehen, wie verblendet diese jungen Menschen waren. Wie es zum guten Ton gehörte, dazuzugehören. Unfassbar. Für mich ist es bis heute unbegreiflich, wie es Hitler gelingen konnte, die Menschen so zu blenden und so viel Leid über unser Land zu bringen. Die Jungens wurden also alle schon darauf vorbereitet, in vielleicht nur noch wenigen Jahren echte Uniformen tragen zu müssen, die wir Knaben uns begeistert anschauten, um dann etwas zeitversetzt als Held für Volk und Vaterland vielleicht zu „dienen". Aber so haben wir kleineren Jungs die Welt nicht gesehen.

Mein Vater, er war inzwischen Obergefreiter, konnte in diesem Uniformladen Achselstücke und den Winkel am Arm eines Gefreiten kaufen. Anlässlich eines kurzen Heimaturlaubs nach einem Lazarettaufenthalt und meines Drängens ging mein Vater mal mit mir in dieses Geschäft und kaufte mir etwas. Vater sah dabei nicht sonderlich glücklich aus, aber er erklärte mir sein Unbehagen über dieses Tun nicht. So opferte meine Mutter eine ältere Jacke von mir, nähte diesen „Schmuck" darauf – und ich war von da an Gefreiter. Eine Schwalbe, vom Fliegerbodenpersonal, zierte den Kragen. Ein „Eisernes Kreuz" hatte ich mir aus einer Zeitung ausgeschnitten und auf Pappe geklebt. Ein Gewehr schnitzte ich mir selbst, aus einem Brett. Entsprechend sah es aber auch aus. Ja, so waren wir Kinder in unserem Nachahmungstrieb. Für echte Spielfreuden war damals nicht viel Platz in einem Kinderleben.

Eines Nachts hatten mich die Männer unseres Hauses nach einem Angriff mit aufs Dach genommen. Es gäbe einen besonderen Anlass, sagten sie. Ich sehe das Inferno noch heute ganz deutlich vor mir. Der ganze Wedding brannte! Ein loderndes Panorama. Nur wenige Kilometer von unserem Haus entfernt. Wie sich später herausstellte, war meine Tante, die Schwägerin meiner Eltern, auch davon betroffen. Sie lebte noch, war allerdings ausgebrannt. Der Fliegeralarm für Berlin wurde für uns ein Hinnehmen und Ertragen.

Der Krieg dauert an

Ich wurde 1942 eingeschult. Das Schulgebäude lag in derselben Straße, in dem unser Wohnhaus stand, schräg gegenüber. Also so „janz dichte bi", dass es gereicht hätte, wenn ich beim ersten Klingeln losgegangen wäre. Damit meine Mutter mich wegen eventueller Fliegerangriffe immer bei sich hatte, ging ich häufig mit zu ihrer Arbeit, daher aber weniger in die Schule, die ja auch nur noch mit einer gewissen Zufälligkeit stattfand – wegen der sich häufenden Angriffe, inzwischen sehr oft auch am Tag. Wenn Unterricht stattfand, mussten wir Schüler, die wir da waren, nach dem Durchzählen darüber berichten, wo sich der eventuell fehlende Schüler aufhalten könnte, wenn es überhaupt einer – bei den täglichen Angriffen Tag *und* Nacht – wusste. Damit wir uns in der Schule überhaupt aufhalten konnten, musste in der kalten Jahreszeit jeder der Schüler eine Kohle mit in die Schule bringen. Wir machten das, aber ungern. Jetzt im Krieg gab es wegen der Luftangriffe auch keine beleuchteten Straßen. Die Wohnungsfenster mussten abends verdunkelt sein, an ihrem Rand sogar abgeklebt werden, um den feindlichen Flugzeugen keinen Weg zu weisen. Wer das nicht richtig tat, und durch eine Ritze gelangte noch ein Lichtstrahl ins Freie, der erhielt „Ermahnungen" vom Luftschutzwart. Das waren so einige selbstverständliche Dinge, über die wir im täglichen Umgang nicht mehr nachdachten. Doch ich weiß noch, dass ich mir damals gewünscht hatte, einmal eine Straße zu erleben, hinter deren Fenster Licht brennen würde. Ich konnte es mir einfach nicht vorstellen, wie es aussehen könnte, wenn Helligkeit in der Nacht zu sehen wäre. Meine Mutter hatte mir davon erzählt und ich malte es mir entsprechend aus. Wunderschön sah alles in meiner Fantasie aus. Sicherlich etwas schöner als die „Weihnachtsbäume" beim Angriff aussahen, wenn sie vom Himmel fielen. Inzwischen nahmen zumindest wir Kinder viele Ereignisse des Krieges fast mit einer großen Selbstverständlichkeit hin, allerdings immer gepaart mit neuer Furcht. Wir hatten Angst vor all dem, was den täglichen Krieg ausmachte.

Nachdem meine Großeltern nacheinander gestorben waren, entschied meine Mutter nun für uns in Berlin, das direkte Bombardement zu verlassen. *Sich zu evakuieren*, so nannte man das. Wie die Situation zustande gekommen war, weiß ich nicht mehr. Jedenfalls hatte meine Mutter sich entschlossen, uns nach Thürkow bei Teterow in Mecklenburg zu evakuieren, um den ewigen Bombenangriffen zu entgehen. Das müssen für meine Mutter bekannte Leute gewesen sein, zu denen wir uns hin „quartierten", denn wir nahmen nicht nur das mit, von dem meine Mutter meinte, dass wir es in Mecklenburg brauchten. Meine Mutter packte auch Kristall, Bettwäsche, Gardinen und andere Dinge ein. Diese Dinge waren ihrer Meinung nach für ein späteres Überleben notwendig. All das, was damals für eine Arbeiterfamilie den Begriff von „wertvoll" verkörperte, wurde eingepackt. Die Sachen bei den bekannten Leuten zu lassen, vor den Bomben zu retten, das war die große Überschrift für diese Aktion. Ich wurde in Thürkow in die Dorfschule eingeschult. In eine Vierklassen-Klasse. Das hieß, dass die Schüler der ersten bis zur vierten Klasse alle in einem Raum unterrichtet wurden. Wenn der Lehrer z. B. von dem einen Schüler zu dem daneben sitzenden Schüler gegangen ist, dann ist er von der zweiten in die dritte Klasse gegangen, ohne den Raum verlassen zu haben. Das fand ich blöd. Schön hingegen war die Zeit auf dem Land und es hat Spaß gemacht, wenn mich ein LKW-Fahrer mitnahm, der eine Ladung Zuckerrüben nach Teterow liefern musste. Beim Stroh bergen, oben auf dem Pferdefuhrwerk mitfahren, auch mal rücklings auf so einem alten Ross zu sitzen, das alles waren Erlebnisse, die mich die Mühe meines Kinderlebens zeitweise vergessen ließen. Das sind tolle Erinnerungen. Nun kamen die Russen immer näher an Berlin heran. Wir gingen zurück nach Berlin. Meine Mutter hatte vor einer Plünderung unserer schönen Wohnung Angst, wenn wir nicht da wären. Außerdem wurde das Bombardement der Angloamerikaner geringer, vermutete meine Mutter. Sie hätten sonst eventuell die vordringende russische Armee mit ihren Bomben getroffen, die schon im Begriff war, das Umfeld von Berlin zu erobern. Trotzdem gingen die Sirenen in Berlin nie aus.

Nachdem wir unser Hab und Gut in Thürkow gelassen hatten, kehrten wir wieder zurück nach Berlin. Uns begleitete die Zuversicht einer sicheren Verwahrung unserer Reservesachen in Thürkow.

Später, als der Krieg vorüber war, ist meine Mutter nach Thürkow gefahren, um alles abzuholen, was sie dort gelagert hatte. Ihr Besuch traf die Freunde unerwartet. Angeblich war nichts mehr da, so erzählten sie meiner Mutter, weil die Russen alles gestohlen hätten. Komisch, denn meiner Mutters Gardinen hingen im Wohnzimmer der Familie an den Fenstern! Mit anderen Worten: Wir sind erst nach dem Krieg durch diese Leute, zumindest teilweise, ausgebombt worden. Meine Mutter war zutiefst enttäuscht, als sie wieder zuhause war und mir alles erzählte. Meinte sie doch anfänglich, dass das Hinterlegte – abseits der Front – sicher sei und nicht zur Selbstentnahme geklaut werden würde. Wie meine Mutter nun mal war, hatte sie, wie sie mir erzählte, vor Ort kein „Theater" gemacht, weil sie Angst hatte, von den Freunden dann gar nichts mehr zurück zu bekommen. Was sie auch mitbrachte, war ihre große Traurigkeit, hatte sie doch an ihre Bekannten geglaubt, ihnen vertraut. Wahrscheinlich hatten die dort gemeint, dass wir verschollen waren und kein Interesse an unseren Sachen hätten. Na, es ging auch ohne diese Gardinen weiter, gab es doch jetzt viele Menschen, die ausgebombt waren und gar nichts mehr besaßen.

Wir sind wieder in Berlin

Es war Ende März 1945. Der Kampfeslärm kam näher.
Durch unsere Straße fuhr schon immer eine Straßenbahn, die die Bornholmer Straße kreuzte. Die Bahnstrecke endete sofort nach der Bornholmer, in einer Sackgasse. Diese Sackgasse war etwa 100 Meter lang. Dahinter befand sich eine große Laubenkolonie, die bis nach Pankow reichte. Die nationalsozialistische Heeresleitung unternahm alles, um den eindringenden Feind aufzuhalten. Die ihnen untergebenen Gefolgsleute eiferten ihnen nach, weil sie zu einem Endsieg kommen würden, wie sie meinten. Eine wahnwitzige Irritation, die keiner, außer sie, als solche wahrhaben wollte. Daher wurde von unseren „Verteidigern" noch Tage vor dem absehbaren Ende eine Aktion ins Leben gerufen, an der ich als noch achtjähriger Junge mitwirken musste; eigentlich „durfte" – die Errichtung einer Straßensperre in dieser Sackgasse. Das tat ich nicht mal ungern, sondern sogar mit gewichtigem Stolz, von nichts eine Ahnung habend. Ich weiß nicht, ob die „Abkömmlinge" der Heeresleitung mit dieser unsinnigen Rettungstat gedacht hatten, dass die Russen mit ihren Panzern, quer durch die Gärten kommend, so Berlin erobern würden. Jedenfalls mussten Männer und Frauen, auch wir Kinder, in dieser Ministraße alle Pflastersteine aus dem Fahrdamm klauben und sie als Panzersperre übereinanderstapeln. Wenn die Panzer wirklich durch die Gärten gekommen wären, hätten die russischen Panzerfahrer über dieses Hindernis vielleicht nur gelacht.
Das Artilleriegrummeln der Russen war schon bis zu uns zu hören. Da der Prenzlauer Berg ein nordöstlicher Stadtbezirk von Berlin ist, waren wir zwangsläufig die Eingangsschneise der Russen nach Berlin. Von Mongolen sprachen sie auch, unsere Männer. Das waren russische Soldaten, die angeblich an vorderster Front gegen Hitler kämpften. Es muss ja jemand so erzählt haben, denn für mich als Kind hatten diese Soldaten Schlitzaugen und ein Messer quer im Mund, so meine Erwartung. Die Frauen erwarteten angstvoll etwas anderes: Russen, die nicht mehr kämpfen wollten, sondern nur

noch nach Frauen Ausschau hielten, um sie zu vergewaltigen. Die Nazipropaganda hatte über die Jahre gut vorgesorgt.

Der Kampfeslärm kam immer näher. Wir, die Einwohner des Hauses, saßen im Keller, angstvoll abwartend. Ich kuschelte mich in meine Mutter hinein. Die Tür zu unserem Luftschutzkeller öffnete sich und einer unserer männlichen Beschützer verkündete aufgeregt: „Die Russen sind schon in der Schönhauser Allee!" Drei Querstraßen trennten uns also nur noch von ihnen. Das war, als wären sie schon hier. Keiner von uns Kindern hatte nur noch den sorgenvollen Blick vorangegangener Tage. Jetzt saß ein angstvoller Aufschrei in ihren Gesichtern. Panik. Niemand konnte ab jetzt seine Augen von der Kellertür abwenden. Wir Kinder rutschten fast in unsere Mütter rein und die Mütter klammerten sich an uns Kinder, zu ihrem eigenen Schutz. Irgendwann und bald musste sie sich mit Russen öffnen. Auch durch die gepanzerte Luftschutztür war im Keller die Schießerei zu hören, jetzt immer intensiver werdend.

Der gegenseitige Beschuss kam näher. Plötzlich öffnete sich die Tür wieder, mit einem Aufatmen von uns begleitet, denn erneut war es nur unser Nachbar. Ein Mann von uns. Derselbe wie vorhin. Jetzt sah er aber ganz anders aus, so als wäre er es nicht mehr. Er knallte sich auf einen freien Platz der Bank und weinte. Weinte und weinte, bis er sagen konnte, dass sein Kumpel K., mit dem er bisher unser Dach vor wirksamen Brandbomben bewahrt hatte, tot ist. Erschossen. Wir haben das Leid seiner Frau selbst nicht miterleben müssen, denn sie hielt sich im gegenüberliegenden Keller auf. Später hat uns dieser am Leben gebliebene Nachbar erzählt, dass der Mieter immer mal bei den Straßenkämpfen, aus dem Haustürvorbau, versteckt, auf die Straße gesehen hatte. Kopfschuss. Unaufmerksam? Neugier? Oder menschliches Selbstvertrauen auf Unverletzbarkeit? Für den erschossenen Nachbar wurde auf unserem Hof, hinter der Klopfstange, ein Grab ausgehoben, in das wir ihn bestattet haben. Später kam noch ein zweites Grab dazu, weil eine Frau vom Dach aus getroffen worden war. Wie? Wodurch? Warum? Das waren Fragezeichen, für deren Klärung es damals keine Erfolgsaussichten gab.

Nun waren die Russen da – und der Frieden kam mit. Das Geräusch „Krieg" flachte in unserer Gegend allmählich etwas ab, auch weil die Stalinorgel bei uns nicht mehr an der Straßenecke stand. Inzwischen war sie weiter in Richtung Wedding gezogen. Ihr Ziel war der gewaltige Luftschutzbunker am Humboldthain, den man nach dem Krieg vier Mal vergeblich zu sprengen versuchte. In unseren Luftschutzkeller sind meine Mutter und ich bald nicht mehr gegangen, weil die Sirenen der Siegermacht zum Opfer gefallen waren. Von oben kam ja nun keine Bombe mehr, nur vielleicht eine verirrte Granate. Durch die russischen Soldaten wurde die gemauerte Wand von unserem Hof zum dahinter liegenden großen Wochenmarkt eingerissen. Der Spalt war begehbar und der große Wochenmarkt wurde zum russischen Feldlager. Auch mit Gulaschkanone. Was uns Kindern oft zugutekam. Insgesamt war die Zeit mit den Russen friedvoller und fröhlicher als das Geschehen in der kriegerischen Vergangenheit. Für unseren Kindermagen sorgten die Russen vom Markt auch ab und zu recht liebevoll. Um uns herum wurde nicht mehr direkt geschossen. Herrlich.

Das war schon wie Frieden, von dem man mir erzählt hatte.

An das Grummeln der russischen Kanonen, die sich weiter zum Führerhauptquartier durchschossen, waren wir inzwischen alle gewöhnt. Ich hielt mich wie so oft auf dem Hof auf und „spielte mit den Russen". Das heißt, ich guckte überall zu, wann und wo es was zu sehen gab und stand den Russen im Weg herum. Oft war ich auf dem Feldlager „Markt", auch wieder, um zuzusehen oder um etwas Essbares abzufassen. Diesmal war ich also auf dem Hof, als aus der Wohnung im 3. Stock von unserem Seitenflügel ein lautes Geschrei zu hören war. Eine russische Stimme war auch dabei. Das Stimmengewirr wurde allmählich lauter, weil russische Männerstimmen die Treppe herunterkamen. Offensichtlich hatte ich im Vorfeld etwas verpasst, denn ein Offizier stand plötzlich in der Tür von unserem Seitenflügel. Zwei Soldaten im Dienst führten einen weiteren Russen zwischen sich ab. Der Offizier erwartete den Delinquenten und ehe der es sich versah, hatte er die Faust des Offiziers im Gesicht. Der Hieb war so gewaltig, dass der Abgeführte durch die offenstehende Kellertür die Kellertreppe hinunterstürzte.

Die beiden Soldaten holten ihn wieder ans Tageslicht, setzten ihn auf einen Stuhl und banden ihn darauf fest. Der Bestrafte musste den ganzen Tag auf diesem Stuhl verbringen, der dann mitten auf dem Hof vor der Klopfstange stand. Er war quasi als abschreckendes Beispiel ausgestellt. Was war vorgefallen? Die Leute erzählten, denn die betroffene Frau hütete sich davor, davon zu reden, dass der bestrafte Soldat sich bei der Oma meines Spielkameraden gewaltsamen Zutritt in ihre Wohnung verschafft hatte und sie danach bedrängte.

In den Augen der russischen Soldaten waren wir *Deutsche Kapitalisten*. Damit war sicher nicht die wörtliche Übersetzung dieses Begriffs gemeint, wie wir ihn heute verstehen, denn die Soldaten, die meist aus armen, ganz anderen sozialen Strukturen stammten, empfanden unsere damalige Wohn- und Lebenskultur bereits als kapitalistischen Lebensstil. Wir, die wir hier wohnten, waren aber Arbeiterfamilien – in einem Arbeiterbezirk Berlins – und hatten keine üppigen Wohnungseinrichtungen. Eingerichtet, wie man es in den 30er Jahren so leidlich war. Heute würde keiner mehr so wohnen wollen. Das Erstaunen und die Begeisterung der Russen, zum Beispiel über die Funktion unserer Toiletten, war bald sprichwörtlich und gipfelte in dem Witz mit dem „Strickzimmer". („Strick ziehen, Sch... weg"), obwohl von uns Arbeiterkindern die meisten ja gar kein richtiges „Strickzimmer" hatten.

Aus Sicherheitsgründen, wie Mutti meinte, wohnten wir in den letzten Tagen des Krieges im Parterre bei Tante Lu. Tante Lu war Schneidermeisterin mit einem Geschäft, vorn im Haus und mit einem Eingang zur Wohnung von unserem Seitenflügel aus. Sie war die Mutter meines Schulkameraden und Freundes Pit, der nur 14 Tage jünger war als ich. Das Wichtigste für uns Kinder in ihrem Schneiderladen war der sehr große Zuschneidetisch. Auf dem konnten wir Kinder so herrlich spielen, wenn Tante Lu nicht da war! Zu unserem Kinderclan im Haus gehörten neben Pits Schwester Kati noch Anne und Trutchen. Das waren die zweieiigen Zwillinge aus dem Fleischerladen. Die wohnten im Seitenflügel; gegenüber, mit Fleischerladen nach vorn auf die Straße, Schlachterei nach hinten sowie den Magen umdrehenden Düften zum Hof. Wenn es unserem Fleischer mal gut ums Herz war, konnten wir uns was von dem Sud aus der Schlachtküche holen. Wenn es ihm noch menschlicher wurde, dann hatte er vorher ein paar Blutwürste in dem Sud zerplatzen lassen.

Es war Anfang Mai 1945. Meine Mutter und ich hatten uns also nun bei „Tante" Lu einquartiert und harrten der Dinge, die da kommen sollten. Schlimmer konnte es ja nicht mehr werden. Ich sehe uns alle noch in der Küche von „Tante" Lu vor dem „Volksempfänger" sitzen und Nachrichten hören. Plötzlich hatten unsere beiden Mütter befreite Gesichter.

„Mutti, ist jetzt der Krieg zu Ende und Frieden?" Nein, das war er noch nicht. Aber Hitler war tot.

Ich beschrieb ja den Krieg aus meiner Kinderperspektive. Wenn ich in dem entsprechenden Kapitel nachlese, empfinde ich es, als ob all das Böse, was nach dem Ende des Krieges bekannt wurde, in meinen Erinnerungen nicht mehr vorhanden ist. Irgendwie bin ich sogar dankbar dafür, dass ich nicht ein direktes Trauma mit in meine Zukunft nehmen musste. Dennoch müssen Erlebnisse in meiner Kinderseele tief verborgen sein, die es mir heute noch untersagen, Aufzeichnungen von Kriegsfilmen aus der Nazizeit anzusehen. Wenn ich doch einmal in einem solchen Dokumentarfilm hängen bleibe, schießen mir die Tränen in die Augen und in mir kommen kaum nachvollziehbare Gefühle hoch. Vielleicht hat mir mein Unterbewusstsein dabei geholfen, die wirklich schlimmen Erlebnisse zu verdrängen. Ich erinnere mich an eine Situation vor 30 Jahren, als ich, für mich unverhofft, einen amerikanischen Farbfilm von 1945 über das zerbombte Berlin sah. Ich saß im Sessel und weinte, auch weil mein ganzer Körper unter diesem Schmerz litt. Manchmal reichen heute noch Kriegsschilderungen aus, in die ich mich ungewollt hineinfühle, die mich dann sofort erreichen. Gegenwärtig bin ich psychisch angreifbarer bei Darstellungen aus dieser Zeit von damals und ich vermute, Dinge erlebt zu haben, die mir zwischenzeitlich entglitten sind. Ich habe dann ein Gefühl, als wäre der Krieg in mir. Meine Seele fängt an zu reagieren. Ja, auch mit Tränen, die ich bekämpfe, aber nicht verhindern kann.

Meist lasse ich sie laufen, denn ich kann dagegen nichts tun, weil das, was einmal war, aus der Tiefe kommt. Ja, auch schäme ich mich manchmal, denn *als Mann weint man nicht*, so kenne ich es noch von früher. Trotzdem, ich lasse die Tränen zu, weil es mir danach besser geht.

Frieden, du kannst kommen

Nun war er da. Der Frieden. Ohne Schießerei, ohne Bomben, aber mit der Sorge, wie es weitergehen würde. Ich weiß noch von der Freude, keine Angst mehr haben zu müssen. Die Angst vor den Bomben abwerfenden Fliegern, vor den erwarteten, gewalttätigen Mongolen und die Sorge um meinen Papa, den ich eigentlich noch gar nicht kannte. Nach dem verlorenen Krieg war natürlich keine Hakenkreuzfahne mehr gefragt, wie noch drei Wochen zuvor, zu Hitlers 56. Geburtstag. Jetzt nähten die Frauen aus unserem Haus unfreiwillig die Fahnen von den vier Siegermächten, weil die sowjetische Kommandantur befohlen hatte, dass jedes Wohnhaus bis zum Abend des 1. Juni 1945 mit den vier alliierten Fahnen zu beflaggen sei. Die Näherinnen des Hauses suchten jetzt alles Mögliche an Stoff zusammen. Als die Fahnen fertig waren, wurden sie an Besenstielen aus dem Balkon über die Haustür gehängt. Das natürlich auch aus jedem Haus, die ganze Straße entlang. Ich glaube, das sollte verdeckt ein eingefordertes Zeichen für die persönliche Kapitulation der Hausbewohner sein. Besondere Probleme bei ihrer Fahnenproduktion machte den Frauen die Form der Ami-Sterne und die Frage, wie viele es sein mussten, wegen der unbekannten Anzahl der US-Staaten. Aber das Problem behandelte man „globalkonkret", wie ich später eine Situation bezeichnete, die existierte, aber irgendwie offen war. Hammer und Sichel der Russen waren auch nicht ohne weiteres einzunähen. Es gab schon manchmal sehr seltsame Schöpfungen, denn an einigen neuen Fahnen konnte man im Stoff noch den Ursprung, das herausgetrennte Hakenkreuz aus den ehemaligen Hitlerfahnen, erkennen.

Das erste Trinkwasser bekamen wir aus einer sehr großen alten Schwengelpumpe am Arnimplatz. Die Menschen standen mit ihren Behältern an. Von Oma und Opa hatten wir noch zwei emaillierte Eimer – außen hellblau und innen weiß. Mit einem stabilen „goldenen" Bügel aus Messing. Früher gehörten noch Deckel dazu. Die Eimer stammten aus einer Zeit, in der es noch keine Wasserleitung gab. Jetzt hatten sie außen einige Stellen, an denen die Emaille abgeschlagen war. Wasser ist schwer und so wurden die gefüllten Eimer von meiner Mutter und mir vorsichtig mit einem Wägelchen gezogen. Damit nicht so viel Wasser aus den Eimern schwappte, ließen wir oben auf dem Wasser Stullenbretter schwimmen. Die beruhigten das Wasser, was raus wollte. Mit dieser Methode bekamen meine Mutter und ich das meiste Wasser nach Hause. Nun noch rauf damit in die vierte Etage. Verlustfrei, auch wegen der Frau Wolff.

Hamstern

Immer noch 1945. Ein allgemeines Tagesproblem nannte sich *Hunger* in dieser Zeit. Die versuchte Bewältigung dessen war, hamstern zu fahren. Der Krieg war beendet. Das war erst mal das Wichtigste. Doch die Not durch fehlende Nahrungsmittel wurde immer größer, weil die bisherigen Rationen auf den Lebensmittelkarten, die während des Krieges galten, amtlicherseits weiter reduziert wurden. Eine Rationierung durch die jeweilige Besatzungsmacht wurde notwendig, um die wenigen vorhandenen Bestände gerechter verteilen zu können. Nun hieß es: „Rette sich wer kann!". Mit diesem Grundgedanken fuhren die Großstädter nicht mehr ins Grüne, sondern aufs Land zu den Bauern, um zu „hamstern", sich durch Tauschen essbaren Vorrat zu beschaffen. Auch der „Schwarze Markt" führte sich ein. Das war eine Variante des Kompensationsgeschäftes. Da die Reichsmark für die ländliche Bevölkerung keine Bedeutung mehr hatte, war das Tauschen die einzige wahrscheinliche Chance, direkt auf dem Land an Lebensmittel zu kommen. „Hamstern fahren" nannte sich das. Das ging so weit, dass den Bauern über die Zeit ein Perserteppich im Schweinestall nachgesagt wurde. Sicher eine Übertreibung, aber an jeder Lüge ist ein Stückchen Wahrheit. Meine Mutter und ich fuhren auch einmal in die Gegend von Bernau zum Hamstern. Das war ganz nahe, wenn die S-Bahn gefahren wäre. Eigentlich zu nahe für Berlin, für Hoffnungsgedanken. Meine Mutter hatte vor, ihre frühere Bekannte Alice zu besuchen, die uns aber wenig erfreut mit zerfurchter Stirn begrüßte. Mit dem traurigen Ergebnis für uns, fast erfolglos zu sein. Immerhin konnten wir 20 Pfund Weißkohl und 15 Pfund Kartoffeln unser Eigen nennen, obwohl meine Mutter Frotteehandtücher und Bettwäsche zum Tauschen mithatte, die sie zum Glück für einen späteren Versuch wieder mit nach Hause nehmen konnte. Nun mussten wir auch noch bis Montag bei Alice bleiben – was wir vorher nicht wussten –, weil sonnabends und sonntags kein Zug fuhr. Ich kann mich auch noch gut erinnern, wie weit der Weg am Montag zurück zum Bahnhof und wie schwer alles zu tragen war. Das Wenige, was wir ergattern konnten. Ein anderes Mal, als meine Mutter aus Thürkow zurückkam, wo sie die dorthin evakuierten Sachen vergeblich wiederholen wollte, erzählte sie Fürchterliches von dem Abenteuer in den Zügen. Wie die Leute sich drängten, die auf den Trittbrettern und Dächern der Personenzüge standen, saßen und an ihnen hingen. Ein begehrter Platz war das Trittbrett von außen. Da hätte auch das eventuelle Hamstergut während der Fahrt abgestellt werden können, wenn es nicht eine berechtigte Angst gegeben hätte, denn diese Methode barg eine große Gefahr in sich. An der Strecke, an der ein Zug vorbeifuhr, standen Leute mit langen Stangen, an denen Haken befestigt waren. Da die Züge damals noch sehr langsam fuhren, fischten sich die „Streckensteher" mit den Stangen das Hamstergut von den Trittbrettern. Sauerei. Aber Not machte eben erfinderisch. Eine weitere Gefahr für die Hamsterer bestand noch darin, dass das eingetauschte Gut am Zielbahnhof von der Polizei konfisziert wurde, denn Hamstern war verboten. Der kleine Großversuch in Bernau bezüglich Ernährung brachte also für uns nur einen mäßigen Erfolg. Nun konnten meine Mutter und ich uns nur noch an das halten, was für uns erreichbar war. So war ich ein „rationiertes" Kind. Ich bin nur durch Lebensmittelkarten rationiert groß geworden. Und auf mich war Verlass. Einmal aber, war ich doch mehr Kind als verlässlich. Meine Mutter war auf der Arbeit und hatte mir den Auftrag gegeben, bei Erna einkaufen zu gehen, natürlich alles mit Lebensmittelkarte. Erna war eine ehemalige Schulfreundin meiner Mutter, die im nächsten Häuserblock einen sehr kleinen „Tante-Emma-Laden" betrieb. Obwohl sich die beiden Frauen gut kannten, kriegten wir bei Erna nur das, wofür wir den Lebensmittelabschnitt abgaben, ohne Sondervergünstigung. Alles, was bei ihr eingekauft werden konnte, wurde zuhause von meiner Mutter nachgewogen, das wusste ich. Bei meinem diesmaligen Einkauf stand auch Zucker auf dem Zettel. Entsprechende Lebensmittelmarken lagen bei. Meine Mutter konnte sich sicher sein, wenn ich etwas kaufte, auch wenn es Zucker war, würde alles von mir, ohne Naschen, besorgt. Nun stand sie da. Auf dem Küchentisch. Die Tüte mit Zucker. Wenn ich jetzt nur mal, mit der angefeuchteten Fingerkuppe ...? Das bisschen würde meine Mutter ja si-

cher nicht gleich beim Nachwiegen merken. Beim dritten Mal „kosten" hatte ich schon einen Teelöffel in der Hand. Und nach meinem Schreck und den aufkommenden Bedenken wegen des fehlenden Gewichts kam das schlechte Gewissen noch hinzu. Ich wog nach und stellte fest, dass es beim Kosten wohl nicht nur drei Versuche meinerseits gewesen sein mussten, denn am Gewicht fehlte recht viel. Was tun? Salz sieht aus wie Zucker. Wenn ich also Salz unter den Zucker mischte, bis das Gewicht wieder stimmte, fragte ich mich? Dann würde meine Mutter nichts von meiner Missetat merken ...
Wie gedacht – so getan. Die Zuckertüte hatte die Gewichtskontrolle durch meine Mutter positiv bestanden. Doch irgendwann hatte der Zucker nicht den von meiner Mutter beabsichtigten Effekt. Eine individuelle Einzelprüfung der Zuckerqualität brachte die an mich gestellte Frage: „Hast du ...?" Ich hatte ein sehr schlechtes Gewissen, antwortete aber mit „Nein". Nach einer nochmaligen Rückfrage bei mir nahm meine Mutter die Zucker/Salz-Tüte und ging zur Erna, mit dem durch ihren Berni oft erworbenen Vertrauen in der Tasche. Als meine Mutter von Erna zurückkam, passierte nichts, außer dass sie fragte: „Warum hast du mich angelogen?" Ich weinte. Schläge bekam ich keine. Meine Mutter wusste jedoch, ich würde sie nie wieder anlügen. Heute denke ich, dass meine Mutter damals verstehen konnte, wie es einem Kind ergeht, wenn auf dem Küchentisch eine Tüte mit der nicht vorhandenen Aufschrift *Zucker* steht.

Unerprobte Kindererlebnisse

Spielen war für uns Kinder ein bis dahin wenig gelebtes Ereignis. Nun, nach dem Krieg, trauten wir uns wieder unbelastet auf die Straße. Murmeln war eines der ersten Spiele, denn Murmellöcher hatte uns der Krieg zur Genüge auf dem Bürgersteig hinterlassen. Die Murmeln selbst gab es aus den Restbeständen der Eltern oder von den größeren Geschwistern, wenn man welche hatte. Wer als Erster alle oder die letzte Murmel ins Loch schob, war Sieger und konnte alle Murmeln behalten. Wenn ein neuer, uns noch nicht bekannter Spieler, mit murmeln wollte, musste der seinen Zeigefinger vorführen, ob er vielleicht ein „Straßenfeger" sein könnte. Das musste natürlich geprüft werden. Ein „Straßenfeger" war ein Mitspieler, der lange seine Murmel in Richtung Loch führte, was auf dem Zeigefinger Schleifspuren hinterließ und ihm damit natürlich unerlaubte Vorteile verschaffte. Ein gut gefüllter Murmelbeutel bei einem solchen mahnte uns auch immer zur Vorsicht.

Fußballspielen war schon immer das Spiel der Spiele für uns Jungens. Daher wurden wir, besser unser unberechenbarer Ball, von den noch vorhandenen Fensterscheiben der Ladenbesitzer gefürchtet. Der Marschtmeester, der gegenüber unserer Schule sein Quartier hatte, fürchtete sich offensichtlich auch vor uns. Eigentlich unbegründet, meinten wir, weil das Scherengittertor zum Markt ja keine Scheibe hatte. Er meckerte, wann immer wir vor seinem Gelände spielten. So ein kleiner Ball, etwa in Tennisballgröße, konnte nun mal durch die Gitter kullern. Mehr konnte doch gar nicht passieren. Wenn das geschah, musste es erst einmal durch uns ignoriert werden. Aber nur scheinbar. Die Operation *Ballrettung* erfolgte stets erst, wenn der Alte abends weg war. Von unserem Sondereinsatz, über das Gitter zu klettern, erfuhr er natürlich nichts. Trotzdem, er meckerte. Er meckerte immer. Als „Luxe", mein Freund aus dem Nachbarhaus, dem Alten mal eines Tages anbot, Knösel zu besorgen, damit wir vor den Scherengittern unbesorgt spielen durften, wurde der Hüter des Marktes freundlicher zu uns. Knösel waren die klein geschnittenen Rispenstücke der Tabakblätter. Wir anderen sahen uns alle erstaunt an und fragten uns, wie „Luxe" das denn hin bekommen wollte. Zwar hatte sein Opa einen Schrebergarten, auf dem er den Tabak hegte und pflegte, aber wir dachten, dass sein Opa mit Sicherheit alles selbst verbrauchen würde. Zu unserem Erstaunen hatte Luxe am nächsten Tag den Knösel dabei. Irgendwie schien es mir aber, als sähe der Knösel von „Luxe" etwas anders aus. Der Alte vom Markt freute sich. Wir uns erst mal auch. Allerdings nicht lange, denn der Herr Marschtmeester identifizierte den Knösel bald als Nichtknösel, nämlich als das, was er wirklich war. Es handelte sich um klein gemachte, verwelkte Rhododendrenblätter. Von da an durften wir uns, selbst ohne Ball, nicht mehr vor den Scherengittern sehen lassen.

Wettrennen mit einer Laufe machten wir auch manchmal. Zwei Laufen wurden nebeneinandergesetzt und diejenige, die als erste im zehn Zentimeter entfernten Ziel ankam, war Sieger. Eine Laufe wurde erst kurz vor dem Start zu einer solchen gemacht, denn bis dahin saß sie noch als Fliege in einem Fliegengefängnis und hatte Flügel. Erst später wurde sie eine Laufe. Die Fliegenkäfige waren Eigenproduktionen und bestanden aus zwei dünnen Scheiben von einem Flaschenkorken. Diese wurden von etwa zehn Stecknadeln gegenseitig gehalten. Die beiden Korkscheiben hatten Abstand, doch durch die Stecknadeln Kontakt miteinander, durch die die Fliegen durchgucken konnten. Damit hatten sie bis zum Start auch noch einen gewissen „Lebensraum". Nun habe ich das so geschrieben, als hätte ich selbst ... Nein, das nicht. Ja, ich habe dabeigestanden und zugeguckt, aber den armen Viechern an die Flügel gehen? Nee! Fliegen fangen kann ich aber noch heute sehr gut.

Berni, der werdende „Künstler"

Till Eulenspiegel stellt sich vor
und flüstert euch jetzt was ins Ohr.
Ein schönes Spiel soll hier entstehen,
drum grüß ich alle auch recht schön.
Besonders doch die lieben Gäste
zu unserem schönen Kinderfeste.
Ja, ich bin heute auch dabei
mit Ulk und mancher Schelmerei,
und gebe hier das Tempo an
im schönen Varieté-Programm.

1946. Till Eulenspiegel hatte, in einem richtigen Kostüm mit Schellen, durch den künstlerischen Ablauf eines Kinderfestes zu führen. Die Bühne war der Hof unseres Wohnhauses. Till Eulenspiegel war ich und ich war noch 9 Jahre alt. Durch die Unterstützung von Frau und Herrn Razemba mit Text, Gestik, Kostümen und uns drei „theaterunerprobten" Kindern, haben wir mit dazu beigetragen, das Kinderfest erfolgreich und unterhaltsam zu gestalten. Wir drei, das waren Anne und Trutchen, die Fleischer-Zwillinge und ich. Trutchen und Anne traten in einem Sketch als Max und Moritz auf. Die Razembas wohnten in einem Haus um die Ecke, in der Schievelbeiner Straße. Sie waren Kunden in der Fleischerei. Eigentlich hatte ich bis zu diesem Zeitpunkt meine Theaterbesessenheit noch gar nicht erkannt und beweisen können, denn der Till Eulenspiegel war mein erster Auftritt in der „Kunstszene". Die Razembas leiteten beruflich ein Kinderensemble der „Berliner Volksbühne". Frau Razemba kümmerte sich um Tanz und Gesang. Er war der Regisseur und Stückeschreiber. Übrigens, den Reim für den Till hatte er auch geschrieben. Trutchen und Anne gehörten schon der Kinder-Truppe an. Anne erhielt eine Hauptrolle in einem Märchenstück und dafür durfte Frau Razemba sicher mal die Fleischmarken für den Fleischerladen vergessen. Der Krieg hatte zur Genüge Kummer und Not gebracht und jetzt, 1946, sollte dieses Kinderfest auf dem Hof für Stimmung sorgen und Lebensmut verbreiten. Mit Max und Moritz und Till Eulenspiegel war der Start schon gemacht. Alle Mieter wollten feiern und unbekümmert fröhlich sein. Gründe dafür gab es genug. Daher schwebte der Wunsch nach eigenen Haus-Kinderfesten wie eine Sucht durch die Straßen und Häuser. Und jedes Haus machte seine eigene Feier. Das organisierte sich jedes Haus individuell, aber mit verschlossener Haustür. Da die Mittel und Möglichkeiten von Haus zu Haus unterschiedlich waren, klingt diese Organisationsform recht egoistisch. Sie erwies sich jedoch als notwendig, denn der allgemeine Wunsch sich zu vergnügen, hätte jede Hauskapazität und den eingesetzten gastronomischen Minirahmen gesprengt. Hinz und Kunz wären erschienen. Die Frauen des Hauses sorgten im Vorfeld für Kuchen, was sich so nannte, und was mir heute noch immer ein Rätsel ist, wie und wodurch ihnen möglich war, sie aus dem Wenigen zu backen. Das Konditor-Prachtstück war der „Kalte Hund". Gemäß der damaligen Wertigkeit rangierte er über der nicht vorhandenen „Sachertorte". Das meinten zumindest die Mitbewohnerinnen, die glaubten, die „Sachertorte" von früher zu kennen. Damit stieg der schwarze Kekskuchen in den absolut exklusiven Bereich. Bei den Nachkriegskuchen waren alle Frauen auch wieder der einhelligen Meinung: Wenn es uns mal besser geht, dann kann man die aus der Not geborenen Kuchen auch wieder besser backen, natürlich etwas verfeinert. Wenn ich mal etwas zum Schleckern haben wollte und ich hatte noch einen Fünfziger in der Hosentasche, stellte ich mich rechtzeitig um 15.00 Uhr beim Bäcker am Arnimplatz an. Die Frau vom Bäcker verkaufte aus einer silbrigen Schüssel mit Beule die Schlagcreme, ohne Lebensmittelmarken. Woraus die Creme war, wusste keiner. Hauptsache, es war süß und sah wie Schlagsahne aus. War ihre Schüssel leer, bevor ich dran war, hatte ich eben Pech gehabt. Nichts gab es mehr. Wenn es mir aber gelang, glücklicher Kunde zu sein, dann „knallte" die Frau Bäckermeisterin zwei Esslöffel von der Creme auf ein Stück grau-weißes Papier, mit einem an einer Stelle angebrannten und verkohlten Rand. Zeichen des gewesenen Krieges.

Wie gesagt, auf dem Kinderfest gab es keine Schlagsahne, dafür vielleicht Bowle, glaube ich. Und wenn ja, dann war auch Schnaps drin. Damals gab es eine Regel: Bowle musste mit Schnaps angereichert sein. Ob es Bier gab, weiß ich nicht mehr. Ich glaube nicht, weil man Bier für zuhause aus der Kneipe oder vom Bierladen in Krügen holen musste. Ein Akkordeonspieler gehörte immer zum Stammpersonal bei Kinderfesten und sorgte für Stimmung beim Tanze. Kreuzpolka, Rheinländer und Polonaise waren Standardtänze, die heutzutage leider von vielen Tanzflächen verschwunden sind. Sie brachten damals viel Stimmung in den Hof. Männer als Tanzpartner waren natürlich Mangelware. Die Männer, so auch Papa, waren – wenn sie überhaupt lebten – noch nicht aus der Kriegsgefangenschaft zurück. In dem Fall war meine Mutter in der Lage, mich für sich als Ersatz zu stellen. So war unser Kinderfest für mich eine Trainingsebene, um mir das Tanzen nahezubringen. Meine Mutter hatte Spaß daran, wie ich mich dabei gut anstellte und sie durch mich einen kleinen Tanzpartner hatte. Die Kinderfeste und das häufige Tanzen dort ließen mich perfekter werden. Anstatt vor uns die Haustüren zu verschließen, waren wir drei mit unserem Kinderprogramm bei anderen Hausfeten gern gesehene „Gastdarsteller". Unsere lustigen Kinderaufführungen hatten sich herumgesprochen und daher wurden wir zu anderen Hausfesten eingeladen. Anschließend durften wir noch etwas bleiben und miteinander tanzen. Nach meinem Till-Auftritt stand ich bei den Zwillingen meist durch Trutchen unter Beschuss, bei den Razembas in der Tanzgruppe mitzumachen. Erstens war die Tanzerei so eine Sache, die mir lag und zweitens meinte Trutchen, dass wir immer zusammen zu den Proben gehen könnten. Trutchen musste wissen, was mir guttat, denn sie war schließlich meine Buddelkastenliebe und schon seit wenigen Jahren meine „Frau". Wir hatten an der Kloppstange im Hof geheiratet. Trutchen war damals vier und ich fünf. Man schrieb das Jahr 1941. Meine Mutter hatte für dieses feierliche Ereignis eine betagte Küchengardine als Ersatzbrautschleier geopfert. Meine „Ehe" mit Trutchen hält bis heute gut und ohne Streit. Wir treffen uns noch hin und wieder.

Martha und Wolfgang Razemba machten für uns Kinder so manchen „Handstand", wenn es um die Organisation des Nötigsten ging. Es gab ja schließlich nichts und so musste Stoff und Nähkapazität für die Kostüme bei den Müttern von uns Kindern zusammengebettelt werden. Die Energie der beiden erwuchs sicher aus ihrer Freude an dem wachsenden Frieden. Wolfgang Razemba schrieb die Märchen-Theaterstücke für und mit uns Kindern. Dabei achtete unser Autor natürlich darauf, dass viele Rollen im Stück vorkamen, denn jeder von uns wollte schließlich mitmachen. Immerhin waren wir über 80 Kinder. Herr Razemba führte auch zugleich Regie, sagte und zeigte uns, wie wir zu schauspielern hatten. Seine Frau Martha studierte mit uns die Tänze ein, die die Handlung des Märchenstücks interessanter machten und auflockerten. Wenn wir eine Veranstaltung hatten, fand der Aufführungsort meist auf einer richtigen Bühne statt, wie z. B. der vom „Puhlmann-Theater", mit 820 Zuschauerplätzen. Das Theater befand sich in der Schönhauser Allee, in der Höhe, wo die U-Bahn Richtung City unter die Erde fährt. Bald nach 1950 wurde das Theater leider ersatzlos abgerissen. Warum, das wusste keiner. Bis zum Abriss war jeder von uns mächtig stolz darauf, als was und wie oft er dort auf der Bühne zu sehen war. Natürlich waren möglichst immer unsere Familienangehörigen als Zuschauer im Theater angetreten, um die Leistungen ihrer Sprösslinge entsprechend zu würdigen. Das Schönste für uns war, wenn wir am Bühnenausgang von der Verwandtschaft empfangen wurden. Wiederholt vollzog sich dieser Ritus stets dadurch, dass wir mit Lobeshymnen überhäuft wurden. Schön war es natürlich für uns, bewundert zu werden. Aber es bestand auch die Wahrscheinlichkeit, dass uns Brüderlein und Schwesterchen empfangen wollten. Das war gepaart mit der Gefahr, dass fremde Abholer unsere Geschwister am Bühnenausgang auch als „Schauspieler" vermuten könnten. Aber eventuell nicht uns. Damit wir als Darsteller zu erkennen waren, achteten wir verstärkt darauf, dass wir uns nicht gründlich abschminkten. Jeder sollte sehen: Ich bin ein Künstler! Frau Razemba hatte für solche kindliche Großmannssucht völliges Verständnis, konnte es jedoch nicht widerspruchslos zulassen, weil es auch Eltern geben konnte, die so etwas nicht mochten. Also stand „Tante Martha", wie sie auch von einigen Kindern gerufen wurde, am Bühnenausgang und guckte genau hin – und weg. Ihr Stehen am Ausgang bewirkte bei uns aber immerhin eine besser abgeschminkte Ordnung. Nachdem das „Puhlmann-Theater" abgerissen war, gab es für unsere Schauspielgruppe keine Aufführungen der Märchenspiele und daher auch keine Schauspielgruppe mehr. Unsere Tanzgruppe hingegen war weiterhin Mitglied im Tanzensemble der „Volksbühne Berlin". Damit wurde nur noch auf öffentlichen Veranstaltungen zu Betriebs- und Maifeiern usw. getanzt.

Mit Zeitungen bergauf, bergab

Meine Mutter musste nach dem Krieg sehen, dass wir beiden über die Runden kamen. Mein Vater war noch in der Kriegsgefangenschaft, beim Engländer, in Norwegen. Arbeit war generell gesucht und wenig vorhanden. Und so stand meine Mutter als Zeitungsausträgerin jeden Tag gegen vier Uhr früh auf und verteilte die Zeitungen. Es war damals noch üblich, dass jede Zeitung ihren eigenen Zeitungsboten hatte. Die Tageszeitung, die meine Mutter damals austrug, erschien in Westberlin – für meine Mutter zufällig und unspektakulär. Der Vertrieb dieser Zeitung im Ostsektor Berlins wurde aber, wie bei allen anderen westlichen Zeitungen auch, von der sowjetischen Verwaltung per 16. April 1948 verboten. Mutters Zustellrevier war nicht weit von unserem Zuhause entfernt. Es begann gleich hinter der Schönfließer Brücke und reichte von da bis zum „Cantianstadion" und von der Schönhauser Allee bis zum Gleimtunnel, eine spätere Grenze nach Westberlin. Kein kleines Revier. Diese Zeitung war ja auch nicht eine, die jeder las. Damals gab es noch keine Briefkästen in den Hausfluren und auch keine Hausschlüssel für die Zeitungszusteller. Wenn die Haustür noch verschlossen war, dann musste man später noch mal hin und wieder an der Haustür klinken. Jede Zeitung musste rauf bis an die Wohnungstür gebracht und durch den Briefschlitz gesteckt werden. Vor diesem Schlitz befand sich meist eine gusseiserne Metallklappe, die Krach machte, wenn mit ihr nicht vorsichtig genug umgegangen wurde. Hinter der Tür hing an dem Türschlitz innen meist noch ein Tuch, damit niemand durch den Schlitz in die Wohnung sehen konnte. Dieses indirekte Verbot des Abonnenten verleitete manchmal erst recht dazu, die vierfach gefaltete Zeitung ganz am Rand durchzuschieben. Dann blieb noch eine Öffnung, durch die doch in die Wohnung gelinst werden konnte. Viel gab es meist nicht zu sehen, trotz Tuch, aber die gewollte Absicht des Mieters war besiegt. Woher ich das weiß? Weil ich so etwas ab und zu mal tat, wenn ich meiner Mutter beim Zeitungsaustragen geholfen habe. Das Helfen hatte sich bald so organisiert, indem ich fast jeden Morgen wach geworden bin, wenn meine Mutter losgegangen ist. Dann bin ich ihr nachgestiefelt, habe ihr für eine Straße die Zeitungen abgenommen und bin nach dem Austragen in die Schule gegangen. Bald erhielt ich von ihr ein eigenes Zustellungsterrain. Die Zeitungsgebühren wurden monatlich mit 6,00 Reichsmark persönlich abkassiert. Da ich auf meiner Tour nun fast immer der Zeitungsbote war, was einige Abonnenten mitbekamen, gestattete mir meine Mutter, dass ich auch abkassierte. Trinkgeld gab es manchmal.

Besonders in Erinnerung geblieben ist mir, dass ich von einer Frau jedes Mal eine belegte Klappstulle bekam. Das war ein Fest, denn selbst 1 Jahr nach dem Krieg mussten wir mit unseren Lebensmitteln haushalten, besonders mit dem Brot. Von einer anderen, einer älteren Dame, wurde das Abkassieren besonders zelebriert. Ich musste jeden Tag bei der Zeitungszustellung Glück haben, um bei ihr eine offene Haustür vorzufinden, denn in dem Eckhaus wohnten nur vier Mieter. Und – die Haustür hatte einen Durchsteckschlüssel! Das heißt, der Mieter, der raus ging, musste auch wieder abschließen. Durch diese beiden Bedingungen war ein glücklicher Zufall notwendig, um der Frau die Zeitung zustellen zu können. Mit dieser inneren Einstellung, welch hohe Dankbarkeit diese Frau mir eigentlich entgegen bringen könnte, ging ich immer ans Abkassieren und somit an die aus meiner Sicht berechtigte Erwartung eines guten Trinkgeldes. Vergeblich, denn die Prozedur war immer die gleiche: Die Tür ging auf, die Frau sah mich. Die Tür schloss sich wieder, um sich sehr bald wieder zu öffnen. Die alte Dame hatte die sechs Reichsmark in der Hand. Sie gab mir die, griff dann anschließend noch mal hinter die Tür, um in ihr Portemonnaie zu fassen. Das war der Moment fürs Trinkgeld. Nun hatte sie es in der Hand, um es mir zu geben. Immer mit denselben Worten: „Und zehn Pfennig für dich!" Und die Tür schloss sich.

Zu dieser Zeit kostete ein Pfund (500gr.) Mehl auf dem „Schwarzen Markt" 20,- Reichsmark. Die 10 Pfennige waren daher fast eine Beleidigung, doch die Zeitungsleserin hatte sicher aus der Erinnerung ihrer Generation gehandelt.

Ein Pfund Mehl für 20,- RM konnte uns Fräulein Krause vom „Schwarzen Markt" besorgen. Fräulein Krause wohnte jetzt als Untermieterin im kleinen Zimmer unserer Wohnung. Papa war aus der Gefangenschaft noch nicht zurück und so mussten wir sie amtlicherseits als Untermieterin aufnehmen, denn zu viele Menschen waren ausgebombt und daher ohne Wohnraum. Nur gelegentlich, alle zwei Monate, bat ich unsere Untermieterin, Schwarzmarkt-Mehl mitzubringen und bezahlte es von meinem Verdienst, denn Mutti gab mir jeden Monat 10,- RM als Belohnung fürs „Treppentigern" mit den Zeitungen. Dass ich für das Geld das Mehl kaufte, stieß zwar immer auf Protest bei meiner Mutter, doch die daraus entstandenen Suppen schmeckten uns beiden trotzdem und gut.

Zwei Varianten gab es, um an die „Wunschware" ranzukommen: Erstens: Auf dem „Schwarzen Markt" sehr teuer bezahlen oder zweitens: tauschen, ein *Kompensationsgeschäft* also, wie es vornehm hieß. Der Ort des Geschehens war in beiden Fällen der „Schwarze Markt" irgendwo in der Stadt, auf der Straße – und das natürlich unerlaubt. Auf diesen illegalen Handelsplätzen tauschte man das, was man noch sein Eigen nannte und verschmerzen konnte, es wegzugeben. Gegen das, was man haben wollte, ohne zu fragen nach dem Woher. Da wurden die früheren Werte der beiden Tauschobjekte nicht gegenüber gestellt, weil der Zeitwert des Tages zählte. Dieser „Handel", der vorbei an Behörden und Steuern verlief, wurde von der Polizei mit Razzien bekämpft, und das mit großem Aufwand. Aber immer mit einem erfolglosen Ergebnis, denn der Handel funktionierte nach der Razzia weiter wie bisher. Der Bedarf bestimmte die Gesetzlosigkeit. Der „Schwarze Markt"-Preis explodierte in astronomische Höhen gegenüber den offiziellen Preisen. So kostete 1947 ein Kilogramm Fleisch 60,- bis 80,- Reichsmark gegenüber dem offiziellen Preis von 2,20 RM.

Weitere Kilopreise, die unser Portemonnaie erschüttert hätten, wenn Geld vorhanden gewesen wäre:

Brot	20,- bis 30,- RM
Kartoffeln	10,- RM
Zucker	120,- RM
Butter	350,- RM
Eine Zigarette	5,- bis 9,- RM, entsprechend, ob Ami-Zigarette oder eine andere Sorte.

Zu den Kompensationsgeschäften gab es einen Artikel im „Berliner Telegraf" vom 24. Juni 1947: „Einem hungrigen Freunde wurde ein Pfund Butter für 320 RM angeboten. Er nahm die Butter auf Kredit, weil er so viel Geld nicht hatte. Morgen wollte er die Butter dann bezahlen. Ein halbes Pfund bekam seine Frau. Mit dem Rest gingen wir ‚kompensieren'. In einem Tabakladen gab es für das halbe Pfund 50 Zigaretten. Zehn Stück behielten wir für uns. Mit dem Rest gingen wir in eine Kneipe. Wir rauchten eine Zigarette und das Geschäft war perfekt. Für die 40 Zigaretten erhielten wir eine Flasche Wein und eine Flasche Schnaps. Den Wein brachten wir nach Hause. Mit dem Schnaps fuhren wir aufs Land. Bald fand sich ein Bauer, der uns für den Schnaps zwei Pfund Butter eintauschte. Am nächsten Morgen brachte mein Freund dem ersten Butterlieferanten sein Pfund zurück, weil es zu teuer war, sagte er ihm. Unsere Kompensation hatte ein halbes Pfund Butter, eine Flasche Wein, zehn Zigaretten und das Vergnügen eines steuerfreien Gewerbes eingebracht."

War der Inhalt dieses Artikels Dichtung oder Wahrheit? Ich weiß es nicht. Er war aber der Wirklichkeit sehr nahe. Erst mit Einführung der Währungsreform im Sommer 1948 und mit den damit wesentlich größeren Warenangeboten in den Westsektoren Berlins löste sich der „Schwarze Markt" von selbst auf. Er hatte sich überholt.

Wir, mit der Währungsreform

Um das von den drei Westalliierten verwaltete Wirtschaftsgebiet zu stärken, verkündeten am 18. Juni 1948 die drei Westmächte mit der Einführung der D-Mark eine Währungsreform. Die Marktwirtschaft mit einer Wirtschaftsreform in den Westzonen Deutschlands und Westberlin zu etablieren, war das Ziel. Bisher hatte ganz Deutschland die Reichsmark als Währung. Doch in den Tagen nach der Währungsreform galt die bisherige Reichsmarkwährung nur noch im Osten Deutschlands. Das hatte zur Folge, dass für den Teil des von der Sowjetunion verwalteten Deutschlands eine eigene Währungsreform zügig (am 23. Juni 1948) nachvollzogen werden musste. Die Teilung Deutschlands war eigentlich von dem Moment an vollzogen, von dem an auch ganz Berlin nicht mehr über eine einheitliche Währung verfügte.

Die Währung, und was ich durch sie machte

Ich war bei Rezitationen vielleicht ihr Lieblingsvortragender, denn eines Tages sprach meine Lehrerin, Fräulein Rompf, mich an und fragte mich, ob ich bei einem Rundfunksender mal ein Sprecherkind sein möchte. Ja, natürlich wollte ich. Ich fühlte mich durch diese Anfrage sogar geschmeichelt und sagte gerne zu. Irgendwann erzählte sie mir, dass sie sich beim Berliner Rundfunk in der Masurenallee ein zweites Standbein geschaffen hätte. Der „Berliner Rundfunk" war ein deutscher Sender im britischen Sektor, unter Kontrolle der sowjetischen Militäradministration.

„Radio Berlin", wie der "sowjetische" Sender in der Masurenallee anfänglich nach dem Krieg hieß, nahm schon am 13.05.1945 seinen Sendebetrieb auf. Im Herbst 1945 kollidierte die Spannung um den „Berliner Rundfunk", wie jetzt sein Name war, mit den Westmächten. Die Sowjetunion beanspruchte diesen Sender allein für sich.

Das führte zur Gründung des RIAS (Rundfunk im amerikanischen Sektor) in den Westsektoren.

Er war natürlich immer tendenziell. Daher war seine Nachricht bei den politischen Kreisen Ostberlins unerwünscht.

Aus den gleichen Gründen wurde der „Berliner Rundfunk" den Westmächten lästig. Die sowjetischen Soldaten, die im Inneren des Funkhauses die besondere Sendetechnik sicherten, wurden durch die Briten, außen, bewacht. Sie liefen vor dem „sowjetischen" Sender Streife.

Die britischen Soldaten befanden sich aber eigentlich auf dem exterritorialen Gebiet Westberlins, das sich seinerseits auf dem Gebiet der Sowjetisch besetzten Zone (später DDR) befand. Eine kuriose und zugleich gefährliche Situation. So war damals Berlin. Vor dem Funkhaus hatten die Briten Warnschilder mit der Aufschrift aufgestellt: „Achtung! Dies ist kein Westberliner Sender." Damit wollten sie Irritationen verhindern.

Meine Fahrt zum Sender

Die hatte eine Kuriosität, die zur damaligen Zeit für uns ganz normal geworden war, denn wir mussten unter den Ost-West-Bedingungen in Berlin täglich damit umgehen. Es war die Zeit nach der Währungsreform, wo es schon Ost- und West-Geld gab. Ich wohnte noch immer am U- und S- Bahnhof Schönhauser Allee – im sowjetischen Sektor. Um zum Rundfunk zu kommen, konnte ich mit der S-Bahn oder auch mit der U-Bahn fahren. Die S-Bahn war in ganz Berlin den Sowjets unterstellt. Wenn ich mit der S-Bahn von der Schönhauser Allee zum Sender hin und zurück fahren wollte, kaufte ich zwei Fahrkarten mit Ostgeld. Eine schwarze für die Hinfahrt und eine rote Fahrkarte, um vom Westbahnhof zurück fahren zu können. Sonst hätte die Rückfahrt Westgeld gekostet. Wollte ich das gleiche Abenteuer mit der U-Bahn unternehmen, war das anders, weil es inzwischen eine Ost- und eine West-BVG gab. Das hieß, ich konnte für Ostgeld mit der U-Bahn hinfahren und hätte, um wieder mit der U-Bahn zurück fahren zu wollen, die Rückfahrkarte mit Westgeld bezahlen müssen. Daher erzählte ich beim Sender, dass ich nur mit der U-Bahn zurück könnte. Das war von Fräulein Rompf für mich so eingefädelt, denn ich bekam das Westgeld für die U-Bahn-Rückfahrt vom Sender, fuhr aber mit der S-Bahn, wenn auch dadurch etwas länger. Der Weg zum S-Bahnhof war auch weiter, aber so konnte ich mir von dem Fahrgeld, den beiden Westgroschen, damals aus Papier, etwas für Zurück zum Naschen kaufen. Clever, was? Na ja, das Naschbedürfnis machte halt erfinderisch. Diese kleine Mogelei wäre mir sicher verziehen worden, wäre sie aufgeflogen. Der Bonbongenuss überdeckte das vielleicht bei mir aufgekommene schlechte Gewissen der „Vorteilsnahme" mit den zwei Westgroschen bzgl. der Fahrkartenmanipulation, aber sonst hätte ich mir nur an den Westkiosken die Nase platt drücken können, weil ja ab Juni 1948, nach der Währungsreform, ein Berliner für sein Geld nicht überall was zu kaufen bekam.

Mein Papa kam gesund wieder

Meine Mutter hatte immer jeden eintreffenden Soldaten, dem sie auf der Straße begegnete und der gerade aus der Kriegsgefangenschaft nach Hause gekommen war, gefragt, woher er käme. Stets hatte sie die Hoffnung, dass es einer aus Norwegen gewesen wäre.

Und nun war es soweit. Mein Vater kehrte aus der Kriegsgefangenschaft wieder zurück und meine Mutter war überglücklich. Ich war gerade mal vier Jahre alt gewesen, als Papa in den Krieg gezogen war. Ich kannte ihn eigentlich nur von früheren Fotos. Als er wiederkam, war ich schon fast zwölf Jahre und beinahe selbstständig. Ich fand im Vater jetzt keinen Partner, weil er sich als solcher auch nicht anbot. Er war offensichtlich noch immer in seinen Gedanken bei den Soldaten. Als er nach einer gewissen Eingewöhnungszeit privat noch nicht bei meiner Mutter und mir angekommen war, spürte Papa auch nicht, was ich mir, als sein Sohn, von ihm wünschte. Wie wäre es für mich schön gewesen, bei ihm auf dem Schoß sitzen zu können und mich mit ihm darüber zu unterhalten, wie ich mit der Mutti auf ihn gewartet hatte. Wie sehr ich mir gewünscht hatte, dass er wieder zu Hause sein könnte. Ihm zu erzählen, was ich gerne mit ihm spielen würde, das hätte ich gern getan. Aber so oft ich seine Nähe suchte, hatte ich ein komisches Gefühl – ein Gefühl, dass er das vielleicht alles gar nicht von mir wissen wollte. Und so verließ mich bald mein Mut darauf zu warten, dass es einmal dazu kommen könnte. Da kam mir mein Opa wieder in Erinnerung und wie schön es mit ihm war. Leider war er ja nicht mehr für mich da. Aber an ihn denken konnte ich und manchmal habe ich ihm meinen Kummer erzählt. Abends, wenn ich einschlafen sollte und nicht konnte. Meine Traurigkeit war so groß darüber, dass mich Papa vielleicht nicht richtig lieb hat. Woher sollte ich auch wissen, was immerzu in meines Vaters Kopf herumgegangen sein musste und so war er noch immer mein abwesender Vater. Ich hatte jetzt plötzlich mit einem Mann täglichen Umgang, der mich und unser gegenwärtiges Leben nicht begriff.

Jetzt, wo ich meine Geschichte aufschreibe, meine ich zu wissen, dass er ja vielleicht nicht anders konnte, hatte er mich doch nicht aufwachsen sehen, wusste nicht, wie er mit einem Kind in meinem Alter umgehen sollte. Dass er so gar nicht probierte, es doch noch irgendwann vielleicht zu können oder es mit der Zeit zu lernen, hat mich oft sehr sehr traurig gemacht. Ich habe ihm verziehen, dass seine Gedanken vermutlich noch oft bei den Ereignissen im Krieg verhaftet gewesen sein müssen. So gehörte auch er zu dieser Generation, die wenig über die Ereignisse des Krieges erzählt haben. Offenbar waren diese Erlebnisse so traumatisch, dass sie einfach so schnell als möglich vergessen werden wollten. Offen geblieben ist für mich bis zu seinem Tod, mit ihm nie darüber gesprochen zu haben, was ich sehr bedaure. Irgendwie habe ich mir das aus Respekt nie getraut oder auch erlaubt.

In der Kriegsgefangenschaft, beim Engländer, musste es meinem Vater ganz gut gegangen sein, denn das Wort *Hunger* war ihm bis jetzt fremd. Woher sollte er also wissen, was das ist, ein knurrender Magen? Papa hatte mal davon erzählt, dass die Soldaten, während der Gefangenschaft in Norwegen, sogar mit Ölsardinen Feuer gemacht hätten. Zwischen meiner Mutter und Papa gab es in Sachen Ernährung gelegentlich erheblichen Zoff. Der Grund war, meine Mutter musste sich um die Absicherung des Essens kümmern, auch für einen Mann, der in seiner letzten Vergangenheit wahrscheinlich keine Sorgen damit kannte. Meine Mutter und ich wussten hingegen, wie viel Brot wir am nächsten Tag laut Lebensmittelkarte zur Verfügung hatten. Diese Brotration des kommenden Tages wurde – bis Papa kam – von uns beiden immer am Abend zuvor in Scheiben geschnitten. Jeder hatte seinen kleinen Stapel. Die Stullen lagen dann im Brotkasten. Wir erwarteten schon am Abend in Sachen Brot und Hunger den nächsten Morgen. Über die Zeit hinweg hatte es sich eingebürgert, dass wir uns von dieser Ration eine „Gute-Nacht-Stulle" gestatteten, damit wir nur mit leichtem Hunger in den Schlaf kamen. Papa spielte bei den von uns zwangsläufig erprobten Praxen nicht mit, zeigte sich unzufrieden und unverstanden. Besser gesagt, er begriff unsere bisher praktizierten Notwendigkeiten nicht. Die Eskalationen mit meiner

Mutter führten dazu, dass Papa irgendwann allein über seine Lebensmittelkarte verfügen wollte und das dann auch tat. Zu dritt hätten wir die Essensorganisationen besser in den Griff bekommen, aber er war offensichtlich zu dem Zeitpunkt noch immer gedanklich in Norwegen, was auch immer das für ihn heißen mochte. Mit dieser, seiner Sonderreaktion, enttäuschte mich der ersehnte Vater. Zumindest konnte er mich mit seinem Extrawunsch nicht erschüttern, denn ich wusste ja schon, wie sich dieses Leben erprobt organisieren ließ, ohne meinen Vater. Irgendwann kam er aber dann doch auch in Sachen Verpflegung aus seinen bisherigen Denkgewohnheiten zu uns zurück und vertrug sich wieder mit meiner Mutter. Von ihm ging aber leider nichts Praktisches aus, was ich hätte nacheifern wollen.

Ganz anders von meiner Mutter. Ich konnte sticken, häkeln, Strümpfe stopfen. So etwas war ja ganz schön. Aber ich war schließlich ein Junge. Ich bin meiner Mutti heute noch dankbar, diese Sachen von ihr gelernt zu haben. Da gab es auf unserem Korridor z. B. einen Handwerksschrank aus der Vergangenheit. Der blieb unbenutzt. Es gab für mich nichts zum Zugucken, bei dem, was mein Vater werkelte. Ich wusste später nicht mal, wie und was es an einem Bananenstecker zu schrauben gebe. Wenn er was werkelte, dann tat er sicherlich einiges in seinem Garten, in den er mich nicht mitnahm. Er fehlte mir als mein Partner-Vater. Dessen wurde ich mir aber erst viel später bewusst. Als Vorbild, als Mitspieler, als Gütiger, als handwerklicher Lehrmeister. Das sind Titel, die ich ihm gern gegeben hätte, die aber leider nicht für ihn zutrafen. Ich werde das sicher falsche Gefühl nicht los, dass Papa für mich nicht durchs Feuer gegangen wäre.
Später wurde er in mir mein Vater, weil ich die notwendige Sorgfalt *in mir für ihn* spürte. Ich akzeptierte ihn so, wie er dann war. Ich nahm ihn, nicht mit Respekt, doch mit Anstand, aber nur wie einen Freund, einen „Kumpel", in mir auf. Wahrscheinlich führte diese Einstellung zu Papa dazu, dass ich ihn ab einem Irgendwann mit „Fränzchen" ansprach, was er widerspruchslos hinnahm. Das sollte aber wenigstens meine Sympathie ihm gegenüber ausdrücken.

Die Bedingungen für einen „Grenzgänger"

In Berlin, einer Stadt mit etwa drei Millionen Bürgern, wohnte man vor dem Krieg und arbeitete anderswo in Berlin. Das war und ist auch heute noch – und wieder so. Eigentlich normal in einer Stadt. Die Werktätigen, die nach der Währungsreform im Osten wohnten und im Westen gearbeitet hatten – oder umgekehrt, wurden unter der neuen Situation Berlins als Grenzgänger bezeichnet, weil sie in einem anders verwalteten politischen Amtsbereich wohnten, als sie arbeiteten. Dieser Zustand brachte für die Beteiligten, bis zur Währungsreform 1948, keine Probleme. Weil aber nun die Stadt Berlin in vier Sektoren aufgeteilt war, kam mit der Währungsunion das geregelte Leben durcheinander. Die Menschen stießen in puncto Geld auf ganz neue Bedingungen. Wie und wovon sollte ein Mensch leben können, der evtl. nur Ostgeld verdiente und im Westen wohnte? Dort herrschte gegen die Ostmark ein Wechselkurs zum Nachteil der Ostmark.

Mein Vater war ein solcher Ost-West-Grenzgänger. Er arbeitete seit den 20er Jahren als Rotationsarbeiter beim Zeitungsdruck in Westberlin. Das grafische Gewerbe war schon immer im westlichen Teil Berlins angesiedelt. Als Papa 1948 aus der Kriegsgefangenschaft nach Hause kam, konnte er in seiner ehemaligen Arbeitsstelle sofort wieder anfangen, also in Westberlin. Da war zu der Zeit bezüglich Grenze alles noch ganz unauffällig und normal. Schwierig sollte es später werden.

Meine „Teilzeit" in der Schule

In den Klassen von 1945 bis 1947 hatte ich Herrn Meister als Klassenlehrer. Freude löste es in der Klasse aus, als Lehrer Meister eines Tages sagte, dass wir einen Klassenausflug nach Potsdam zum *Schloss Sanssouci* unternehmen würden. „Wollt Ihr?" Natürlich wollten wir. Wer sich von seinen Eltern einen Fotoapparat ausleihen konnte, sollte ihn bitte mitbringen. „Wir machen einen Fotowettbewerb in Sanssouci", hatte er verkündet.
Es war Frühjahr. Einige Jungen, so auch ich, kamen mit einer Agfa-Box zu diesem Ausflug. Die Box war ein schwarzer, rechteckiger Kasten mit einem Sucher für Hochformat und an der Seite einen für Querformat. Meine Mutter hatte es mir gestattet, dass ich ihn nach Sanssouci mitnehmen durfte. Aber natürlich nur mit den entsprechenden Ermahnungen. Der Apparat gehörte schließlich meinem Vater. In Sanssouci sah es aus, wie es überall nach dem Krieg aussah. Selbst der Frühling, die Jahreszeit des Blühens und Erweckens konnte nichts daran ändern: an- und zerschossene alte Bäume; von der Orangerie stand nur noch das Gerüst und von dem liebreizenden Teehäuschen waren alle Figuren zerstört. Für diese Figuren hatte sich mein noch ungeübtes Fotografen-Auge besonders interessiert und dabei vorerst übersehen, dass eine Figur doch unbeschadet durch den Krieg gekommen war. Als ich diese noch vollständige Gestalt etwas später entdeckte, drückte ich auf den Auslöser meiner Box. Mit meinen elf Jahren ist mir dieses Foto ganz gut gelungen. Der Bildausschnitt ist gut und den goldenen Schnitt hatte ich auch beachtet, ohne damals zu wissen, dass es so etwas gab. Tage später, bei der Fotoauswertung in der Klasse, wurde ich mit diesem Bild Fotosieger des Ausflugs. Vielleicht war das ein Omen für meine spätere berufliche Zukunft.

Im Herbst kam ich in die 7. Klasse. Wieder, oder immer noch, eine B-Klasse. Herr Eberhard, unser neuer Klassenlehrer, verstand mit uns in der 7. und 8. Klasse gut umzugehen und war aus unserer Sicht toll. Wie Herr Meister war auch er ein Junglehrer, wahrscheinlich erst etwas über zwanzig. Ich vermag es nicht einzuschätzen, welchen Wissensstand wir in der 7. Klasse hatten. Besonders hoch kann er nicht gewesen sein. Uns zum Pauken anzuhalten, um die Ausfälle nachzuholen? Das wäre damals sicher ein sinnloses Unterfangen gewesen. Im Nachhinein denke ich, dass mein Lehrer Eberhard uns damals am richtigen Nerv gekitzelt hatte. Er lehrte uns, uns für das Lernen zu interessieren. „Jungs, wir machen einen Wettbewerb", meinte Herr Eberhard eines Tages. Sowohl jeder Aufsatz, die Qualität, in der von uns ein Gedicht gelernt und vorgetragen wurde als auch die Haus- und Klassenarbeiten kamen in die Bewertung. All das wurde natürlich so wie sonst auch, mit 1 bis 5 benotet. Aber die Note, die wir in der schulischen Arbeit erworben hatten, wurde uns im Wettbewerb in umgekehrter Bewertung gutgeschrieben. Für eine Eins gab es fünf Punkte und für eine Zwei eben nur vier. Schon hatte der Lehrer unseren Ehrgeiz angestachelt, ohne dass wir wussten, welcher Lorbeer für den Sieger zum Schluss abfallen würde. Vielleicht wusste das Herr Eberhard zu diesem Zeitpunkt selbst noch nicht. Mich hatte es jedenfalls gepackt. Ein zusätzlich gelerntes Gedicht – ich lernte extra den „Prometheus" deswegen oder ein gezeichnetes Bild zum Hausaufsatzthema –, all das brachte Zusatzpunkte. Diese Lehrmethode entsprach offensichtlich meiner damaligen Veranlagung, Eifer einzusetzen, um anerkannt zu werden. Vielleicht war es ja auch im Unterbewusstsein mein Bestreben, die Nichtbeachtung, die ich durch meinen Vater erfuhr, auszugleichen. Ich glaube, ich war ein Streber und dachte, diesen Hang zur Anerkennung durch Fleiß erreichen zu sollen. So wollte ich Herrn Eberhard offensichtlich gefallen, um von ihm im kindlichen Sinne sogar geliebt zu werden, ohne mich aufzudrängen. Vielleicht war für mich der Lehrer, unbewusst, so etwas wie ein „Ersatzvater".

Weihnachten 1948 kam in sichtbare Nähe – und auch Herr Eberhard mit einer neuen Idee. „Was haltet ihr davon, wenn wir als einzige Klasse der Schule ein Märchen einstudieren und es in der Aula aufführen?" Welches, das hatte er nicht gleich gesagt. Ein bisschen „gschamig" stellten wir uns schon an, bis einer in den Raum rief: „Aber ohne Mädchen!" Das war eigentlich von vornherein klar, denn wir waren noch immer eine reine Jungenklasse. Mit dem Einwurf war aber erst einmal der Bann und das Schweigen gebrochen. Nun erwachte die Neugier, welche Geschichte eventuell infrage kommen könnte. „Ali Baba", kam ein Vorschlag. „Hey, so ein Quatsch, wir sind doch keine 40 Schüler" ging ein Einwand durch die Klasse. Und so liefen die Vorschläge ungefragt alle Märchenbücher durch, rauf und runter. Unser – nun „Märchenlehrer" – saß an seinem Pult und grinste in sich hinein; mit der inneren Sicherheit, uns ein weiteres Mal weichgekocht zu haben. Als Lehrer Eberhard die berühmte Katze aus dem Sack ließ, machte ein Aufstöhnen die Runde. „Hänsel und Gretel?" „Und wer ist die Hexe und die Gretel, ohne Mädchen?" Wenn unser Theaterlehrer jetzt in Argumentationsdefizite geraten wäre, hätte er seine Gretel mitsamt Hänsel gleich vergessen können. Ein Argument von ihm war: Durch diese Aufführung seien wir dann schließlich „Primus inter pares", wie wir es vielleicht später – gebildet – gesagt hätten. Jedoch mit anderen Worten erklärte er uns, wie unsere Klasse beim Direktor und bei allen Schülern mit diesem Stück im Ansehen steigen könnte. Schon hatte er wieder an unserer Ehre gekitzelt und uns für seine Ideen eingenommen. Der erste Sieg für seine Aufführung war jedenfalls schon eingefahren. Der bei uns. Vorerst war alles erst einmal nur ein Gedanke. Die Arbeit mit uns stand ihm noch bevor. Uns natürlich auch. „Na, wie würdet ihr euch denn das alles so vorstellen?", fragte unser Theaterlehrer. Alexander sprang auf: „Ich bin die Hexe". Er war es, von dem wir am wenigsten ein Interesse erwartet hatten. Sein Ausruf hatte seine Wirkung. 2 : 0 für Eberhard. Nun wollte jeder über die Rollenbesetzung selbst bestimmen. Dieses leichte Gedränge um die Rollen ebbte erst ein wenig ab, als Herr Eberhard verkündete, er werde alle Figuren doppelt besetzen. Damit gab es bei jedem von uns eine gewisse Hoffnung, Darsteller zu werden. Manfred und ich waren dann irgendwann die Gretel-Doppelbesetzung, mit Gesang aus Humperdincks Oper „Hänsel und Gretel". Eine Doppelbesetzung hatte natürlich auch organisatorische Gründe, denn wie leicht konnte einer von uns zum Zeitpunkt der Aufführung krank werden. Zugleich verstärkten diese Doppelungen den Eifer, von dem jeweiligen Doppel der Bessere zu sein. Das war wieder so eine positive Hinterhältigkeit in Sachen Erziehung vom Lehrer

Eberhard. Unser – nun auch noch – Regisseur schuf Komparsen-Hauptrollen wie z. B. einen Engel, damit letztendlich jeder mitwirken konnte. Es war quasi ein prophylaktisches Trostpflaster, falls der Schüler später nicht als Hauptbesetzung erkoren wurde. Und so kam kurz vor Weihnachten 1948 der Tag mit dem großen Lampenfieber. Die Aula war nicht nur gut besucht, nein, sie war rappelvoll; voller Eltern und Schüler unserer Jungenschule. Und *icke, der Berni*, war die Gretel-Erstbesetzung an diesem für uns aufregenden Nachmittag, weil ich besser singen konnte als mein Vize. Damit die Zuschauer mich als Gretel – also weiblich – wahrnahmen, hatte ich ein Kopftuch umgebunden. Eine Haarsträhne lugte daraus hervor und unterstützte damit das Mädchenhafte. Am Ende der Vorstellung – sie war der erhoffte Erfolg – ging ich runter ins „Parkett" zu meiner Mutter, die unter den Zuschauern saß. Neben ihr saß eine uns unbekannte Frau. Was dann geschah, hat mich gefreut, mir als Knaben aber nicht geschmeichelt, denn ich musste das Kopftuch der Gretel abnehmen, weil die Frau nicht glauben wollte, dass die Gretel ein Junge war. Derweil der Theaterlehrer Eberhard mit uns das Stück einstudierte, hatte der „Pauker" Eberhard natürlich den Unterricht nicht aus den Augen verloren. Der Wettbewerb lief bis zum Frühjahr 1949 weiter. Das hatte seinen Grund. Es gab bei Eberhard nichts Grundloses. Das hatten wir inzwischen bei und von ihm gelernt. Der Schnee vom Winter 1948/49 war verbrannt, der Frühling hatte begonnen und unser Wettbewerb war zu Ende. Sagte Eberhard. Mit der Auswertung wuchs die Spannung um den erhofften Siegerpreis und: Wer hatte gewonnen? Unser Klassenlehrer, der nebenberuflich die Aufgabe eines Theaterlehrers übernommen hatte, war eigentlich Sportlehrer. Daher fiel seine Siegerehrung auch recht sportlich aus, indem er fünf Jungens von uns zu Gewinnern erklärte. Ich war zu meiner Freude auch dabei. Mit uns Gewinnern ging er am „Exer" auf den Tennisplatz und mühte sich, uns das Tennisspielen näherzubringen. Wer weiß, dass das Tennisspielen einfacher aussieht als es ist, der kann ermessen, welch schwere Aufgabe Herr Eberhard sich wieder zugemutet hatte. Über diesen Siegeslorbeer war ich mehr als glücklich. Tennisspieler hatte ich nämlich schon mehrfach beobachtet, wenn ich im Jahr zuvor immer von zuhause, am „Exer" vorbei, zur

Schwimmhalle in die Oderberger Straße gegangen war. Ich wurde und blieb Tennisspieler, bis ich 2006, mit 70 Jahren, den Schläger zur Seite stellte.

Leben mit meinem Gott

In der Nähe unseres Hauses stand eine große Baracke. Ordentlich sah sie von außen aus, fast ungewöhnlich für diese Zeit. Sie fungierte als eine Kriegsersatzkirche. Ich weiß nicht mehr, wie ich zu diesem evangelischen Gotteshaus Zugang gefunden habe, aber ich weiß, dass ich gerne dorthin gegangen bin. In meiner Erinnerung sehe ich mich beten. Ich betete nach diesem Krieg mit einer großen Innerlichkeit. In Dankbarkeit, dass es Frieden gab, dass das Böse vorbei und ich gesund war und noch lebte. Irgendwie betete ich um meinen Seelenfrieden, ohne damals zu wissen, was die Seele für mich bedeutete. Ich bezog in die Gebete meine Mutter ein. Bat Gott darum, nicht mehr hungern zu müssen und nicht mehr krank zu sein, denn Gürtelrose und sehr große Geschwüre an den Beinen hatte ich schon hinter mir. Ich meinte, dass der liebe Gott mir diese Wünsche, besonders den Wunsch nach Essen, schon bald erfüllen würde. Da ich nach dem Beten und Wünschen noch immer Hunger hatte, fragte ich mich, warum denn jetzt mein Magen immer noch knurrte? Ich hatte doch schließlich meinen Gott darum gebeten, dass mich dieses Problem verlassen möge. Der liebe Gott hat so vieles vollbracht, in Unterstützung durch seine Engel. Doch bis jetzt nicht bei mir. Und so achtete ich bei den Gottesdiensten schön darauf, welche Wunder der Herr Pfarrer aus der Bibel vorlas, die zu mir passten. Ob da eventuell was davon drin stand, wie man satt wird? Denn davon hatte der Herr Pfarrer bisher nie was vorgetragen. Also achtete ich weiter auf seine Worte. Die Wunder von Wasser und Wein oder über einen See zu gehen, die waren schon interessant. Aber ich hatte doch noch immer Knast im Magen. So schmollte ich bald mit dem „alten Herren" und meiner Vorstellung, dass es ihn überhaupt gab.

Im April 1949 fand meine Einsegnung statt. Das war im Vorfeld bereits ziemlich aufregend. Am Tag selbst, war es da interessant? Oder nicht? Ich habe keine Erinnerung daran. Zumindest erzählte man davon, dass nach der Einsegnung das „erwachsene" Leben beginne. Unsere Mädchen aus dem Konfirmationsunterricht waren jetzt schon erwachsen. Sie sahen zumindest alle schon so aus, im Gegensatz zu uns Jungs. Woher ich meinen braunen Konfirmationsanzug hatte, weiß ich nicht mehr. Die schwarzen Schuhe hatten wir vom Karl-Heinz abgekauft, einem Nachbarsohn, der zwei Jahre zuvor Einsegnung hatte. In der Mitte Lackleder und am Rand samtig. Das Wichtigste war aber, sie passten. Zu dieser Zeit war es üblich, zur Konfirmation einen Hut zu tragen. Mit allen Hüten, die ich im Laden probeweise aufgesetzt hatte, sah ich „geschossen" aus. Nur Papas etwas gebrauchter Bräunlicher passte zu mir und zu meiner Kopfgröße. Das war er denn also, mein Einsegnungshut, der mir gefiel. Ich habe keine Ahnung mehr davon, wie es mir an diesem Tag ging. Vom Pfarrer bekam jeder ein Wort mit auf dem Weg. Meines war: „Halte, was du hast, damit niemand deine Krone nehme". Was sollte ich denn halten, behalten? Ich hatte ja nichts. Bei der Konfirmationsfeier war ich nicht bei meinem Gott von damals. Dazu saß meine Enttäuschung gegenüber dem „alten Mann" in Sachen Hunger noch ganz schön tief in mir.

Vorstellen musste sich jeder Konfirmand auch in der Schule, vor der ganzen Klasse. Mit Hut. Da fiel natürlich nichts ab, außer ein hämisches Grinsen der anderen Schulkameraden. Doch die Kleinen, die in der Schule an mir vorbeigingen, betrachteten mich schon recht achtungsvoll und wären sicher auch gerne so erwachsen gewesen wie ich. Der Hut gehörte ab jetzt zu mir, dem „Erwachsenen". Er stellte neue Anforderungen an mich, denn immer, wenn ich jemanden auf der Straße grüßte, musste ich den Hut zum Gruß abnehmen. Das machte man damals noch so und es erinnerte mich jedes Mal an meinen Lehrer Brause. Der grüßte uns immer auf der Straße, indem er vor uns den Hut abnahm. Toll, wa? Durch meinen Hut, mit dem ich die kleinen Schüler offensichtlich beeindruckte, kann es ursächlich nicht sehr weit hergewesen sein, denn anlässlich meiner Einsegnungsfeier sagte meine Tante Hertha zu meiner Mutter: „Weißt du Hanni, so wie Berni aussieht, kriegt der nie eine Frau". Dieser Ausspruch trug in mir weiter dazu bei, meine ohnehin fehlende Selbstsicherheit nicht in den Griff zu kriegen. Und Selbstliebe?

Den Begriff kannte ich damals noch nicht einmal, geschweige denn wusste ich, wie wichtig sie für einen Menschen ist. Sehr lange nicht.

Mit meiner Pubertät kam die Zeit, in der mein naturwissenschaftliches Denken die Oberhand gewann. Ich entfernte mich von meinem Glauben und zwar ganz unabhängig von den unerfüllten Hungergebeten. Das realistische Denken setzte ein und wollte sich zeigen. Auch beim Diskutieren von christlichen Themenbereichen. Es war in etwa so, als wollte ich mein logisches Denken dokumentieren. Ich wollte zeigen, was ich von der Natur wusste. Dabei hatte ich meinen Gott verlassen. Ich glaubte nur noch an das, was ich sah. Ich brauchte Bilder, um zu glauben. In mir war keine Bereitschaft mehr, an etwas zu glauben, was ich nicht sehen oder anfassen konnte. Es war für mich die Phase, in der sich neben der körperlichen Entwicklung auch Geist und Seele in Richtung Realität bewegten. Von dem Umgang mit der Seele wusste ich noch nicht viel. Sie zu verstehen ist ein langwieriger Prozess, der ein Leben lang im ständigen Entstehen und Entwickeln ist. Aber was wusste ich damals schon davon? Manchmal gehören Glauben und Wissen zusammen. In der Pubertät meinte ich aber, auf meinen religiösen Glauben verzichten zu können. Das hielt an, bis mich ein persönliches Ereignis 1960 wieder zu meinem Gott zurückführte. Eine Krankheit.
Vorerst bleibe ich jedoch noch im Jahr 1949. Unter uns wohnte Familie Gränert. Familie Gränert bestand aus Vater, Mutter und zwei erwachsenen Kindern, ein Junge und ein Mädchen. Eines Tages traf mich Frau Gränert auf der Treppe und fragte mich, ob ich nicht mal Lust hätte, abends zu ihnen runter zu kommen. Wir könnten Rommé oder Pasch spielen. Beides kannte ich noch nicht. Das sagte ich Frau Gränert und erklärte, dass ich gerne kommen würde. Als sie mir am Abend die Tür öffnete und mit mir ins Wohnzimmer ging, lagen keine Karten auf dem Tisch. Es standen fünf Teller darauf. Aufgrund meiner erstaunten Augen fragte mich unsere Nachbarin, die Antwort natürlich schon ahnend: „Du hast doch Hunger, oder ...?" Ich lächelte sie dankbar und etwas verlegen an. Zu solchen „Spie-

leabenden" wurde ich nun öfter eingeladen. Dabei lernte ich auch etwas vom Kartenspielen, das dann nach dem Essen stattfand. Doch das Essen war für mich am wichtigsten, wenn ich ehrlich bin. Die beiden erwachsenen Kinder freuten sich auch über mich. Sie sahen, wie es mir schmeckte und mochten mich, so wie ich war. Das habe ich damals nicht verstanden, weil ich ihnen eigentlich immer etwas von ihren Mahlzeiten weggegessen habe, so meinte ich. Aber nichts davon war zu spüren. So konnte sich nur jemand verhalten, der genug hatte oder durch seinen Glauben wusste, dass man möglichst etwas abgeben soll, wenn man etwas hat. Von Gott und Kirche war in der Wohnung der Familie Gränert nichts zu sehen. Das war sehr seltsam für mich. Vielleicht hatte aber mein Gott meiner Nachbarfamilie das Gebot über die Essensverteilung nur mal so übertragen, für mich. Ich konnte ihn ja nicht danach fragen. Der Gedanke, dass ich Familie Gränerts Großzügigkeit mit meinen damaligen Hunger-Gebeten hätte in Zusammenhang bringen können, kommt mir erst jetzt, beim Schreiben. Was ich nie vergessen habe, war die innere Dankbarkeit gegenüber Frau Gränert. Ihr Mann war dann bald gestorben, ihre Kinder sind weit in den Westen geflüchtet, Frau Gränert ist Straßen weiter in eine kleinere Wohnung gezogen. Jahre später wurde Frau Gränert sehbehindert und ich, der ihr einst sehr dankbare Berni, habe mich nicht persönlich um sie gekümmert. Nicht weil ich ihr nicht mehr dankbar war. Es gab andere Gründe. Die Arbeit und mein Wohnort hielten mich leider davon ab. In mir kann ich mich nicht entschuldigen, denn man kann alles, was man können will. Meine Mutter hat über Jahre den Kontakt zu Frau Gränert gehalten. Das beruhigte mich etwas, aber irgendwie nie wirklich ganz. Frau Gränert starb mir viel zu schnell. Aber nie meine Erinnerung. Meine Demut.

Ein Zufall bestimmte meine Zukunft

Welchen Beruf ich mal erlernen würde, war für mich schon lange klar: Drucker. Offsetdrucker würde ich werden.
Vierfarbendruck, das war was Besonderes für mich. Mein Interesse für diesen Beruf war geweckt, weil meine Mutter und mein Vater im graphischen Gewerbe gearbeitet haben. Sie lernten sich dort auch kennen und lieben. Als 1951 für mich die Zeit zur Bewerbung kam, gab es keine Drucker-Lehrstellen, weil alle Stellen im Jahr davor schon vergeben worden waren. Mein Vater war bei einer Großdruckerei beschäftigt, das schien mir für mich eine sichere Bank zu sein, dort eine Lehrstelle bekommen zu können.

Jetzt wurde mein Wohnort wieder wichtig, der zwei Querstraßen vom Wedding, vom Westen, entfernt war. Bewohner des Ostsektors durften nicht in Westberlin lernen. Natürlich entstand große Enttäuschung bei mir, denn es gab für mich kein anderes berufliches Feld. Es gab keine andere Wahl für mich als die Druckerei. Ich hatte mir schon Lehrbücher und Lexika über das Drucken besorgt, die zur damaligen Zeit nicht so einfach zu bekommen waren. Diese Niederlage bei meiner Bewerbung zum Drucker hatte für meine Zukunft genau so etwas Gutes, wie zu der Zeit, als ich später unbedingt in die 7a, die Klasse der Zeichenlehrerin, wollte. Manches soll eben so sein. Was aus dieser verpatzten Situation, kein Drucker werden zu dürfen, auf mich zukommen sollte, davon konnte ich natürlich damals noch nichts ahnen.

Das mit Papas Westdruckerei war nur eine erste politische Erfahrung in meinem Leben. Die weiteren politischen Attacken, weil mein Vater im Westen arbeitete, waren viel intensiver. Sie sollten mich nach meiner Lehre bis 1960 sieben Jahre lang begleiten.

Im Sommer war meine Schulzeit zu Ende und im Herbst 1951 stand mir ein ganz neuer Lebensabschnitt bevor. „Welchen Beruf lernst du denn nun eigentlich?", war die Frage, die ich mir immer häufiger stellte. Noch war ich vierzehn, im Spätsommer 1951. Ohne Pause bin ich durch Ostberlin getigert, um eine Druckerlehrstelle für mich zu finden. Nichts. Ich kam mir damals ziemlich verlassen vor, denn auf dem Pfad der Berufsfindung fühlte ich mich allein gelassen. Mir fehlte auch die spürbare Unterstützung durch meine Eltern. Ich vermisste eine aktive Unterstützung sehr, nachdem meine Hoffnung auf Papas Druckerei auch geplatzt war. Mit mir gemeinsam nach etwas aus dem graphischen Gewerbe zu suchen, evtl. sogar zu finden, wäre gut gewesen. Oder mit mir mal aktiv weiter zu denken, was ich sonst noch hätte lernen können. Und doch brachte mir meine Mutter, zufällig, meine Zukunft mit nach Hause. Sie hatte eine Bekannte auf der Straße getroffen und von mir und meiner fehlenden Lehrstelle erzählt. Diese Frau arbeitete bei der HO, der „Handelsorganisation – Industriewaren" in Berlin-Mitte. Heute würde man sagen, dass sie da eine gehobene Position innehatte. Sie schlug meiner Mutter vor, mich bei der HO Einzelhandelskaufmann lernen zu lassen. Mutters Bekannte sagte zu, dass sie sich für mich um einen Besichtigungstermin im „Columbushaus" am Potsdamer Platz kümmern würde. Dort könnte ich mich in allen Branchen umsehen und mich eventuell entscheiden, auf welchem Fachgebiet ich lernen wollte. Das „Columbushaus" war eines der zwei HO-Warenhäuser in Ostberlin, die nach dem Krieg schon mit Industriewaren handelten. Zu der Zeit, erst sechs Jahre nach dem Krieg, nach einer totalen Zerstörung Berlins und drei Jahre seit der Gründung der HO, war noch keine Branchenvielfalt zu erwarten. Zurückblickend kann ich heute immer noch staunen, wie groß das Angebot damals trotzdem schon war – wenn auch gering sortiert. Es gab sogar eine Damenhutabteilung. Aber auch eine Technische Abteilung, mit einem sehr geringen Sortiment an Radios, Kinderwagen, Fahrrädern, auch Fotoapparaten und alles, was an Technik in einen Haushalt gehörte. Der Zufall wollte es, dass mich eine junge Frau durch das Warenhaus führte, die ich schon vom Sehen aus unserer Nebenstraße kannte. Als wir den Rundlauf abgeschlossen hatten, fragte mich mein Begleitfräulein: „Na, welche Branche gefällt dir denn?" Ein Achselzucken war meine Antwort. „Technik, Technik ist doch was für einen Jungen",

schlug sie vor. Kurzes Überlegen und dann meinte ich salopp: „Na gut". Mit diesem fast unbeabsichtigt gesprochenen Satz hatte ich die Besichtigung positiv entschieden und abgeschlossen. Welche Wahl hätte ich denn sonst noch gehabt?
Zumal der Zeitpunkt des allgemeinen Lehrbeginns immer näher rückte. Wenn das hier nichts geworden wäre, dann hätte ich eventuell Gärtner lernen wollen – und das 1951! Da wäre es nicht um Blumen oder kultivierte Pflanzen gegangen, sondern vielleicht darum, wie man aus Kartoffelschalen Ableger für eine gute Kartoffelernte machen könnte. Also war ich ab 15. September 1951 Fachverkäufer-Lehrling im „Columbushaus". Der neue sozialistische Staat, zumindest wollte er einer werden, war für die Abschaffung des privaten Einzelhandels eingetreten und bildete daher ab meinem neuen Lehrjahr keine Einzelhandelskaufleute, sondern nur noch Fachverkäufer mit einer zweijährigen Lehrzeit aus. Wer den Mini-Handwerksschrank meines Vaters gesehen hätte, wüsste, mit welchen technischen Nicht-Vorkenntnissen ich meine Lehre in der technischen Abteilung angetreten habe. Mein erster und zugleich missglückter Versuch war, einen Antennendraht in einem Bananenstecker zu befestigen. Oh je. Normaler Weise kann man da gar nichts falsch machen. Doch ich konnte. Mit mir lernten in der Abteilung für Technik der technisch begabte Wolfgang, die zwei Jahre ältere Monika (schon eine hübsche junge Frau, für die ich schwärmte) und die kleine Helga, ganz brav mit Schmollmund, aber ansonsten eine graue Maus. Das Personal der Abteilung bestand aus dem Abteilungsleiter mit einer im Krieg zerschossenen rechten Hand. Außerdem gab es die Herren Schulze und Hebel, vielleicht Anfang zwanzig, über die es später noch etwas zu erzählen gibt. Eine ältere Frau mit angedeutetem Dutt, die sich vorrangig um Kinderwagen, Bügeleisen usw. kümmerte und Fräulein Haller, die ihrer Meinung nach die Fachfrau für Fotofragen war, gehörten ebenfalls dazu. Mit viel Ehrfurcht und Achtung glaubte ich, mich in diese Verkäuferriege einbringen zu müssen. Ich sprach also alle Kollegen mit „Herr" und „Frau" an. Eines Tages stand ein in meinen Augen älterer Mann vor mir am Ladentisch und sagte, er sei der Hausmeister und würde *Piele* heißen. Als ich ihn dann im Gespräch

mit „Herr Piele" ansprach, bestand er darauf, dass ich zu ihm „Kollege Piele" zu sagen hätte. „Herr Piele", so meinte er, sei sein Vater gewesen und der sei schon lange tot. Seine durch ihn selbst veränderte Titelführung war sicherlich der bei ihm angekommene sozialistische Wind der neuen Arbeiterklasse. Die Achtung vor Leuten, auch in höherer Dienststellung, verwässerte über die Jahre so weit, dass ein Kraftfahrer seinen Direktor mit „Kollege", wenn nicht sogar mit *Du* ansprach. Waren beide Genossen, also Mitglieder der SED, gab es das „Du" sowieso als Parteiorder. Aus meiner Sicht war das *Du* der Untergang der gegenseitigen Achtung.

Die beiden Verkäufer, Hebel und Schulze, hatten wahrscheinlich irgendwelche technischen Berufe gelernt und waren jung; so jung, dass sie vor 1945 nicht zum Barras mussten und der Krieg sie nicht an die Front getrieben hatte. Und so jung wie sie waren, so verrückt waren auch ihre Ideen. Zu zweit schaukelten sie sich in vielen Situationen gegenseitig hoch. Zur damaligen Zeit gab es Radioapparate, etwas bessere, mit einem sogenannten magischen Auge. Das magische Auge war frontal, zwischen Lautsprecher und Skalenbereich, installiert. Je nachdem, wie klar der Radiohörer den Sender eingestellt hatte, verengte sich die grüne Anzeige. Ein Beispiel eines besonderen Verkaufsgesprächs unserer beiden Verkaufs-Spezialisten fällt mir noch ein. Durch einen Kunden nach der Funktion des magischen Auges befragt, erklärte ihm der eine der beiden Fachverkäufer, dass das magische Auge die Anzeige des Stromverbrauchs sei. Je mehr es sich schließt, je schärfer der Sender eingestellt ist, umso mehr Strom verbraucht der Radioempfänger. Das Ziel solcher Art Verkaufsgespräche war es zu erreichen, dass der andere Kollege sein Lachen unter dem Ladentisch verstecken musste. Ein Radioapparat mit einem magischen Auge, das war schon ein toller Qualitätsanstieg nach der Volksempfänger-Ära. Diese Radios gab es nicht immer, sie hatten ihren Preis und es war ein Erfolgserlebnis für einen Kunden, wenn er ein solches Gerät ergattern konnte. Einmal brachte bei uns so ein Prachtstück keinen Ton mehr heraus. Sein magisches Auge funktionierte aber noch. Diese Situation veranlasste die beiden wieder mal zu einer

„besonderen Maßnahme", um sich in ihrer „Verkaufskultur" weiter zu profilieren. Aber auch, um das Gerät nicht an den Hersteller zurückschicken zu müssen. Mit einem erhebenden Gefühl der Vorfreude stand diesmal wieder ein potentieller Käufer vor, der defekte Radioapparat auf und der Verkäufer hinter dem Ladentisch.

Dazu, etwas versteckt, stand ein weiterer Apparat, der funktionierte mit dem zweiten Verkäufer, unter dem Ladentisch. Nun erklärte der „Könner", der den Kunden bediente, die Besonderheiten des Gerätes. Die absolute Kunst dieses Verkaufsgespräches oblag dem Verkäufer, der unter dem Ladentisch das „gesunde" Radio bediente, denn was der eine von ihnen dem Kunden erklärte, musste der andere mit dem funktionierenden Gerät vorführen, damit das defekte Gerät wirkte, als wäre alles in Ordnung. Es klingt etwas utopisch, aber seine Freude, einen solchen hochwertigen Apparat überhaupt bekommen zu können, schmälerte offensichtlich die Aufmerksamkeit des Kunden. Er kaufte den Apparat, denn das funktionierende magische Auge überzeugte ihn und schürte beim Kunden keinen weiteren Argwohn. Vor gegenseitiger Anerkennung schlugen sich anschließend unsere beiden Verkaufsgenies auf die Schultern. Der Schelmenstreich war geglückt. Ich stand mit offenem Mund da. Durch diese oder andere Kundendienste der beiden verringerte sich meine bisher offensichtlich unbegründete Anerkennung gegenüber unseren Star-Verkäufern erheblich. An Rentner wurden Bezugsscheine ausgegeben, durch die sie einen einfacheren Radioapparat preisgünstig erwerben konnten. Nun stand so ein erfreutes Muttchen vor mir am Ladentisch und lies sich einen Apparat vorführen. „Also, hier den Radioapparat anschalten und wieder ausmachen", erklärte ich ihr. „Hier vorn die Radiosender einstellen und hier hinten, da sind zwei Buchsen für Antenne und Erde", erklärte ich beim Bedienen des Apparates. Da sah mich die Oma schon ganz ungläubig an. Ich war inzwischen ja schon „wissend", daher sagte ich ihr: „Da nehmen Sie zwei Bananenstecker, machen einen Draht rein und drehen jeweils einen davon um den Wasserhahn und den anderen um den Gasanschluss. So kriegen Sie mit dem Antennendraht einen besseren Empfang der Sender. Und der zweite Draht ist für die Erde. Auch

Bananenstecker, Draht rein und den Draht um den Gasanschluss wickeln", erläuterte ich. Ihr Staunen nahm kein Ende. Omas Reaktion: „Watt`n, mit Jas looft der och?"

Mit meinen neuen Lebensbeobachtungen stand ich also nun hinter einem Ladentisch und dachte: ‚Was ich jetzt hier mache, den Beruf, den ich hier lerne, muss und werde ich 50 Jahre lang machen müssen, bevor ich 2001 in Rente gehe.' Das waren Gedanken ohne Wertung. Ich weiß genau, dass ich damals nicht schon über irgendwelche Alternativen nachgedacht habe, um aus diesem zu erlernenden Beruf wegzurennen, sondern nur, dass 50 Jahre eine lange Zeit sein würden.

Mein erster Kontakt mit Bild und Licht

Durch meinen Mitlehrling Peter aus der Berufsschule entwickelte ich die Begeisterung und das Interesse für die Fotografie. Im Columbushaus war die Fotoabteilung nur ein Regal breit. Einmal stand sogar eine „Contax" darin, eine analoge Kleinbild-Spiegelreflexkamera 24 x 36 mm für 3.000 Mark. Die durfte ich mir nur respektvoll aus halber Entfernung ansehen. Klappkameras gestattete man mir schon mal anzufassen. Etwas unsortiertes Fotopapier war auch im Angebot. Damit war das Fachgebiet Fotografie im Columbushaus erschöpft. Peter lernte bei der HO in Weißensee, am Antonplatz, in einer HO Foto-Uhren-Verkaufsstelle, worum ich ihn bald beneidete. Ein alter Fotograf leitete das Geschäft und lehrte Peter, was Fotografie ist. Davon konnte ich bald durch meinen Kontakt zu ihm profitieren.

Eines Tages brachte Peter ein 6 x 6 cm-Foto – natürlich schwarz-weiß, chamois, Büttenrand – mit in die Berufsschule. Seine Bemerkung: „Das habe ich gemacht" konnte mich nicht beeindrucken, denn auf einen Auslöser am Fotoapparat zu drücken, das konnte ich schließlich auch schon. Aus meiner Nicht-Reaktion schlussfolgerte er, dass ich innerlich „Na und?" gesagt hatte. „Das habe ich selbst kopiert, entwickelt und fixiert", ergänzte er. Damit hatte er mich erwischt und ich wollte natürlich genau wissen, wie man so etwas macht. Einige Tage später kam Peter mit allem, was man für ein derartiges „Forschungsprojekt" brauchte, zu mir nach Hause. Ich stand neben ihm. Mehr daneben als hilfreich zur Seite. Bevor ein Papierbild entstand, gab es einiges zu tun. Fenster verdunkeln, die normale Glühbirne gegen eine gelbe auswechseln und die drei Fotoschalen mit dem Wasser in der richtigen Temperatur füllen. Die Labor-Inkredenzien, wie der Entwickler und das Fixiersalz, mussten auch aufgelöst werden. Fixiersalz im Wasser auflösen und nicht umgekehrt. Das war mein erstes Lernergebnis dieser „Fotosafari". Ich schaute ihm interessiert und staunend zu, was er so alles vorbereiten musste, bevor es losgehen konnte. Das Staunen sollte noch größer werden, als es dann ernst wurde. Peter legte sein

Negativ in einen Kopierrahmen, der auf einen kleinen festen Karton montiert war. Darauf legte er dann ein Blatt Fotopapier, machte mit der Opallampe, die er in dem Karton installiert hatte, Licht an und aus und schob dann das blanke Stück Papier in die erste vorbereitete Lösung. Was dann geschah, war wirkliche Zauberei für mich. Auf dem Blatt Papier, das in der mit Entwickler gefüllten Schale lag, erschien erst mal nichts, dann recht blass und dann immer kräftiger werdend – ein Bild. Ein richtiges Schwarz-weiß-Bild! Ich starrte darauf und konnte es gar nicht fassen. Von da an war die Fotografie mein Ding. Ab jetzt wollte ich alles darüber wissen. Fräulein Hellers Fachkompetenz verblasste nach diesem Erlebnis merklich. Schon bald kam ich meinem Wunsch nach Bildern einen großen Schritt näher. 1952 konnte ich mir, als Weihnachtsgeschenk meiner Eltern an mich, für 16,50 Ostmark eine „Pouva Start" kaufen. Ein 6 x 6 Fotoapparat aus Plaste, der von 1952 bis 1955 gebaut wurde und für damalige Begriffe ganz gute Fotos machte.

Das Columbushaus war nach Kriegsende das einzige Gebäude, das auf dem Potsdamer Platz noch stand. Es war zwar stark beschädigt, doch infolge seiner modernen Bauweise hielten sich die Kriegsschäden in Grenzen. 1948 hatte der Magistrat/Ost das Gebäude für sich beansprucht und Wertheim enteignet. Danach zog die HO in den Teil des Gebäudes ein, der noch bewirtschaftet werden konnte. Ende 1952 eröffnete die HO-Industriewaren Mitte ein Foto-Uhren-Fachgeschäft in der Chausseestraße 113 – Ecke Invalidenstraße. Da ich mich inzwischen selbst zum Fotofachmann ernannt hatte, kam ich zu meiner Freude dorthin. Das war meine Welt, ein halber Laden für die Fotografie. In diesem Geschäft machte ich im Sommer 1953 meine Facharbeiterprüfung als „Foto-Fachverkäufer", wie es dann zum Schluss hieß. Doch vor meiner Gesellenprüfung gab es ein Ereignis, worüber man heute noch immer und immer wieder spricht, wenn sich das Datum nähert.
Der 17. Juni 1953.
Am frühen Morgen hatte der RIAS Meldungen von Streik und Demonstrationen der Bauarbeiter der Stalinallee durchgesagt. Ausgerechnet die Bauleute der Stalinallee, die doch unsere Prachtstraße werden sollte, legten ihre Arbeit

nieder. Ich war im Laden. Einer unserer Stammkunden, ein Bildreporter, kam in das Geschäft und erzählte davon, was er morgens schon von dem Aufruhr gehört hatte. Derweil wir uns noch so über Eventualitäten unterhielten, wurden von der Straße Stimmen hörbar. Die eine Schaufensterscheibe zur Chausseestraße wurde dunkler. Menschen füllten Straße und Bürgersteig. Rufe wollten nicht enden. Aus Westberlin, am Walter-Ulbricht-Stadion vorbei, kamen diese Menschenmassen gelaufen, die zur Regierung in die Stadtmitte wollten. Wie ich später hörte, handelte es sich um die Arbeiter aus Hennigsdorf, wo 15.000 Leute streikten und sich teilweise auf den Weg gemacht hatten. Sie nahmen den kürzeren, gefahrloseren Weg durch Westberlin. Niemand stellte sich ihnen in den Weg, weil niemand von der Ost-Regierung mit Revolten, schon gar nicht mit solchen aggressiven Ausschreitungen, gerechnet hatte. Nach meinem Feierabend trieb mich die Neugier auch auf die Chaussee- und Friedrichstraße, bis kurz vor „Unter den Linden". Zur damaligen Mittelstraße kam ich und dann stoppten russische Panzer aus halbnaher Distanz mein „Interesse". Ich weiß noch, dass ich mit vielen anderen, meist Männern, in eine Kellerkneipe getürmt bin. Später habe ich die Kneipe wiederfinden wollen. Vergebens. Sicherlich war alles an diesem Tag zu aufregend, um es korrekt gespeichert zu haben. Am nächsten Tag war bei uns zu Hause der Arnimplatz voll mit russischen Militärfahrzeugen und Zelten. Am 17. Juni galt seit 13.00 Uhr der Ausnahmezustand für den sowjetischen Sektor von Berlin, der erst am 11. Juli 1953 wieder aufgehoben wurde. Die Situation war eindeutig, die sowjetische Militärbehörde übernahm die Regierungsgewalt in der gesamten DDR und setzte sowjetische Truppen gegen die Aufständischen ein, denn vielerorts revoltierte die Arbeiterklasse.

Bald war meine Lehrzeit beendet und wir Lehrlinge wurden im August des gleichen Jahres „freigesprochen". Ich war 16, wenn auch nur noch einen Monat lang. Mein damaliges Ziel war, meine Lehre ohne Ablenkung absolvieren zu wollen. Darunter verstand ich, dass ich mir, bis ich „Geselle" war, keine Freundin anlachen wollte. Daher weiß ich auch nicht, ob damals überhaupt ein Mädchen zurückgelächelt hätte. Auch Kontakt und Umgang mit ihnen hatten wir ja für ein Probeflirten in unserer reinen Knabenschule nicht. Und bei den beiden weiblichen Mitlehrlingen? Das „Fräulein" wurde ja schon von richtigen Männern hofiert und unsere „graue Maus" war mir zu grau. Und überhaupt, wie schon gesagt, meine Einstellung war generell erst mal ein „Nein". Diese meine Grundeinstellung als Lehrling bezüglich einer potenziellen Freundin hat mir nicht unbedingt gutgetan. Sie war auch durch den damaligen Satz meiner Tante „Berni wird wohl nie eine Frau kriegen" negativ konserviert. Da sich in mir bestimmte Gedanken gefestigt hatten, wie es nach der Lehre in Sachen Männlichkeit sein würde, hatte ich auch bestimmte Gedanken zum Thema Freisprechung nach der Lehre. Zu einer „männlichen Freisprechung" gehörte in der allgemeinen Gedankenwelt unserer Truppe, nach der Fete mit einem Taxi nach Hause zu fahren. Das war darin begründet, weil man dann auch als „freigesprochener Mann" einen kräftig abgebissen haben sollte. Man hatte sich quasi frei gesoffen. Unser kleines Lehrlingskollektiv war komplett durch die Prüfungen gekommen und wir sahen uns daher traditionsgemäß veranlasst, die "Alten" einzuladen. Für unsere Gesellenprüfungsfete hatten wir uns „Clärchens Ballhaus" in der Auguststraße ausgeguckt. Das schien uns nahe liegend, weil sich das Ballhaus nahe an unserem Fotogeschäft befand. Heute denke ich, dass es unser verrückter Lehrausbilder war, der das für uns ausgewählt hatte. Mit Tischtelefon, Lifemusike, Frauen und so weiter. Da ich mit meinen 16 Jahren sicher noch wie ein „Bubi-drück-mich" aussah, wollte mich der Rausschmeißer des Clärchens nicht einlassen. Erst als unsere Kassiererin, sie hätte meine Oma sein können, mit absolutem Einsatz behauptete, dass sie meine Mutter sei, durfte ich mit. Dem ging das Vorzeigen unserer beiden Personaldokumente voraus, mit der Behauptung „meiner Mutter", dass sie nach meiner Geburt noch mal geheiratet hätte. Der Einlasser grinste und gab sich geschlagen. Nach dem Genuss einer für mich fremden Unterhaltungswelt habe ich mich natürlich mit einem Taxi nach Hause fahren lassen. Das war anscheinend auch bitter nötig, denn als meine Mutter am nächsten Morgen meine Zimmertür aufmachte, glaubte sie, im Alkoholnebel zu ersticken, so sagte sie. Vor meinem Bett lag auch noch eine „Erinnerung" vom gestrigen Tag.

Ausgelernt

Nun war ich also Foto-Fachverkäufer. Mein Gehalt betrug 280,- Mark. Ob Brutto oder Netto, das weiß ich nicht mehr. Mit meiner Mutter war abgestimmt, dass ich 100,- Mark Kostgeld abzugeben hatte. Der Rest stand mir zur Verfügung. In folgender Reihenfolge wollte ich mir Wünsche erfüllen und den Rest ausgeben für:
- ein Sakko,
- ein „Praktika"- Gehäuse,
- ein separat bestelltes Standard-Objektiv „Tessar" 2,8 / 50 Millimeter.

Für und mit der Kamera habe ich beides getrennt gekauft. Nicht nur, weil ich nicht genügend Geld hatte, sondern auch, um den Anpassungspreis von 50,- Mark zu sparen, der bei einem kompletten Kauf immer zugeschlagen wurde. Damit war mein Herzenswunsch erfüllt. Ich hatte eine „Praktika"! Im August 1953 hatte ich ausgelernt und ab 15. September 1953 war ich Lehrlingsausbilder für zwei Lehrlinge. Ich, mit 16 Jahren. Da fehlten an der 17 zwar nur noch zehn Tage, aber immerhin! Es war ein Verdienst meiner mit Leidenschaft erworbenen fotografischen Fachkenntnisse, aber auch zugleich der Beweis vom Mangel an Fachkräften, die älter waren und mehr vom Leben wussten.

Zur gleichen Zeit hatte mich das HO-Warenhaus am Alex „gekitzelt", indem sie wollten, dass ich stellvertretender Abteilungsleiter der Foto-Kino-Abteilung werden sollte. Ich hatte schon zugesagt. Es fehlten nur noch zehn Tage bis zu meinem dortigen Einstieg. Einigen Respekt hatte ich schon vor dieser neuen Aufgabe, weil mir dort alles fremd war und ich doch eigentlich meinte, für so eine halbleitende Leitungstätigkeit zu jung zu sein. Mit dieser Anforderung fühlte ich mich natürlich geschmeichelt, was gefährlich ist, wenn der Bauch sagt: „Tue es nicht!" Im späteren Leben habe ich auch nicht immer auf ihn gehört. Das ist mir dann meist nie gut bekommen und auf den Fuß gefallen! Ich ging nicht zum Alex. Zu meinem Glück erfuhr ich rechtzeitig genug, dass der VEB Carl Zeiss Jena noch vor Weihnachten in der Stalinallee einen Industrieladen für Foto-Kino-Optik eröffnen würde. Beworben und genommen! Das alles gehörte zu einer Branche, die mich sehr interessierte. Das komplette, für Kunden zugängliche Obergeschoss war die Außenstelle des VEB Carl Zeiss Jena, mit einem offen gestalteten Kinoraum, der auch kleinen Vorträgen dienen sollte. Ich war also nun ein junger Fachverkäufer, neben auch älteren, hinter dem zweiten Ladentisch. Peter von der HO-Weißensee und Edith von der HO-Pankow – meine ehemaligen Mitschüler der Berufsschule – waren inzwischen auch meine neuen Kollegen im Industrieladen geworden.

Der Chef des Industrieladens war vom Typ her einer mit Stehkragen, mit einem schmalen Schnauzer und spitzer Nase. Eine Erfahrung fürs Leben. Artig und stramm die Haare gescheitelt. Er führte das Geschäft mit hohen Anforderungen an alle und an sich selbst so hervorragend, dass dieses Fachgeschäft heute noch Bestand haben könnte. Das war ungewöhnlich in der Zeit des sozialistischen Einzelhandels. Das Kundenniveau rechtfertigte durchaus seine damals an uns gestellten Forderungen, unter denen ich etwas litt. Ich bewundere ihn noch im Nachhinein, obwohl er mir in meiner Anfangsphase nicht gutgetan hat, denn mit Peter und mir lag er ständig im Clinch. Wir waren ihm sicher zu wenig zähmbar, obwohl wir berechenbar waren, denke ich. Wir bewegten uns aus meiner Sicht normal und sehr umsichtig. Er fühlte sich offensichtlich nur wohl, wenn er meckern konnte. Das nahm von ihm alles, was ihm Sympathie eingebracht hätte. Ich persönlich hatte stets so einen grafischen Touch. Unsere Schaukästen an den Säulen im Laden waren kahl und sollten dekoriert werden. Das machte ich gerne auch ohne offizielle Aufforderung. Recht gut und gelungen, fand ich. Unser „Häuptling" hatte etwas gegen meine Aktivitäten. Er meinte, dass ich mit meinem Verkäuferkittel hinter den Ladentisch gehörte. Das bremste mich, meine Interessen und Neigungen. Es irritierte nicht nur mich, sondern auch Peter, weil wir nun gar nicht mehr wussten, wie wir uns künftig verhalten sollten, um bei ihm nicht anzuecken. Zudem hatte er sich ausbedungen, dass wir mit Schlips und Kragen und Kittel hinter dem Ladentisch stehen müssten. Aber über die Folgezeit hatte sich meine Position im Zeiss- Industrieladen gefestigt. Erwähnt habe ich ja schon, dass der Tenor unseres Geschäftes, vertreten durch unseren Chef, sehr kundenfreundlich orientiert war. So konnten die Kunden bei uns kostenlos an vier Lehrgangabenden teilnehmen, an denen ihnen das Grundwissen über die fotografische Praxis oder auch das Schmalfilmen mit der AK 8 vermittelt wurde. Ich wurde der Dozent für das Vermitteln von Grundwissen zur Schmalfilmerei, in ihrer ganzen Facette bis hin zum Schnitt. Das lehrte mich natürlich auch einiges, ganz besonders das freie Sprechen vor 25 Leuten, über jeweils viermal zwei Stunden. In den fünfziger Jahren hatte die 8 mm-Schmalfilmerei etwa den Status wie es heute die Computerwelt inne hat. Es war das Modernste an Technik, was für die Allgemeinheit gerade aktuell wurde. In seiner Einfachheit war das Schmalfilmen mit wenigen Grundkenntnissen erfolgreich beherrschbar. Wenn der Benutzer mehr Interesse dafür zeigte, als nur mal so im Urlaub einen Film zu „drehen", war das ganze System gestalterisch interessant ausbaubar und stellte höhere fachliche Ansprüche. Leute, die sich das finanziell leisten konnten (Kamera, Projektor, Leinwand, evtl. einen kleinen Schneidetisch) griffen danach und waren stolz und glücklich damit. Das Leben zappelte auf der Projektionswand und die emotionale Freude an der Widerspiegelung des Erlebten war nicht zu übertreffen. Und wenn jemand nicht mehr weiterkam: Ich wusste, wie es gehen würde. Im Fotoladen in der Chausseestraße hatte ich es damals schon erlebt, dass Berufsfotografen, in meinem Fall Bildreporter, zu uns kamen, um mal einen Gesprächspartner zu haben, mit dem man „fotografisch klönen" konnte, denn sonst kochte man ja nur im eigenen Saft. Das wiederholte sich auch im Industrieladen. Unter anderem kam häufig ein Pressefotograf der „Berliner Zeitung". Das, was ihn optisch als Fotokünstler ausmachte, war seine Baskenmütze. Mehr Kunst demonstrierte man damals noch nicht. Eines Tages kam er wieder in den Laden. Ich konnte ihn gleich rühmen, denn ich hatte entdeckt, das die „Berliner Zeitung" in ihrer Wochenendausgabe eine Ratgeberseite eingerichtet hatte, in der er seine Fototipps veröffentlichte. „Ja, mein Lieber, deswegen bin ich nämlich hier", meinte er und teilte mir mit, dass die Bildredaktion, die für diese Wochenendseite verantwortlich war, einen Autor in Sachen Schmalfilm suchen würde. „Willste?" Na klar wollte ich. Das Angebot hatte erheblich an meiner Ehre gekitzelt. Meinem Chef konnte ich damit im Stillen die Nase zeigen. Ich ahnte, wie beeindruckt er wäre, wenn etwas Geschriebenes von mir in der Zeitung stünde. In zeitlichen Abständen, und auch auf Reserve, habe ich meine zweiseitigen Schreibmaschinenartikel bei der Redaktion abgeliefert. Dafür erhielt ich immerhin 60,- Mark, je nach Anzahl der Zeilen bis 100,- Mark. Meine ersten Seiten habe ich von unserer Chefsekretärin heimlich abschreiben lassen. Vielleicht auch durch meine verfassten Artikel für die „Berliner Zeitung", hatte ich am Schreiben Gefallen gefunden und schrieb mehrere Kurzkrimis und auch Gedichte. Ich jedenfalls fand alles recht gut geschrieben und spannend auch. Hätte aber gern eine fachliche Bewertung und einen guten Rat bezüglich einer eventuellen Veröffentlichung gehabt, daher sprach ich im Laden einen mir bekannten Schriftsteller an. „Na ja", sagte er, „ich kann mir das ja mal ansehen." Beim nächsten Besuch übergab ich ihm meine wenigen „gesammelten Werke". Nach einiger Zeit bekam ich vom Schriftstellerverband ein Schreiben. Darin stand, dass ein Talent spürbar sei und ich mich einem Zirkel „Schreibende Arbeiter" anschließen möge. Diese Antwort entsprach der damaligen politischen Tendenz. Natürlich war ich über diese Empfehlung enttäuscht, auch weil sie „amtlicherseits" kam. Nachdem ich diese Ablehnung verkraftet hatte, schien mir der Rat logisch, denn ich war ja nicht als Schriftsteller geboren worden. Immerhin hatte ich für mich eine erste literarische Bewegung erzeugt.

Einmal geriet ich in große Aufregung, meinte ich doch, einen Stoff für eine ergreifende Geschichte, sogar für einen bedeutenden Roman gefunden zu haben. Ich war so vermessen zu glauben, dass es darüber noch nichts Geschriebenes gab. Es war das Rotlichtmilieu, auf das ich 1958 zufällig gestoßen wurde, als mein Bus, von Dahlem kommend, mit mir nicht zum Bahnhof Zoo fuhr. Da wurde gebaut. Der Bus hielt an der Straßenkreuzung Joachimsthaler-Ecke Augsburger Straße. Straßennamen, die bekannt waren

– genau dafür. Mir sagten sie jedoch damals noch nichts. Ich war unwissend, nicht mal halb wissend, über all das, was ich bis jetzt noch nicht mal anderswo bemerkt hatte. Rotlichtmilieu, darüber sprach das Volk damals hinter vorgehaltener Hand und voller Verachtung, obwohl keiner Genaues wusste vom Wie und Warum. Meine Generation jedoch war voll von einer nicht unerheblichen Portion Neugier. Besonders wir im Osten. Da gab es keinen Straßenstrich, keine Fotos von spärlich bekleideten jungen Damen im Schaufenster, auch keine Bordelle. Jedenfalls nicht offiziell. Wie man hörte, gab es so etwas höchstens in Leipzig zur Messe, staatlicherseits sanktioniert für die Messebesucher aus dem Ausland. Ich stand nun also an dieser für mich noch nicht berühmten Straßenecke vor den Schaufenstern eines großen Fotogeschäfts. Fachlich hoch motiviert bekam ich nichts von dem mit, was mich umgab. „Na, wie wär´s denn mit uns beiden?", fragte eine weibliche Stimme, deren Eigentümerin sich in der Scheibe spiegelte. Ich war zusammengezuckt und schüttelte erschrocken den Kopf. Irgendwie fühlte ich mich in dem Moment wie ertappt. Aber wobei? Nun wurde ich aufmerksam und hellhörig. Gehört hatte ich schon was vom „horizontalen Gewerbe", aber noch nie was davon oder darüber gesehen. Und nun das, unerwartet und plötzlich. Jetzt wollte ich meine Kenntnislücke durch diesen Zufall mit Wissen füllen. Ich war „wachgeküsst" und ging ans Beobachten. Vor den Haustüren waren Stufen. In den Haustürvorbauten standen sie, die „Damen", versammelt und auch einzeln. Manch ein auffordernder Ruf verfolgte mich auf meinem forschenden Weg. Ein Polizist auf Streife ging an mir vorbei. An den Haustüren mit Damenbesetzung auch, ohne sie scheinbar zu bemerken. Anders als wir Kinder damals, blieben die Damen vor dem Hauseingang stehen und gingen nicht vor dem Polizisten in Deckung. Einige Wortbrocken, die ihm galten, ihn aber nicht verhöhnten, flogen durch die Luft. Da fiel mir wieder unsere Schupo-Angst aus meiner Kindheit ein. Eine Kneipentür ging auf, zwei Männer und eine Lady, nicht mehr ganz frisch, kamen heraus. Sie diskutierten heftig über einen Preis. Mein Ziel war, mich scheinbar desinteressiert näher an die drei heranzupirschen, denn ich wollte ja etwas von dem Gespräch mitbekommen. Beide Männer äußerten gleichzeitig, mit ihr gehen zu wollen. Das löste ihrerseits scharfen Protest aus. „Nee, nee, nur Eener von euch beede. Der andere jeht erst mal zurück in die Kneipe und isst ʼne Bockwurscht, damit er nachher jut bei Kräften is."

Irgendwann trollte ich mich Richtung Bahnhof „Zoo", nicht ohne noch die andere Straße mit meiner Aufmerksamkeit „abgesucht" zu haben. Voll mit Eindrücken bin ich irgendwann endgültig davongezogen. Unterwegs entstand in mir die Idee und die Absicht, das gerade Erlebte literarisch auszubauen. *Bruno Apitz wirst du davon erzählen*, so legte ich mich fest. Apitz war damals ein sehr bekannter Autor des KZ-Romans „Nackt unter Wölfen". Dieses Buch gehörte viele Jahre zum Unterrichtsstoff in der DDR. Beim nächsten Zusammentreffen sprach ich ihn auf dieses Thema an und was mir damit vorschweben würde. Anfänglich griente er nur und dann lachte er mich fast aus. „Ist das alles?", fragte er mich. Ich nickte, enttäuscht darüber, dass Apitz diese für mich bedeutende Idee nicht nachvollziehen konnte. „Junge, die Bücher zu diesem Thema passen nicht in diesen Raum, so viel wurde darüber schon geschrieben", war die Erklärung seines Lachens. Da fragte ich mich: *Was hatte ich denn überhaupt erlebt, was die Welt erfahren sollte?*
Eines Tages stand eine Frau an meinem Ladentisch der Kinoabteilung, der man das Besondere irgendwie ansah. Es war nichts direkt Bestimmbares. Nicht Schmuck überladen, nicht aufwendig geschminkt, recht natürlich, auch nicht mehr ganz jung – so stand sie im Geschäft. Es ging von dieser Frau etwas aus, von dem man meinen konnte, dass sie alles erreicht, was sie vorhaben würde. Sie fragte mich, ob ich Herr Bock sei und sagte weiter, dass man sie zu mir geschickt hätte. Sie sagte aber nicht – wer. Lange redete sie nicht herum, sondern erzählte mir, dass sie gerne mit 8 mm filmt und jemanden sucht, der das mit ihrer Kamera Gedrehte anschließend schneidet. Für die technischen Bedingungen würde sie sorgen. Ich müsste nur zu ihr nach Dahlem kommen, das im damaligen Westberlin lag, damit wir uns gemeinsam alles ansehen könnten. Dann wären die Rollen zu ordnen und sie könne mir gewesene Abläufe erklären, um danach die Szenen zu schneiden. Die Frau war Maria Felsenstein.

Ich sagte zu. Erstens lag es inzwischen in meinem Interesse und Können, so etwas zu machen, Schnittrhythmus und mehr. Zweitens brachte es mir wahrscheinlich etwas Geld und drittens war die Frau die Gattin des Intendanten der „Komischen Oper" Berlin, Walter Felsenstein. Frau Felsenstein schenke ihrem Mann jedes Jahr zu Weihnachten die Aufführung eines Krippenspiels; dargeboten von den Söhnen Christoph und Johannes. Aufgeführt in der Diele ihres Hauses mit guten Dekorationen, Kostümen und Originalgesang der Jungen. Dieses jährliche Krippenspiel, das Frau Felsenstein für ihren Mann inszenierte, filmte sie später und nahm den Ton dazu vorher original auf. Danach kam ich ran mit einer Sache, die damals vielleicht vorher noch keiner gemacht hatte. An dem 8 mm Projektor konnte man eine Stroboskop-Scheibe ansetzen und damit den korrekten, gleichmäßigen Lauf halbwegs einstellen und kontrollieren. Es gab auch eine Möglichkeit, mittels eines dazwischen geschalteten Synchrongerätes über eine biegsame Welle den Fast-Gleichlauf zwischen dem Filmprojektor und dem Tonbandgerät herzustellen. Alles war einfachste Amateur-Technik, wenn ...
Einen Schmalfilm mit neutraler Sprache und Musik einigermaßen synchron zum Laufen zu bringen, wurde so möglich. Wenn das Bild durch mich „genial" zum Ton geschnitten wurde, klappte es mit dem synchron wirkenden Lauf.

Frau Felsenstein und ich machten damals so etwas scheinbar Aussichtsloses. Und das bei 8 mm! Die 35 mm Film-Profis würden heute „na und"? sagen. Richtig. Doch wir mit der primitiven 8 mm Technik? Viel Arbeit und nochmals Arbeit, aber es hat am Ende geklappt und Spaß gemacht. Diese Zusammenarbeit mit Frau Felsenstein dauerte von 1956 bis zum Mauerbau 1961. Danach kam ich nicht mehr zu meiner „Arbeitsstelle" nach Dahlem.

Auch hatte sich ab Sommer 1960 eine berufliche Möglichkeit, trotz meines Vaters „Westarbeit", endlich verbessert. Dadurch war ich dann auch anders orientiert. Alles hat eben seine Zeit.

Begegnungen mit Bruno Apitz

Den Namen kannte man damals in der DDR. War er doch der berühmte Autor seines noch berühmteren Buches „Nackt unter Wölfen", dem Buch, das die DEFA verfilmt hatte. Es behandelte sein Schicksal im KZ Buchenwald. Ich kannte ihn vom Sehen, weil er in einer Seitenstraße von meiner Driesener wohnte. Ich wusste zum damaligen Zeitpunkt nicht, dass er *der* Herr Apitz war. Er war etwas kleiner als ich und schlank. Wenn man sein Leben kannte, dann konnte man sehen, dass es sich in seinem schmalen Gesicht widerspiegelte. Flinke Augen blickten hinter dicken Brillengläsern hervor. Schütteres Haar rahmte sein Gesicht, streng nach hinten gekämmt. Seine Anzüge wirken immer etwas zu groß, vielleicht war er ja vor dem KZ einfach etwas fülliger von Gestalt gewesen. Als er bei uns im Zeiss-Laden etwas kaufen wollte, machten wir uns schnell bekannt, weil ich ihn in dem Verkaufsgespräch auf unsere Wohngegend ansprach. So ergab es sich, dass ich auch mal in seiner Wohnung war und er mich ins Kosmos-Kino in der Stalinallee zu einem gemeinsamen Kinobesuch einlud. Auf dem Weg dahin eröffnete er mir die Bedingung für einen Zeitvertreib: „Wer auf dem Weg zum Kino einen Knopf auf der Straße liegen sieht, also ihn findet, ist Sieger. Der Verlierer muss dann für uns beide den Eintritt bezahlen", sagte Apitz. Das zu bezahlen war zur damaligen Zeit keine Hürde, denn mehr als eine Mark, plus zehn Pfennig Kulturgroschen, kostete ein Kinobesuch pro Person nicht. Wir machten uns also auf den Weg und auf die Suche. Der Weg entsprach etwa der Entfernung einer U-Bahn-Station.

Mein bekannter Autor fand wirklich zwei Knöpfe. Ich keinen. Einer seiner Findlinge war noch ein alter Wäscheknopf, mit Fäden umwoben. Ältere Hausfrauen kennen diese Knöpfe bestimmt noch. Mit dem Knopfsuchen und Finden gab es ein Hallo und es hat viel Spaß gemacht. Zum Schluss hat er, der Sieger, jedoch darauf bestanden, die Kinokarten zu bezahlen.

Meine Begegnungen mit Bruno Apitz waren keine Häufigen, aber immer sehr persönlich. Sie hatten eine gewisse Nähe, waren nie distanziert. Ich glaube, er liebte Kontakte zu anderen Menschen. Ich war damals etwas über 20 Jahre alt, wahrscheinlich immer noch auf der Suche nach meinem" Vater". Bruno Apitz war vier Jahre älter als mein Vater. Ob er Kinder hatte, habe ich ihn nie gefragt. Hatte ich doch Sorge, dass ich in Richtung KZ ein Thema in dieser Richtung berühren könnte, was ich gewiss nicht wollte. Ich nahm ihn einfach als mir angenehmen Menschen wahr und behandelte ihn nicht unterwürfig, wie vielleicht einige andere, die vor seiner Prominenz „stramm" standen und er behandelte mich ganz natürlich, wie ein väterlicher Freund. So, wie ich es mir von meinem Vater gewünscht hätte. Er nahm mich an und wahr, wie ich eben in meiner Jugendlichkeit war. Die von mir ihm gegenüber entgegen gebrachte Achtung hätte er sich nicht mal andeutungsweise „eingefordert". Wir freuten uns beide über unsere Bekanntschaft, weil wir vielleicht bei dem anderen fanden, was wir sonst vermissten. Herzlichkeit und freundschaftliche Wärme.

Viele Jahre später kam mir die Bekanntschaft zu Bruno Apitz beruflich sehr entgegen. Er sollte bei einem späteren Filmprojekt über das KZ Buchenwald mitwirken. Wofür ich ihn dann begeistern konnte. Diese eindrucksvolle und bescheidene Persönlichkeit wird immer einen Platz in meinem Herzen haben.

Der Mann mit meiner Zukunft?

Einmal kam ein Mann in unseren Laden und trat an meinen Ladentisch. Er hatte meine Größe, war älter, aber wirkte mit seinem offen getragenen, sichtlich gebrauchten Sommermantel unvorteilhaft. Ich hatte so meine Probleme mit ihm, weil er zugleich eine unangenehm fordernde Art präsentierte. Erst als wir das Thema sehr stark auf das Fotografische konzentrierten, kamen wir uns näher. Er war noch einige Male Kunde in unserem Geschäft und bat mich eines Tages, zu ihm nach Hause zu kommen, um ihm in aller Ausführlichkeit seine „Contax" zu erklären. Warum nicht, denn bei solchen Aktionen fielen ja meist ein paar „Kullerchen" für mich ab. „Straße am Schiffbauerdamm" war seine Adresse. Diese Anschrift machte mich etwas stutzig, denn da Wohnungen damals amtlicherseits vergeben wurden, ergab sich für mich die Frage, wer der Herr war – mit solch einer exklusiven Wohnadresse. Als ich beschloss, ihn aufzusuchen, war ich neugierig auf Herrn Mayer. Er begrüßte mich und bat mich freundlich in seine Wohnung. Die Wohnung war sehr groß, nicht üppig möbliert, aber sehr geschmackvoll eingerichtet. Es gab Extras und viel Meißner Porzellan. Nachdem ich Herrn Mayer die fotografischen Details und Zusatzmöglichkeiten an der Kamera erklärt und vorgeführt hatte, waren etwa zwei Stunden vergangen. Ich wollte mich verabschieden, da lud er mich zum Essen ein. Ins „Ganymed", am Schiffbauerdamm, an der Ecke zum Berliner Ensemble gelegen. Zu der Zeit, vielleicht noch heute, war es ein Nobelrestaurant mit langfristigen Vorbestellungszeiten, um dort ein Plätzchen zu ergattern. Bisher hätte ich es mir auch nicht leisten können, ein so vornehmes Etablissement aufzusuchen.

Herr Mayer betrat vor mir die Gaststätte, wurde sofort vom Oberkellner empfangen und mit der Bemerkung begrüßt, dass sein Tisch selbstverständlich reserviert sei. Die gegenüber Herrn Mayer gezeigte Freundlichkeit gewährte der Ober auch mir. Der Oberkellner mit einer langen, bis zu den Schuhen reichenden weißen Schürze bekleidet, ging voraus und geleitete uns zum Tisch. Eine so gekleidete Bedienung hatte ich noch nie gesehen. Unweit davon stand ein Flügel, an dem ein älterer Pianist dezent seine Musik „servierte". Etwas später kam der ältere Herr zu uns an den Tisch und fragte Herrn Mayer, welches Stück er für ihn spielen dürfe. Ich glaube, Herr Mayer hatte sich die „Lerche" bestellt. Mir war so, als müsste der Pianist sie immer spielen, wenn er bei Herrn Mayer dessen Wunsch erfragte. Nun war es an mir, aus der Speisenkarte auszusuchen, was ich essen wollte. Das meiste, was darauf angeboten wurde, konnte ich gar nicht ins für mich Fassbare übersetzen, so dass mein Gastgeber es gern übernahm, das Passende für mich auszusuchen, was mir sehr recht war und Herrn Mayer freute. Das „Ganymed" war und ist nicht breit, aber ziemlich lang und von unserem Tisch aus konnte man gut den Eingang sehen. Ein groß gewachsener, junger Mann trat ein, nahm seine Chauffeur-Mütze ab, stellte sich neben die Eingangstür und blieb dort abwartend stehen, seine Mütze vor die Brust haltend. Niemand kümmerte sich um ihn. Man ließ ihn dort stehen, offenbar war er dem Personal gut bekannt. Irgendwann winkte Herr Mayer einen Ober heran. „Sagen Sie doch mal bitte dem Herrn da, dass ich in einer halben Stunde komme", bat er ihn. Der Ober ging Richtung Ausgang, blieb bei dem jungen Mann an der Tür stehen und sprach mit ihm. Dieser setzte seine Mütze wieder auf und verließ das „Ganymed". Er war der Chauffeur des Herrn Mayer. Während der verbleibenden 30 Minuten unterhielten wir uns über Gott und die Welt, über mich und mein Leben. Dabei erwähnte Herr Mayer noch, dass seine Frau Holländerin sei. Nach einiger Zeit fragte er mich, ob ich Lust hätte, bei ihm zu arbeiten. Dann müsste ich aber in den Westen kommen. Der Gedanke „Westen" muss mich so stark und angstvoll vor einer Ungewissheit erreicht haben, dass ich vergaß ihn zu fragen, wofür er mich brauchen könnte. Von hier wegzugehen war für mich 21-Jährigen unvorstellbar. Und doch verlässt mich seitdem meine Neugier nicht, was aus mir geworden wäre, wenn ich der Einladung von Herrn Mayer gefolgt wäre. Grund genug lag eigentlich für mich vor, denn von 1948, nach der Währungsreform, bis zum Mauerbau 1961, war mein Vater ein Grenzgänger, weil er im Osten wohnte und im Westen arbeitete. Und ich? Ich war in Sachen Arbeitsplatz der benachteiligte Sohn eines Grenzgängers.

Noch jung an Jahren wusste ich jedoch schon, dass ich nicht als Verkäufer „sterben" wollte, wie man so sagt. Was ich nicht wusste, war, wo die berufliche Reise mit mir hingehen würde. Mit Foto oder Bild musste es jedoch unbedingt zu tun haben. Daher bewarb ich mich weiterhin „blind" in der Branche. Angebote in der Zeitung gab es nicht, weil dies einer Abwerbung gleichkam und grundsätzlich untersagt war. So durften z. B. auch Lehrer, die von ihrem Beruf die „Faxen dicke" hatten, nicht artfremd eingestellt werden. Ich bemühte mich beim DHZ-Großhandel, DIA-Außenhandel, Progress-Filmvertrieb und auch als Kamera-Assistent beim DEFA-Dokumentarfilm. Obwohl Arbeitskräfte knapp waren, tat ich das überall ohne Erfolg, mit der Begründung: „Ihr Vater arbeitet in Westberlin." Auch in Westberlin wollte man mich nicht. Dort gab es damals eine Filmfachschule. Bei der erkundigte ich mich nach den Möglichkeiten, dort eventuell zu studieren. „Ja, Sie aus dem Osten brauchen natürlich keine Studiengebühren bezahlen. Ach, Ihr Vater arbeitet bei uns in Westberlin? Ja, dann müssen Sie natürlich bezahlen", so hieß es. Also musste ich es bei uns im Osten weiter probieren, denn es war nicht zu erwarten, dass mein Vater mir das Studium hätte finanzieren können.

Die erste Liebe

1955 kam Helga in den Zeiss-Laden und gab Fotoarbeiten bei mir ab. Noch war ich achtzehn. Ich kannte Helga aus der Lehrzeit. Sie war damals Lehrling der Stoffabteilung, im Kaufhaus der Leipziger Straße. Jetzt arbeitete sie gegenüber, im „Haus der Stoffe", Stalinallee. Sie war eine etwas zurückhaltende Frau. Aus ihrem späteren Erzählen weiß ich, dass ich sie beeindruckt hatte. Mein erkennbarer Anstand, meine Freundlichkeit und ... meine Grübchen wären es gewesen. Wow – das war ein Gefühl ...
So richtig konnte ich diese Komplimente nicht annehmen und es schlugen zwei Seelen in meiner Brust. Ich konnte es erst gar nicht glauben, war ich doch von ganz anderen Aussagen aus meiner ehemaligen Umgebung negativ „verwöhnt". Der Spruch von Muttis Schwester saß immer noch tief in mir: „So wie Berni aussieht, kriegt der nie eine Frau." Kein Wunder also, dass ich noch immer vollgestopft war mit Komplexen. Heute haben Sommersprossen ihren Reiz. Ich hätte sie mir damals gerne einzeln aus dem Gesicht „gepolkt". Der Satz: „Rote Haare und Sommersprossen sind des Teufels Volksgenossen" lässt noch nachträglich mein Leben in der Schule erahnen. Soviel zu den Komplexen, als damalige Bestandsaufnahme, gegenüber den später von Helga geschilderten Komplimenten.

Die dunkelhaarige und sauber frisierte, adrette Helga und ich trafen uns nach der Abgabe der Fotoarbeiten immer wieder. Sie war groß und schlank und – verhalten modeinteressiert, d. h. sie war entsprechend den Möglichkeiten für die Masse der 50-60er Jahre gekleidet. Sie war nicht daran interessiert, mit besonderer Kleidung hervorzustechen. Wir blieben zusammen, haben 1959 geheiratet und hatten keine Kinder. Das Letztere, was dazu gehört hätte, um welche zu kriegen, war in unserem Zusammenleben sechzehn Jahre lang – zumindest für mich – ein Problem, bis wir uns 1974 scheiden ließen. Hui, das sind zwei schnelle Sätze. Sechzehn Jahre in zwei Sätzen? Wie ein kurzes Leben. Helga war meine erste Liebe, das heißt, was ich damals darunter verstand. In mir waren die tollsten Erwartungen für ein harmonisches „Zusammen-Lieben-und-Leben". Über all diese Gedanken hätte ich mich so gern mit ihr unterhalten. Hätte ihr so gern dabei geholfen, einen neuen Weg, einen gemeinsamen Weg zu finden. Ich sehnte mich danach, mit ihr eine Zweisamkeit zu haben, heute würde man sagen: ein Team zu sein. Wenigstens das. Wenn schon keine Familie. Warum keine Familie? Es war ein grundsätzlich anderer Umgang mit ihr, als der, den ich mir vorstellte, ja, erträumt hatte. Wieso? Helga hätte durch ihre Mutter keine Kinder wollen dürfen. Ihr war das Wissen anerzogen worden: Wenn man körperlich nicht liebt, gibt es auch keine Kinder. Ich hatte Sehnsucht nach Zärtlichkeit. Da Helga meine erste Beziehung war, konnte ich uns – außer mit meiner Zärtlichkeit – nicht hilfreich sein. Von ihrer Mutter wurde ihr eingetrichtert: "Bring mir bloß keinen Balg mit ins Haus". Ergo, wenn Helga sich mir nicht hingab, dann brauchte sie keine Angst vor der Mutter zu haben. Helga selbst war ein ungewolltes Kind und das bekam sie regelmäßig von ihrer Mutter zu hören. Damit wurde das gedankliche Erbgut der Mutter an sie weitergetragen, dass Lieben und Kinder kriegen etwas „Ungutes" sein würde. Da Helga unerwünscht war, hasste sie vielleicht dadurch sogar ihre eigene Existenz. In der damaligen Zeit kam kaum jemand auf den Gedanken, über sich im „psychischen Bereich" nachzudenken oder gar sein Leben zu analysieren. Mein Umgang mit der vermuteten Liebe war bei mir mit Sicherheit sehr unbeholfen. Auf jeden Fall nicht hilfreich für Helga. Damals war es mit dem psychologischen Wissen, genau wie mit dem sexuellen, nicht weit her. Ich erfasste mich sicherlich selbst nicht einmal; wusste nicht viel über Seele, Gefühl und dass der Bauch auch ein Gehirn hat. Nichts darüber, wie man das macht, sich selbst und den anderen zu lieben. Wie sollte Helga mit einer von mir erwarteten Empfindung umgehen, die sie selbst durch ihre Mutter nie erfahren hatte, von der auch ich nichts richtig wusste? Und wenn es dann doch mal zu einer körperlichen Begegnung zwischen uns kam, dann gab es statt Hingabe Krampf, gepaart mit Angst. Inzwischen auch schon etwas überschwappend zu mir. Mehr und mehr nahm ich meine Traurigkeit über diese Entwicklung wahr – wie sehr hatte ich mir doch gewünscht, dass unsere bereits geschlossene Ehe dazu führen könnte, sich ein schönes gemeinsames Leben aufzubauen. Wahrscheinlich waren das zur damaligen Zeit zu moderne Gedanken. Aber schon in dieser Zeit verband sich mein Gedanke über der Liebe mit der Vorstellung, sich gerne hinzugeben. Vom wirklichen *Wie* hatte ich nur meine Phantasie, aber keine richtige Ahnung. Ich konnte und wollte auch nicht Liebe erzwingen. Letztendlich blieben wir die ganzen Jahre Partner in einer lebbaren Kameradschaft. Ohne Sexualität. Wenn ich heute in meinem Buch bin, fällt es mir emotional schwer nachzuempfinden, wie ich diese Jahre erlebt habe. Ich habe wohl vieles einfach vergraben, von mir gewiesen. Irgendwann fragte ich mich: „Bist du in deiner Ehe glücklich gewesen?" Natürlich nicht. Aber wenn ich ehrlich bin, habe ich das Lieben, besser gesagt die Sexualität in den sechzehn Jahren im Umgang mit Frauen nicht richtig kennengelernt. Wie denn, wenn ich nicht fremdgegangen bin?

Irgendwann würde mein Leben eine andere Richtung nehmen, hatte ich in meinem Gefühl. Und das kam recht schnell, denn bald hatte mich meine Tätigkeit mit ganzer Begeisterung eingefangen. Die Filmerei, das Studium und der Tennisplatz verschafften mir Ausgleich. Zumindest andere Gedanken. Was ich jedoch weiter in meinen Wünschen und Träumen tat, war kein Zusehen, Belauschen, sondern nur die Aura aufsaugen und davon zehren, sich hin wünschen, meine Sehnsucht vielleicht etwas zu stillen. Dabei wünschte ich mir an Helga ein schwarzes Negligé, seidig glänzend. Eine Farbe und ein Material, das verrucht, also als fast unanständig galt. Stellte mir dazu ihre feinen Gesichtszüge, die von ihren dunklen Haaren umrahmt wurden, vor. Als ich mit Helga über die Farbe Schwarz sprach, reagierte sie darauf, als wäre es Teufelszeug, denn die Unterwäsche dieser Zeit hatte weiß zu sein. Mit der Zeit trug sie ihre einst adrette Frisur wie Lieschen Müller. Sie war nicht mehr auf der Suche und reichte sich selbst in ihrer Mittelmäßigkeit als Frau. Manchmal ertappte ich mich bei Gedanken an die Liebe, wenn ich auf der Straße ein Ehepaar mit einem Kind sah. Dann beneidete ich den Mann mit meiner Feststellung, dass er mit Sicherheit wenigstens einmal richtig geliebt hatte. Das Kind war für mich der Beweis vom richtigen Liebes-Erleben dieses Mannes. Aber wer weiß schon, wie die Liebe in dieser Ehe wirklich aussah? Das Thema Sexualität war zu der Zeit ein Tabu. Ich traute mich damals fast nicht so zu denken, wie ich es eben geschrieben habe. Galt es doch offiziell als hochgradig abartig, sich „obszönen" Lebensgefühlen hinzugeben. Zumindest wollte niemand bei anderen in den Verdacht geraten, solche abtrünnigen Gedanken zu hegen. Da darüber nicht gesprochen wurde, wusste ich auch nicht, welche meiner Gedanken die „Richtigen" waren. Denke ich heute darüber nach, fällt mir auf, wie „fremdbestimmt" manche Gedankengänge gewesen waren.

So muss man auch diese Episode sehen, als mich ein Kunde mal ansprach, ob ich wisse, wie man Fotos in der Dunkelkammer entwickeln würde und ob ich ihm das zeigen könnte.

Als wir die ganze dazugehörige Chemie in seiner Wohnung aufgebaut hatten, wollte er das Erlernte ausprobieren und holte mit den Fotonegativen den Grund seines Lernprozesses hervor. Aus meinem Zauberwasser-Entwickler tauchte eine nackte Frau auf. Da wurde es mir schon etwas seltsam ums „Gemüt", mit der Frage, wie es möglicher Weise hier bei ihm weiter geht und warum er, der Kunde, scheinbar geheimnisvoll, meine Fotokenntnisse benötigte. Aber die weiteren Bilder waren auch nicht obszön – sonderbar. Sie hatten nichts „Anrüchiges". Es waren Akte aus den 20er Jahren, in kunstvollen Posen. Die hatten mit Sex, was ich in meiner Unkenntnis unter dem Begriff vermutete, nur wenig zu tun. In der Bewegungsstudie erinnerten sie mich eher an die Darstellung von sportlichen jungen Mädchen. Ich erzähle dies, um die scheinbare Peinlichkeit im damaligen Umgang mit der Sexualität zu verdeutlichen. Mein Kunde besaß diese Negative, aus denen er in etwa die Motive erahnt hatte. Doch er traute sich mit ihnen nicht in ein öffentliches Fotolabor. Beim Abholen des Fotoauftrags könnte er ja vielleicht „entlarvt" werden, so sorgte er sich. Um das Verklemmte dieser Zeit weiter zu präzisieren, sei noch erwähnt, dass mein „Laborlehrling" vom Alter her ein schon sehr erwachsener Mann war und im öffentlichen Leben stand.

Als Kind wollte ich gern ein Schwesterchen. Da mein Vater im Krieg war, konnte mir der Klapperstorch diese Hoffnung nicht erfüllen. Daher transportierte ich diesen Kinderwunsch in mein späteres Leben. Über eine Tochter hätte ich mich sehr gefreut. Aufgrund der partnerschaftlichen Gegebenheiten unserer Ehe entfernte sich dieser Lebensgedanke aus meiner Welt. Kein Kind, also auch keine Tochter. Ich haderte manchmal bei dem Gedanken mit mir, dann müsste ich der Helga eben ein Kind machen. Manche Gelegenheit gab es ja doch mal dazu. Aber ich malte mir die sich daraus ergebende Situation aus. Was ich dann zu ertragen hätte. *Ja, ja, Berni, du mit deinem Harmoniebedürfnis.* Wie es dem Menschen manchmal eigen ist, macht er aus einer Niederlage einen Sieg. In meinem Falle hatte ich ein Spektrum von Entschuldigungen bei der Entsagung an den Tochtergedanken: Was sollte ein Kind bei einer Mutter, die nicht lieben konnte? Da ich ab 1961 beruflich viel unterwegs war, hätte ich dem Kind auch nicht helfend zur Seite stehen können. Und immer wieder nährte der Satz meiner Tante meine Verunsicherung. Was mein Äußeres betraf, war ich nicht selbstbewusster geworden. Wenn das Kind ein Mädchen geworden wäre, dann würde es vielleicht optisch nach mir kommen. Wie sollte ein Mädchen mit meiner Nase, den Sommersprossen und den roten Haaren leben? Ich hatte ein rothaariges Kinderleben hinter mir und wusste, was in der Schule damals auf solche Kinder zukam.

Der Gedanke an ein Kind war für mich ein selbst vorgetäuschter Trost, der sich über die Zeit meines Lebens immer mehr verhärtete. Auch das mit der Harmonie. Manchmal schien es mich zu entlasten, wenn ich mir vorwarf, mich für die Erfüllung meines Wunsches nicht ausreichend durchgesetzt zu haben. Mein Wunsch war auch der meiner Mutter. Sie wollte zu gern Oma sein. Mütter sehen oder ahnen. Eines Tages erhielt ich von meiner Mutter einen Brief, in dem sie mir schrieb, dass ich die falsche Frau hätte und dass die, mit der ich verheiratet wäre, nicht lieb genug zu mir sei. Mütter meinen es meist gut, wenn es auch in diesem Fall falsch war, es zu schreiben. Dahinter konnte sich noch so viel Wahrheit verbergen. Ein geschriebenes Wort steht und steht; es kann immer wieder gelesen werden. Es hat kein Augenzwinkern, kein verstecktes Lächeln. Dieses Schreiben habe ich natürlich nie meiner Frau gezeigt und trotzdem kränkte der Brief – mich. Denn die eigentliche Sinnlosigkeit unserer Ehe war mir damals noch nicht bewusst. Es half mir nicht aus meiner Gefühlswelt, sondern verschlechterte sogar noch den Kontakt zu meiner Mutter, selbst wenn ich ihr zugestehen musste, dass ihre Beobachtungen nicht gerade falsch waren. Ich wollte so etwas nicht noch einmal von ihr hören. Was sie schrieb, zeigte sie auch im Verhalten gegenüber Helga. Besser gesagt: Die beiden Frauen bewiesen sich das gegenseitig. Dies hatte Wirkung auf die ganze Familie, wenn zum Beispiel Weihnachten ein Elternteil am ersten Feiertag und das andere Elternteil am zweiten Feiertag zu uns kam. Der Leidtragende dieser Gesamtsituation war ich. Vielleicht auch Helga. Ich hing zwischen Baum und Borke und es führte zu weiterem Liebesentzug für mich. Die Möglichkeit der Aufklärung war bei uns im Osten mehr als dürftig. Die Jugend im Westen hatte die „Bravo". Bei uns gab es ein einziges Buch über Sexualität, von einem Ehepaar „Neubert" geschrieben. In der NBI, der „Neuen Berliner Illustrierten", wurde als Serie auf einer Seite etwas über Sexualität veröffentlicht. Recht offen und informativ. Die Serie hatte nur einen Nachteil, man musste sich öffnen und sie lesen, lesen und begreifen wollen. Das zu tun, verweigerte Helga hartherzig, obwohl ich die Hefte gekauft hatte, auch für mich. Naiv genug hatte ich mit dem Kauf den Wunsch und die Vorstellung verbunden, dass wir vielleicht gemeinsam ... so Stück für Stück ... Weit gefehlt.

Unsere Generation war schon etwas interessierter als die Generation unserer Eltern daran, von der Schönheit der Liebe zu erfahren. Doch woher sollten wir unser Wissen nehmen? Von unseren Eltern nicht. Und unter Kumpels? Da die in der Regel darüber auch nicht besser Bescheid wussten als ich, versteckten sie sich hinter Gesten der Großmannssucht, um sich nicht zu blamieren. In den 50er Jahren gab es noch sehr viele Tabus für uns. Alles hat seine Zeit und jede Generation ihre Probleme. Helga bewarb sich bei der Sparkasse Treptow und fand da ihre Tätigkeit. Damals, ohne Computer, noch mit Überstunden, wenn irgendwo ein Pfennig in irgendeiner Abrechnung fehlte. Ich weiß nicht mehr, mit welcher Begründung Helga nur noch halbtags arbeiten wollte und auch dann so tätig war. Als junges Paar brauchten wir eigentlich Geld und Helga arbeitete halbtags? Heute noch verstehe ich sie nicht. Über die nachfolgenden Jahre habe ich in Erinnerung, dass, wenn ich nach Hause kam, sie immer auf der Couch lag und in die „Glotze" sah. Sie pflegte auch keine besonderen Freundschaften, war lieber allein – mit sich, auf der Couch. Jedenfalls waren wir beide froh darüber, nicht mehr hinter dem Ladentisch stehen zu müssen, denn ich fand 1960 mein berufliches Glück bei der DEWAG. Bisher war ich bis 1960 immer schön brav in meinen Zeiss-Laden marschiert.

Eines Tages jedoch bat mich mein Chef, nach Feierabend im Laden zu bleiben, weil ein Filmteam käme, um bei uns einen Werbefilm zu drehen. Ich gab seiner Bitte zu gern nach. Einmal bei den Profis dabei zu sein, wenn „echt" gedreht wird, darauf freute ich mich natürlich riesig. Wow, das „DEWAG-Studio für Werbefilme" drehte bei uns! In der mir inzwischen angeeigneten Penetranz in Sachen Arbeitsuche, fragte ich den Regisseur nach einer Chance für mich, um in dem Studio mein Weiterkommen zu finden. Er überlegte und meinte, dass es eventuell eine Möglichkeit als Aufnahmeleiter-Assistent gäbe. Aufnahmeleiter! Eine für mich ergreifende Titelführung, die mir gleich viel Ehrfurcht vor dieser Tätigkeit in die Glieder jagte. Das steigerte sich noch, nachdem mir der Regisseur erklärt hatte, was ein Aufnahmeleiter alles zu tun hätte und wofür er letztendlich verantwortlich sei. Meine Sorge, dass ich das nicht packen könnte, nahm nach seinen Ausführungen noch weiter zu. Dennoch fasste ich mir ein Herz und bat den Regisseur, sich für mich zu erkundigen.

Im Sommer 1960 bekam ich einen Termin bei der Kaderleiterin. Arbeitskräftemängel gab es in der DDR schon immer. Da aber die Anzahl der Republikflüchtlinge zugenommen hatte, dünnten die Zahlen der Berufstätigen immer mehr aus. Das war mein Glück. Obwohl ich noch immer der Sohn eines Westgrenzgängers war, wurde ich zum gleichen Gehalt wie bei Zeissens eingestellt. Ich beriet mich mit Helga nicht, sondern ich erkannte die Chance, endlich eine andere Arbeitsstätte gefunden zu haben, die meinem

Interesse viel mehr entsprach. Nun konnte ich sogar beim Film arbeiten. Den beruflichen Wechsel entschied ich allein, obwohl diese Tätigkeit für eine „Familie", die wir in meinen Augen nicht waren, normalerweise Konsequenzen gehabt hätte. Beim Filme machen ist man nicht immer zu Hause, mit einem pünktlichen Feierabend wie bisher. Es gab von Helga keinen Hauch von Protest.

Das Schicksal war mir gnädig.

Bei meinem Eintritt in das DEWAG-Studio ging die „Kadertante" mit mir zum Produktionschef und stellte mich ihm vor. Ein Produktionschef, von dem ich später mitbekam, dass er gar nicht so richtig wusste, wie Filme gemacht werden. Den hatte die Partei in den DEWAG-Parteibetrieb gesteckt. Jener also begrüßte mich in freundlicher Produktionschefmanier und gab mir, als künftigen Aufnahmeleiter-Assistenten, den Spruch mit auf den Weg: „Geht nicht, gibt es nicht". Es war der Satz, den ich „bei meiner künftigen Arbeit beherzigen möge", wie er meinte. Ich weiß nicht, ob er wusste, wie wahr, richtig und wie wichtig dieser Leitsatz ist, für den, der im Wechsel täglich vor anderen organisatorischen Problemen steht. Ich speicherte diese These in mir und mein Ehrgeiz befahl mir, mich künftig danach zu richten. Ich handelte aus Überzeugung, zumal dieser Satz bald zu einer täglichen Anforderung an mich wurde.
Bei der DEWAG wurden Real-Werbefilme in zwei Produktionsgruppen hergestellt, die wiederum aus jeweils drei Drehstäben bestanden. Zum Drehstab gehörten Regisseur, Kameramann und Aufnahmeleiter, die man im Verbund auch als eine „Filmehe" bezeichnete. Ich kam in die Gruppe vom Produktionsleiter Willi A., dem der Krieg körperlich geschadet hatte und der ein alleinstehender Sonderling war. Auch war er allwissend. Nicht im negativen Sinne, sondern vielseitig gebildet. In täglichen Gesprächen, nicht nur mit mir, war er bemüht, diesen Eindruck von sich immer wieder aufzufrischen.

Damals hatte die DEWAG so gut wie keine Autos, sodass viele Fahrten für die Vorbereitung von Drehprozessen mit der „Deutschen Reichsbahn" zu absolvieren waren. Daher hing hinter Willi`s Schreibtisch ein gültiger Fahrplan der Reichsbahn. Wenn ich, egal wann, mich davor gestellt hatte, um mir einen Zug auszusuchen, kam von Willi: „Wo willste denn hin?". Kurz das Ziel genannt und schon sagte er die Uhrzeiten, wann man von wo abfahren könnte, auch ankäme und das sogar mit Varianten. Damit heimste er sich bei allen Mitarbeitern absolute Achtung ein, weil es meist stimmte, wenn man das noch

mal nachprüfte. Dabei handelte es sich oft nur um Fahrstrecken zu größeren Städten. Das machte er auch mit mir, wenn ich vielleicht nach Gera und dann in Gera umsteigen, also noch weiterfahren musste. Bis ich dann an meinem Schreibtisch war, hatte ich natürlich die von ihm genannten Verbindungen vergessen und musste selber noch mal im Kursbuch nachsehen. Das war sein Trick, mit dem er uns falsche Fahrzeiten vorgaukeln konnte. Als ich ihn damit mal erwischt hatte, griente er nur. Durch meine bei Carl Zeiss erworbenen filmtechnischen Vorkenntnisse war ich „fachlich einschlägig vorbestraft", wie ich es oft aus Spaß nannte. Ich besaß also Fachkenntnisse, mit denen ich mich in dieses neue Metier nur konzentriert einzugliedern brauchte. Daher hatte ich eigentlich keine direkte Assistentenzeit, sondern bekam vom Produktionsleiter bald eigenständige Aufgaben. Ich war natürlich kein „Überflieger". Daher erinnere ich mich noch an eine riskante Sache, die zum Glück gut ausgegangen ist. Ich bekam den Auftrag, alles zu einem Dreh für den Werbefilm über „Motorräder" zu organisieren. Eine Einstellung war, wie so eine tolle Maschine mit ihrem Fahrer über einen Abhang springt. Es war nicht einfach, jemanden für diesen tollkühnen Flug zu begeistern, denn der Fahrer musste auch noch eine eigene neue Maschine besitzen und mitbringen. Ich fand jemanden. Entweder es gab damals noch nicht derart einschlägige Vereine wie heute – oder ich hatte es nicht gewusst. Jedenfalls war der selbsternannte „Stuntman" kein erprobter Geländefahrer. Diesbezügliche Bedenken kamen mir leider erst vor Ort. Beim Drehen wünschte ich mir daher natürlich, dass er möglichst nicht stürzen möge. Es hatte alles geklappt und war gut gegangen. Als wir wieder ins Studio kamen, fragte mich der Produktionsleiter: „Sag mal, ihr habt heute gedreht? War denn der Fahrer durch uns versichert?"
Also, Lehre Nummer 1: Vorher nachdenken!
Lehre Nummer 2: Vorsichtig sein beim Telefonieren und dabei Lehre Nummer 1 befolgen!
Weil: Eine junge Schauspielerin hatte ich zum Drehtermin zu bestellen und rief sie an. Da meldete sich eine ältlich klingende Männerstimme. Ich fragte selbstsicher, ob ich mal bitte seine Tochter sprechen könne.
Antwort: „Nein, meine Frau ist leider nicht da".

Es gab zu der Zeit nur wenige Hotelbetten. Daher war es für den, der welche zu besorgen hatte, besonders schlimm. Später kamen einige Interhotels dazu, in denen ich auch nur gelegentlich Betten angemietet bekam.

Einmal war angesagt, in Halle zu drehen. Für zehn Mann musste dort was zum Schlafen besorgt werden. Viele Hotels gab es 1960 im zerbombten Halle nicht mehr. Also, ran ans Telefon, in Halle anrufen und Zimmer besorgen. Da unsere Leute häufig unterwegs waren, wollten sie auch am Drehort halbwegs gut schlafen. Diesen Ansprüchen zu genügen, war auch zusätzlich als Neuer mein Ehrgeiz. Eine Telefondurchwahl gab es zu der Zeit noch nicht. Über unsere Telefonzentrale musste das Gespräch beim Fernamt angemeldet werden, als dringend mit doppelter Gebühr. Sonst wäre am Tag der Anmeldung des Gespräches keine Verbindung zustande gekommen. Damit konnte ich aber meinen Arbeitsplatz nicht verlassen, denn das angemeldete Gespräch konnte jederzeit kommen, wohl möglich gerade in dem Moment, wenn ich nicht am Platz gewesen wäre. Wenn dann die Mitarbeiter des Hotels sagten, dass keine Kapazität vorhanden sei, ging alles von vorne los, mit einer neuen Gesprächsanmeldung und erneutem Warten. Klug war es also, wenn ich alle Hotels in Halle mit einem Mal beim Fernamt, mit ihrer jeweiligen Nummer, anmeldete. Besonders beschwerlich war der Umgang mit dem Telefon, wenn weitere Anrufe von einem vorherigen Gespräch abhängig waren. Beispielsweise, wenn ein Betrieb einen Filmtermin bestätigen musste, bevor ich mich um die Betten hatte kümmern können.
Für unseren Dreh gelang es mir schlussendlich, Betten in der Vorweihnachtszeit zu organisieren. Auch in Halle gab es einen Weihnachtsmarkt. Wir hatten an diesem Tag abgedreht und unsere Beleuchter gingen abends dorthin.

In der Nacht, gegen halb zwei, weckte mich der Nachtportier des Hotels, ich solle mal bitte zu ihm runter ans Telefon kommen, die Polizei sei dran! Ob ich der Verantwortliche für den Drehstab sei, war die Frage, denn die Beleuchter wären auf dem Weihnachtsmarkt in eine Razzia geraten. Dort hätten sie sich verweigert, von ihren Westjeans die Firmenlederflecken – wie z. B. „Wrangler", „Levis" und „Lee" – abzutrennen. Ich möge sofort zur Polizeiwache kommen, sagte der Anrufer, um die Leute abzuholen. Entsprechende Anzeigen seien bereits aufgenommen. Also musste ich unseren Busfahrer wecken, wir fuhren zur Polizei und holten unsere „Schwerverbrecher" ab. Die Nacht war gelaufen. Ich war sauer, denn in Berlin hätten sich diese „Individualsozialisten" so etwas sicherlich nicht getraut. Es war zu beobachten, dass solche Drangsale eher häufig in den Tiefen der DDR stattfanden, aber kaum in Berlin. Nun hatte ich bei der DEWAG endlich eine neue, interessante Arbeitsrichtung gefunden, suchte jedoch dort weiter den Weg zum Ziel, das für mich noch nicht feststand. In meiner Vorstellung meinte ich, mit 30 Jahren meine berufliche Laufbahn kennen zu sollen. Bei welcher Gelegenheit dieser Gedanke geboren wurde, weiß ich nicht mehr. Ich war jetzt erst 24. Es konnte sich ja bis dahin noch einiges bewegen und damit ändern.

Die unterbrochene Karriere

Es war immer noch das Jahr 1960. Ich hatte zwar eine neue berufliche Zukunft vor Augen, doch mein Magen wollte da nicht mitspielen. Es nervte, immer mit Schmerzen zu leben – und das schon seit einigen Jahren. Heute weiß ich, dass ich einfach zu viel „geschluckt" habe. Nein, keinen Alkohol! Mein Hauptproblem war die Situation in meiner Ehe. Da ich seit zwei Jahren in Abständen mit Magenbluten im „Oskar-Ziethen-Krankenhaus" lag, blieb ich beim ärztlichen Direktor, einem Internisten, in Behandlung. Das war kein Privileg, sondern einfach nur zufällig möglich.

Ein weiteres Magenbluten trieb mich wieder in die Chefarzt-Betten. Gepaart mit Schmerzen, die nicht so richtig wussten, wo sie hingehörten. Bis in den Rücken. Magenschmerzen im Rücken? Offensichtlich gibt es so etwas wie Ausstrahlungen. Nachdem die Blutung gestillt war, blieb ich gleich im Krankenhaus. Die Ärzte wollten ergründen, was da mit und in mir los war. Die Röntgenbilder ließen nichts Eindeutiges erkennen. Später entdeckten die Ärzte, dass neuere Geschwüre zwischen den Narben der älteren Geschwüre saßen und daher im Röntgenbild nicht erkannt werden konnten. Letztendlich fiel also die Entscheidung: aufmachen und reinsehen. Ich war froh darüber, denn die Ärzte wussten sich auch keinen Rat mehr. Gesund wollte ich ja mal wieder werden, mit 24. Wie, war mir egal. Der OP-Termin war angesetzt – zwei Tage davor die Nachricht, ich hätte einen Nierenstein und man müsse sich ansehen, wie er liegt. Sollte er gleich nach der OP wandern und Schmerzen auslösen, könnte das zu Irritationen führen, ob sich der Verursacher der Schmerzen in der Niere oder im Magen befand. Es war eine medizinische Prozedur am Anfang der 60er Jahre. Da war nichts locker und flockig, so mit minimal-invasiver Technik. Ich erinnere mich an eine Untersuchung in Sachen Nierenstein. Richtung Niere wurden bei mir über Stunden irgendwelche Aufnahmen gemacht. Es hat geschmerzt und geblutet. Dazu kam noch meine Enttäuschung wegen des geplatzten OP-Termins. Und da lag ich nun mit meiner Verzweiflung. Ich hatte ungewollte Zeit, über vieles nachzudenken. Auch darüber, dass es einmal für mich einen Gott gab, den ich kindgemäß um Essbares gebetet hatte. Weil das nicht so klappte wie erhofft, hatte ich ihn verstoßen, meinen Gott. Ich führte damals Gespräche gegen ihn und für die reale Natur, denn, das meinte ich zu wissen, da oben, über den Wolken kann ja nichts sein. Bei solcher Art Gedanken fühlte ich mich auch noch recht schlau.

Nun lag ich da, allein, in meinem Elend, denn mein Gott hielt nun sicher nicht mehr zu mir, weil ich ja mal über ihn so negativ geredet hatte. Jetzt hätte ich ihn gut zum Freund haben wollen, den, der mir hilft, der an meiner Seite steht, mir Kraft und Zuversicht gibt. Also habe ich mit ihm gesprochen, mich bei ihm entschuldigt, ihm gesagt, dass ich nie wieder solche zweifelhaften Reden gegen ihn führen würde, weil ich inzwischen fühlte, dass er eine andere Gestalt in mir angenommen hatte, als die, die für mich früher über den Wolken positioniert war. Damit verband ich kein Geben und Nehmen, also kein „Geb ich dir meinen Glauben an Dich, gibst Du mir ...", sondern ich wollte nur, dass er mich wieder annimmt, wieder bei mir ist, in Gestalt von Seele und Energie. Doch das Wissen über die Psyche war weit von mir entfernt. Die Ärzte fanden heraus, dass während meiner Magenoperation der Stein in der Niere seine Lage voraussichtlich nicht verlassen würde und wetzten die Messer. Der Chirurg würde mit mir im Vorfeld alles besprechen, sagte mir eine Schwester. Die Tür ging auf, der Arzt kam herein und wir grinsten uns an. Er war ein ehemaliger „guter" Kunde von mir, aus dem Zeiss-Laden. Damit wurde ich natürlich ruhiger, erst recht, nachdem er mir bestätigte, dass nicht mehr mit Äther-Narkose – wie damals 1954 bei meinem Blinddarm – operiert würde.

Am 19. Dezember 1960 war es mit der Magen- OP endlich soweit. Der Wunsch nach einem von mir erbetenen „Reizverschluss mit Röschenmuster" – statt Narbe, wurde mir vom Medizinischen Personal scherzhaft zugesagt. „Billroth II", zweidrittel Resektion des Magens, mit der Bemerkung des

Operateurs, dass sich die OP gelohnt hätte, sie war erfolgreich verlaufen. Am zweiten Tag danach schwebte ich noch immer wie auf einer Wolke. Ich merkte nur, dass alles vorbei war. Dann schwebte ich weiter. Auf der chirurgischen Station standen immer alle Zimmertüren auf. Durch meinen „Narkose-Schleier" strahlten die Weihnachtssterne, unterstützt durch eine schmeichelnde Sphärenmusik, die scheinbar immer näher kam. Die Sterne stellten sich später als elektrische Kerzen am Weihnachtsbaum auf dem Flur heraus und die Sphärenmusik wurde durch das medizinische Personal erzeugt, das mit weihnachtlicher Musik von Etage zu Etage zog. In diesem Moment meiner Wahrnehmung umschmeichelte eine Wattewolke meinen Körper. Es war eine Empfindung des kompletten Glücks. Ich erinnere mich häufig gern an diese Situation und empfinde noch heute unendliche Dankbarkeit dafür. Schon am übernächsten Tag durfte ich einmal um das Fußende vom Bett gehen. Auf den Stuhl mit dem „Eimer" am Bett durfte ich auch, bald ging ich sogar auf den Flur und bis zur Toilette. „Schön festhalten!" Meine Ausflüge auf dem Gang verliefen allmählich immer besser. Sie führten mich immer weiter den Flur entlang. Überall blieb ich an den offenen Türen stehen. Freundliche Worte flogen hin und her, denn wir waren über viele Tage Leidensgefährten. Mit einem Mitpatienten sprach ich öfter von der Tür aus, ohne ihm beim Spaziergang bisher begegnet zu sein. Lustig war er. Einmal stand ich wieder an der Tür. Da meinte er, dass ich zu ihm ans Bett kommen solle. Noch ein Stück, meinte er. Ich sah ihn fragend an. Dann stand ich neben ihm. Da schlug er seine Bettdecke zurück, sodass seine Beinstümpfe zu sehen waren, und sagte: „Komm her, ick will dir in den Arsch treten" und griente. Er war früher Rangierer bei der Eisenbahn, bevor ihm dieses Leid widerfahren war.

Wegen einer Nachuntersuchung war ich nicht in meinem Zimmer. Als ich wieder zurückkam, stand neben meinem Bett ein Esstablett, dass man bei Bedarf seitlich über das Bett schieben konnte. Dazu diente es diesmal nicht. Auf diesem Tisch, das Tablett fasst füllend, stand ein sehr großes Weihnachtsgesteck mit zwei Weihnachtsstern-Pflanzen, silbernen Tannenzapfen,

Kugeln und einer riesigen weißen Kerze. Herr Schröder, der Kraftfahrer von Frau Felsenstein, hatte das Wunderwerk – mit den besten Genesungswünschen – abgegeben. Heute kann man es nicht mehr nachempfinden, welche Wirkung dieses Gesteck auslöste, weil man zu der Zeit nur Adventskränze kannte. Zuerst kamen Schwestern und Ärzte meiner Station und dann auch andere von anderen Stationen, um sich das Gesteck anzusehen, es zu bestaunen, denn zur damaligen Zeit war es einmalig. In meinem Krankenzimmer lag Bruno neben mir. Bruno sollte am nächsten Morgen auch am Magen operiert werden. Er war wesentlich älter als ich, denn „Billroth II" erlebte man damals erst so mit Mitte 50 und nicht mit 24. In der Nacht vor seiner Operation fand jedoch große Aufregung an seinem Bett statt. Bruno hatte einen Magendurchbruch erlitten und wurde sofort notoperiert. Ein Geschwür war nicht in den Magen, sondern in den Bauchraum aufgegangen. Bei allem Unglück hatte Bruno Glück, dass er schon im Krankenhaus und für eine OP vorbereitet lag, denn spätestens nach acht Stunden musste damals das Loch zu und der Bauchraum sauber sein, um nicht zu sterben. Damit stand ihm die eigentliche Magenoperation später trotzdem noch bevor.

Über die Vorweihnachtszeit hatte ich meine Prachtkerze oft angebrannt. Das hatte Bruno bisher auch gefallen. Doch als er aus dem OP und wieder zu sich kam, da wünschte er sich, dass ich sie bitte nicht mehr leuchten ließe. Vielleicht sah er keine Kerze, sondern auch einen Stern, so wie ich Tage vorher viele schöne Sterne gesehen hatte. Eventuell sah er auch nur ein Licht, mit der Deutung, dass es ihm zum Heimgang diene.

Auf ein Neues

Ende Januar 1961 war ich wieder im Studio erschienen. Eine Heilkur gab es damals noch nicht. So hatten meine Chefs mit mir ein moralisches Problem. Ich wog bei 1,84 Metern Größe nur noch 63,5 Kilogramm. Man sah mir an, dass ich für die Organisation und einen Dreh außerhalb Berlins für einige Zeit ungeeignet sein würde. Das Schicksal war mir gnädig, denn das Pech eines Kollegen wurde mein zufälliges Glück. Der nicht mehr ganz junge Produktionsleiter für Puppen- und Zeichentrickfilme erkrankte für längere Zeit schwer. Da ihm zugleich auch die Aufnahmeleitung für diesen Bereich übertragen war, wurde bald eine Vertretung gebraucht. Nach einer gewissen Einarbeitungszeit wurde ich kommissarischer Produktionsleiter. Etwas später, als mein Vorgänger in Rente ging, arbeitete ich als Produktionsleiter für Puppen- und Zeichentrickfilme einer separaten Produktionsgruppe des DEWAG-Studios für Werbefilme. Für mich und meine weitere Genesung waren diese Bedingungen ideal. Ich konnte immer in Berlin bleiben, musste also nicht unterwegs sein, was für mich und meinen Magen Versorgungsprobleme gebracht hätte. Alles was ich bisher mit Foto und nun hier mit Film zu tun hatte, wurde von mir wissbegierig aufgesogen. Daher wusste ich bald, wie das für mich neue Medium „Trickfilm" abläuft und funktioniert. Beim Trickfilm ist alles eine Sache der Geduld. Zum Glück ist er gegenüber dem Realfilm wetterunabhängig, dafür muss aber sehr präzise und damit zeitaufwendig gearbeitet werden. Die Zeichentricktruppe mit sieben Zeichnern, die die Phasen zeichneten, Folien konturierten und kolorierten, produzierte damals im Monat Vorlagen für 10 Sekunden Werbefilm. Für den Puppen- und Zeichentrick musste ein Regisseur wahrscheinlich ein Kind geblieben sein, damit den Figuren die verspielten Bewegungen eingehaucht werden konnten.

Unser Regisseur vom Zeichentrick, der gleichzeitig die Hauptphasen zeichnete, musste einmal einen Angler in seiner Bewegung darstellen.

Der Regisseur saß an seinem von unten beleuchteten Zeichentisch, hatte sich die erste Phase vorgegeben und nun begonnen, seine dafür erdachten Bewegungsabläufe als Hauptphasen weiter umzusetzen. Mittels Angelrute und Armbewegung gehörten der Wurm und die Pose ins Wasser. So eine Angelschnur braucht schließlich ihre Flugzeit, bis sie ins Wasser fällt. Das war natürlich von ihm zeichnerisch zu berücksichtigen. Der Regisseur saß auf einem „Angelstuhl", an der Spitze eines imaginären Steges und warf mit einer tollkühnen Armbewegung die unsichtbare Angel aus. Die Realität nachzuempfinden gelang ihm nur, indem er für sich die Flugzeit auch mit einem Geräusch belebte. Das Geräusch, das er dabei von sich gab, waren die akustischen Übertragungen des von ihm zeichnerisch zu gestaltenden Vorgangs. *Sss - Sss - Sss*, ein lang gezogenes *Boooooing* und schließlich *Platsch*. Wurm und Pose waren im Wasser. Da das keine einmalige Aktion war, sondern er jede Phase vielfach zeichnen, kontrollieren und mit sich abstimmen musste, dauerte es den ganzen Vormittag, bis er den Wurm endgültig zeichnerisch im Wasser hatte. Die Geräuschkulisse verstummte. Seine Mitkünstler grienten. Und damit hatte er seinen Spitznamen weg. Wenn man ihn suchte, dann hieß es nur noch: „Hast du ‚Boing-Platsch' gesehen?"

Beim Puppentrickfilm galt Ähnliches. Aber eigentlich war es ganz anders. Eine Trickpuppe war etwa 25 Zentimeter groß und hatte ein Kupferskelett mit Kupfergelenken. Das alles wurde bekleidet und bekam entsprechend seiner Rolle noch das Aussehen. Wie es etwa die grundsätzliche Gestaltung beim „Sandmännchen" im Fernsehen war. Der Boden, auf dem sich die Puppe scheinbar bewegte, bestand aus ganz dicker Wellpappe. Durch den Fuß der Puppe und den Wellpappenboden zog man einen dünnen Perlonfaden mit einer Schlaufe. Daran wurde, unterhalb der Wellpappe, ein kleiner Sandsack gehängt, um der Figur ihre relative Standfestigkeit zu geben. Und nun sollte sich die Puppe im Film „real" bewegen, wie im Leben. Wenn notwendig, sollte sie auch Charakter haben und ihn zeigen. Dafür gab es Puppenführer, die das konnten. Eine Arbeit mit Erfahrung, Gefühl und Einfühlungsvermögen wurde hier geleistet, Schrittlein für Schrittlein, abgestimmt mit Arm- und Kopfbewegungen. Unser Regisseur vom Puppentrick konnte auch hervorragend selber Puppen führen. Doch das Kuriose war, dass man später im Film an der Bewegung der Figur sehen konnte, dass der Regisseur sie geführt hatte. Die Puppe lief wie Horst, der Regisseur, mit den Gehbewegungen ihres Herren. Wenn ich Tage danach bei der Mustervorführung die Puppen so „lebendig" wiedersah, konnte ich mich jedes Mal dafür begeistern, was die Kollegen so konnten. Mit der Puppen- und Zeichentrickproduktion war ich nicht pausenlos ausgelastet. Wenn ich gebraucht wurde, übertrug man mir die Organisation eines kleinen Real-Werbefilms, manchmal auch nur einen Teil davon. Dadurch hatte ich zur Realfilmproduktion immer noch Kontakt, was sich für mich zwei Jahre später als wichtig erwies. Einmal gesellte ich mich dazu, als es bei der Real-Regie eine Diskussion mit der akustischen Überschrift gab: „Aber wo denn dann?" Es ging darum, dass eine große DDR-Fahne frei im Wind, gegen den blauen Himmel wehend, gedreht werden sollte. Nichts durfte dahinter zu sehen sein und ablenken. Bisher war angeblich alles probiert worden, überall da, wo Fahnen an hohen Masten wehten. Wind war das nächste Problem, der wurde ja auch dazu gebraucht. Als Außenstehender glaubt man es nicht, aber man bekam die Fahne nirgendwo gegen den Himmel frei, ohne ablenkenden Hintergrund. Da fiel mir spontan dazu etwas ein und ich sagte provozierend: „Na, dann müsstet ihr mal die Fahne auf dem Brandenburger Tor drehen. Die hat bestimmt keinen Hintergrund und Wind zum Wehen gibt es da auch." Plötzlich gab es eine erstaunte Ruhe in der Runde. Der Regisseur griff in seine Geldbörse und übergab mir den eben von mir verdienten Groschen. Diese symbolische Geste vollzog sich damals immer dann, wenn einer eine Idee hatte, für die er nicht zuständig war. Bezahlen musste der, der allein auf den Gedanken hätte kommen müssen. So, nun war ich zwar um zehn Pfennig reicher, hörte aber zugleich, wie einer sagte: „Na, dann organisiere das mal!" Das war nun, neben dem Groschen, der „Lohn" für meine gute Idee! Letztendlich bedeutete es aber auch ein Geschenk an mich selbst, mal an einem so einmaligen Erlebnis teilnehmen zu dürfen. Da das Brandenburger Tor auf Ostberliner Gebiet stand, platzierte die DDR-Regierung eine DDR-Fahne als politische

Demonstration dort oben. Gedanklich stand ich jetzt mit meinem Problem vor dem Brandenburger Tor. Wie kommt man denn da rauf? Darf man das denn? Wer lässt einen denn nach oben? Das Brandenburger Tor stand messerscharf an der Grenze zu Westberlin. Es war noch die Zeit vor dem Mauerbau. Sich im Sektoren-Grenzbereich zu bewegen, das stellte zu der Zeit noch kein großes Problem dar. Wie ich es im Einzelnen vorbereitet habe, weiß ich nicht mehr. Auch nicht, ob oder wer es genehmigen musste. Mir ist so, als wenn wir da einfach hingefahren und raufgegangen sind. Eigentlich unwahrscheinlich. Aber zu der Zeit, warum nicht?
Unser Erscheinen mit einer Filmkamera hatte damals schon oft verschlossene „Türen" geöffnet. Völlig aus der Puste sah ich, oben angekommen, aus der Luke und geriet in Gefahr, entweder von riesigen Rädern überrollt oder von gewaltigen Hufen zertrampelt zu werden. Ich lag der Quadriga zu Füßen. Jetzt sahen wir unsere so heiß ersehnte Fahne ganz frei im Wind wehen, hatten aber keine Sonne mehr. Selbst nach zwei Stunden des Wartens zeigte sie sich nicht. Wir mussten also ein anderes Mal noch einmal rauf.

Das zerbrochene Berlin

Mit meinem beruflichen Aufstieg zum Trick-Produktionsleiter ging es schneller als erwartet: Ich wurde es im Herbst 1961. Doch dazwischen passierte etwas, was viel wichtiger war als meine Karriere. Am Morgen des 13. August 1961, einem Sonntag, waren plötzlich alle Übergänge von Ostberlin nach Westberlin gesperrt – umgekehrt auch, aber vom Westen ungewollt. Keiner konnte „rüber und nüber", wie man so sagte. Als ich diese Nachricht über den RIAS hörte, dachte ich, dass es sich nur um eine politische RIAS-"Ente" handeln könne. Was die da durchsagten, war für mich Quatsch, denn wie will man diese für mich vermeintliche „Ente" in die Realität umsetzen? Ost- und Westberlin gegenseitig so zu isolieren, dass kein Mensch mehr in den anderen Teil von Berlin kam? Das Abwasser schwamm quer durch Berlin, die Spree schlängelte sich auch durch die gesamte Stadt. Die Kleingärten gingen ineinander über, ohne Grenzschilder; Häuser standen auf der Grenze, wie das Columbushaus und die Häuser in der Bernauer Straße. Die S-Bahn fuhr vom Osten durch den Westen – wieder in den Osten. Und da sollte ich nicht mehr nach Westberlin kommen? Wenn das stimmte, dann müsste es doch jetzt noch gehen! Auch ich hatte diesen spontanen Gedanken, wie sicher viele andere auch: „Jetzt noch rasch abhauen, rüber?" Warum ich das wollte, ob ich das wirklich wollte, und wie es drüben weitergehen könnte, diese Erklärung fand ich im Moment dieser Panik nicht. Was ich zu dem Zeitpunkt nicht wusste, war, dass es eigentlich wirklich nicht mehr gegangen wäre, Westberlin zu erreichen. Erst abends war mir klar: Nichts war Spaß, denn die Ost-Regierung hatte alles stabsplanmäßig vorbereitet. Mein Vater hielt sich in der Nacht vom Sonnabend zum historischen Sonntag, den 13. August 1961, auf seiner Arbeit in Westberlin auf. Er konnte Sonntag früh nicht mehr nach Ostberlin, blieb bei seiner Schwester Martha in Steglitz und kehrte erst drei Tage später wieder zu uns zurück. Bei seinem Verlag zu sein und Westzeitungen zu drucken, das war für Papa nun passé. Er fing später beim Ostberliner Verlag „Tägliche Rundschau" an und druckte da weiter Zeitungen, aber mit einer anderen politischen Tendenz. Nun schlossen sich also ab dem 13. August alle Türen Richtung Westen. Seit den frühen Morgenstunden des 13. August waren die Truppen der Nationalen Volksarmee sowie viele Betriebskampfgruppen damit beschäftigt, die Sektorengrenze zu sichern. Damit wurde verhindert, dass Personen die Grenze überqueren konnten. Gleichzeitig begann man damit, an den ersten Stellen Stacheldrahtverhaue zu errichten bzw. das Straßenpflaster aufzureißen, um Grenzzäune aufzustellen. Diese Maßnahme richtete sich nicht, wie von unserer Regierung propagiert, gegen die „Menschenhändler und Kopfgeldjäger aus dem Krisenherd und Agentennest Westberlins", sondern maßgeblich gegen die eigene Bevölkerung. Eigentlich ging es darum, Menschen an der Flucht zu hindern, die gegangen wären und nun den „Absprung" verpasst hatten. In Ostberlin wohnten Leute – direkt auf der Grenze. Wenn sie etwas aus dem Fenster hätten fallen lassen, dann wäre das im Westberlin gelandet. Die Bernauer Straße war eine solche Adresse. Wenn da Menschen aus dem Fenster gesprungen wären, ihr Besuch oder Fluchtwillige, dann hätten sie es noch geschafft, sie wären in Westberlin gewesen. Einige Wenige hatten es so am ersten Tag auch erfolgreich getan. Da stand auf der Westseite die West-Feuerwehr mit einem Sprungtuch, bereit, um den Ost-Fluchtwilligen aufzufangen. Damit solche Chancen verhindert würden, mussten seitens der DDR diese Häuser schnellstens zwangsberäumt und die Bewohner umgesiedelt werden. Um diesen Prozess kurzfristig durchführen zu können, wurden Mitarbeiter von staatlichen Institutionen hierher zitiert, um beim Auszug zu helfen. Anschließend vermauerte man die Fenster dieser auf der Grenze stehenden Wohnhäuser. Vorerst. Später wurden diese Häuser teilweise abgerissen, damit die „Sicherungsanlage", sprich „die Mauer", Platz hätte. Ja, wie reagierte man da? Überrascht – das klingt zu banal. *Ohnmacht* klingt treffender, denn niemand hatte noch die Chance, sich in seinem eigenen Sinn zu verhalten. Aufgrund der beobachteten Politik in den 50er Jahren war, auch 10 Jahre später, so etwas wie Meinungsäußerung und besonders gegen die Mauer undenkbar und gefährlich. Wenn zu der Zeit jemand einen politischen Witz erzählte, hatte ihm manchmal – halb ernst – einer gesagt: *Du, der kostet fünf Jahre Knast.* Als es mit dem richtigen Mauerbauen in Berlin anfing, verlief schon mal mitten einer Straße, eines Fahrwegs, die Mauer. Und ich, in meinem

jugendlichen Leichtsinn, war der Meinung, dass die Welt sich doch dagegen auflehnen müsste. Warum tat das keiner? Heute wird sie auch wieder errichtet, eine Mauer, irgendwo in der Welt. Und jetzt?
Wir, als SED-DEWAG-GmbH, mussten selbstverständlich beim Umziehen helfen. Ich war mit vor Ort, konnte aber mit meinem frischen „Reißverschluss" im Bauch wenig behilflich sein. So meine Argumentation gegenüber meinen Kollegen, denn gefreut haben sich die Mieter nicht, die umgesiedelt wurden. Was sie natürlich auch alle Helfer spüren ließen. Der Begriff „Helfer" war für die Fremden, die anfassen mussten, auch völlig deplatziert. Die Menschen, die bisher hier wohnten, hatten selbstverständlich keine Einsicht in die Notwendigkeit für eine solche staatliche Maßnahme. Daher war ich froh, weitestgehend passiv bleiben zu dürfen. Die meisten Genossen fühlten sich auch unwohl, weil jeder hier im Osten geborene Berliner Verwandtschaft oder andere menschliche Bindungen nach Westberlin hatte. Angst hatte sicher jeder einzelne Genosse, auch vor der direkten Konfrontation mit den Bürgern, vor des Volkes Meinung. Früher, auf dem Weg zu seinem Ministerium nach Berlin-Mitte, hatte fast jeder, der mit der S-Bahn fuhr, das Partei-Abzeichen am Revers. Wo waren denn jetzt die Parteiabzeichen? Weg. Aus Angst vor noch unbekannten Reaktionen der Leute! Nicht nur Berlin, sondern die ganze DDR befand sich bald in einem eingemauerten Zustand. Da kam keiner mehr Richtung Westen raus. Die Westberliner ihrerseits klagten schnell über ihren eingegrenzten Zustand. Sie seien auf einer Insel, meinten sie, sie könnten rechts und links nirgendwo hin. Dabei war für sie bald eine Autobahnstrecke durch die DDR frei, mit der sie die Bundesrepublik erreichen konnten. Fliegen konnten sie dahin auch bald und von dort in die ganze Welt. In ihrer Undankbarkeit gegenüber ihrem Schicksal hatten sie natürlich schon die Blockade vergessen.

Nun stand bald überall an der Grenze eine Mauer. Der Bau zur Verfeinerung der Sicherungsanlagen wurde bis zur Wende nie fertig. Das Leben ging in dem neuen Zustand irgendwie weiter, auch in einem Berlin, das nun wirklich kein Berlin mehr war.

Auch die Werbung ging weiter

Da das Warenangebot in den Geschäften spärlich war, mussten wir als DE-WAG-Werbefilmstudio für das, was es nicht gab, auch keine Werbung machen. Das Wort *Reklame* statt Werbung war in der DDR unerwünscht, denn es verdeutliche eine kapitalistische Form der Anpreisung von Waren. Aber so ein kleiner Werbefilm von 30 Sekunden, der im *TTT* – Tausend Tele-Tipps Fernsehen – oder im Kino-Vorprogramm lief, war für den werbenden Betrieb bedeutungsvoll, um auf sich aufmerksam zu machen. Er diente zugleich der Selbstdarstellung. So auch sicherlich ein Kurzfilmchen über nahtlose Damenstrümpfe von einem Feinstrumpfwerk im Erzgebirge. Bis etwa 1960 wurden die Damenstrümpfe mit Mittelnaht hergestellt. Ob die Naht nun auch immer in der Mitte saß …, das verunsicherte die Damen. Ab 1961 wurden nahtlose, rund gestrickte Damenstrümpfe publik. Bei denen hatte das weibliche Geschlecht nicht mehr auf die Naht zu achten, weil es nun keine mehr gab. Die Strümpfe waren daher sehr begehrt. Nun wollte dieser Volkseigene Betrieb (VEB) in eine Marktlücke im Westen einsteigen. Soweit heute noch ersichtlich, bestand die damalige Tagesproduktion pro Schicht aus 400 Paar der begehrten Beinkleider. Damit ging die gesamte Produktion natürlich in den Westen. Im Osten blieben sie „Goldstaub", wie so manches andere auch. Also fast unerreichbar.

Für die Herstellung dieses kleinen Realfilms kamen drei Paar nahtlose Damenstrümpfe unter der „Bewachung" des Werbeleiters zu uns nach Berlin. Ich hatte die Aufnahmeleitung für den Film und bestellte für die Außenaufnahmen eine junge Komparsin, von der ich wusste, dass sie neben ihrem Aussehen auch hübsche Beine hatte. Also anrufen: *Können Sie?* Nach ihrem telefonischen Kopfnicken waren der Termin und der Drehort verabredet. Die Komparsin kam und die Sonne schien. Der Regisseur war mit der Erscheinung und Bekleidung unserer „Hauptdarstellerin" zufrieden. Doch dann kam seine katastrophale Entdeckung: Die junge Dame hatte behaarte Beine! Panik! Das ging so nicht!

Und nun? Da ich die Komparsin nicht zum ersten Mal engagiert hatte, handelte es sich um eine nur kurze Überzeugungsarbeit: „Die Haare müssen ab!" Noch schien die Sonne. Eile war geboten. Wir beide also los, rein in einen in der Nähe gelegenen Friseurladen – so nannte man ihn damals noch. Der Chef machte große Augen und die Friseurinnen auch. Die äußerten ihre Empfindungen mittels hämischen Grienens oder eines unverständlichen Kopfschüttelns. In der Zeit, in der die „Tonsur der Beine" durchgeführt wurde, klärte mich der Friseur-Chef darüber auf, dass die junge Dame, wenn die Haare wieder wachsen, vermutlich Probleme mit ihren Strümpfen kriegen wird. Laufmaschen und so. Diese Info blieb aber als Geheimnis bei der Aufnahmeleitung, also bei mir. Für mich war die Hauptsache, dass wir bald wieder zurück zum Drehort kamen, denn noch schien die Sonne. Die hatte für uns Verständnis, bis wir abgedreht hatten. So, nun war alles im Kasten. Jetzt musste nur noch am Tricktisch etwas mit dem Firmenlogo und der Verpackung gemacht werden, denn wenn einer eine Ware kaufen sollte, dann musste der Kunde ja schließlich wissen, wie die Damenstrümpfe eingepackt aussehen würden. Da nun aber diese Strümpfe offensichtlich der höchsten Erzgebirgischen Geheimstufe unterlagen, durfte der Werbeleiter die Verpackung nicht bei uns in Berlin lassen und einfach ohne Strümpfe nach Hause fahren. Nicht mal *eine* leere Tüte von den dreien durfte ohne seine Aufsicht bei uns verbleiben. Er müsse bei den Strümpfen bleiben, meinte er. Es gab mehrere Möglichkeiten der Erklärung dafür: Entweder war es wirklich so geheimnisvoll – oder er suchte für sich selbst diesen Grund, um noch Tage in Berlin bleiben zu können. Aber irgendwann war die Strumpf-Verpackung vom Tricktisch runter. Da ich nun der war, der am nächsten am Werbeleiter dran war, rechnete ich mir die besten Chancen aus, ihm ein Paar Nahtlose für meine Frau abzugaunern. Der Herr Werbeleiter entsetzte sich über mein Ansinnen, auch darüber, dass ich gegen die durch ihn anberaumten Sicherheitsmaßnahmen für dieses Produkt egoistisch zu verstoßen gedachte. „Nein, natürlich nicht", sagte er, „denn ich muss diese drei Packungen meinem Betriebsleiter persönlich wieder auf den Tisch legen." Einmal bewies der Werbeleiter uns gegenüber ein absolutes „Grundvertrauen", weil eine Packung über Nacht „unbewacht" im Studio bleiben durfte.

Meine veränderte Zukunft

Diese Organisation eines kompletten Werbefilms durch mich wurde 1962 abgelöst durch eine lakonische Mitteilung: „Zur Konzentration der DEWAG auf ihre Kernaufgabe und Vermeidung doppelter Investitionen (DEFA/DEWAG) wird ab 1962 die Technik und ein Teil der Belegschaft des DEWAG-Studios für Werbefilme/Berlin in das DEFA-Studio für populärwissenschaftliche Filme/Potsdam-Babelsberg eingegliedert." Jeder von uns war davon betroffen. Die künftige Berliner Trickfilmproduktion wurde durch die DEFA ignoriert. Das hieß, den Zeichentrick auflösen und vom Puppentrick ging der Kameramann und der Regisseur zum DEFA-Spielfilm, der gute Kameraassistent fand seine künftige Heimstatt beim Sandmännchen. Ich für meinen Teil war sogar sehr glücklich über den Weg zur DEFA, da ich als Produktionsleiter für Realfilm zum „DEFA-Studio für Populärwissenschaftliche Filme" übernommen wurde. Ein nie erwarteter Herzenswunsch ging damit für mich in Erfüllung. Ich konnte bei der DEFA arbeiten. Damals war es im Kino oftmals so, dass vor einem Spielfilm noch ein Vorfilm gezeigt wurde. Dazu zählten auch welche vom DEFA Populär-Filmstudio. Aus Gründen des Urheberrechts war es üblich und ist es noch, alle Mitarbeiter namentlich im Vorspann, heute im Abspann, zu benennen, die vorrangig an der Herstellung dieses Films beteiligt waren. Auch der Produktionsleiter. Und so schwelgte ich oft in der spannenden Vorstellung, irgendwann mal meinen Namen im Kino lesen zu können. Das wäre für mich das Aushängeschild gewesen, meinen Verkäuferweg verlassen zu haben. Es erfüllte mich mit Stolz.

Jetzt war es also bald soweit: Produktionsleiter bei der DEFA! Ich konnte mein Glück nicht fassen. Das entsprach meinem Wunsch, mich dort beruflich weiterentwickeln zu können, was mir ja bis 1960 durch die Westarbeit meines Vaters versagt geblieben war. Wie weit ein Teil des künstlerischen Personals nicht übernommen werden sollte, habe ich nicht so richtig registriert. In den meisten Fällen handelte es sich um Einzelentscheidungen des jeweiligen Mitarbeiters, nicht bei der DEFA in Potsdam-Babelsberg arbeiten zu wollen, mit vielfältigen Begründungen. Eine war die meist tägliche weite Fahrerei zum Studio nach Potsdam. Bei so viel Freude in mir spielte diese Fahrzeit für mich anfänglich keine Rolle. Statt der S-Bahn verkehrte nach dem Mauerbau nur noch stündlich der „Sputnik", ein Doppelstock-Personenzug, von Karlshorst nach Potsdam, mit Halt in Schönefeld, Genshagener Heide usw. Um die DEFA zu erreichen, musste ich von „Plänterwald" und „Schönefeld" kommend „Genshagener Heide" umsteigen, mit einem Zubringer bis „Drehwitz" fahren und dann noch mit dem Bus weiter zum Studio. Das waren täglich zwei Stunden hin und zwei Stunden wieder zurück. Sommer wie Winter. Zugverspätungen, an die man sich gewöhnen musste, waren dabei natürlich zeitlich noch nicht mitgerechnet. Besonders nervig waren die Verspätungen, wenn man im Winter auf dem unüberdachten Bahnhof Schönefeld warten musste und nicht erfuhr, wann es weiter geht. Eine Klage beim Arbeitsgericht bezüglich der zweimal zwei Stunden Fahrzeit zum Arbeitsort wurde abgewiesen. Die Berliner Kraftfahrer kündigten innerhalb des ersten Jahres, in dem wir noch in Berlin stationiert waren. Ihre berufliche Qualifikation verbanden sie nicht auf ewig mit der Filmbranche. In Berlin Kraftfahrer zu sein, war für sie aus privaten Gründen wichtiger. Was sie aber am meisten erregte, war das „D" für Potsdam am Nummernschild der DEFA-Fahrzeuge. Im Berliner Verkehrsleben als Nichtberliner eingeordnet zu werden, das ging zu weit, eine solche Diskriminierung vertrugen sie nicht. Sie wollten ihr „I", für ihr damaliges Ost-Berlin-Schild. Wir, die wir zum Filmemachen nach Potsdam-Babelsberg abgestellt waren, stießen bei den scheinbar für die Filmkunst geborenen Babelsberger Kollegen auf erwartete Nichtachtung. Sie behandelten uns, als hätten wir noch nie ein Kino von innen gesehen. Irgendwie war diese Position verständlich, denn erst mal kamen wir als „Zuwanderer" und dann auch noch aus Berlin. Die von da kamen, also wir, hatten Werbefilmchen bei der kleinen DEWAG gemacht. Tenor: Was werden die da aus Berlin schon können? Ergo: Arroganz ist Unsicherheit und Angst. Die Frage war nur: wovor? Entlassen wurde damals niemand!

Ich, beim richtigen Film

So überheblich, wie man es „Filmfritzen" im Allgemeinen zutraut, waren nur die Wenigsten. Es lag an der Art und dem Umgang von jedem Einzelnen von uns Berlinern, wie er sich bei der DEFA einbrachte. Wir waren vier Produktionsleiter, die mit nach Babelsberg gegangen waren. Für uns Berliner war das beim Pop-Film eine andere Struktur als bei der DEWAG, mit etwas veränderten Aufgaben. Jeder Produktionsleiter hatte nun seine Filme und arbeitete in einem relativ festen Team, einem damals sogenannten *Drehstab*, auch intern „Filmehe" genannt – Regisseur, Kameramann, Produktionsleiter. Wie ein Film finanziell und organisatorisch hergestellt wurde, war die Sache des Produktionsleiters. Sie musste sich nur im vorgegebenen zeitlichen und finanziellen Rahmen bewegen. Dazu gehörten ein Drehplan und eine Kalkulation des Vorhabens. Der kalkulierte Preis war so genau zu errechnen, wie man es im Vorfeld, bei so vielen später noch auftauchenden Unbekannten, nur machen konnte. Nicht selten musste noch mal am Drehplan gefeilt werden, damit die Kalkulation dem preislichen Limit entsprach. Das waren dann wieder Tage des erneuten Nachdenkens und Abstimmens mit Regie und Kamera und den Drehorten. Da der DEFA der Rohfilm, die Entwicklungs- und Kopierkosten nach Kilometer weiter berechnet wurden, endete der Kalkulationspreis immer mit drei Stellen hinter dem Komma. Die in unserem Studio produzierten Filme hatten in der Regel eine Länge von 450 und 600 Metern bei einer Laufzeit von 15 bzw. 20 Minuten. Sie waren Filme für den „Progress-Filmvertrieb", also für das Kinobeiprogramm oder Auftragsproduktionen als Informationsfilme, meist für staatliche Institutionen und Betriebe.

Über uns Produktionsleitern thronte der Produktions-Chef. Ein umgänglicher und auch einsichtiger Chef, wenn er merkte, dass sein Gegenüber ein Mitarbeiter war, der nichts links liegen ließ, auf den Verlass war. Weil letztendlich die heißesten Probleme bei ihm landeten, war er der Dreh- und

Angelpunkt für alle großen Entscheidungen im Studio. Manche Probleme entstanden auch durch den Egoismus einiger Regisseure, die sich missverstanden fühlen wollten oder auch: Ich will wie der andere ... Also manchmal wie kleine Kinder, aus dem Bedürfnis der Eitelkeit heraus. Zum Glück waren es nur wenige. Kameraleute empfand ich immer als schöpferische Techniker, richtige Kumpels, die sich keine Zeit nahmen, um mit sich durchzudrehen. Ganz oben über allem regierte – unmerklich – der Leiter des Studios, der, bevor ihm diese Position übertragen wurde, der hauptamtliche Parteisekretär des Studios war.

Dieser DEFA-Studioleiter bemerkte eines Tages, dass sich nicht alle Mitarbeiter pünktlich um 8.00 Uhr im Studio befanden. Er ließ beim Pförtner ein Heft auslegen, in dem sich jeder mit seiner Ankunftszeit eintragen musste. Bei Unpünktlichkeit war diese mit dem Niederschreiben der Ankunftszeit im Studio zu begründen. Das Heft hatte nicht lange Bestand, denn am zweiten Tag schrieb ein Genosse Regisseur als Begründung für sein späteres Eintreffen: „Ich habe mein Gehirn vermietet, aber nicht meinen Arsch!" Dieser Satz kennzeichnete hintergründig, in welcher Weise damals bei uns Filme produziert wurden. Es war eine Praxis, die sich bewährt hatte, weil immer jeder da anwesend war, *wo* er gebraucht wurde, *wenn* er gebraucht wurde. Darauf konnte man sich dann aber auch verlassen. Der „Kintopp" war eben keine Schraubenfabrik und der Genosse Studioleiter hatte mit seinem „Anmeldeformular" uns allen kundgetan, dass er von den notwendigen und praktizierten Abläufen in seinem Studio offensichtlich keine Ahnung hatte. Damit schadete er seinem Ansehen noch mehr – vorausgesetzt, er hatte bis dahin schon eines. Am übernächsten Tag lag das Heft beim Pförtner nicht mehr aus.

Die künstlerischen Mitarbeiter kamen ins Studio, wenn sie Termine hatten. Aufgrund der Raumsituation fanden alle Produktionsgespräche mit Requisite, Maske, Komponist, Darsteller usw. in der Kantine statt. Auch wir „Filmehen" machten dort unsere Produktionsfeinabstimmung. Man traf sich da, wenn man da war. Suchte ich jemanden und der war nicht in der Kantine, dem „Großraumbüro", dann war er wahrscheinlich auch nicht im Studio. Vorführung oder Schneideraum bildeten dann noch eine Ausnahme, eine Variante, jemanden zu finden. Aber das wussten wir eigentlich schon vorher, wenn ...

Sie kannten sich alle. Ich hatte einmal gesagt: „Wer einen Kollegen aus dem Studio beleidigt, beleidigt alle". Das kam daher, weil viele Babelsberger Kollegen miteinander versippt und verschwägert waren. Einmal saß ich mit Regisseur Dieter (natürlich) in der Kantine, denn wir waren mit einem Kollegen der Requisite vom Spielfilm verabredet. Im Laufe des Gesprächs gesellte sich ein Kameramann an unseren Tisch, der offensichtlich den ältlichen Requisiteur gut kannte. Gegen Ende des Gespräches kam auch noch Horst, unser Kameramann, zu uns hinzu. Wir fassten unsere Verabredung mit dem Requisiteur noch mal zusammen, bestätigten uns gegenseitig den Termin und der Spielfilmkollege verabschiedete sich. Als er gegangen war, fragte Horst in die Runde: „Sagt mal, wer war denn der alte Zausel?" „Mein Vater", sagte der andere Kameramann. Unser „DEWAG-Horst" kannte offensichtlich noch zu Wenige. Da ich Berliner war, bekam ich 1964 den Bereich *Medizinfilm* in Berlin-Mitte noch dazu. Eine kleine Gehaltserhöhung aber auch. Es ging um 20 medizinische Lehrfilme pro Jahr, unter der Regie des Regie-Kameramannes Peter, die für das „Deutsche Pädagogische Zentralinstitut für Bild, Lehre und Forschung" zu produzieren waren. Das musste ich einfach noch so „nebenbei" an den Sonnabendvormittagen, an denen zur damaligen Zeit noch gearbeitet wurde, in Berlin mit erledigen. Dadurch brauchte ich nicht für die wenigen Stunden nach Babelsberg zu kommen, wie man mir huldvoll mitteilte. Der bisherige Produktionsleiter vom Medizinfilm war in Rente gegangen. Für ihn war es bisher ein Fulltimejob. Nun musste ich mit einer Tätigkeit für nur wenige Stunden pro Woche auskommen. Daraus leitete ich andere Anforderungen an den kleinen Drehstab ab, was den Regiekameramann erregte, denn das zufällige Produzieren auf „Familienbasis", wie bisher, konnte es nun nicht mehr geben. Ich musste ja in den wenigen

Stunden wissen und vorbereiten, was in der kommenden Woche so anfallen könnte. Eine Kalkulation für jeden Film zu machen, das war dort bisher was Utopisches. Da alle Kosten nur einen Auftraggeber betrafen, hielt man es beim Medizinfilm bisher nicht für nötig, für jeden Film individuelle Überlegungen anzustellen. Bisher hatte diese Ebene etwas Großväterliches, was vom Auftraggeber, einer staatlichen Institution, bisher akzeptiert worden war. Das finanzielle Jahreslimit wurde immer eingehalten. Mit dem Wechsel der Produktionsleitung zu mir gab mir der Produktions-Chef die Anforderung mit auf den Weg: Produktionsplanung mit Kalkulation. Na fein! Da kam Freude auf, bei denen und mir. Ich sagte dem Produktions-Chef zwar, was ich davon hielt, weil ich ja nur 4 Stunden pro Woche für den „Laden" zur Verfügung hätte; es änderte aber nichts. Na gut, manchmal konnte ich auch mal in der Woche an einem Tag hingehen und auch bei einer größeren Dreherei anwesend sein. Das war Berlin.

In Babelsberg waren wir mit dem Regisseur Dieter und Kameramann Horst sechs Jahre lang ein Drehstab, ein Team. Schon in dieser Besetzung sind wir von der DEWAG nach Babelsberg gekommen. Der Regisseur Dieter hatte bis zum Physikum Medizin studiert und dann über den Job eines Kameramannes den Weg zur Regie gefunden. Dass dieser Regisseur Medizin studiert hatte, wusste man im Studio bald und schon drehten wir von Anfang an oft Filme mit dieser Grundthematik, z. B. fürs Hygienemuseum in Dresden und Repräsentationsfilme mit einer medizinischen Thematik für das Außenministerium.

Manchmal ein besonderer Drehort

Das Drehen in den Kliniken war nicht nur interessant, sondern es herrschte auch zwischen den Ärzten und uns ein respektvoller Umgang und damit tolle Arbeitsbedingungen. Die Klinik oder das Krankenhaus fühlte sich durch unsere Dreharbeiten geehrt, weil wir durch unsere Publikation ihre spezielle Arbeit hervorhoben. Sie boten uns daher jede erdenkliche Unterstützung und wir, zumindest unsere Truppe, achteten darauf, dass wir nicht auffällig störten. Einmal hatten wir unter den Beleuchtern zwei Kollegen dabei, die mussten wohl vorher im Kuhstall gedreht haben. Jedenfalls weigerten sie sich, die Scheinwerfer nach Drehende so wegzustellen, dass sie den Klinikbetrieb nicht störten. Auch der Brigadier und der von der Brigade gewählte Vertrauensmann konnten nichts an deren Meinung ändern. Ich bat am Abend des zweiten Drehtages Regisseur, Kameramann, Brigadier und Vertrauensmann zu einem kurzen Gespräch und erreichte die gemeinsame Zustimmung, dass wir die beiden am nächsten Morgen nach Hause – ins Studio – schicken werden und nur mit den verbleibenden Beleuchtern weiter arbeiten. Noch am Abend kaufte ich zwei Fahrkarten. Unter der zeitlichen Berücksichtigung, dass sie im Hotel noch ihren Kram zusammenpacken mussten, suchte ich den passenden Zug raus und berief am nächsten Morgen, am Drehort, mit allen eine kurze Besprechung ein. Da erklärte ich unsere Position, dass wir auf eine weitere Mitarbeit der beiden verzichten, gab ihnen die Fahrkarten, setzte sie ins Auto, damit sie ins Hotel und dann zeitgerecht zum Bahnhof gefahren werden konnten. Anschließend informierte ich per „Telex" ihren Leiter, den Atelierchef, dass sie kommen würden und überließ den weiteren Dingen ihren Lauf.

Nachdem wir uns einige Tage danach wieder im Studio aufhielten, lud mich die Sekretärin zum Studioleiter. Er wolle mich sprechen. Seine Vorhaltung: Ich hätte mich gegenüber den beiden Beleuchtern falsch verhalten, denn ich hätte sie am Drehort erziehen müssen, weil wir ja schließlich ein sozialistischer Betrieb wären, wo man mit dem Menschen …

Hier sprach jetzt offensichtlich nicht ein Studioleiter mit mir, sondern der ehemalige hauptberufliche Parteisekretär. Da war ich anderer Meinung, die ich ihm darlegte: „Ich bin Produktionsleiter und am Drehort, um die Dreharbeiten zu organisieren und den Verlauf abzusichern. Damit sage ich vor Ort, was passiert – auch mit den Scheinwerfern. Die Männer hätten vom Alter her meine Väter sein können und Väter erzieht man nicht mehr. Ich gehe davon aus, dass sich solche Männer erwachsen verhalten und sich entsprechend dem Drehort bewegen". Mein oberster Chef war mit meiner Erklärung nicht einverstanden und rügte mein Verhalten. Ich verabschiedete mich von ihm mit der Feststellung: „Ich werde immer wieder so entscheiden, denn ich werde dafür bezahlt, dass Filme gedreht werden können und nicht, um Vätern zu erklären, was Arbeit ist!" Er sagte dazu nichts mehr. Vielleicht hatte er mich endlich begriffen.

Wir standen am Drehort mal wieder herum, weil etwas fehlte oder einer noch nicht da war, oder ..., als ein älterer Kameramann gelangweilt zu mir kam und sagte: „Weißt du, es ist eigentlich schlimm! Ich habe die Hälfte meines Lebens verwartet. Dass ich das muss, davon steht nichts in meinem Arbeitsvertrag." Das betraf nicht nur ihn. Das war damals der Branche eigen, warten zu müssen, wenn ... Ein Kameramann wartete, weil die Beleuchter die Scheinwerfer abluden, sie weisungsgemäß einrichteten, der Regisseur mit den Darstellern probte, die Maske vor sich hin trödelte, es regnete, es trübe war, es nur Halblicht gab oder nicht gebrauchte Sonne oder keine scheinen wollte ...
Die Chance, nicht aus dem „Knick" zu kommen, war immer gegeben.
Einmal drehten wir wieder in einer Klinik. Eine Außeneinstellung musste noch bei Sonne in den Kasten. Einer von uns meinte plötzlich: „Jungs, die Hühner werfen Schatten." Das war ein kaschiertes Signal für: Die Sonne scheint! Eine ähnliche Situation hatte diese Aufforderung damals hoffähig gemacht. Also, wir sofort innen die Dreherei abbrechen, Scheinwerfer stehen lassen und alle raus in die Sonne. Ich habe rasch zwei Krankenschwestern und drei Patienten zusammengetrommelt, die das „Volk" spielen sollten, indem sie durchs Bild gehen mussten. Als wir drehfertig waren, gab es noch immer einen komplett

blauen Himmel. Nur ein klitzekleines Wölkchen hatte sich etwas in die Nähe der Sonne geschoben. Es gab ein herrliches Halblicht, womit man die Einstellung hätte drehen können. Doch unser Regisseur, wie Regisseure nun manchmal sind, forderte ganze Sonne. Eigentlich entscheidet der Kameramann über das Licht. Aber mit dem „Wissen" des Regisseurs untermauerte er lautstark, dass das kleine Wölkchen gleich wegwandern würde. Es seien nur noch wenige Minuten zu warten, meinte er. Aus dem kleinen Wölkchen wurde ein Wölkelein, dann eine Wolke und der Himmel zog sich zu. Stunden waren vergangen und wir alle waren sauer. Nur der Kameramann vielleicht nicht. Der hatte etwas Farbe im Gesicht abbekommen, weil er immer in die Sonne gucken musste, um zu sehen, was die Wolke macht. Von dieser Art Situation gab es viele Varianten des Wartens.

Beim Drehen in Betrieben passierten auch Dinge, die man „DEFA-Fremden" nie so richtig verklickern konnte, auch nicht wollte, ohne alles im Detail ausbreiten zu müssen. Das war auch nicht nötig und oft ebenso wenig hilfreich. Unser Umfeld, meist ein für uns abgestellter Ansprechpartner des Betriebes, wollte aber doch oft informiert sein. Teils aus Notwendigkeit, teils weil er sich für die kurze Zeit, in der wir in dem Betrieb arbeiteten, zu uns gehörig betrachtete. Wenn wir mal einen Durchhänger hatten, uns in einer zeitlichen Bredouille befanden, weil vielleicht der neu zu verlegende Stromanschluss – es waren ja nicht selten über 100 kW – nicht klappte, musste also eine Erklärung her. In solchen Fällen sagte ich zu unserer Entschuldigung, dass wir heute sehr lange und umfangreich „repunsieren" mussten. Dafür hatten alle, denen ich das sagte, Verständnis ... Danach fragte niemand, woran es lag, wodurch es kam oder gar, was „repunsieren" überhaupt bedeutete. Dieses unbekannte Unwort verschaffte mir Ruhe vor weiteren Nachfragen. Ein kleiner „Großer-Jungen-Streich" sozusagen.

Regisseur und Kameramann, später auch ich, waren lange genug zusammen auf Tour, als dass wir nicht alles gegenseitig von und über uns wussten. Es reichte bei uns, Stichworte anzusprechen, um Vorkommnisse oder kleine

Männerabenteuer wieder hervorzuholen; hervorzukramen, um zu necken. Zeit dafür gab es am Drehort oft zur Genüge. Wir anderen wussten dann sofort, worum es ging und es gab immer wieder Lacher. Wenn wir nach dem Dreh abends noch zusammen saßen, unser Arbeitsthema war durch, worüber sollten wir dann noch ernste Gespräche führen? Was Neues gab es meist nicht, was wir von den anderen nicht schon wussten. Also kam man wieder in die bekannte Tonlage: man „veruzte" sich. Einmal drehten wir in Aue und warteten nach Drehende im Restaurant unseres kleinen Hotels auf einen Fachberater. Er kam und wir besprachen alles, was es für den Film fachlich zu besprechen gab. Nun war wieder mal das offizielle Thema abgearbeitet und wir näherten uns wieder – was? Unserer Uzerei. Das war nicht immer ganz banal. Ich meine nicht, dass solche Art Gespräche keine Bissigkeit hatten, aber man musste schon dafür ein Typ sein, der was hinnehmen konnte, über das zu sprechen, was wirklich mal vorgefallen war. Allerdings verdeckt. Dabei war wichtig zu wissen, dass der Uzpartner neckt, alles mit Witz und aus Spaß und nicht aus Boshaftigkeit sagte. Man wusste, dass er nicht die Gelegenheit nutzte, um Vergangenes dem anderen um die Ohren zu hauen. Ich persönlich liebe seit der Zeit solcher Art Gespräche, weil sie auch den Wortwitz schulen. Wenn man, wie ich, Gefallen daran gefunden hat, muss man schwer aufpassen, dass Grenzen eingehalten werden, deren Überschreitung die anderen „untrainierten" Menschen sonst wohl möglich schwer beleidigen könnten. Das ist manchmal nicht leicht. Ein sich gerade in Aue zu uns gesellter Fachberater saß andächtig an unserem Tisch, kannte uns erst eine Stunde, beteiligte sich nicht an unserem „Gespräch" und wirkte irgendwie beeindruckt und zugleich etwas irritiert. Ich stand auf, um dem Bier freien Lauf zu lassen. Der Fachberater schloss sich mir an. Wir standen an den bekannten weißen Becken, als er mich – eigentlich ist so was an einem solchen Standort unüblich – fragte: „Sagen Sie mal, Herr Bock, ich bin erst eine knappe Stunde hier. Warum zanken Sie sich eigentlich die ganze Zeit?" Nachdem ich ihm von uns erzählt hatte, merkte ich, dass er wohl noch nicht viel von unserem Leben verstanden hatte, selbst nach meiner Erklärung noch nicht.

Wir hatten in fünf Betrieben an vier Orten in Sachsen zu drehen. Diesen Akt hatte ich als Produktionsleiter vorbereitet und organisiert. Die Städte lagen so weit auseinander, dass wir die Hotels täglich wechseln mussten. *Hotels* und *DDR*, das vertrug sich nicht, außer, man war ein Glückskind oder hatte über die Zeit „Vitamin B" gebildet: Beziehungen. Diesmal war ich so ein Glücksbolzen und hatte in allen Städten und Städtchen für elf Kollegen Schlafgelegenheiten bekommen. Das war wie ein Sechser im Lotto. Plötzlich machte mir an einem Drehort eine defekte Anlage in einem Betrieb zusätzliche Arbeit. Es gab nichts zu drehen, daher waren wir unerwartet arbeitslos. Mit elf Mann konnten wir nicht weiter an diesem Drehort bleiben, also blieb uns nichts anderes übrig, als zum nächsten Dreh zu fahren. Wären wir nur als „Filmehe" unterwegs gewesen, hätte ich gesagt, dass wir mal einen Tag blau machen, um im organisierten Rhythmus zu bleiben. Doch bei elf Mann bestand die Gefahr, dass einer im Studio gequatscht hätte. Es bedeutete für mich, einen Drehtag und Drehort einen Tag vorzuziehen. Zur damaligen DDR-Zeit war es so ziemlich das Schlimmste, was mir passieren konnte. Ich musste den nächsten Betrieb dafür „begeistern", dass wir schon morgen statt übermorgen kämen. Wahre Begeisterung löste das natürlich nicht aus. Vieles musste durch mich umorganisiert werden, auch scheinbare Nebensächlichkeiten, das ließ sich noch verkraften ... Das Aussichtsloseste aber war, auf die Schnelle in einer Stadt wie Karl-Marx-Stadt, heute Chemnitz, Platz zum Schlafen zu bekommen. Natürlich waren alle Zimmer von den wenigen, die es damals in Karl-Marx-Stadt gab, belegt. Klar war, ich musste es jenseits der großen Hauptstraße probieren. Im Hotel „Zum Löwen" in Limbach-Oberfrohna, 19 km von Karl-Marx-Stadt entfernt, klappte das scheinbar aussichtslose Unterfangen problemlos. Als ich dort anrief, sagte die Chefin zu mir: „Natürlich haben wir für Sie elf Betten". Das musste eine Antwort aus dem Westen sein, dachte ich noch, denn eine solche erfreuliche Auskunft hatte ich, auf eine solche Frage, bisher noch nie bekommen. Der Tag brachte noch einige weitere Unruhen für mich, weil mit Drehen und Umorganisieren beides zusammenfiel.

Abends, nicht all zu spät, kamen wir im „Löwen" an, wurden erwartet und bekamen die Zimmer. Es waren noch so viele Betten da, dass ich zwei Beleuchter in einem Dreibettzimmer unterbringen konnte. Danach war ich für diesen Tag erst mal fertig und mit mir zufrieden. Den Tagesbericht, der eigentlich noch zu schreiben war, hatte ich schon auf Morgen vertagt. Die abendliche Produktionsbesprechung musste aber doch noch absolviert werden. Ich stand in der Nähe eines beheizten Ofens, lehnte mich an ihn und sagte der Truppe noch, wann es morgen früh losgeht. Dieter erzählte davon, was wir morgen drehen würden. Dabei verließ mich meine Konzentration und Kraft. Ich schlief, am Ofen stehend, ein! Wie lange weiß ich nicht. Es reichte zumindest, dass Horst zu der Aussage fand: „Bernhard ist ein Kerl wie ein Baum, Bäume schlafen stehend." Als wir dann endlich in der zum Hotel gehörigen Kneipe Abendbrot gegessen und ein Bier getrunken hatten, ging plötzlich die „Löwentür" auf und eine Horde Männer drang ein. Einer vorne weg: „So, wir sind jetzt da, Frau Wirtin, die vom Fernsehen", sagte er gewichtig. Ich hörte das und ahnte Böses. Die Wirtin fragte und der Vorreiter sagte, dass für den Fernsehfunk im „Löwen" für heute Nacht Betten bestellt worden seien. Zur damaligen Zeit sprach man von Betten und nicht von Zimmern, weil die Organisatoren froh waren, wenn sie für mehrere Leute Betten kriegten, denn an Einzelzimmer traute sich sowieso keiner zu denken. Die Hotelchefin guckte auf Grund dieser Information irritiert und sagte dem offensichtlich wichtigsten Mann der Truppe, dass sie, die da jetzt kamen, eigentlich schon da seien, denn die Zimmer seien ja schon von Filmleuten bezogen. Der Vorreiter flippte aus und stürzte sich auf mich, nachdem er erfahren hatte, dass wir seine vermeintlichen Betten belegt hätten. Sein Ärger war deutlich zu spüren. Auf mein Befragen hin sagte er, er wäre der Kraftfahrer des Busses, der alle Kollegen zu den Betten fahren sollte. Seine Angriffsposition wurde noch durch die kämpferischen Einwürfe seiner Fernseh-Kollegen unterstützt, die sich schon in der Kneipe auf der Erde schlafen sahen. Ich erklärte ihm, dass, wenn er sich nicht bald vernünftig benähme, mir für seine Schlafgemeinschaft nichts Positives einfallen würde. Im Hinterkopf hatte ich inzwischen schon die frei gebliebenen Betten für ihn eingeplant. Offensichtlich waren die DEFA und der Fernsehfunk in einen Topf geworfen worden. Frau Wirtin war sicher ein Versehen passiert, als ich wegen der Betten bei ihr angerufen hatte. Wir rutschten alle zusammen, was erst gelang, nachdem meine Beleuchter sich ausdiskutiert hatten und das richtige kollegiale Einsehen bekamen. Jetzt, nach diesem für mich Kräfte raubenden Tag, musste ich aufpassen, nicht auch noch auf dem Stuhl einzuschlafen. Welcher Spruch dem Horst dann auch noch dazu eingefallen wäre, das hätte mich schon interessiert.

„Wie siehst denn du aus?"

Einmal hatten wir eine halb große Sache mit Beleuchtern und Maskenbildnerin in Dresden gedreht und waren auf der Heimfahrt. Zu DDR-Zeiten gab es statt würdiger Parkplätze mit Toilettenhäuschen nur Einbuchtungen, wo man im Wald wild eben das machte, wenn man musste. Da, wo wir dieses Mal anhielten, ging es erst einen kleinen Hang hinauf. Es war schönes Wetter und bei der Heimfahrt war Eile nicht geboten, denn keiner von uns wollte wegen des vollen Tagesspesensatzes vor Feierabend im Studio ankommen. Monika, unsere Maskenbildnerin, hatte einem Beleuchter etwas die Haare gestutzt und sah mich anschließend auffordernd an. Ich hatte immer schon eine volle Haarpracht. Aus dem auffordernden Blick wurde eine bestimmende Einladung. Nun zogen wir beide mit Klappstuhl, Frisierumhang und Schere den Hang hinauf. Da oben drapierte mich Monika auf den Stuhl und legte mir einen weißen Frisierumhang um. Das alles wurde begleitet durch das Gejohle der Truppe von da unten am Bus, denn die Jungs hatten schon bemerkt, dass der Frisierumhang auf dem Hügel die Blicke der Autofahrer auf der gegenüberliegenden Fahrbahn magisch anzog. Das führte zu einem kleinen Stau, weil die Neugier der Chauffeure das gesamte Fahrtempo der Gegenspuren rasant gedrosselt hatte. Monika fiel über meine Haare her. Weil ich in keinen Spiegel sehen konnte, hatte ich noch keine Veranlassung, unter Protest den Hocker zu verlassen. Nur die am Boden liegenden Haarbüschel machten mich schon etwas stutzig. Als wir unten am Parkplatz ankamen, konnte ich, angstvoll kontrollierend, in die Busscheibe schauen und: „Oh, Gott!" ausrufen. Nichts mehr mit Pracht, nichts mehr mit vollem Haarschopf. Ich kam mir vor, als wäre ich mit meinen Haaren in die Brotmaschine gekommen. Die Kollegen sahen mich etwas schräg an, meinten, dass ich toll aussähe, und ergänzten sich mit dem Satz: „Es wächst ja wieder!" Damit wusste ich alles. Ich kam zu Hause an, klingelte von unten, meine Frau stand schon oben an der Wohnungstür. Ich kam die Treppe rauf.
„Wie siehst du denn aus?"

„Na, wie soll ich denn aussehen?"
„Du siehst ja aus wie ein Amerikaner auf Urlaub!" – so der Begrüßungsdialog mit meiner Frau. Amerikaner wurden bei uns nur als „Amis" bezeichnet und diese Soldaten hatten unter ihren Käppis Stoppelhaare. So muss ich also ausgesehen haben. Offensichtlich hatte ich Glück, dass mich Helga wiedererkannt hatte. Am Montag früh mussten wir, in derselben Besetzung der Mitarbeiter, wieder nach Dresden. Die erste Frage an mich war, wie ich das Donnerwetter meiner Frau überlebt hätte. Nun kannte ich endlich auch die wahre Meinung meiner Kollegen zur neuen Frisur. Ich berichtete Einzelheiten von Helgas „Begeisterung" über meine Halbglatze und dass sie nahe daran war, mich mit einem „Ami auf Urlaub" zu verwechseln. Damit war etwas losgetreten, womit ich nicht gerechnet hatte. Die Beleuchter waren ja auch immer in der gleichen Situation wie wir es z. B. in Aue waren; sich veruzten und immer auf dem Sprung zu sein, um einen Jux zu machen, ihn eventuell sogar noch auszubauen. Jedenfalls ging es ab jetzt los. Wenn sich künftig zwei aus der Truppe begegneten, dann musste man mit seltsamen, ständig im Wandel befindlichen Dialogen rechnen. Ein Unwissender begriff gar nichts. Und dann lachten sie auch noch alle darüber.

Der Dialog begann in etwa mit:
„Haste schon gehört, da kam ein Mann die Treppe rauf und da hat seine Frau gesagt ..."
„Woher weißt du denn das. Warst du denn dabei?"
„Nee, aber sie soll gesagt haben ..."
„Wer sagt denn so was! Was soll sie denn nun gesagt haben?"
„Gesagt hat sie eigentlich erst mal nichts. Gefragt hat sie ihn."
„Na siehste, aber wonach kann denn eine Frau fragen, wenn ihr Mann die Treppe rauf kommt?"
„Na, Mensch, nach dem, wie er aussieht."
„Blödsinn, denn das sieht sie doch, wenn er die Treppe hoch kommt. Das muss er ihr doch nicht sagen. Soll er sich ihr vielleicht sogar noch vorstellen mit ‚Ick bin dein Mann oder so?' Und so ging das manchmal weiter.

Diese Beleuchtershow hielt lange Zeit an, bis sie verglühte, mindestens so lange wie es meine Haarpracht brauchte, sich etwas zu regenerieren.

Mühe, Not und ... beim Film

Das Filmemachen bestand nicht nur aus Spaß. Es reichte nicht aus, sich künstlerisch mit den Fingern durch den Haarschopf zu fahren und zu sagen: „Wir sind von der DEFA." Das tat auch keiner. Während des Drehens war unter den wirtschaftlichen Bedingungen in der DDR jeder Tag auch eine berufliche Herausforderung. Bei den Motivbesichtigungen in den Betrieben reichte es schon aus, sich nach den Stromanschlüssen zu erkundigen. Da kam meist ein verhaltener Aufschrei, denn den Strom gab es für die Betriebe, symbolisch gesagt, nur auf Lebensmittelkarten. Der Strom war den Betrieben rationiert, so dass wir oft mit unserer Lichtmaschine anrücken mussten. Die stand auf einem LKW-Hänger, eine riesige Maschine, machte großen Krach und brachte nur 60 kW. Damit war der Betrieb, in dem wir drehen wollten, mit seinem Strom-Kundendienst an uns entlastet. Für uns, für mich, bedeutete es, den Bedarf in den Griff zu kriegen, indem wir die Lichtmaschine ungern mitbrachten. Einmal mussten wir in Bad Salzungen mit Lichtmaschine drehen. Bad Salzungen liegt von Eisenach aus gesehen hinter der „Hohen Sonne", einer erheblich steilen Straße. Für einen LKW mit Lichtmaschine hinten dran, der zwei Tage später nachkommen sollte, war die Fahrt eine große Herausforderung, zumal nun auch noch im Winter. Es war ordentlich Schnee gefallen. Kurz vor unserer Abfahrt vom Studio traf ich unseren LKW-Fahrer, der mit der Lichtmaschine nachkommen sollte. „Du, Bernhard, bei dem Wetter komme ich alleine mit der Lichtmaschine nicht über die ‚Hohe Sonne', sagte er. „Da muss noch eine Zugmaschine davor, sonst geht's nicht! Besorge die mal." Dem Mann zu widersprechen war sinnlos, denn *er* musste über die „Hohe Sonne" und nicht ich. Und so bin ich denn mit dieser unerfreulichen Aufgabe in den Bus geklettert. Ab ging es in Richtung Eisenach. Eine Zugmaschine! Wie stellt der sich denn das vor? Erst mal eine kriegen und dann musste die ja in Eisenach stehen und auf den LKW warten. Wann kommt denn der? Es gab ja nicht mal Telefone. Ach, wenn es damals schon Handys gegeben hätte, um wie vieles leichter wäre da oft meine Arbeit gewesen. Mit Engelszungen hatte ich in Eisenach eine Zugmaschine besorgt. Dabei war das Firmenlogo DEFA wieder einmal überzeugend an diesem Erfolg beteiligt. Zwischen unserem LKW-Fahrer und dem Zugmaschinen-Fahrer hatte ich per Telex eine Uhrzeit und einen Treffpunkt abgestimmt, ein Hotel in Eisenach. Die Zugmaschine war da. Ich war da. Unser LKW kam nicht. Der Kraftfahrer der Zugmaschine verstand die Lage nicht und reagierte bald entsprechend unwirsch. Ich konnte ihn verstehen, denn mir ging es nicht anders. Im Hotel auf irgendeine Information zu warten, das war die einzige, fast unvorstellbare Lösung. Doch, es war eine aussichtslose Hoffnung. Auch musste ich den Mann von der Zugmaschine immer wieder bei Stimmung halten. Dabei konnte ich ihm zum Trost nicht mal ein Bier spendieren – Alkohol am Steuer ging gar nicht. Mit fast dreistündiger Verspätung kam dann endlich ein ersehnter Anruf von unserem LKW-Fahrer. Am anderen Ende der Telefonleitung war die erfreute und stolze Stimme unseres LKW-Fahrers zu hören: „Du, Bernhard, stell dir vor, ich bin mit der Lichtmaschine schon in Bald Salzungen. Ich brauche die Zugmaschine nicht. Toll, wa? Darauf kannste mir ein Bier ausgeben!" Einerseits freute ich mich, hatte mich zu freuen, weil die Zugmaschine schon da war, wo sie hin sollte. Aber andererseits hatte ich die Hand zur Faust geballt. Auch mit der Frage im Hinterkopf: Was wäre passiert, wenn mein Held an der „Hohen Sonne" im Schnee, ohne Telefon, hängengeblieben wäre? Nach diesem Anruf hatte der Kraftfahrer der von mir zusätzlich angeheuerten Zugmaschine überhaupt kein Verständnis mehr für die Kunst. Ich konnte seine Sympathie für die DEFA nur noch durch die Zahlung einer Hilfeleistung retten. Hilfeleistung war ein Betrag, den ich an maximal drei Tagen a 30,00 MDN/Mark der Deutschen Notenbank auszahlen konnte. Manche einmalige Leistung war mir gleich 90,00 MDN wert. Dann musste eben Entsprechendes auf dem Beleg stehen. Natürlich an nacheinander drei Tagen. Von den Damen unserer Filmgeschäftsführung war mir eine Auszahlung nach der erbrachten Leistung vorgeschrieben. Doch was nutzte es mir, wenn ich hinterher jemandem Geld gab, der vorher nicht wusste, dass er für seine Unterstützung welches bekommt. Daher zahlte ich, mit der Formulierung meiner freundlichen Erwartungshaltung, meist das Geld schon vorher aus, entsprechend der von mir vorher eingeschätzten Leistung. Das war meine geheime Aktion gegenüber der Filmgeschäftsführung. Wer uns half, der bekam das Geld und war uns damit von vornherein zu einer guten Hilfe verpflichtet, so meine Philosophie. Ein Dank, der mir bei einer Zahlung im Nachhinein nachgeschlichen wäre, hätte mir ja nichts mehr genutzt. Mein Zugmaschinenführer, der nicht zum Einsatz kam, erhielt natürlich bei meiner dankbaren Verabschiedung von ihm sein Geld: 90 MDN. Das DEFA-Ansehen war bei ihm gerettet.

Im Vorfeld zu diesem Film sind wir schon mal nach Bad Salzungen gefahren. Zur Motivbesichtigung, die Regie, die Kamera und ich. Da der Film einen technischen Sachtrick bekommen sollte, hatten wir auch den Zeichner mit, der sich die Realität ansehen musste, um dies zeichnerisch umzusetzen. Dieser Kollege war ein wundersamer, älterer Zeitgenosse, der von Dingen sprach, die wir meist belächelten. So erzählte er während der Fahrt etwas über die damals verwendeten Rasierklingen, dass sie recht groß wären, ihre Schneidefläche nur recht schmal gebraucht würde, dass der Stahl dafür teuer importiert werden müsse, zumal die Klinge nur eine kurze Lebensdauer hätte und schnell weggeworfen würde. Eine schmale Klinge entsprechend der benötigten Schnittfläche würde ja auch reichen, meinte er, und damit würde Stahl erheblich eingespart werden können. Innerlich nickten wir sicher alle, fanden aber den Kollegen und seine doch etwas fiktive Vorstellung schon komisch. Wunderlich wirkte er grundsätzlich schon mit seinen Ansichten auf uns. Seine Phantasie reichte bald noch etwas weiter. Da das Studio fast keine PkWs hatte, waren die Mitarbeiter angehalten, mit ihrem privaten Auto Fahrten durchzuführen, wie diese Motivbesichtigung. In unserem Fall fuhr Regisseur Dieter mit seinem Skoda und uns. Auf dem Cockpit seines Wagens stand ein Westgeschenk von Dieters Tante: ein tennisballgroßer Globus, der sich je nach Fahrtrichtung immer in Richtung Nordpol orientierte. Dieses Wundergerät rief die besondere, vorerst stumme Aufmerksamkeit unseres Zeichners hervor. Der setzte mehrfach an, bis er Dieter bewundernd fragte, ob er sich denn wirklich auf die Richtungsanzeige dieses Gerätes verlassen könne. Bevor Dieter die Chance hatte, ihm eine sachliche Erklärung zu geben, nutzte Kameramann Horst die Gunst der Stunde und erklärte unserem Zeichner, dass wir mit dem Gerät keine Autokarte mehr brauchen würden und wie verlässlich es sei, diesem Kompass zu folgen. Diese „fachliche Auskunft" von Horst war nicht in drei Sätzen abgeschlossen, sondern dauerte, indem er immer noch einen draufsetzte. Mir taten schon meine verkniffenen Wangen weh, weil ich ja nicht lachen durfte. Als Horst mit seiner „wissenschaftlichen" Erklärung endete, trat eine schöpferische Ruhe ein, bis dann der Zeichner sagte: „Also, dass es mit dem Globus so funktioniert, das ist ja hochinteressant." Ich bin noch immer Nassrasierer. Wenn ich heute bei der Rasur meinen Apparat ansehe oder im Auto sitze und im Navi die Adresse eingebe, dann passiert es oft, dass ich an unseren Zeichner zurückdenke und mich bei ihm postum für mein damaliges Gegrinse entschuldige. So wie es den Grafiker mit seinem Erfindergeist gab, so hatte jeder Kollege seine auffälligen Besonderheiten. Der Kameramann Robert Robinsky war einer von ihnen. Dem hing es an, dass er ununterbrochen redete. Kein dummes Zeug, meist redete er aber von seinem von ihm erfundenen Filmverfahren, das wir scherzhaft „Robby-Rahma" nannten. Robbis Besonderheit war, wie gesagt, sein Redefluss. Er fuhr natürlich mit dem „Sputnik", der Ersatz-S-Bahn, von Karlshorst über Schönfeld Richtung Potsdam, ins Studio, wie die meisten von uns. Andere Kollegen und ich auch. Wenn er in diesem Zug war, saß er immer im unteren Teil des Doppelstockzuges und ich achtete sorgfältig darauf, dass ich beim Zusteigen in Schönefeld nicht seinen Wagen erwischte. Daher wurde vorsichtshalber nie der untere Teil des Wagens von mir benutzt. Während der Zug auf dem Bahnhof Schönefeld einfuhr, war es allerdings trotzdem wichtig, mit „langen Augen" abzuchecken, ob unser Kollege Robinsky auch wirklich nicht in diesem Wagen saß, in welchen ich einsteigen wollte. Man konnte ja nie wissen, denn bis ins Studio hätte uns „Professor Quatschni", wie wir ihn nannten, in die Erschöpfung geredet. Während der Dreharbeiten war es üblich, dass von den Kameraassistenten Arbeitsfotos gemacht wurden, Szenenfotos mit Drehstab. Dadurch gab es einmal vom „Professor

Quatschni" ein Foto, auf dem sein Mund geschlossen war. Das Bild wurde unter der Kategorie „Seltenheit" eingestuft, vom Kameraassistenten auf 30 mal 40 Zentimeter vergrößert und in der Kantine ausgehängt. Es trug den Untertitel: „Robert, aufgenommen mit 1/1000 Sekunde". Das war ein Lacher, denn alle wussten Bescheid.

Das Teleskop im Kaukasus

Wer Glück hatte, der hatte sich einen ständigen Urlaubsplatz organisieren können. Eventuell sogar an der Ostsee. Oder einen gelegentlichen vom FDGB, der Gewerkschaft – mit Seltenheitswert. Es war das Jahr 1964. Da hörte man schon mal davon, dass jemand in Prag war oder in der Niederen Tatra. So ganz privat. Wir alle wünschten uns, mal ins Ausland verreisen zu können. Das Bedürfnis stieg stetig, weil es nicht ging, nicht mal ins sozialistische Ausland, wie es so hieß. Und so guckten wir DEFA-Fritzen etwas neidvoll auf unsere Kollegen eines Drehstabes, die ein Forscherteam in den Sudan filmisch begleiten durften. Es war in unserem Studio das erste Mal, dass Dreharbeiten für einen Dokumentarfilm im Ausland angesetzt waren und das nun sogar im kapitalistischen Ausland, im Sudan.

Eines Tages, Ende 1964, wurde mein Regisseur Dieter zum Produktions-Chef bestellt. Als er wiederkam, da strahlte er: "Der Chef hat mich gefragt, ob ich im nächsten Jahr einen Film über ein Zweimeter-Spiegelteleskop von Carl Zeiss Jena machen will". Da wir schon einige technisch angehauchte Filme gedreht hatten, war also nichts Besonderes dabei. Da Dieter aber immer noch strahlte, hatte er bis jetzt offensichtlich noch etwas verschwiegen. Doch dann rückte er endlich mit der Sprache raus: „Das Spiegelteleskop wird in Jena gebaut und in einem neuen Observatorium aufgestellt. Das soll gedreht werden." Ja, na und? Dafür sind wir ja schließlich hier. Dieter hatte aber noch immer glänzende Augen, als er weitersprach. „Das Observatorium befindet sich in der Sowjetunion, auf dem Berg „Pirkuli" im Kaukasus, fast 200 Kilometer von Baku/Aserbaidschan entfernt und wir müssen mehrfach hin. Da Horst zum Fernsehen abgedriftet ist, wird Siegfried die Kamera machen." Später sprach der Produktions-Chef auch noch mit mir darüber. Der Film war ganz oben angebunden. Er war Bestandteil eines Kulturarbeitsabkommens zwischen der Sowjetunion und der DDR und stand seitens der DDR unter der besonderen Obhut der „Hauptverwaltung Film des Ministeriums für Kultur". Der Film bekam den Arbeitstitel „Pirkuli". Später, als er fertig war, hieß er unromantisch „Das Teleskop im Kaukasus", wurde in Farbe gedreht, war 450 Meter lang und lief daher 15 Minuten. Für einen Außenstehenden, der den nachstehend beschriebenen Produktionsablauf liest, ist es vielleicht interessant, welcher Aufwand für eine viertel Stunde Filmherstellung notwendig sein kann. Was mir erst etwas später bewusst wurde: Dieter und ich waren erst seit dem vorhergehenden Jahr DEFA-„Babelsberger" und bekamen einen solchen Film! Diesmal gab es wahrscheinlich bei anderen wieder Neid. Keiner von uns dreien konnte ahnen, was auf uns zukommen würde. Wir meinten nur, dass es eine irre Sache werden könnte. Als Erstes war zwischen unserem Studio und dem *Mosnautschfilm Moskau* alles vertraglich zu regeln, damit wir von dort für Aserbaidschan die notwendige Unterstützung erhielten. Dazu musste, bei aller Unkenntnis zukünftigen Geschehens, der Film kalkuliert werden, differenziert nach Rubel und Mark. Vorab konnte ich wenigstens mit unserer staatlichen Filmverwaltung regeln, dass die Finanzen erst nach unserer ersten Pirkuli/ Baku-Reise, entsprechend der danach zu erfolgenden Einschätzung, festgeschrieben werden. Dazu brauchte ich natürlich auch noch die Moskauer Studiopreise und die Beleuchtungspreise aus Baku, alle Reisekosten und, und, und. Das ging also nicht ohne Sachkenntnisse von vor Ort. Auch was für die Dreherei in Jena anfallen würde. Die Kosten, die in der Sowjetunion entstehen würden, mussten separat erfasst und ausgewiesen werden, da diese Valuta intern zwischen den beiden Staaten verrechnet werden sollten. Natürlich wollte man vorher wissen, was wir glaubten ausgeben zu müssen. Eine Grundlage für solche Art Einschätzung durch mich ist aber das Drehbuch. Das gab es natürlich noch nicht. Das konnte es auch erst geben, wenn die Drehorte bekannt waren. So verlockend ein solcher Film schien, so kompliziert war der finanzielle Anfang für mich. Bevor diese geschilderten Notwendigkeiten später auf mich zukamen, sind mein Studioleiter und ich vorher wegen der notwendigen Vorgespräche und dem Vertrag mit dem in der SU federführenden Studio nach Moskau geflogen. Etwas Russisch konnte ich noch aus der Schule, obwohl ich nur wenig Russisch-Unterricht hatte. Zumindest konnte ich die kyrillischen Buchstaben auf den Metro-Bahnhöfen und etwas mehr lesen. Das war schon mal hilfreich für uns. Das Mosnautschfilm-Studio war vor informiert und erwartete uns in Persona des Direktors in seinem Chefzimmer. Diese Räumlichkeit war anders bestuhlt als bei uns zu Hause. Es können Sessel gewesen sein, was man im Einzelnen nicht erkannte, denn alles war mit weißen Hussen abgedeckt. Ein Dolmetscher sorgte für unsere Verständigung. Wir wurden mit Igor bekannt gemacht. Er war der für uns zuständige Produktionsleiter in der SU, etwa 50 Jahre alt, der sich für uns um alle Genehmigungen vor Ort kümmern würde, hieß es. Igors Arbeitsweise stellte sich später als sehr verlässlich heraus und wir wurden, mit Unterbrechungen, ein Jahr lang richtig gute Kollegen. Der erste Tag war ein Begrüßungstag, der zweite diente den Absprachen und am dritten ging es wieder nach Hause. So hatten wir Gelegenheit, uns nach der vertraglichen Regelung noch in Moskau umzusehen, gemeinsam mit unserem Fremdenführer Igor und Dolmetscher.

Es war Anfang 1965, mit Schnee und russischem Winter. So kalt schien es uns gar nicht, sodass ich mit leicht geöffnetem Ledermantel Richtung Roten Platz lief. Plötzlich stand eine richtige alte Babuschka vor mir, hielt meinen Mantel zu und rieb mir mit ihren Fausthandschuhen die Wangen. Mein „Спасибо" und mein freundlicher Blick bedankten sich bei ihr. Da in Moskau das Klima trockener ist als in Berlin, merkte ich zu dem Zeitpunkt gar nicht, wie kalt es wirklich war. Nachdem mich die freundliche Babuschka vor dem „Tod durch Erfrieren" bewahrt hatte, bin ich aufmerksamer neben Igor einhermarschiert. Meine Babuschka war eine kleine Oma, so wie ich sie mir immer schon vorgestellt hatte. Andere Frauen, die jüngeren, von denen habe ich später in Berlin erzählt, wie gut gekleidet sie waren. Man hätte sie in Moskau in einen Sack stecken und am Alex wieder laufen lassen können, so erzählte ich, und sie wären am Alex nicht als Moskauerin aufgefallen. Chic gekleidet waren sie, passend zur zeitlichen Mode. Nirgends hatte ich, auch später nicht, diese von den Frauen getragene Garderobe in den Geschäften gesehen. Dieses Rätsel konnte ich während der ganzen Dreherei in der Sowjetunion nie lösen. Igor nach dem Woher zu fragen, dazu war ich zu feige oder zu rücksichtsvoll ihm gegenüber, weil es sich vielleicht bei allem, wie bei uns, um Bückware handelte. Hier konnte ich also hübsche Mädchen begucken, meine Babuschka hatte mir das Leben gerettet und Igor war mir ein guter Gastgeber. Und hier in Moskau diese Freundlichkeit, ohne Vorbehalte. Das alles 20 Jahre nach Kriegsende, nach einem Krieg, in dem unsere Nationen sich als Todfeinde gegenübergestanden hatten. Ganz leise, nur für mich, habe ich um Verzeihung gebeten. Unvorstellbar, dass ich – wäre ich damals 20 Jahre älter gewesen – auf diese Menschen hätte schießen sollen. Sie auch auf mich. Nun nannten wir uns gegenseitig *Freunde*. Mit Igor konnte ich mir schon zum damaligen Zeitpunkt vorstellen, kollegial befreundet zu sein. Unser berufliches Miteinander hatte sich über das Jahr dann auch als ein solches Verhältnis erwiesen. Igor war, auf Grund seines Alters, mit Sicherheit ein direkter oder indirekter Soldat gegen das Hitlerdeutschland. Hatte vielleicht sein persönliches Leid erfahren. Wir beide vermieden jedoch, dieses Thema zu berühren und wenn, hätte uns der Dolmetscher bei einem so sensiblen Gespräch nur gestört. Dazu war wahrscheinlich alles auf beiden Seiten, nach 20 Jahren, auch noch viel zu frisch. Nachdenklich, mit versteckten Tränen über den Menschen an sich, ging ich neben Igor über den „Roten Platz". An einem hinteren Teil war der „Rote Platz" begrenzt durch die „Basilika Kathedrale" und auf einer Seite durch das Warenhaus „GUM". Gegenüber befand sich das Lenin-Mausoleum. Das andere Ende des Platzes, der der Basilika Kathedrale, war nichts auszumachen, denn sie wurde durch eine Schlange von Menschen kaschiert, die alle anstanden, um Lenin im Mausoleum zu sehen und zu ehren. Beeindruckend, diese Menschenmassen. Igor verdeutlichte uns, dass wir jetzt mal ins Mausoleum gehen. Er musste sich von uns dazu verstörte und fragende Blicke gefallen lassen, bei der Masse Menschen, die da wartete. Aber Igor kannte einen separaten Seiteneingang, den er mit uns benutzte. Generell wurden aber Ausländer am offiziellen Eingang bevorzugt rein gelassen. Das hatte sicher was mit Gastfreundschaft und zugleich dem Stolz zu tun, Ausländern ihren „Übervater" präsentieren zu wollen. Der Anblick dieses mumifizierten Revolutionärs war beeindruckend und besinnlich zugleich. Nachdem wir dem Genossen Lenin unsere Referenz erwiesen hatten, ging Igor mit uns schräg über den Roten Platz, den wir natürlich von zahlreichen Übertragungen im Fernsehen kannten. Nun befanden wir uns aber im „GUM". Viel Platz über drei Etagen, mit geringem Angebot. An einem Stand, so kann ich mich erinnern, kam es fast dazu, dass sich die Kunden um die Ware schlugen. Als ich einmal nachsehen wollte, was es da gab, hatte es Igor plötzlich sehr eilig mit uns. Er wollte weitergehen. Mein Verdacht: Wir, seine Gäste, sollten nicht mitkriegen, worum es bei dieser Käuferversammlung ging. Mein Chef sagte mir hinterher nur, dass es Dinge waren, für die bei uns keiner mehr anstehen müsste. Über Näheres äußerte er sich nicht. Sicherlich aus Parteigehorsam gegenüber Igors Grundposition: Der Sozialismus ist eine gute Sache! Für den Abend des zweiten Tages hatte der Direktor des „Mosnautschfilm-Studios" für uns ein Gastgeschenk besorgen lassen: Karten zum Festsaal im Kreml für das Ballett „Schwanensee". Als das überaus schöne Erlebnis beendet war, schaute Igor auf die Uhr und trieb uns zur Eile an. Es waren 20 Minuten vor einer vollen Stunde. Viele Leute standen vor dem Lenin-Mausoleum und schauten auf die beiden Garde-Soldaten, die davor Wache hielten. Wir gesellten uns zu den Menschen und harrten der Dinge, die da kommen würden. Nicht wissend, warum und worauf wir dort warteten. Es waren jetzt unbestimmbar wenige Minuten vor einer vollen Stunde, als sich das Tor vom Kreml öffnete und zwei der Gala-Soldaten zur Wachablösung erschienen. Sie kamen die leichte Schräge vom Kreml herunter, bogen dann in Richtung Mausoleum ein. Das in einem Zeitlupenstechschritt, über eine nicht einschätzbare große Entfernung bis zum Mausoleum. Jeder würdevolle Schritt brauchte etwas mehr als eine Sekunde. Das Publikum beobachtete schweigend und andachtsvoll diese Darbietung. Die aufkommenden Schritte knallten über den nächtlichen Roten Platz. Ein letzter Schritt. Die beiden Soldaten erreichten das Ziel der Ablösung, standen vor dem Mausoleum und die Kremlglocke schlug. Später habe ich diese Zeremonie noch oft erleben dürfen. Immer wieder fanden sich viele Leute ein, um diesem Schauspiel beizuwohnen. Stets konnten sich die Soldaten einer gewissen Hochachtung gewiss sein. Nach der Zeremonie marschierte die Ablösung im gleichen beeindruckenden Schritt in den Kreml zurück.

In der Nacht zum dritten Besuchstag schneite es. Das tat es auch noch am nächsten Tag erheblich. Wir wollten und sollten ja am späten Vormittag wieder nach Berlin zurückfliegen. Doch im Studio sagte man uns schon am Morgen: „Nichts fliegt mehr, wegen Schnee!" Man hatte uns beiden schon Zugkarten für die Rückfahrt nach Berlin besorgt. 30 Stunden! Zur Überbrückung bis zur abendlichen Abfahrt ging Igor mit uns noch in die Rüstkammer des Kremls. Später wollte ich immer noch mal rein. Doch diesmal funktionierte es. Sicher wieder so ein organisatorisches Meisterwerk von Igor. Der Abend brach herein, der Abfahrttermin rückte immer näher und wir hatten noch nichts gegessen. Das war aber nicht so schlimm, denn internationale Züge verfügten über einen Mitropawagen. Unser Zug jedoch nicht. Das merkte ich erst, als wir schon drin waren. Als ich nach meiner Wanderung durch den Zug ohne Verpflegung zurückkam, wussten wir Bescheid, dass von unserem Zug der Mitropawagen bei der Hinfahrt in Brest abgekoppelt worden war. Daher gab es bei der Rückfahrt auch keine Mitropa, bis Brest. Was nun? Jeder russische Schlafwagen hatte damals einen Schlafwagenschaffner, der Sachwalter über einen Kanonenofen mit offenem Feuer war. Dieser Mann sorgte auf einem Samowar für Tee. Mit Tee und Zwieback, auch vom Schaffner, hofften wir, bis Brest über die Runden zu kommen. Den größten Hunger hatten wir jedoch schlafend verdrängt. Doch durch unser Magenknurren sind wir dann am Morgen geweckt worden. Unsere Hoffnung orientierte sich jetzt auf Brest, wo der Mitropawagen wieder angekoppelt werden sollte. Das geschah auch. Nur, die Mitropa machte bis Berlin nicht mehr auf. Nach Brest kamen bald die Passkontrollen, aber auch unsere Zöllner. Wir konnten denen ja ruhig entgegensehen. Wir hatten nichts, außer jeder eine Flasche fünfsternigen Kognak. Die Abteiltür ging auf. „Haben Sie was zu verzollen?", fragte der DDR-Zöllner. In einem Anfall von Übermut zog ich an der Öse vom Schaukelpferd, das mein Studioleiter für seine Enkelin im „Warenhaus GUM" gekauft hatte. Das Pferdchen wieherte. Ich möge selbiges unterlassen, bedeutete mir der Zöllner mit der, diesem Menschen offenbar innewohnenden Ernsthaftigkeit. Er sei schließlich eine Amtsperson. Ein allgemein freundliches Verhalten war diesen Männern in den damaligen amtlichen Uniformen leider fremd. Freundliche Handlungen hätten uns aber auch irritiert.

Später wieder im Studio, bin ich davon ausgegangen, dass es bald losgeht, mit der ersten Info- und Drehreise nach Baku. Da kam ein Alarmsignal aus Jena, dass unsere Filmerei bei ihnen kurzfristig notwendig sei, wenn wir nichts verpassen wollten. Es ging um das Schleifen des 2-Meter-Spiegels. Also los, nach Jena, noch immer ohne Kalkulation und ohne Drehbuch. Dass Siegfried, der neue Kameramann, in unserer Truppe war und er mit uns bald im Kaukasus drehen würde, das freute ihn natürlich ungemein, weil das Drehen im Ausland „Goldstaub" bedeutete. Nach der Dreherei in Jena hatten wir den VEB Carl Zeiss Jena-Trakt erst mal vorabsolviert und die erforderliche Achtung vor dem großen Spiegel gewonnen, mit dem wir den Film im Kaukasus drehen sollten. Ich einigte mich mit Igor über einen Termin und wir flogen erstmalig nach Moskau, als Zwischenstation, mit Weiterflug nach Baku. Geplant hatte ich, in Abstimmung mit Igor, wieder drei Tage Moskau für uns, bevor es nach Baku weiterging. Einmal, um Dieter und Siegfried die Neugier auf Moskau befriedigen zu lassen, – wer weiß, wie viel oder wenig Zeit wir später dafür haben würden – und zum anderen brauchte ich einen Tag für mich, um mit Igor alles über die Moskauer Preise und Kosten abzustimmen. Dann war Baku eingeplant, bezüglich einer allgemeinen Übersicht für das Drehbuch und die Kosten. Bei der Gelegenheit sollten auch gleich Vorabaufnahmen vom Bau des Observatoriums auf dem Pirkuli mit abfallen. Und so war es dann auch.

Erstmalig zum Pirkuli

Nach einem zweistündigen Flug sind wir am ersten Tag in Moskau/Sheremedjewo gelandet, um am dritten Tag von Moskau/Vnukowo ins 4000 Kilometer entfernte Baku zu fliegen. Unsere Vorstellungen für die Tage in Moskau hatten sich erfüllt. Meine Preise für die Kalkulation des Films hatte ich erhalten; Dieter, Siegfried und der Kamera-Assistent hatten ihre ersten Eindrücke von Moskau. Mit Igor sind wir nach mehrstündigem Flug in Baku gelandet und dort von unserem gemeinsamen aserbaidschanischen Dolmetscher Asid empfangen worden. Gemeinsam deswegen, weil wir deutsch und Igor russisch sprachen, aber Igor kein abgewandeltes Türkisch von Asid verstand, was damals die Amtssprache Aserbaidschans war. Unser Dolmetscher beherrschte aber alles. Das führte bald zu Unstimmigkeiten zwischen Igor und Asid, weil dieser gleich ins Deutsche übersetzte. Igor fühlte sich mit seinem Russisch ausgehebelt und bestand darauf, dass Asid vom Aserbaidschanischen erst ins Russische und dann ins Deutsche übersetzen sollte. Das passte aber Asid wegen des langstrietzigen Weges der Verständigung nicht. Über die Zeit spielte es sich schließlich so ein, wie es Asid gerade wollte. Vor dem Gelände des Flughafens Vnukowo erwartete uns damals nicht nur der „Perewotschik", also der Dolmetscher Asid, sondern auch ein Bus mittlerer Größe mit einem Fahrer. Der Bus gehörte zu den Erbauern des Observatoriums und sah nicht nur reichlich gebraucht aus, sondern er war es auch. Als wir uns mit unserer gesamten Bagage im Fahrzeug befanden, verfestigte der Kraftfahrer die hängende Beifahrertür mittels Drahts, damit sie während der Fahrt nicht aufgehen möge. Wir deuteten diesen Zustand als Symbolik und ahnten ab dem Zeitpunkt, was noch so auf uns zukommen würde. Sehr lange mussten wir auf Besonderheiten nicht warten. Auf der etwa 140 Kilometer langen Strecke zum Observatorium, auf dem Pirkuli, habe ich mir eine Sitzhaltung erarbeiten müssen, mittels der ich mit angezogenen Knien und verschränkten Armen meinen Magen stabilisieren konnte. Mir wurde nicht übel. Wenn ich aber diese Körperhaltung verlassen hätte, drohte es meinem Gedärm, durcheinander gewirbelt zu werden. Die Unverträglichkeit zwischen dem alten Auto und der noch nicht richtigen Straße war die Ursache. Unterwegs ließen wir unser Gefährt mal anhalten, denn wir hatten Sorge, dass die verwöhnte Kamera uns diesen Transport übelnehmen könnte. Kameras bekamen zu Hause immer den besten Platz im Pkw, gut gepolstert, damit ihnen nichts passierte. In Baku hatten wir am Flughafen noch eine falsche Vorstellung davon, wie die Kamera zum Pirkuli kommen könnte. Wir von uns natürlich auch. Das Wetter und die Temperatur waren gut, sodass wir alles, was Mantel und Jacke war, der Kamera unterlegen konnten und auch hinter ihr die Sitzbanklehne damit auspolsterten. Vor ihr stellten wir kunstgerecht alle unsere Koffer auf, um ein eventuelles Entweichen nach vorn zu verhindern. Als Personenschutz platzierte sich noch der Kamera-Assistent neben sie. Weiter ging es. Wenn wir auf unserer Fahrt zum Observatorium aus dem Busfenster sahen, wurden wir uns der Exotik unserer Reise bewusst. Nichts von einer interessanten Landschaft war zu sehen. Stattdessen durchfuhren wir weite Felder von Pumpjacks, auch „Pferdekopfpumpen" genannt. Das ist der oberirdische Antrieb für die Hubkolbenpumpe einer Ölquelle, in einem ölreichen Gebiet. Wir kannten die Anzahl an Kilometer für die Fahrstrecke, konnten natürlich auch das Tempo in etwa einschätzen. Doch die 140 Kilometer Fahrt schien endlos zu werden, was sicher auch mit der notwendigen komplizierten Sitzhaltung zusammenhing. Ich saß vorn auf dem Beifahrersitz, was wir Produktionsleiter in Deutschland gewohnheitsgemäß alle so machten. Bei einem Halt oder einer Ankunft mussten wir aus Gründen der Organisation immer beim Aussteigen aus dem Auto die Ersten sein. Ich fragte den Fahrer, meine gesicherte Position verlassend und mich zu ihm beugend, ob wir bald da seien. „Es wird werden", bekam ich zur Antwort. Das war die erste russische Vokabel, mit der ich lernen musste umzugehen, wenn ich etwas Terminliches wissen wollte. Konkreteres habe ich ab da nie erfahren. Ich bin noch heute davon überzeugt, dass diese Auskunft in Russland nicht der gleichen Wertigkeit entsprach wie mein „Repunsieren" in Deutschland. Erstens wusste der Befragte keine genauere Antwort, zweitens war ihm der Zeitpunkt des Termins aufgrund seiner Mentalität sowieso gleichgültig und drittens war das „Es-wird-werden" über die Zeit zu einer allgemein im Staat benutzten Floskel geworden. Die 140 Kilometer, die knapp drei Stunden andauernde Fahrzeit mit diesem Auto auf dieser Straße, schmälerte unsere hoffnungsfrohe Erwartung auf das Besondere. Doch irgendwann waren wir endlich da, auf dem Pirkuli, im Südkaukasus, am „Astrophysikalischen Observatorium Samaxi" (Schemacha).

Zu unserem Erstaunen war das Äußere des Observatoriums schon weit gediehen und fast fertig. Der Bau stand da, als wollte er sagen: „Spiegel, du kannst kommen". Aber kein Hotel oder ein ähnlich wirkendes Gebäude freute sich auf uns. Verteilt stehende Hütten gab es da. Die Steine der Hütten waren nicht miteinander vermauert, sie waren nur haltbar aufeinandergestapelt. Jeder von uns Vieren reagierte auf diesen Anblick anders. Einer – wer das war, wird nicht verraten – war sogar entsetzt, konnte aber nicht einfach sagen, dass er sofort wieder nach Hause fährt. Es hätte ihm sowieso nichts genutzt, denn auch er musste mit uns da durch und bleiben. Für mich war klar, dass das erst den Anfang eines Abenteuers bedeutete, das ich zu erleben nie zu hoffen gewagt hätte. Was wir alle vermissten, das war der Kaukasus. Den hatten wir uns, noch von zu Hause aus, mit riesigen Bergen erträumt. Dafür war es hier offensichtlich die falsche Adresse. Obwohl das Observatorium in einer Höhe von 1.530 Meter lag, sah hier alles eben aus. Als unser Transport am Zielort anhielt, wurden wir gleich von zwei großen Hunden begrüßt. Keiner von uns traute sich raus. Weiß waren die großen „Hundchen", mit wolligem Fell. So ein Rassengemisch von Neufundländer und Berner-Sennenhund. Das Besondere, was jedem von uns sofort auffiel, war, ihre Ohren waren ihnen mal kupiert, also komplett abgeschnitten worden. Wie wir später erfuhren, waren die beiden zu unserer aller Sicherheit da, weil Bär, Lux und Wolf oft in die kleine Siedlung eindrangen und sich holen wollten, was ihnen zusagte. Wenn unsere beiden Bewacher einen Bären verjagen wollten und ihn angriffen, konnte der sich nicht mehr in ihren Hundeohren festbeißen. Mit uns sind die beiden bald sehr verträglich umgegangen. Wir wurden von dem leitenden Carl-Zeiss-Ingenieur, Herrn

Wittler, erfreut begrüßt und erfuhren als erste Verhaltensregel, dass wir nicht ohne einen Begleiter mit Gewehr, und auch nicht allein, die Siedlung verlassen dürften. Glaubwürdig wurde die Belehrung, weil in der nachfolgenden Nacht ein großes Getöse anbrach. Ein Lärmen aus Bellen, Brüllen und Gebrumm. Meister Petz hatte der Siedlung seinen eindrucksvollen Besuch abgestattet. Unsere beiden Verteidiger waren aktiv. Wir hatten zwar in der stockdunklen Nacht nichts sehen können, doch unsere Fantasie wandelte den Lärm in erlebbare Bilder.

Am nächsten Tag machten wir uns im Observatorium schlau und erkundeten unter Gewehrbewachung die Gegend. *Motivbesichtigung* nennt man so etwas in Fachkreisen. Nach unserer Rückkehr übergab uns Herr Wittler zwei Dinge. Erstens Gummistiefel. Die seien hier sehr wichtig, „weil es regnet", sagte Herr Wittler. Dem ausgetrockneten Boden war diese Gewichtigkeit gegenwärtig überhaupt nicht anzusehen, aber Herr Wittler musste es ja wissen. Zweitens überbrachte er uns eine Einladung vom Vorsitzenden des örtlichen Sowchos, noch für den selben Tag, zum Zwecke der Begrüßung, wie Wittler es nannte. Er entschuldigte sich, uns dabei nicht begleiten zu können, da er am Abend leider verhindert sei. Später war mir klar, warum er verhindert war. Herr Wittler war mit Sicherheit vor uns schon oft dort „begrüßt" worden oder durfte stets Gäste ins Sowchos begleiten. Daher verfügte er über ein Insiderwissen von den alkoholischen Abläufen solcher Anlässe. Ein Sowchos war in der Sowjetunion ein Landwirtschafts-Großbetrieb in Staatsbesitz. Für uns aber war alles, was hier geschah, exotisch und daher sahen wir den Dingen, die da kommen sollten, interessiert und mit Spannung entgegen. Am späten Nachmittag wartete wieder unser „Präzisionsbus" auf uns, um mit uns Richtung Einladung zu fahren.

„... dass mich nicht die Bären beißen!"

Wir vier, Igor und Asid fuhren zum Sowchos. Der Kraftfahrer wusste, wo es hingehen sollte. Nach einer etwa dreißigminütigen Fahrt wurden wir vom Sowchos-Vorsitzenden begrüßt. Wir durften an einem Tisch, eigentlich an einer Tafel im Freien, Platz nehmen, an der für etwa zwanzig Personen gedeckt war. Nach und nach gesellten sich die anderen „Sitzungsteilnehmer" hinzu. Alles nur Männer aus dem Ort. Die Begrüßung und der Umgang mit uns waren sehr freundlich und interessiert. Immer wieder – nun auch hier – verfolgten mich dabei die Gedanken vom „Roten Platz" und ich bewunderte heimlich (ich nenne es mal so) die Großzügigkeit des Verzeihens uns Deutschen gegenüber. Vielleicht waren sie sich auch bewusst, dass wir es nicht gewesen sein konnten, die vor 1945 auf sie geschossen hatten, denn dazu waren wir alle zu jung. Unser Dolmetscher musste nun die an uns gerichteten Fragen und die darauf erfolgten Antworten übersetzen. Meist an Igors Russisch wieder einmal vorbei. Igor, der arme Kerl, verstand daher diese internationale Konversation aserbaidschanisch/deutsch natürlich nicht. Was er verstand, war dann immer die Phase, wenn die Wodkagläser gehoben wurden und der Vorsitzende auch ihm mit einem freundlichen „Nastrovje" zuprostete. Dann verzieh Igor seinem sprachlichen Handicap und beteiligte sich sehr rege am Gläser heben, was man ihm dann auch bald anmerkte. Nicht nur ihm. Das Essen wurde aufgetischt, Kebab. Das aserbaidschanische Kebab war auch gegrilltes oder gebratenes Kalbfleisch, aber mit Fett durchwachsen, das sich noch an den Knochenteilen festhielt. Das Servieren dauerte etwas, weil nur eine kleine alte Frau uns alle bediente. Sie sei seine Mutter, erklärte uns der Vorsitzende. Seiner Mutter sei es nur aus Gründen unseres Besuches heute gestattet, die Speisen aufzutischen. Es wäre eine besondere Ehre für sie, betonte der Vorsitzende. Ansonsten sei das alles Männersache, meinte er. Nach dem Servieren war seine Mutter so unmerklich verschwunden, wie sie mit dem Essen erschienen war. Den Wodka zu servieren blieb nun den Männern überlassen. Darum kümmerte sich der älteste Sohn des Vorsitzenden und das sehr oft und regelmäßig. Er war nicht Teilnehmer der Tischrunde, sondern er tauchte, analog der alten Dame, auf und verschwand wieder. Der erste Trinkspruch galt unserem Wohl. Den sprach natürlich der Vorsitzende. Nun fühlte sich jeder der einheimischen Männer verpflichtet, auf irgendein Wohl anzustoßen, das uns direkt oder indirekt betraf. Auf den Piloten, der uns nach Baku geflogen hatte, auf die Deutsch-Aserbaidschanische Freundschaft. Es wurde nicht die Deutsch-Sowjetische Freundschaft begossen. Den Männern fielen immer weitere Sprüche ein, um zum Glas greifen zu können. Dazu erhob sich jedes Mal der, der die Ehrung ausspracht – in einem Zustand, dass ein Deutscher Verkehrspolizist keinen Verdacht auf Alkohol geschöpft hätte. So wird es nicht gewesen sein, aber manchmal hatte ich den Eindruck, als gäbe es bei ihnen eine angeborene Trinkfestigkeit. Ein jüngerer Mann, der war mit Sicherheit um einiges älter als ich, erhob sein Glas mit den Worten, dass er der Jüngste in der Runde sei und sich erdreiste, um die Erlaubnis zu bitten, ein Hoch auf uns, die Besucher, aussprechen zu dürfen. Was er anschließend tat. So ehrfurchtsvoll war die Mehrzahl der Ansprachen und so gut der Wodka, der natürlich wirkte. Ich musste daher rechtzeitig was tun ... Bei jedem weiteren Prosit verdeckte ich das Glas mit meiner Hand und nippte nur, aber mit einer Trinkergeste. Dann führte ich das Glas unmerklich nach unten und kippte den restlichen Wodka auf den Wiesenboden. So konnte ich die Gastfreundschaft des Sowchos relativ gut überstehen. Dieter, unser Regisseur, der neben mir saß, pflegte mit dem Vorsitzenden eine rege Unterhaltung. Er muss der Gastfreundschaft einer absoluten Ernsthaftigkeit beigemessen haben, sodass er mit dem Vorsitzenden z. B. „auf unsere Mütter" anstieß und trank. Dieser Muttertrunk hatte aber den Nachteil, dass die Gläser von Dieter immer ehrlich leer wurden und Dieter immer voller. Wir anderen fanden später ganz gut in den Bus. Es ging wieder die halbe Stunde zurück. Je höher sich der Bus kämpfen musste, umso stärker regnete es. Eingedenk der Mahnung von Herrn Wittler hatten wir die Gummistiefel im Bus. Am Ziel angekommen wurde die Parole ausgegeben: „Stiefel anziehen!" Die Erde neben der etwas befestigten Straße sah verdächtig und problembehaftet aus. Sie war es auch. Einer von uns, der unvorsichtig daneben getreten hatte, bekam seinen einen seiner Stiefel nicht mehr aus dem Schlamm. Dank des Kollektivs konnte der Stiefelträger wieder festen Untergrund erreichen. Der Stiefel, der in der Nacht aufgegeben werden musste, hatte sich am nächsten Tag wie ein Denkmal in den wieder trockenen Boden verfestigt. Wir bewunderten ihn, immer wenn wir an den nächsten Tagen an ihm vorbei patrouillierten. Noch lagen wir nicht auf unseren Russenliegen, wie damals in der DDR die Camping-Klappbetten genannt wurden. Ich ging natürlich auch auf die Toilette. Da gab es keine Becken, sondern nur ein Loch mit seitlich davon betonierten Fußabdrücken. Auch was zum Festhalten war vorhanden. Eingedenk des ausführlichen Muttertrunks stand mein Kollege Regisseur vor der Öffnung und versuchte „wodkaschaukelnd" das Loch zu treffen. Das klappte nicht. Der Leitstrahl traf immer daneben. Ich war größer als er und stellte mich hinter den „Pullermann", fasste ihn von hinten an seine Schultern, drückte mein Knie in sein Gesäß und steuerte ihn aus. Nun ging alles gut, weil er jetzt traf. Anschließend drehte er sich um, fiel mir in die Arme und sagte: "Bernhard, Bernhard, pass schön auf, dass mich nicht die Bären beißen!" Dieser Ausruf entsprang sicher der Erinnerung an den Bärenangriff der letzten Nacht. Am nächsten Morgen roch es überall nach Wodka. Auch auf der Toilette. Natürlich. Wieder in der DDR angekommen, hat Dieter das Drehbuch für den Film mit einer vorgegebenen Länge von 425 Meter geschrieben. Nach der ersten Übersicht machte ich den Drehplan und die Kalkulation. Nach der Produktionsbestätigung ging es wieder ab nach Baku.

Anreise mit „Gastgeschenken"

Bei der nächsten Reise fuhren wir mit einer gewissen örtlichen Erfahrung. Kaugummis waren für unsere kaukasischen Partner begehrte Mitbringsel, aber vor allem Anstecknadeln – also so etwas wie kleine Orden – die man verschenken, aber auch gegen andere tauschen konnte. Ich hatte eine Reisetasche mit Stoff als Oberbezug. Nach der dritten Reise war sie vollgesteckt mit „Orden". Noch vor Reiseantritt war ich in Berlin beim „Zentralrat der Freien Deutschen Jugend" und bei den „Jungen Ponieren", um nach Ansteckern zu fragen. Als man dort mitbekam, wofür ich die Anstecker brauchte, also als eine Art Freundschaftsgeschenk, war die FDJ recht spendabel. Ich bekam zwei Tüten voll mit Abzeichen allgemeiner Art und Jahrgänge. In der FDJ-Tüte waren sogar zwei unterschiedliche richtige Orden. Das passte in meine Vorstellungswelt, denn Igor hatte uns gesagt, dass wir für die nächste Anreise beim Kulturminister von Aserbaidschan eingeladen sein würden und wir möchten bitte alle unsere Orden mitbringen. Anlässlich des Besuchs sollten wir sie dann anlegen. Wir hatten, wenn überhaupt, höchstens ein Aktivistenabzeichen. Als wir zum Minister gingen, legte ich, zu meinem „Aktivisten", die beiden Orden aus der FDJ-Spende an. Dies mit einer Art gedanklicher Vorplanung. Der Minister war an unserem Film sehr interessiert und wollte darüber alles wissen. Am Ende des Besuchs, als wir uns dankbar von ihm verabschiedeten, „riss" ich mir spontan einen Orden von meiner Brust. So spontan natürlich nun auch wieder nicht, sondern ich machte zivilisiert einen Orden von meinem Revers ab und übergab diesen dem Minister, mit einem ihn auszeichnenden Händedruck. Der Minister war nicht nur erstaunt, er war sichtlich beeindruckt. Wahrscheinlich fühlte sich der Minister so sehr geehrt, weil ich ihm meinen Orden überreicht hatte, den ich, aus seiner Sicht, mir nur durch Leistung erworben haben konnte. Etwas beschämt war ich danach schon. Insofern aber etwas beruhigt, weil Igor nicht wusste, dass der Orden nicht wirklich zu mir gehörte.

Alles, was an Technik nach Baku musste, wartete beim VEB Carl Zeiss Jena auf den Verladerampen. Der große Spiegel auch. Dieser Transport stand unter besonderen Anforderungen, da der Durchmesser des Spiegels die üblichen Transportmaße der Bahn in der Breite weit übertraf. Um diese hochwertige Sendung fachgerecht zu sichern, mussten auf dem Weg nach Baku die Nebenstrecken freigehalten werden. Das war eine besondere Anforderung an die internationale Logistik der Bahnen, auch besonders durch ihre unterschiedlichen Spurbreiten in Europa und der Sowjetunion. Aufgrund der Exklusivität der Ladung rechneten wir mit einem sorgfältigen Transport, der sicherlich so seine Zeit abverlangen würde. Diese von uns erwarteten Bedingungen waren natürlich gepaart mit unserem Wunsch, der Zug möge bitte nicht so schnell in Baku sein. Denn wir wollten drehen: das Verladen in Jena, Fahrt nach Polen, über die Neiße, Fahrt von Polen in die UdSSR / CCCP-Bogen, Ankunft in Baku, Abladen in Baku, Transport zum Observatorium sowie natürlich die Montage des Teleskops. Und das alles in seiner Vielseitigkeit für unseren Film. Mit dem Verladen in Jena hatten wir keine Probleme, da konnten wir ja rechtzeitig genug erfahren, wann das stattfand. Aber das „Wie weiter?" wurde zum Problem, denn überall, wo wir den Zug filmen wollten, mussten wir vor ihm da sein und Tageslicht brauchten wir auch. Um diesbezüglich einiges abzusichern – z. B. regionale Termine in den Ländern zu erfragen oder möglichst noch für uns zu koordinieren –, hatte ich mich mit den zuständigen Attachés der DDR-Botschaften in Polen und in der Sowjetunion kurzgeschlossen und um Unterstützung gebeten. Aber auch von da gab es teilweise Antworten wie „Es wird schon", die ich ja schon von meinem ersten Besuch aus Baku kannte. Mit „Bleib mal ganz ruhig, Bernhard", ging natürlich nichts. Der Satz des einstigen DEWAG- Produktionschefs war mir noch gegenwärtig: "Geht nicht, gibt's nicht!" Also galt nur mein Selbstauftrag: „Lass dir was einfallen, Junge!" Nun, nachdem in Jena der Abfahrttermin feststand, konnte ich in etwa den Tag ableiten, wann der Zug über die Neiße, durch Polen und durch das CCCP-Tor in die Sowjetunion fuhr. Von überall versprachen wir uns Bilder für unseren Film, die die Weitläufigkeit des Transportes bis Baku kenntlich machen sollten. Bis

Baku waren es immerhin 7.000 Kilometer. Auf Tageslicht konnten wir überall nur hoffen, aber nicht damit rechnen. Im Halbdunkel drehen, wie man es heute kann, das ging damals rein technisch noch nicht gut. Manches Hoffen war vergeblich, denn die Neiße-Einstellungen fielen nicht ins Wasser, sondern in die Nacht. Besser gesagt, der Zug fuhr in der Nacht über die Brücke und die Dreherei fiel dadurch für uns aus, obwohl wir da waren. Also, wir gleich weiter durch Polen, bis an die Grenze zur Sowjetunion, zu unserem CCCP-Torbogen, der im Film zeigen sollte: Jetzt ist der Spiegeltransport in der Sowjetunion. Auf unserer Fahrt dahin kamen wir bis Warschau nicht so schnell voran, weil die Tracks der bäuerlichen Panjewagen uns aufhielten. Sie brachten alle frisches Gemüse in die Hauptstadt. Gleich in Polen habe ich mich zu der passenden polnischen Bahndienststelle fahren lassen. Dort erfuhr ich mit Unterstützung durch mein Wörterbuch: Der Zug fährt am nächsten Morgen um 7.00 Uhr in die SU, also durch unseren Bogen. Aufgrund meines „künstlerischen Talentes" war es mir möglich, zwei Loks auf ein herumliegendes Stück Papier kritzeln zu können. Die eine Lok symbolisierte eine vorwärts-, die andere eine rückwärtsfahrende Lokomotive. Mit diesen Kunstwerken konnte ich meinen Wunsch kenntlich machen, die polnische Eisenbahn möchte bitte darauf achten, dass die Rangierlok vor allen Wagen und dann auch noch vorwärts durch unser Tor fahren möge. Diese besondere Erklärung war daher notwendig, weil der Transport vorher umgeachst werden musste und nun für die Fahrt über die Grenze eine Rangierlok davor hatte. All diese meine Wünsche wurden mir zugesagt. Hoffnungsfroh, alles unternommen zu haben, fuhren wir über die Grenze. Am nächsten Morgen waren wir schon ab 6.00 Uhr an der Strecke, am CCCP-Torbogen. Da es noch recht dunkel war, standen wir in der Hoffnung an den Gleisen, der Zug würde nicht früher kommen. Diesen Wunsch erfüllte er uns. Als unser Transport jedoch um 9.00 Uhr noch immer nicht an uns vorbeigefahren war, hatten wir eine andere Frage, nämlich die: Wann kommt er? Also: Das Kamerateam blieb da an der Strecke, wo wir uns früh schon stationiert hatten. Ich bin wieder rüber nach Polen zu den Disponenten gefahren. Zum Glück hatte ich für Polen und die UdSSR ein Visum zur mehrfachen Ein- und Ausreise. Stunden später kam ich mit

der Nachricht zur Kamera zurück: Er kommt nicht mehr. Der Zug hatte mit dem Spiegel schon vor 4.00 Uhr Polen verlassen. Offensichtlich wollten die Polen den Quälgeist, der ihnen die Gleise rechts und links blockierte, schnell loswerden. Nun, wir wieder rein ins Auto und zurück quer durch Polen nach Berlin. Nachts kamen wir in Berlin an, sind sofort am Morgen nach Moskau geflogen, wurden von Igor am Flughafen „Sheremedjewo" abgeholt, der uns durch Moskau zum Flughafen „Vnukowo" bugsierte. Drei Stunden für 80 Kilometer. Dann ging es bald per Flug von „Vnukowo" nach Baku, um dort wenigstens den Zug bei seinem Eintreffen zu filmen. Das war schon bei unserer Vorplanung ein wichtiges Ziel, was wir ganz sicher nicht verpassen wollten. Da ich ja bei meiner grundsätzlichen Vorplanung nicht genau wusste, wann der Zug von Polen durch unser CCCP-Tor in die SU fahren würde, war es daher auch nicht bestimmbar, wann wir wieder zurück in Berlin sein könnten, um dann nach Baku zu fliegen. Daher musste ich mir für diese Fliegerei eine selbstorganisierte Sicherheit schaffen, indem ich für jeden zweiten Tag vier Plätze, unter einem anderen Namen, von Berlin nach Baku gebucht hatte. Damit versuchte ich, folgenden Ablauf abzusichern:
Nach dem Drehen (bzw. nun nicht) am CCCP-Tor:
Wir fahren umgehend durch Polen nach Berlin zurück, ich rufe zuvor aus Polen meine Frau an, damit sie den von mir vorgebuchten und ihr nun genannten Flug für uns vier verbindlich buchen konnte, sie die beiden anderen Flüge stornierte, wir sofort Berlin – Moskau – Baku fliegen, Igor informieren und ihn von Moskau mit nach Baku nehmen und am Flughafen in Baku vom Dolmetscher Adil empfangen werden würden. Er sollte sich vorab über den Termin der Zugankunft erkundigt haben. Mit körperlichem Einsatz – ich nenne es mal so – klappte das Organisatorische wirklich, um rechtzeitig in Baku anzukommen. Alles lief so, wie schon beschrieben, bis auf die Sache mit der „Nicht-Neiße-Brücke" und der „Nicht-CCCP-Tordurchfahrt". Leider, sehr Wesentliches fehlte uns nun schon! Wir waren vom CCCP-Bogen, über Berlin und Moskau, in zwei Tagen in Baku. Müde wie Hund. Asid stand voller Erwartung am Flughafen und sagte dann weniger glücklich:
„Der Zug ist schon da!"

Hätten wir unser Gepäck schon gehabt, der sonst so beschützte Kamerakoffer wäre mir aus der Hand gefallen. Resümee: Es war alles umsonst! Ein rettender Gedanke: Der Zug konnte ja noch nicht abgeladen sein, da können wir ja zumindest die Wagen noch mal in den Bahnhof einschieben lassen. Dann eben mit einer anderen Lok – oder so. Was zu diesem Zeitpunkt noch keiner von uns ahnte: Für diese Aufnahmen hatten wir fast drei Wochen Zeit, denn Herr Wittler, der verantwortliche Ingenieur, ließ nicht abladen. Dadurch blieb das eine Gleis mit den Nebengleisen gesperrt, die Waggons blieben beladen und so stehen. Die Aserbaidschanischen Eisenbahndirektoren scharrten unruhig mit den Füßen. Aber, das taten sie umsonst, denn Herr Wittler blieb hart. Es wurde nichts abgeladen, bestimmte er, weil er schon die örtlichen Mentalitäten kannte. Die oberen Amtsbehörden hätten was machen können, was aber offensichtlich keiner konnte. Zumindest die Herren von der Bahn nicht. Was war passiert? Besser gefragt, woran lag es, dass Wittler *nein* sagte? Das letzte Stück Weg auf dem Gelände, von der Straße bis zum Observatorium, war und blieb eine ca. 500 Meter lange Wiese. Daher für den Spiegel nicht passierbar, um in sein künftiges Zuhause zu kommen. Wittler bestand darauf, dem Spiegel diese Anreise nicht zumuten zu können. Die Gefahr der Beschädigung war zu groß. Solche transportablen Betonplatten, die in der DDR zur Wegbefestigung in der Landwirtschaft verlegt wurden, hätten hier gute Abhilfe geschaffen. Aber, ... aber, ... aber ...

Die Bahn war bereit, Herrn Wittler bis zur Fertigstellung der Wegstrecke einen Lagerplatz auf dem Bahngelände einzuräumen. Wittler ging mit seiner örtlichen Erfahrung davon aus, ließe er abladen, dann stünde alles zeitlos auf dem Bahnhof herum und die paar Meter Weg würden nie passierbar werden. Er fürchtete sich bei Nachfragen vor der Terminaussage: „Es wird schon". Wir alle, vor allem auch Herr Wittler, meinten, dass die Blockade auf dem Bahnhof kurzfristig zu einer Lösung führen würde. Daher entschieden wir uns, mit unserer Kamera vor Ort zu bleiben und nicht vorzeitig nach Berlin zurückzufliegen. Das Abladen würde eventuell recht plötzlich erfolgen müssen, aus unserer Sicht also bald, und wir wären dann nicht dabei. So zogen wir runter ins Hotel „Intourist", nach Baku, 1965 das einzige Hotel in Baku. 2012 gab es hingegen schon 65 Hotels in dieser Stadt. Kempinski, Hilton und einige andere. Wir hatten damals noch viel vor, was wir jetzt eigentlich noch nicht drehen wollten. Auch nicht schlecht, nun hatten wir alle Zeit der Welt dafür, bis abgeladen werden konnte. 1965 standen in der Innenstadt von Baku noch Lehmhütten als klimatisch gut bewohnbare Behausungen. Jetzt steht da auf diesem Stück Land ein Hilton-Hotel. Ursprünglich wollte ich hier über diese gewaltigen Veränderungen etwas schreiben. Ich denke aber, die Gegenüberstellung von Lehmhütten zum Hilton-Hotel kennzeichnen bereits die gewaltigen Veränderungen dieser Stadt in 50 Jahren. Auf unserem „Stundenplan" standen nun ersatzweise viele Dinge, die kameratechnisch einzufangen waren. Wir blieben aber stets zum Absprung bereit, den Transport des Spiegels zum Observatorium zu drehen.

Zuvor erlebten wir abends unter anderem den Speisesaal in unserem Hotel „Intourist". Tische, vierfach bestuhlt, etwa zwanzig an der Zahl, füllten diese Räumlichkeit. An jedem Tisch saßen vier Männer. Frauen waren im gesamten Speisesaal nicht zu erblicken. Links von jedem Mann, im Winkel des Tisches, stand eine Wodkaflasche. Das sah anfänglich nach einem Saufgelage aus, weil wir Europäer so was bei den Russen auch erwarteten. War es aber nicht, obwohl jede Flasche einem Gast zugeordnet war. Die musste aber für den ganzen Abend beim Essen reichen. Vielleicht war der Wodka auch so eine Art traditioneller Bierersatz. Trinkfest schienen alle zu sein, denn niemandem war was Auffälliges anzumerken. Gegessen wurde über den ganzen Abend. Die Serviererinnen brachten ständig neue Speisen. Aber nichts weiter zum Trinken. Als dann die erste Runde des Mahles abgeschlossen war, wurde getanzt. Ja, aber ohne Frauen? „Die waren nicht dabei, weil sie hier offiziell nicht hergehörten", wurde uns bedeutet. Damals. Das hatte vermutlich die Religion, die Tradition, den Frauen untersagt. Da ohnehin keine Frau als Gast im Restaurant anwesend war, tanzten die Männer traditionsgemäß miteinander den Adlertanz. Sehr männlich, mit ausgebreiteten, angewinkelten Armen, nach uns unbekannten orientalischen Live-Klängen. Herrlich exotisch wirkte alles, zumal der Typus Mann, der da tanzte, die Exotik noch unterstützte. Optisch sehr interessant, aber ungewöhnlich für uns, die wir aus einem Land kamen mit einer Gleichberechtigung für die Frau (zumindest im Gegensatz zu deren Gepflogenheiten). Es war schon seltsam, darüber nachzudenken, dass wir uns in einer Republik der Sowjetunion befanden, von der eine andere Politik, uns gegenüber, proklamiert wurde. Asid bat mich zum Tanz. Eine Ehre für einen Ausländer. Da ich meinte, tanzbegabt zu sein, konnte ich mich in den Tanzstil schnell eingewöhnen. Figürlich ein Adler zu sein, war für mich nicht schwer. Natürlich zogen wir die Blicke der anderen auf uns, die anerkennend unseren Bewegungen folgten. Ein Ausländer, der da mitmachte! Die Tische waren voll und überladen, auch durch leer gegessenes Geschirr. Abgeräumt wurde zwischenzeitlich nichts. Nicht bevor die Männer den Tisch verlassen hatten und gegangen waren. Bezahlt wurde an einer Kasse mittels einer „Abakus", einer russischen Rechenmaschine, am Ausgang. Nun waren wir gespannt, mit welchem „Gefährt" die Abräumprozedur der übervollen Tische erfolgen würde. Die Serviererin trat an den Tisch, griff nach allen vier Tischtuchecken, ergriff sie, knüllte alle vier, wie einen Sack, zusammen so gut es ging. Dabei klirrte es zwar etwas, vielleicht ging auch einiges entzwei, aber so war sie eben die Prozedur des damaligen Abräumens. Wir waren alle am Staunen, denn dieses Gesamterlebnis hatten wir für unser Abendessen nicht erwartet.

Ich hatte später das Glück, etwa 1976 und wieder 1987, nochmals in Baku zu sein und im selben Hotel zu wohnen. Nun saßen auch Frauen mit im Speisesaal. Diesmal wurden die Tische, entsprechend unseren europäischen Vorstellungen, manierlich abgeräumt. Und es gab keinen Adlertanz mehr. Wie schade! So hatte sich Baku in zwei Jahrzehnten von seiner Exotik entfernt. Und wenn man jetzt – 2018 – weiß, dass es in Baku internationale Hotels und schon „Formel 1"- Rennen gibt, dann denke ich bei mir: „Oh, Welt wie haste dir vaändart!" Die alten Lehmhäuser meine ich auch, 1976 schon nicht mehr gesehen zu haben und die älteren Aserbaidschanerinnen mit ihren durch Gold überkronten Zähnen waren ebenfalls unsichtbar geworden. Von 1965 bis 1976 muss man am „Jungfrauenturm" weiter ausgegraben haben. Das Fundament und sein Rundherum war begehbar geworden.

Als wir für unseren Transport auf die fertige Straße warteten, standen die Wagen noch immer beladen in der Bahnhofsregion. Wir fragten mal wieder bei Herrn Wittler nach, wie es um den Prozess des Abladens steht und erhielten jedes Mal als Antwort: „Es wird schon". Das war für uns ein erneutes Signal, anderswo für unseren Film zu drehen. Neftjajeny Kamni, die Erdöl-Steine, war einer der noch ausstehenden Drehorte. Die damalige Sowjetunion hatte 1948 diese weltweit erste Bohrinsel im Kaspischen Meer angelegt.

Bis 1958 entstand, 45 Kilometer vor der Küste, ein 7000 Hektar großer Inselkomplex auf Stelzen. Erzählt wurde uns 1965, dass der Ursprung drei versenkte Schiffe gewesen seien, auf deren Deck man die ersten Plattformen zur Ölgewinnung installiert hätte. Inzwischen gehört zu der Ölförderanlage eine Siedlung, die über Wohnblocks und Geschäfte verfügt. Mit ihren 5000 Bewohnern und 450 km Straßen ist sie die größte Bohrinsel der Welt. Alles aus Holz gebaut, im Kaspischen Meer. Unter dem erreichbaren Seeboden befinden sich, insbesondere bei Baku, sehr große Reserven an Erdöl und Erdgas. Da fuhren wir hin. Wir waren ja nicht vorinformiert über das, was uns dort erwarten würde und staunten dann nur noch. Wussten aber nicht, dass wir auf einem Auto über das Kaspische Meer fahren würden, drehten dort einige Schnittbilder als Milieustudie und sind dann wieder nach Baku zurückgefahren. Es war Spätsommer in Baku und Asid, der Dolmetscher, schlug uns vor, in der für uns noch immer offenen Zeit die Weinlese zu drehen. Die Ernte der Weintrauben war im vollen Gange. Riesig waren die Reben und die Weintrauben waren für uns DDR-Bürger noch immer sehr begehrte Früchte mit Seltenheitswert. Frauen in traditioneller Kleidung gingen mit ovalen Holzschalen durch die Weinpflanzung und ernteten die Reben dort hinein. Gefüllt mussten sie diese zu einer zentralen Stelle bringen, die von einem alten „Kosaken" behütet wurde. Die einzige Hauptarbeitsaufgabe des Kosaken bestand darin, pro Schale auf einem Zettel einen Strich zu machen. Das tat er mit einem gewichtigen, von Verantwortung getragenem Blick. Entsprechend grob ging er mit den Frauen um. Igor schaute zu, wie die Frauen die schweren Schalen schleppen mussten. Er hätte eigentlich allen Grund gehabt, hier ideologisch gegen diese Praxis Partei zu ergreifen. Aber über die Gleichberechtigung dieser Frauen verlor er kein Wort, denn offensichtlich verhielt sich ein Sowjetischer Bürger immer richtig – besonders im Beisein von Ausländern. Als wir von der Weinlese wieder ins Hotel kamen, lag eine Nachricht vom Fertigungsleiter, Herrn Wittler, vor: „Übermorgen wird abgeladen und der ganze Transport geht sofort vom Bahnhof zum Observatorium". Am nächsten Tag fuhren wir zu Herrn Wittler, um Näheres zu erfahren, denn ein genaues Wissen über wie, wann, was und wo war uns natürlich wichtig. Den inzwischen stabilisierten Weg hatte Herr Wittler akzeptiert. Dieser war also jetzt mit dem Spiegel sorglos befahrbar.

Nun kam endlich der Tag, auf den der Spiegel schon so lange gewartet hatte: der Transport von Baku zum Pirkuli. Viele LKW, in der Überzahl Tieflader, waren mit den eingehausten Teilen des Spiegelteleskops beladen. 53.000 Teile mit einem Gesamtgewicht von 17.000 Tonnen waren unterwegs. Vorsichtig setzte sich der Transport in Bewegung, denn es durfte dem Spiegel, der 2,5 Tonnen wog, nichts passieren. Von acht Stundenkilometern „Fahrgeschwindigkeit" war die Rede. Das Tempo war so gering, dass wir für unsere Dreherei bequem vom letzten Tieflader zum ersten laufen konnten. Also eine ideale Bedingung für uns. In der Nacht schliefen die Kraftfahrer entweder in ihren Fahrerhäusern oder auf der Wiese. Solange wir uns noch in der Nähe von Baku befanden, fuhren wir über Nacht mit dem Bus in unser Bakuer Hotel zurück und waren am nächsten Morgen wieder sehr zeitig vor Ort. Die zweite Nacht schliefen wir, wie die anderen, auf der Wiese. Die Verpflegung war zentral durchorganisiert. Da wurden Zementsäcke hervorgezaubert, die, nachdem sie auf die Wiese ausgekippt worden waren, Brot, Wurst und Paprika hervorgebracht hatten. Die abendlichen Wodkaflaschen zeigten sich erst geleert am nächsten Morgen. Und wieder ging es weiter in einem bedachtsamen Tempo. Beeindruckend war es, diese Kolonne so fahren zu sehen. Das hatte was Ehrwürdiges.

Jeder Lkw oder Tieflader konnte wegen der einen Spur nur alleine rauf zum Observatorium fahren. Der wurde dort entladen und fand den Weg wieder alleine runter. Meist an uns vorbei. Nun war für den Spiegel bald alles am Observatorium. Die LKW-Fahrer waren stolz, dabei gewesen zu sein und jeder verabschiedete sich bei uns mindestens mit einer freundlichen Geste. Manchmal auch persönlich mit einem Kugelschreiber. Unsere Filmtruppe, mit Dolmetscher und Herrn Wittler, hatten eine Abschiedsposition eingenommen, als einer der letzten LKWs an uns vorbei fuhr. Nur Igor stand etwas abseits von uns und sprach mit jemandem. Die Kraftfahrer waren alle nicht jung. Doch einer wirkte auf uns besonders betagt: weißhaarig und vom Leben gezeichnet. Als er uns wahrnahm, freute er sich sichtlich, uns noch einmal zu sehen. Er hängte sich aus seinem Lkw-Fenster, streckte seinen linken Arm zum ehemals „Deutschen Gruß" aus und verabschiedete sich von uns mit „Heil Hitler!" Man sah ihm an, wie erfreut er war, dass er so viel Deutsch konnte, um uns diese vermeintliche Freude zum Abschied machen zu können. Jeder von uns war wie vom Donner gerührt. Nun wussten wir nicht, wie wir uns verhalten sollten, denn wir merkten, dass der alte Mann nicht ahnte, was er eben gesagt und getan hatte. Woher auch. Bis 1949 gab es bei Baku das Kriegsgefangenenlager 329 für Gefangene der Deutschen Wehrmacht des II. Weltkrieges. Vielleicht kannte er daher den Gruß. Igor kriegte eigentlich fast nichts vom Hitlergruß des Kraftfahrers mit und doch fragte er anschließend bei uns intensiv nach, was das da bei uns mit Hitler gewesen sei. Wir erklärten ihm, dass das von ihm eben Bemerkte eine „Irritation" seinerseits sei. Über den Dolmetscher ließen wir Igor klar machen, dass er sich, aufgrund seines räumlichen Abstandes zu uns, verhört habe. Der alte Mann hätte nicht Hitler gesagt, als er sich von unserem Superingenieur verabschiedet hatte, sondern von Herrn Wittler. Zum Glück hieß der so. Da Igor klar war, dass er zum Zeitpunkt der Verabschiedung recht abseits gestanden hatte, musste er es glauben. Ansonsten wüsste ich nicht, wie er reagiert hätte. Igors Grundveranlagung war so, dass er gegenüber uns Ausländern keinen Makel auf das sowjetische Volk und deren Staat fallen lassen wollte. Deshalb war Igor auch immer hellwach. Ein sowjetischer Mensch, ein

Genosse, grüßt Deutsche mit dem Hitlergruß? Das hätte für ihn sicher an Landesverrat gegrenzt. Peinlich war es ohnehin.

Igor und ich waren über die Zeit nicht nur gute Kollegen, sondern Kameraden geworden. Und doch gab es zwischen uns einmal eine Episode, mit der ich nicht gerechnet hatte. Wir saßen nebeneinander im Bus und fuhren durch die Wüste, als plötzlich – etwas entfernt vom Straßenrand – Jurten auftauchten, die ich sofort fotografierte. Ich wusste nicht, wie mir geschah. „Bernchad, njet" rief er laut und vorwurfsvoll aus. Ich drehte mich zu ihm um, weil seine russischen Vorwürfe nicht endeten. Igor hatte vor Wut ganz rote Wangen. Irgendwann beruhigte er sich wieder, nachdem ich ihm mit Gesten begreiflich gemacht hatte, die Fotos zu vernichten. Eigentlich war ja nichts passiert, es waren Jurten. Aber Igors in Moskau geprägte Vorstellungen vom Leben im Sozialismus gestatteten ihm offensichtlich nicht, so tolerant zu denken, dass Nomaden nun einmal ganz normal in Jurten lebten. Nun hatten wir in Baku vorerst alles im Kasten. Auch die nachgestellte Zugeinfahrt in den Bahnhof. Mit dem Wissen, erst wieder nach Baku zu kommen, wenn das Observatorium fertig ist und eingeweiht wird, verabschiedeten wir uns von Igor. Dabei luden wir ihn zu uns in die DDR ein. Wie man so etwas eben – „globalkonkret" – macht, ohne darüber nachzudenken, wie das realisierbar werden könnte. Was ich zu dem Zeitpunkt nicht ahnte, war, dass die nächste Pirkulireise später mal ohne mich stattfinden würde.

Neue Strukturen in der Heimat

Zum Jahreswechsel 1965/66 erfand unsere Studioleitung eine neue Struktur. Sie schuf zwei Künstlerische Arbeitsgruppen (KAG), mit zweimal 12 Drehstäben. Von der einen KAG wurde ich, für mich unerwartet, zum Hauptproduktionsleiter ernannt. Mit dieser Umstrukturierung entlastete man den Produktionschef um den Teil an Sorgen, die jetzt auf die beiden Hauptproduktionsleiter delegiert werden konnten. Meine Eitelkeit, die Treppe des beruflichen Erfolges so schnell eine Stufe aufgestiegen zu sein und die Gewissheit, nicht mehr viel unterwegs sein zu müssen, ließen mich zustimmen, als man mich fragte, ob ich den Job machen würde. Diese neue Aufgabe war nicht nur eitel Sonnenschein, aber das wusste ich schon zu dem Zeitpunkt. Dabei hörte ich allerdings nicht auf mein Bauchgefühl. Das hätte mich sicher zu einem „Nein" veranlasst. Mit meiner Zusage war auch meine weitere Dreherei am Pirkuli-Film „gestorben", denn bei zwölf Drehstäben kann man nicht mehr nach Baku fahren. So dachte ich. In der Künstlerischen Arbeitsgruppe, in der ich nun Hauptproduktionsleiter war, wurde auch ein Film mit dem Arbeitstitel „Schiffe und Häfen in der DDR" vorbereitet. Das sollte eine Auftragsproduktion für die „Deutsche Seereederei" (DSR) in Rostock werden. Um diesen Film auch als Auftrag zu erhalten und ihn produzieren zu können, hatte sich ein Regisseur und sein Produktionsleiter den „Arm ausgekugelt". Das Thema war ja auch zu verlockend, denn Reisen in die weite Welt standen in Aussicht. Wir schrieben das Jahr 1965 und die DSR, die „Deutsche Seereederei", hatte damals ca. 160 Schiffe im Einsatz. Wenn diese Handelsflotte ausgelastet war, brachte sie internationale Devisen in die DDR. Dieser Film sollte ein Aushängeschild für die DSR werden, zeigen, „wie gut wir sind". Er sollte international werben: „Wir sind mit hohem Service auf allen Weltmeeren zu Hause." Das konnte man nicht demonstrieren, wenn nur Häfen im Film gezeigt würden. Alle Häfen sehen irgendwie gleich aus. In Europa mit Krananlagen und in asiatischen Ländern das Abladen der Waren vom Schiff auf Leichter, eine Art Floß. Ja, wo bliebe da die optische Demonstration der Internationalität? Es galt also zu zeigen, die DSR befährt Rotterdam, Lissabon, Sansibar, Beirut, Djeddah, London und, und, und. Da musste ein Filmteam schon in die Länder, um als Beweis das Typische der Städte und Hafenanlagen zu drehen und die dortige Präsenz der DSR vorzustellen. Das waren Grund und Hoffnung meiner Kollegen, einen solchen Film machen zu können.

Es sollte klappen, aber nicht für jeden von denen, die sich das erhofft hatten. Nicht für den Produktionsleiter, der zu der Filmehe gehörte, die sich so sehr um diesen Film bemüht hatte. Der hatte kurz zuvor einen erheblich „schrägen Stoß" gelandet. Dafür meinte die Studioleitung, ihn nicht noch mit diesem Film und damit verbunden einer solchen Reise belohnen zu können. Da der Film in unserer Künstlerischen Arbeitsgruppe hergestellt wurde, sollte es auch ein Produktionsleiter aus unserer KAG sein. Der war plötzlich wieder ich. Das bestimmte die Studioleitung, was mich natürlich riesig freute. Gleichermaßen war mir das aber recht unangenehm, denn erst Pirkuli, jetzt gerade Hauptproduktionsleiter und nun diese halbe Weltreise. Der leise Neid anderer Kollegen überwucherte damals sicher meine 1,84 cm. Der für diese Reise bisher angedachte, aber nun nicht bestätigte Produktionsleiter erhielt den Rest an Dreherei meines bisherigen Pirkuli-Films. Was ihn natürlich nicht tröstete, weil das nur noch einmal Pirkuli, aber auch noch der gesamte Rest in Jena bedeutete.

Ich war beruflich voll konzentriert auf meine neue Arbeitsaufgabe in der KAG und in Vorfreude auf die mir eventuell bevorstehende Seereise. Erst musste ich mich aber weiter auf meine KAG-Arbeit konzentrieren. Obwohl auch der Film „Pirkuli" in unserer KAG angesiedelt war, hatte ich mich von ihm schon innerlich weit entfernt. Da klingelte eines Abends bei mir zu Hause das Telefon. Der Dramaturg vom Pirkuli-Film, der bei einer Reise auch mal mit in Baku war, rief mich an. „Du, Bernhard, Igor ist auf dem Ostbahnhof!" „Was???" Igor, der Produktionsleiter aus Moskau, hatte Lothar angerufen, dass er in Berlin angekommen sei, was Staunen bei uns beiden hervorrief. Keiner von uns hatte einen Hauch von Ahnung, warum er jetzt und so unerwartet auf dem Ostbahnhof stand? Niemand von uns beiden war darauf vorbereitet, Igor jetzt und so plötzlich zu empfangen. Wie es zu Igors unerwarteter Anreise kam, das war auch später nicht so richtig zu lösen. Angeblich hätten das beide Studiodirektoren so verabredet. Meiner hatte davon aber auch keine Ahnung. Igors Anwesenheit ließ sich ja nun nicht ändern. Lothar erklärte sich bereit, ihn vom Ostbahnhof abzuholen und bei sich schlafen zu lassen. Bis morgen. Am nächsten Morgen nahm ich ihn mit nach Babelsberg. „Junger Mensch muss Glück haben", denn die Pirkuli-Truppe drehte noch mal und gerade jetzt in Jena. Ich konnte alles regeln und Igor fuhr zwei Tage später nach Jena, zu „seinem" Film. Welch eine glückliche Lösung für mich! Ich hätte mich mit Igor in Berlin beschäftigen wollen und müssen, doch meine Arbeit in Babelsberg hätte ich über Tage nicht links liegen lassen können.

Auf großer Fahrt nach Afrika

Es war also entschieden: Ich gehe mit auf „Große Fahrt"! Die Reisevorbereitung mit Tropeninstitut, Passwesen usw. stand nun im Vordergrund. Ich war aufgeregt und konnte mir nicht so viele Fragen beantworten, wie die, die sich im Wechsel immer wieder einstellten. Irgendwie hoffte ich zwar, aber glaubte es nicht. Da die DDR noch nicht für alle die Länder ein Visum erhielt, die wir bereisen sollten, hatte sich die „Deutsche Seereederei" ausgedacht, für jeden von uns ein Seefahrtbuch auszustellen sowie uns in die Musterrolle einzutragen. Jeder war also „Deckmann auf großer Fahrt". Die wirklichen Deckmänner erhielten neben ihrer Heuer 13,-- Dollar pro Monat und die Offiziere 17,-- Dollar. Wir wurden zu den Offizieren gezählt. Aber 17.-- Dollar pro Monat, das war nicht viel im Verhältnis zu dem, was wir so zu sehen bekamen. „Logis" und Verpflegung an Bord war natürlich frei. Was ich damals nicht wusste: Wir waren für die Zeit, die wir unterwegs waren, Angestellte der Deutschen Seerederei (DSR). Das Kuriose kam aber erst im Alter auf mich zu. Da ich einige Monate zur See gefahren und für diese Zeit bei der DSR offiziell beschäftigt war, erhielt ich später meine Rente von der „Deutschen Seekasse". Das war für mich ohne positive oder negative Auswirkungen.

Wir schrieben das Jahr 1966, ich war 29 Jahre alt und seit fünf Jahren stand die Mauer. Für mich eröffnete sich die Chance, einmal „durch die Mauer" zu kommen und „Westluft" zu schnuppern. Inzwischen war publik geworden, wohin die Reise gehen sollte. Von Rostock nach Hamburg, Rotterdam, Antwerpen, Lissabon, durch das Mittelmeer, den Suezkanal, Akaba, Djeddah, Aden, Sansibar, Dar es Salam, Mombasa und in einen Teil der Serengeti. Das alles war für mich unfassbar. Ich war glücklich. Ursprünglich waren noch Westafrika, Nigeria und Ghana vorgesehen, dieser Plan zerschlug sich dann aber während der Fahrt. Unser Filmteam bestand aus Rolf (Regie), Peter (Kamera) und mir. Wir drei sollten also die Ostafrikaroute bereisen. Ein anderes Filmteam aus unserer Künstlerischen Arbeitsgruppe drehte parallel im Mittelmeer und per Küstenmotorschiff in London. Da wir drei den größten Teil zu drehen hatten, war ich der einzige Produktionsleiter und mit „auf großer Fahrt". Das war für mich wie ein Sechser im Lotto, weil ich ursprünglich als heranwachsender Knabe nicht Lokomotivführer, sondern doch Afrikaforscher werden wollte. Dieser Wunsch war dadurch geboren worden, weil mein Vater zwischen den Büchern seiner sehr kleinen Bibliothek zwei Bände über Afrika stehen hatte. Darin hatte ich als Junge viel geblättert und gelesen. Vor allem die wenigen Fotos hatten es mir angetan. Die groß gewachsenen Massai mit den breiten Perlenbändern um den Hals fand ich toll. In Kindermanier hatte ich damals schon Stift und Pinsel zur Seite gelegt und mich symbolisch dafür bei Rembrandt entschuldigt. ‚Wer weiß, wer weiß …, hoffentlich freue ich mich nicht zu früh', dachte ich. Das war auch meine anfängliche Devise vor der großen Fahrt, aber die Vorbereitungen wurden immer konkreter. Impfen, Seefahrtbuch etc. waren kleine Stationen auf dem Weg nach Afrika. Wir drei vom Reiseteam waren uns einig, dass jeder von uns nur mit einem Koffer fährt. Die besorgte ich. Ganz stabile schwarze Reisekoffer mit Holzbügel rundherum, die der Stabilität dienten. Die Koffer hatten das Flair, das sie haben mussten, wenn man so eine große internationale Seereise antritt, meinte ich. Sie zeigten sich optisch dieser Verpflichtung würdig. Die DSR hatte die Schiffsmakler in den Hafenstädten vorinformiert, dass wir auf der „Seestern", das war das Schiff, auf dem wir fahren sollten, an Bord sein werden. Diese Makler waren um Unterstützung gebeten worden, uns während unseres Aufenthaltes in ihrem Hafen persönlich zu unterstützen. Nun war es soweit. Der Abreisetermin rückte immer näher. Das Filmmaterial war tropengerecht verpackt und wir hatten eine Absprache getroffen, dass ich mich auch um alles kümmere, worum sich ein Kameraassistent kümmern musste. Da ich mit Kameras umgehen konnte, war geklärt: Sollte Peter, der Kameramann, mal nicht einsatzfähig sein, würde ich ersatzweise einspringen.

Am 10. April 1966 fuhren wir drei künftigen „Seebären" zum Rostocker Hafen, mit einem Seefahrtbuch der DDR in der Tasche. Es war schon ein unsicheres Gefühl, als wir die ersten Schritte empor der Gangway machten. Ich dachte: ‚*Wie* wird es mir ergangen sein, wenn ich die Gangway wieder runter gehe?' Nach der Begrüßung durch den Kapitän und seine Offiziere zeigte man uns unsere Koje. Anschließend die Offiziersmesse, in der wir künftig unser Essen einnehmen würden. Ich glaube, wir waren die einzigen Deckmänner der Welt, die jemals in einer Offiziersmesse ihren Platz hatten. Diese hatte sogar einen Stewart, der offensichtlich schon tagelang auf uns gewartet hatte, denn kaum saßen wir an der „Back" – das ist der Seemannstisch, an dem gegessen wird – erzählte er uns von den zwei wichtigsten Ereignissen der uns bevorstehenden Reise:

Es wären die Äquatortaufe und der Puff in Mombasa. Bis dahin hatte es aber noch Zeit. Erst mal war alles ganz anders für uns und neu. Eine kurze Inhaltsangabe zu den Bedingungen an Bord:

Die Besatzung der „Seestern" bestand auf unserer Fahrt aus 43 Seeleuten, im Altersdurchschnitt unter 25 Jahren. Viele der Mannschaft waren in Sachen Seefahrt ungelernt und unerfahren. Einige fuhren zur See wegen des zu erwartenden Abenteuers, von dem sie zumindest meinten, dass es eines gäbe. Aber auch wegen der monatlichen 13 Dollar, wie sie sagten, um sich in der Türkei eine Lederjacke zu kaufen oder goldene Trauringe. Wenn mal in der Türkei geankert würde. Diese Tätigkeit war den jungen Seeleuten nur möglich, weil es ihnen der Staat trotz eventueller Fluchtgefahr gestattet hatte. Ohne Matrosen fährt ein Schiff nun mal nicht. Abenteuer auf den Weltmeeren zu erleben und in exotischen Ländern gewesen zu sein, war damals nur ein Wunschdenken der noch unwissenden „Matrosen". Ein normaler Matrose hatte kaum irgendwo Zeit oder Gelegenheit, an Land zu gehen.

Wenn man sich die Zeiten des „Dreiwachsystems" (acht Stunden pro Schicht) ansieht, dann blieben maximal acht Stunden, die den Seeleuten zwischen ihren Schichten zur Verfügung standen. Hinzu kam, dass die Schiffe meist auf Binnenreede lagen und die Matrosen der Freiwache vom Schiff zum Land einen Hin- und Rückbuchsierer hätte haben und nutzen müssen. Den gab es meist nicht. Die Häfen lagen auch nicht in der Mitte, nahe einer Stadt oder einer Attraktivität. Man musste also erst noch irgendwie wohin kommen, aber auch zurück. Und das alles in acht Stunden. Und eigentlich ohne Geld. Also blieb die Hoffnung auf ein erhofftes Abenteuer an Bord gefangen.

In den Ländern südlich des Mittelmeeres wurden mittels Schiffskran und Leichter alle Güter an Land gebracht, weil es dort für Schiffe keine Häfen mit dem benötigten Tiefgang und daher auch keine Krananlagen gab. Ein Leichter ist ein antriebsloser, schwimmender Ladungsbehälter, sprich: Floß. In solcher Art kleinerer Häfen konnte ein Matrose seinen Wunschausgang erst recht vergessen. Bezüglich der täglichen Bildung und Information auf See: Damals empfing man an Bord nur den TV-Sender des jeweiligen Landes. Die Parteizeitung „Neues Deutschland" kam immer erst im nächsten Hafen durch den jeweils zuständigen Makler an Bord, dann aber gebündelt. Also für jede aktuelle Information zu spät. Ein Spruch: Das Älteste, was es gibt, ist die Zeitung von gestern. In der Regel wurden von jedem Seemann pro Jahr drei Reisen gefahren – damit war dreiviertel des Jahres um – und die Zeit der vierten Reise: Urlaub. Gelegentlich war den Offizieren gestattet, auf einer Reise die Ehefrau mitzunehmen. Eine Ehefrau hatte bezüglich Landgang die gleichen Freizügigkeiten wie die Besatzung. An das Vorne-, Rechts-, Hinten-, Links-Geschaukel musste man sich ebenso schnell gewöhnen wie an den Ölgeruch und an das Motorengeräusch, über Tag und auch beim Schlafen. Trotz der großen Ladung, dem Eigengewicht der „Seestern" und des geringen Seegangs war für mich das Geschaukel erheblich. Ich hatte meine Reiseschreibmaschine mit. Immer wenn ich eine Taste anpeilte, traf ich beim Zuschlagen eine andere. Künstlerpech!

Mit Helga gab es zwar nicht die von mir erträumte Liebe, aber verträglich leben konnte ich mit ihr. Daher hatte ich sie, nach fast sieben Jahren Ehe, noch immer gern. Vielleicht unverständlich, aber ich liebte sie noch. Glaube ich.

Und so habe ich Helga vor meiner Abreise die Schallplatte „Marmor, Stein und Eisen bricht ..." von Drafi Deutscher gekauft. Ein Titel mit Sinn. Und bei unserer „Fleurop" bestellte ich über mehrere Wochen wöchentlich einen kleinen Blumenstrauß, zu ihrer Freude, hoffte ich. Am 10. April 1966, es war Ostersonntag, sind wir um 11.00 Uhr von Rostock ausgelaufen, passierten um 17.00 Uhr Kiel an einer Schleuse – so nahe, dass man hätte runterspringen können und waren am Dienstag um 5 Uhr 30 in Hamburg fest. Hier hatte es fünf Zentimeter geschneit und es war eisig kalt. Ich wünschte uns schon nach Afrika. Am Vormittag drehten wir im Hafen und fuhren dann mittags in die Stadt, setzten uns nach der ersten Stadtbesichtigung in ein Café` (eine Tasse Kaffee = 0,80 DM) und schrieben die ersten Karten in die Heimat. Nach einem weiteren Bummel gingen wir in Richtung Reeperbahn, St. Pauli und statteten der Herbertstraße einen Besuch ab. Die muss man gesehen haben, so meinten wir vorher und erst recht danach. In der Herbertstraße konnten wir uns die Damen ansehen, hätten über den Preis verhandeln und nach Einigung mit ihnen ziehen können. Diese Ladys saßen in variabler Aufmachung auf Hockern in den Fenstern. Sie hatten oben nur wenig an und ihre ganze „Landschaft" war für jeden sichtbar. Weiter ging unser Ausflug zur Reeperbahn. Dort reihte sich ein Restaurant ans andere. Eigentlich waren es eher Spelunken oder Bars, die ihre Fenster mit Fotos von fast nackten Damen schmückten. Entsetzlich waren diese Männer mit Schiffermützen, die vor den Kaschemmen standen. Sie quatschten jeden an und wollten erreichen, dass wir diese Striptease-Kneipen besuchten. Da sich ein Amüsierladen an den anderen reihte, war es belastend, dort lang zu gehen, weil uns ein „Schiffermützenträger" nach dem anderen seine Redekunst überstülpte. Alles war für uns aber trotzdem hoch interessant, denn das war der erste exotische Eindruck von unserer Seefahrt. Am 13. April 1966, um 23 Uhr, lief die „Seestern" aus und wir machten am nächsten Tag gegen 21.00 Uhr im Hafen von Rotterdam, Holland, fest. An Bord fehlte der Genosse SED-Parteisekretär. Er hatte es vorgezogen, mit seiner Frau, die ihn bei dieser Reise begleitete, in Hamburg zu bleiben. Unterwegs sind wir einer erstaunlichen Anzahl an Schiffen begegnet. Am nächsten Morgen kam der avisierte Mitarbeiter des

Maklers und unternahm mit uns eine Rundreise durch Rotterdam. Die Fahrt fand mit einem amerikanischen Wagen, einem Crysler-Pyrmouth, statt. Für uns „Trabbiverwöhnten" war das wieder ein neues Erlebnis. Da später meine Augen viel mehr sahen, als es meine Finger in meine Schreibmaschine donnern konnten, habe ich die Schreiberei eingestellt. Aber zu Rotterdam und Antwerpen hatte ich noch geschrieben:

„Rotterdam wirkt sehr sauber. In jedem Fenster Blumen. Die Gardinen hängen von oben nur zu einem Drittel vor den Fenstern, sodass man in die Wohnungen sehen kann, die sehr gut eingerichtet wirken. Die Straßen sind großzügig angelegt. Es ist eine sehr schöne Stadt. Rotterdam liegt größtenteils unter dem Meeresspiegel und ist durch Deiche geschützt. Am Nachmittag spendierte unser PR-Mann uns eine Hafenrundfahrt durch den damals größten Hafen der Welt. Dazu war extra für uns eine Barkasse angemietet worden. Die Fahrt war wunderschön."

Am selben Tag (16. April) legten wir gegen 18.00 Uhr von Rotterdam ab und machten am nächsten Morgen um 9.30 Uhr im Hafen von Antwerpen fest. In Antwerpen kam der Makler an Bord und teilte uns mit, dass uns ein Herr zur Verfügung stünde, der uns begleiten würde und über alles bestens informiert sei. Wir würden heute noch mit ihm nach Brüssel fahren. Na, das hätte ich mir ja nicht zu träumen gewagt. Und so fuhren wir wieder in einem amerikanischen Wagen nach Brüssel und bestaunten das „Atomium" und „Männeken Pis". Auch die wunderschöne Altstadt. Ich vermutete gar nicht so viel Platz im Atomium. Da kann man sich direkt drin verlaufen. Unser uns durch Brüssel führender Mann war Chef einer großen Fotofirma, eigentlich schon einer Fabrik, die er uns zeigte. Ich konnte mich aus fachlichen Gründen gar nicht einkriegen. Unfassbar! Er hatte Kopieranlagen, mit denen er von Kleinbildnegativen Farbbilder, in einem Band, als Meterware vergrößerte. In einer Qualität, dass mir die Augen übergegangen sind, wenn ich diesbezüglich an die Farbbilder von uns zu Hause dachte. Sie waren leider alle grünstichig und man hätte sie sicher hier als Ausschuss weggeschmissen. Da unser Begleiter mit uns Filmmenschen filmisch mitfühlen konnte, zeigte er uns in Brüssel alles, was bildlich hergegeben werden konnte. Also waren wir auch beim „Männeken Pis", das schon 1619 geschaffen wurde. Die größte Wegstrecke bis zu dem „kleinen wasserlassenden Mann", auch „Petit Julien" genannt, hätte ich alleine nie gefunden, so versteckt hatte er sich mit seinem Brunnen. Dass man ihm näher kam, merkte ich an den Auslagen und Dekorationen vor den kleinen Geschäften und Buden, die Erinnerungsstücke von ihm verkauften. Die Menge an ausgestellten Reiseandenken wurde immer größer. An dem Tag, als wir ihn besuchten, trug er eine ganz einfache Soldatenuniform. Er soll über 500 verschiedene Kostüme haben. Natürlich haben wir bei all den schönen Dingen unsere Kamera nicht vergessen und brachten jeweils eine reiche filmische Ausbeute mit aufs Schiff zurück. Mehrfach waren wir noch zum Essen eingeladen, jeweils ein Essen, bei dem man die Zunge festhalten musste. Am Abend vor unserer Abreise nach Lissabon waren wir wieder eingeladen – in einem „Zigeunerkeller" mit einem sehr romantischen russischen Touch.

Im Laufe des Tages hatten wir im Duty-Free Shop auf Werbekosten eine Kiste „Jonny Walker" gekauft. Für eventuelle, künftige Bestechungsfälle.

Meine Schreibmaschine hatte weiterhin getippt: „Seit gestern (19. April) 22.00 Uhr sind wir auf Fahrt nach Lissabon. Vorerst ballern wir bei Windstärke 7 durch den Golf von Biskaya. Bei dem ‚Windchen' müssen wir uns im doppelten Sinne ganz schön festhalten und unseren Magen unter Kontrolle bringen. Eine Regel dafür: sich möglichst mittschiffs aufhalten und den Horizont ansehen. Dann bleibt vielleicht alles drin. Beim Essen muss man mit dem Kopf zum Löffel gehen. Nicht umgekehrt. Sonst würde das nichts und man müsste hungrig bleiben."

Als wir an Spaniens Küste bald vorbei waren, nun den Atlantischen Ozean befuhren und nach „links abbogen", an Portugal vorbei in die Sonne, meinte der 2. Offizier: „… und nu ballern wir ihn een in die Süd." Bald kam mir die Erkenntnis, dass meine Schreibmaschine und ein potenzieller späterer Leser diese „Tagesberichte" so nicht weiterhin überleben würden, doch für uns war das alles zu dem Zeitpunkt einmalig stark, um es nur so geschehen zu lassen. Übermorgen sollten wir in Lissabon sein. Wir würden sehen, was wir dort erleben würden, denn wir „Kommunisten" sollten im „Salazar-Staat" wegen unserer „politischen Gesinnung" nicht an Land dürfen. In den vielen Jahren, in denen DSR-Schiffe in Lissabon schon ankerten, war es bisher nur einer DDR-Schiffsbesatzung gestattet, mit dem Bus eine Stadtrundfahrt zu unternehmen. Ich wurde von der Sonne wach geküsst und von den Geräuschen geweckt, die entstanden, wenn ein Schiff vorbereitet wird, im Hafen festzumachen. Wir befuhren den Tejo, vorbei am „Torre de Belem", dem Symbol der ruhmreichen Seefahrernation, zum Hafen von Lissabon. Im Bereich der damals noch im Bau befindlichen 2278 Meter langen „Salazar-Hängebrücke" über den Tejo wurde unsere „Seestern" direkt am Kai geankert und festgemacht. Wir waren das dritte Schiff von nur dreien. Als ich nach oben auf Deck ging, war schon unsere Bewachung da. Der Soldat, der oben an der Gangway stand, war der Erste, den ich ausmachte. Es war aber nicht der Einzige. Unten an der Gangway, vorn vor dem Schiff, auf dem Kaigeländer sowie einer hinten, waren die Weiteren, die auf unser Schiff acht zu geben hatten. Auf der anderen Seite der „Seestern" hatte eine Barkasse mit drei Soldaten an unserem Schiff festgemacht. Ich wusste zwar nicht, was ich erwartet hatte – aber so etwas nicht. Die Möglichkeiten, sich auf eine solche Reise inhaltlich und politisch vorzubereiten, waren ja vor 50 Jahren nicht gegeben. Heute kann man das problemlos übers Internet tun. Darum ahnte ich nicht mal, warum wir so „beschützt" wurden. Einerseits war das ganz gut, dass wir „halbwissend" und angstfrei in Rostock aufs Schiff gestiegen waren. Andererseits auch gefährlich. So waren wir schon mehrfach recht überrascht, was uns so erwartete. Wir hatten, außer von unserer Berliner Mauer, nicht viel Ahnung davon, wo und was es auf der Welt anderenorts noch politisch „Böses" geben könnte. Und nun hier Soldaten an Bord! Der Kapitän hatte uns zwar vorher informiert, dass wir in Lissabon nicht an Land gehen dürften, nur nicht warum. Für uns stand allerdings das Ziel fest, Bilder aus Lissabon nach Hause zu bringen. Und dazu musste uns etwas einfallen. Ich wurde nicht aufgehalten, als ich mich der Gangway näherte und runter ging. Auch kein Protest, als ich am Schiff entlang lief, mich von ihm etwas entfernte, um die „Seestern" am Kai anscheinend zu fotografieren. Etwas später unternahmen wir die gleiche Aktion mit der Film-Kamera, ohne Probleme. Wir wollten uns bei den Soldaten „eingewöhnen". Inzwischen war der Makler eingetroffen und erklärte uns mit Stolz geschwellter Brust, dass es ihm gelungen sei, eine Bus-Stadtrundfahrt für die Schiffsbesatzung genehmigt zu bekommen, allerdings ohne Halt. Da könnten wir also mitfahren und unsere Einstellungen aus dem Bus drehen. Der Makler strahlte. Wir sahen uns nur vielsagend an. Wir erhielten – wie auch die Seeleute – einen gelben Passierschein. Mit dem konnten wir das Hafengelände durch das vom Schiff aus schon sichtbare Tor verlassen. Direkt hinter dem Tor würde dann der Bus stehen und wir müssten da einsteigen. Für uns privat wäre es eine dolle Sache gewesen, aber für unsere Filmkamera nicht. Wir berieten mit uns im Quadrat und kamen zu einem Beschluss, der auch so realisiert wurde und funktionierte. Zu der Zeit, zu der die Mannschaft das Schiff grüppchenweise in Richtung Bus verließ, drehten wir wieder unten am Schiff. Eigentlich nur scheinbar, zur weiteren Einstimmung der Soldaten auf unsere Existenz. Allmählich waren alle Bus fahrenden Seemänner vorn am Tor und stiegen in den Bus ein. Den Makler, der den Bus begleitete, hatten wir informiert, dass wir nicht mitfahren würden. Der Bus setzte sich in Bewegung. Wir rannten Richtung Tor, erklärten den Soldaten, dass wir da noch rein mussten und den Bus mittels Taxis erreichen wollten. Unsere gespielte Eile überzeugte sie. Außerdem hatten wir ja eine gelbe Karte, wodurch wir in die Stadt durften. Nun saßen wir drei mit Kamera im Taxi, hielten an einem Zeitungsstand, kauften die interessantesten Postkarten und zeigten dem Taxifahrer mittels Postkarten unser Ziel. Und so hatten wir auch unsere Stadtrundfahrt. Vor allem unsere Kamera hatte sie. Herrlich waren diese totalen Aussichten zum Hafen, zur Altstadt mit der alten Straßenbahn und zu den Häusern mit ihren „Balkonen", die höchstens einen halben Meter tief waren. In meiner Fantasie sah ich eine *Carmen* darauf stehen. Nun wollten wir unsere Eigenmächtigkeit auch nicht übertreiben, denn wenn der Bus zurückkäme und wir wären nicht darin, dann gäbe es sicher Ärger. Also begaben wir uns mit gedrehten Filmbildern und eigenen Eindrücken schnell zum Hafen. Der Bus war noch nicht wieder zurück, so dass wir dem Wachhabenden am Schiff klarmachen konnten, den Bus nicht mehr erreicht zu haben. Er war zufrieden und unsere erste Bestechungsflasche „Jonny Walker" und ein kleiner „Berliner Bär" erhöhte seine positive Stimmung für uns. Als die Schiffsbesatzung wieder eintraf, waren alle hellauf begeistert. Sie bedauerten uns, dass wir uns nicht auch Lissabon hätten ansehen können. Wir ließen sie in ihrem Glauben. Alles hat eben sein Gutes ... Dadurch, dass wir von einem Diktator Salazar und seiner Angst vor den „Roten Nelken" sowie von der Unterwanderung seiner Macht durch Freiheitsgedanken nichts wussten, hatten wir diesen Ausflug gewagt. Indem wir uns von der gewaltigen Brücke und der 1959 errichteten 113 Meter hohen Christusfigur „Christi-Rei" verabschiedeten, „schipperte" unser Schiff wieder weiter „in een in die Süd", zur Straße von Gibraltar. Das war eine der damals meist befahrenen Wasserstraßen der Welt, die täglich von ca. 300 Handelsschiffen durchfahren wurde.

29. April, 15.00 Uhr.
Von Port Said war noch nichts zu sehen. Das Mittelmeer hat sich von seiner ursprünglichen grün-blauen Färbung in eine gelb-grünliche verwandelt. Diese Verfärbung entsteht durch anströmendes Nilwasser. An unserem Heck flogen Möwen und drei Fischhabichte vorbei. Sie waren ein Zeichen von Landesnähe. Es gab aber noch ein weiteres Signal. Eine Fahrstunde vor Port Sand, das sind etwa 30 Kilometer, sichteten wir die ersten Fliegen an Bord und es wurden immer mehr. Man musste sich an sie gewöhnen, denn sonst wäre man in einem andauernden Zuschlagen geblieben. Um 16.00 Uhr liefen wir in Port Sand ein und das Schiff lag danach auf Binnenreede. Das heißt, dass man innerhalb des Hafens ankert, ohne am Kai anzulegen. Port Sand ist der nördliche Einstieg in den Suezkanal. Der Lotse war noch gar nicht richtig an Bord und der Arzt, der die Gesundheitspässe kontrollierte auch noch nicht, schon waren die „Chincher", einheimische Händler, da. Sie kamen mit einem alten Motorboot oder einem Ruderboot an unser Schiff, betraten es ohne Waren. Zwei Polizisten und einige Wachmänner befanden

sich auch bereits an Bord und achteten sehr darauf, dass nichts gestohlen wurde und mit den Chinchern keine Ware an Bord kam. In der Zeit, in der die Chincher über die Gangway an Bord gingen, ruderten ihre Helfer auf die andere Seite des Schiffes. Jetzt wurde die Ware mittels Wurfleine an Bord gehievt. Wenn nun gehandelt und die Waren verkauft wurden, sagte die Polizei nichts mehr. Warum? Angeboten wurden übliche Kamelhocker, Sitzkissen und Plastikkamele. Unter der Hand auch antike Münzen. Einen solchen Sitz, so einen Lederpuff, hatte ich nach dreistündiger Verhandlung günstig erworben. Eine von den Insidern empfohlene Praktik: Man musste sich über den Preis erkundigen, und sagte *nein*. Dann kam man wieder, widersprach dem erneut genannten Preis und sagte wieder *nein*. Dann kam man – wie zufällig wieder vorbei – und der Chincher sprach dich wieder an. Es ging wieder los. Man musste den ehemals genannten Preis enorm unterbieten. Er sagte „No". Mein Kaufobjekt, der Lederpuff, war ungefüllt, zusammengelegt und in Folie verpackt. Ich ließ ihn mir in die Hand drücken und machte ein erneutes Angebot. Er schüttelte wieder den Kopf und ich warf ihm den Puff scheinbar erbost vor die Füße. Der Händler hatte Zeit und wenn du von ihm was kaufen wolltest, dann musstest auch du sie haben. Ein Kaufgebaren, an das ich mich erst noch gewöhnen musste.

30. April, mittags 12.00 Uhr.
Wir waren jetzt mitten im Suezkanal. Der Kanal wurde einseitig befahren. An jedem Eingang des Suezkanals wurden Schiffskonvois zusammengestellt, die sich unterwegs begegneten. Da sie irgendwo aneinander vorbei mussten, nutzte man die beiden natürlichen Seen in der Mitte des Suezkanals, den Kleinen und den Großen Bittersee. Hier waren Wartezonen eingerichtet. Von Port Said fuhren täglich zwei Konvois ab. Jeweils um 0.00 Uhr und um 7.00 Uhr. Von Port Suez Richtung Norden fuhr täglich einer um 6.00 Uhr. In einem kompliziert anmutenden Begegnungssystem warteten der erste Konvoi aus dem Norden im Großen Bittersee und der zweite Konvoi im Kleinen Bittersee auf den Gegenverkehr. Das geschah richtig zeitaufwendig, mit ankern und so. Der Konvoi aus dem Süden fuhr ohne Halt bis Port Said ins Mittelmeer. Die Durchfahrt des 162 Kilometer langen Suezkanals sollte

insgesamt etwa bis zu 16 Stunden dauern. An unsere damalig benötigte Zeit kann ich mich nicht mehr erinnern. Ich weiß nur noch, dass wir auf dem Großen Bittersee die ganze Nacht verbracht haben.

Ein Vorkommnis überraschte uns, womit wir nicht im Entferntesten gerechnet hatten. Es muss an einer sehr engen Stelle des Suezkanals gewesen sein, an der unsere "Seestern" nicht mit Motorkraft fahren durfte. In dem Bereich wurde unser Schiff vom Ufer aus mit Pferden getreidelt, das heißt, die Pferde mussten das Schiff über eine kurze Strecke ziehen. Ein mühevolles Unterfangen, allerdings schön leise. Während der Passage durch den Suezkanal hatte sich der „orientalische Basar" bei uns an Bord fest etabliert. Es entwickelte sich auch ein reines Tauschgeschäft. Ich weiß nicht mehr, warum, aber auf eine graue Hose konnte ich verzichten. Die wollte ich eintauschen gegen irgendetwas, was mir exotisch schien, als quasi Geldersatz. Also ich hin zum Chincher, wir wurden uns einig, ich gab ihm die Hose, wollte mein eingetauschtes Gut nehmen und gehen. „Moment!" Er hielt mich am Arm fest, nahm meine Hose. Mit beiden Händen griff er hinein, zog das Gesäßteil weit auseinander und hielt die Hose gegen die Sonne. Er nickte und gab mir meine eingetauschte Ware. Offensichtlich hatte ich meine Hose bisher noch nicht dünn gesessen.

Mit Verschwörermiene wollte man mir auch mal in einem Tütchen „Spanishfly" in die Hand drücken, alles sei ganz billig. Der wollüstige Gesichtsausdruck des Chinchers sollte die Wirkungskraft der „Fliege" verdeutlichen und meine Kauflust steigern. Es ist zu bezweifeln, dass das angeblich den Sexualtrieb fördernde Pulver in diesem Tütchen enthalten war. Ganz abgesehen von der grundsätzlichen Wirkung ... Dazu muss ich sagen, dass die „Spanische Fliege" uns als ein Potenzmittel durch die Händler bekannt gemacht wurde. Es sei aber ein starkes Reizmittel, erfuhren wir von unseren „Fachleuten", welches auf der Haut Blasen bildet, bei Einnahme zu akuten Nierenversagen führen und dadurch tödlich sein würde. Das sexuelle Verlangen würde durch die Einnahme der „Spanishfly" nicht gesteigert, meinten sie. So, ihr

Männer, nun wisst ihr also von einem wundersamen Märchen Bescheid, der geheimnisvollen Liebeskraft dieser „Spanischen Fliege".

Wir hatten inzwischen den Suezkanal verlassen. Die Chincher waren auch verschwunden. Das nächste Ziel war Akaba in Jordanien. Aber vorerst umschifften wir die Halbinsel Sinai, um dann den 175 Kilometer langen Golf von Akaba in nördlicher Richtung zu befahren. Links lag Ägypten und rechts Saudi-Arabien. Die breiteste Stelle war 28 Kilometer. Wir hatten dabei ein Gefühl, als ob wir einen Kanal befahren würden. Links Wüstenlandschaft, rechts Wüstenlandschaft. Kein Grün. Am nördlichsten Ende lagen die für diese Länder wichtigen Hafenstädte sehr nahe beieinander:
Taba für Ägypten, Eilat für Israel und Akaba für Jordanien. Nicht nur heute, aus der Erinnerung, sondern schon damals war mir so, als stünde ich am Müggelsee und diese Städte rankten sich im Halbkreis am Ufer entlang. Fast ineinander übergehend. Wir legten im Hafen von Akaba an. Die „MS Seestern" war eines von zwei Schiffen. Mehr hätten damals an dem Kai auch keinen Platz gehabt. Ob es aufgrund der nahen Ländergrenzen überhaupt eine Binnenreede gab, das weiß ich nicht mehr. Woran ich mich noch deutlich erinnern kann, war, dass ich an Deck stand, ins Wasser schaute und am Meeresgrund eine Seegurke sah. Fast zum anfassen nah. Unwahrscheinlich nahe. Um die Realität zu klären, hat der eine Offizier für mich mal in die Seekarte gesehen und festgestellt, dass noch 32 Meter Wasser unter dem Kiel waren. So herrlich sauber war das Meer damals noch. Und die Täuschung war perfekt.

Zeit zu einer Landwanderung war nicht übrig und zum Filmen schon gar nicht, denn es sollte bald wieder abgelegt werden, hatten doch nur unser und noch ein Schiff im Hafen Platz. Aber am Abend zuvor konnten wir doch noch los und uns was ansehen.

In der Zeit, in der unser Schiff am Kai lag, führte der Kapitän Verhandlungen mit vier Westdeutschen – drei jungen Männern und einer jungen Frau. Sie wollten als Passagiere mit ihrem Bus bis nach Mombasa anheuern. Grundsätzlich war so etwas möglich und von der DSR auch erwünscht, weil das ja Valuta einbrachte. 3000,-- DM sollte diese Passage kosten. Aber so einfach ging das alles nicht, weil die Männer ein Gewehr mit an Bord bringen wollten. Da gab es also noch ein wenig hin und her. Sogar mit der DSR in Rostock. Letztendlich überwog jedoch offenbar bei der DSR der Wunsch nach dem Geld. Die Sorgen wurden zurückgestellt und die jungen Leute durften mit uns mit. Von Mombasa wollten diese vier mit ihrem VW-Bus nach Südafrika und von dort quer durch Afrika nach Stuttgart zurück. Nun ging es wieder weiter, per Schiff Richtung Rotes Meer. Keiner wusste mehr, wie ein bewölkter Himmel aussah. Wenn wir uns nicht etwas vor der Sonne schützten, waren wir hier, im Roten Meer, der totalen Sonne ausgesetzt. Wir hatten über 40 Grad im Schatten und an Bord wehte gelegentlich ein kühles Lüftchen. Selbst nachts konnte man nur in Badehose und mit dem Bettbezug zugedeckt stundenweise schlafen. Ich wälzte mich und fand nirgendwo eine Abkühlung, es war gewöhnungsbedürftig. An Bord begegnete man sich mitten in der Nacht. Das mitgebrachte Getränk aus dem Kühlschrank erwärmte sich binnen weniger Minuten zu einer warmen Plörre. Dann versuchte ich es doch, mich wieder zu überreden und meist klappte es noch mit einer Mütze Schlaf. Mich hatte schon zwei Tage lang eine Lethargie befallen. Andere nannten es wahrscheinlich Heimweh. Ich war launisch und sogar mir selbst gegenüber ungenießbar. Wahrscheinlich war es auch das Klima, denn zum gleichen Zeitpunkt sagte der 1.Offizier zu mir, dass er jetzt gerne zu Hause sein würde. Offensichtlich ist Heimweh nicht nur was für Neulinge auf See. Vielleicht wäre mir auch etwas wohler gewesen, wenn in Port Suez für mich mal Post da gewesen wäre. Leider nein. Aber das allein war es nicht. Wenn man mich gefragt hätte: Willst du noch in dein so heiß ersehntes Afrika oder lieber nach Hause? Ich würde mich sofort nach Hause gewünscht haben. Aber vielleicht besserte sich mein – mir selbst auf den Wecker gehender – Zustand bald wieder, so hoffte ich.

Ganz nahe bei Mekka

Zu diesem Zeitpunkt konnte ich meinen Unfrieden nicht mal in echt schottischem Whisky ersaufen, denn wir waren bald schon in Djeddah/ Saudi Arabien. Und wieder keine Post. Natürlich auch ohne Whisky, weil die Zollbehörde schon bald an Bord war. Aus Gründen des Glaubens durfte kein Alkohol getrunken werden, auch nichts unverschlossen an Bord sein. Das Auffinden von nur einer Flasche wäre mit 100 englischen Pfund bestraft worden. Das waren damals umgerechnet 1.200,- DM. Der Preis wäre zu hoch gewesen für einen Schluck ... Nun hatte die „Seestern" im Hafen von Djeddah festgemacht. Wir hätten uns aus zeitlichen und vor allem aus religiösen Gründen nicht nach Mekka begeben können. *Mekka ist die Geburtsstadt Mohammeds, dem Propheten des Islam, und die heiligste Stadt der Muslime. Damit bildet Mekka das religiöse Zentrum des Islam.* Nicht-Muslimen ist das Betreten der Stadt traditionell verboten. Auf unserem Schiff war natürlich Mekka ein sehr präsentes Thema, 73 km von Djeddah entfernt. Man erzählte von einer Art Kontrolle, 25 km vor Mekka, die nur Gläubige passieren können. Ausländische Touristen erhielten zu dem Zeitpunkt, zu dem wir in Djeddah weilten, keinerlei Einreisegenehmigungen, gleich welcher Nationalität. Keine Ahnung, warum nicht. Wir hatten durch den Makler sogar eine Drehgenehmigung! Drehen in Saudi-Arabien! Unvorstellbar für mich, aber wahr, und ich konnte es kaum fassen. Ans Land kamen wir nur als Seeleute mit unserem Seefahrtbuch.

Für den nächsten Tag waren wir zu einer Rundfahrt eingeladen, bei der uns der Makler alles Wichtige zeigen würde. Er hatte für uns und die Rundfahrt einen sehr cleveren, jungen Public-Relations-Man organisiert. Der reichte uns von einer Stelle zur nächsten und ließ nichts aus. Wir wurden vom TV-Direktor in Begleitung von zehn weiß bekleideten Männern empfangen.

Waren auf dem Tower vom Flughafen Djeddah. In der Nähe von Djeddah wurden wir in einem Zementwerk mit dem Leiter bekannt gemacht. Dem fehlte die rechte Hand. Unser Public-Relations-Man sagte uns mit einem bedeutungsvollen Blick:
„Der war mal Minister". Näher erklärte er sich nicht dazu. Später machten wir noch Bekanntschaft mit dem Minister für Sicherheit. Wer er wirklich war, das haben wir nie erfahren. Doch auf dieses Kennenlernen hätte ich gerne verzichtet. Erst einmal tranken wir Coca-Cola. Überall, wohin wir auch kamen, brachte uns ein Bediensteter unaufgefordert – na was wohl? Natürlich Coca-Cola. Wir durften alles fotografieren, was wir anvisiert hatten und taten es mit Freude. Die Filmkamera war noch nicht mit dabei, denn es war ja erst mal eine Kennlernfahrt. Am nächsten Tag wurde unser Schiff von der Binnenreede an den Kai verholt. Ab diesem Moment wurde für uns alles komplizierter. Als Rolf, unser Regisseur, mit seinem Fotoapparat von Bord gehen wollte, wies ihn ein unten an der Gangway patrouillierender Polizist wieder mit einer lässigen Handbewegung aufs Schiff zurück. Der Polizist wusste natürlich, dass das Passieren für Touristen verboten war und wir wussten noch nicht, dass Seeleute es durften. Auch einzeln. Nun kam endlich unser Mann. Uns war bekannt, dass wir vom Informationsministerium eine Drehgenehmigung hatten und wollten nun mit unserem gesamten „Kriegsschmuck" – sprich Kameras und Zubehör – das Schiff verlassen. Sechs Polizisten umringten uns plötzlich, als wir das Schiff verließen und unten auf dem Hafengelände ankamen. Nach viel Palaver durften wir weiter. Da wir aber für das Passieren mit Kamera und Fotoapparaten nur eine einmalige Genehmigung hatten, stellten wir alles bei unserem Mann in seinem Büro unter. Erst seit drei Stunden wusste ich, dass die Passage der Technik nur für einmal galt. Durch unsere weiteren, aufwendigen Besichtigungen kamen wir an diesem Tag nirgendwo zum Essen. Als wir es vor Hunger nicht mehr aushielten, bedrängten wir diesbezüglich unseren Mann. Der vertröstete uns, dass er bald mit uns zum Essen fahren würde. Warum noch fahren? Was Essbares gab es überall. Er bestand aber darauf und sprach dabei immer von etwas zu trinken. Er fuhr mit uns einige Kilometer, bis er vor einem Restaurant hielt,

das sich wiederum nur als ein *Café* herausstellte. Also wieder nichts mit Essen. Wir begriffen nicht mehr, was das sollte. Doch ehe wir unseren Unwillen über seinem Haupt auskippen konnten, stand er auf und begrüßte einen eleganten, weiß gekleideten Araber, der einige Tische weiter weg saß. Die beiden tauschten einige Sätze aus und der Araber bat uns mit einem Handzeichen aus der Entfernung an seinen Tisch. Unser Mann erklärte uns, dass dieser Araber ein hoher Beamter des Informationsministeriums sei, dem er hier *zufällig* begegnet sei. Nun ahnten wir auch gleich, warum wir hierher mussten, obwohl es hier nichts zu essen gab. Anfänglich belanglose Sätze, dann die erste Frage:
„Wo kommen Sie her?"
„Aus Deutschland."
„Wo aus Deutschland?"
„Aus Berlin."
„Wo aus Berlin?
"Aus Ostberlin."
Dem Araber sah man an, dass er mit einer solchen Antwort überhaupt nicht gerechnet hatte: Ostberlin! Sein Gesichtsausdruck war nicht mehr der, den er eben noch hatte. Einige Zeit lang sprach er nicht, bis er nach vielleicht zehn Minuten sagte, wir mögen bitte sein Schweigen verzeihen, aber es sei das erste Mal in seinem Leben, dass er Kommunisten sehen würde. Unsere von ihm unerwartete Antwort veranlasste ihn offenbar, sich bald zu verabschieden und uns sehr nachdenklich zurückzulassen. Was nun? Welche Info hatte der Makler vor unserer Ankunft ans Informationsministerium gegeben? Unser Mann wusste angeblich auch von nichts. Wir verabredeten uns für den nächsten, den zweiten Tag, um 8.00 Uhr am Schiff. Es wurde 10.00 Uhr. Wer nicht kam war er, unser Public-Relations-Mann. Wir drei gingen dann in die Stadt zu dem Büro des Maklers, in dem sich unsere Kamera und die Fotoapparate befanden. Tür zu, keiner da. Wir bekamen um unsere Kamera „Schiss". Wie könnten wir nun an sie herankommen? Bald ging ich zurück, weil einer von uns an Bord Posten beziehen musste, falls der Makler sich noch dort melden würde. Rolf und Peter suchten an den uns bekannten Orten unseren Mann oder den Makler. Ergebnislos. Kurz vor 12.00 Uhr

tauchte unser Makler am Schiff auf, weil er was mit dem Kapitän abzustimmen hätte. Ich runter zu ihm. Meine Frage: „Wo ist unser Mann?" Der Makler wusste es nicht. Ich stand oben auf Deck, drehte mich um und hinter mir standen plötzlich beide, unser Public-Relations-Man und der Makler. Große Freude meinerseits. Ich sagte ihm, dass wir ihn gesucht hätten, weil wir unsere Kameras haben wollten. Beide meinten, ich möge bitte einen Moment warten. Und – unser Mann war so plötzlich weg, wie er gekommen war. Der Makler vertröstete mich damit, dass unser Public-Relations-Man gleich wieder käme. Dann war plötzlich auch der Makler weg. In diese, doch sehr, sehr seltsame Situation muss man sich mal in unsere Lage versetzen und bedenken, wo das stattfand. Wenn man durch die winkeligen Straßen ginge, eine Tür hätte sich geöffnet und man wäre verschwunden, dann hätte kein Hahn nach uns gekräht. Wir waren schließlich im tiefsten Arabien! Der Makler, eigentlich unser einziger Ansprechpartner, stand für uns nicht mehr verlässlich zur Verfügung, mussten wir für uns feststellen, das machte sehr unsicher. Um 17.00 Uhr kamen Rolf und Peter wieder aus der Stadt zurück an Bord. Ohne Ergebnis. Sie hatten keinen von den beiden getroffen. Wir waren ratlos und gingen alle Möglichkeiten durch, grübelten darüber nach, ob wir vielleicht in eine Falle geraten sein könnten ... Wir wohl möglich so unsere gesamte Ausrüstung losgeworden sind ... Der erschrockene Blick von dem Araber aus dem Informationsministerium fiel uns auch wieder ein. Der offensichtlich über sich selbst erschrocken war und uns nicht gleich unsere „kommunistische Gesinnung" angesehen hatte. Vielleicht hatte es damit was zu tun. Wir fanden nichts heraus. Woher auch. Mutmaßungen brachten uns hier nicht weiter – abwarten war angesagt. Wir waren mit unserem Latein am Ende.

Nun legte auch noch die „Seestern" mit uns vom Kai ab und ging auf Binnenreede. Für mich hatte das die Symbolik, als würden wir uns von unserer Kamera verabschieden können. Als das Schiff ungefähr zehn Meter vom Ufer entfernt war, hielt am Kai ein Auto. Der Makler stieg aus und rief uns zu, dass er die Kamera habe und er sie uns am nächsten Morgen an Bord bringen würde.

Warten und vertrauen war nun nicht mehr unser Ding. So fuhren Rolf und ich am Morgen des dritten Tages mit einem Boot rüber zum Kai. Wir waren schon um 7.00 Uhr in der Stadt. Nach mehrfachem Hin und Her zwischen Maklerbüro und Basar, hatte das Maklerbüro endlich gegen 10.00 Uhr geöffnet. Wir bemerkten sofort, dass wir nicht gern gesehen waren. Unser Mann käme jeden Moment, meinte der Makler mit Bestimmtheit.

Der brächte die Kamera mit ins Büro. Dann ein bekanntes Vorkommnis: Der Makler war wieder unangekündigt „weg". Zwischenzeitlich hatten wir erfahren, dass unser Public-Relations-Man in der vorangegangenen Nacht für sechs Stunden festgenommen worden war, warum auch immer.

Wir beide saßen nun in der Agentur und harrten unserer Kamera, die ja jeden Moment kommen sollte. Stattdessen kam ein Anruf und mit dem Anruf die Order:
„Vor der Agentur wird ein Wagen halten, darin hätten wir einzusteigen und der Boy wisse Bescheid, wo wir hinfahren würden." Wir sahen uns beide nur an und stiegen in das bereits wartende Auto ein. Uns war gar nicht wohl dabei. Zu diesem Zeitpunkt meinten wir, Djeddah schon ganz gut zu kennen. Jetzt jedoch ging es kreuz und quer durch enge Straßen. Vor und hinter uns fuhr jeweils ein Auto dieses Karussell mit. Doch plötzlich fuhr der vordere Wagen anderswo lang und der hintere bog auch bald ab. Nach einer weiteren viertel Stunde kamen wir zu einem modernen Villenviertel. Nun glaubte ich, dass hier vielleicht der Makler wohnen würde, bis plötzlich der Wagen vor der Botschaft Tunesiens hielt. Hatte man hier die Kamera abgestellt? Wir sahen uns fragend an. Was zu sagen trauten wir uns nicht, aus Furcht, dass Rolf das sagen würde, was ich gerade dachte. Darüber miteinander reden, wozu? Es wusste ja von uns beiden sowieso keiner, wie es weitergehen würde. Es klärte sich bald auf, dass unser erster Gedanke „Kamera in der Botschaft" ein Irrtum war. Der Boy, der uns hierher gefahren hatte, wusste vielleicht als Adresse nur: „Platz vor der Botschaft" und hat deswegen hier gehalten.

Schräg gegenüber befand sich noch ein Gebäude. Das war um einiges größer, mit Arkaden als Eingang. In den Torbögen standen mehrere, um nicht zu sagen viele Polizisten in Gala-Uniform. Nein, es war Armee. Peter meinte, das Gebäude sei die Fortsetzung der Botschaft, doch mir kam das Aufgebot an Soldaten nicht geheuer vor. Und ich hatte leider recht. Als wir das Gebäude betraten, schien es mir, als würde ich mich auf einen Angelhaken ziehen, von dem ich später nicht wieder runter käme … „Petri Heil!" Es ging mehrere Stufen hoch. Ein „General", reich an Lametta auf seiner Uniform, diente uns als Wegweiser. Wir wurden überall erwartet und durchgewunken. Eine letzte Tür ging auf und wir landeten in einem Saal, so groß wie unser halbes Schiff. Der Raum hatte bestimmt die real eingeschätzte Größe von zwei Tennisplätzen. Gegenüber unserem Eingang, ganz am Ende des Raumes, saß ein „Scheich" an einem übergroßen Schreibtisch. Die Würde, die der Mann ausstrahlte, veranlasste mich zu der Bezeichnung: Scheich. Zumindest, was ich für mich darunter verstand. Als wir auf den Schreibtisch zugingen, kam ich mir vor wie in einem Märchenfilm. Da ist der Abstand zwischen Eingang und Thron auch immer so groß, bloß wir mussten jetzt nicht vor einem König auf die Knie fallen. Noch nicht. Entgegen aller Befürchtungen wurden wir von dem Scheich sehr freundlich begrüßt. In einer Ecke saß unser Public-Relations-Man, der bei unserer Begrüßung nicht mal mehr lächeln konnte. Neben ihm ein anderer Araber, der sich als Agent der arabischen Schiffsagentur vorstellte. Und? Unsere gesamte Kameraausrüstung war in deren Nähe abgestellt. Hoffnung. Der Scheich hinter dem Schreibtisch bat uns, dass wir auf Grund des Vorfalls bitte keinen schlechten Eindruck von Saudi-Arabien mitnehmen möchten. Nach kleinem Wortwechsel und einer ehrwürdigen Verabschiedung durften wir bald unsere Kameras nehmen und gehen. Zuvor mussten wir jedoch unsere Filme aus den Kameras nehmen und dort lassen. Auf dem Material für unsere Filmkamera war nicht ein einziges Bild, denn an dem Tag, an dem wir den Public-Relations-Man und den Makler sowie unsere Kamera suchten, wollten wir ja eigentlich endlich mal zum richtigen Drehen kommen, nach so viel Besichtigungen. Wir waren heilfroh, als wir wieder mit unserer Gerätschaft draußen waren und im Auto saßen. Die ganze Zeit hatte der Makler vor dem Gebäude auf uns gewartet. Er erklärte uns, dass dieses Gebäude, in dem wir eben waren, das Ministerium für Sicherheit gewesen sei und der vermeintliche Scheich wahrscheinlich der Minister war. Über Näheres wollte er sich offensichtlich nicht äußern. Unser Schiff lag noch zwei Tage auf Binnenreede und wir waren immer mal wieder in der Stadt, allerdings ohne Film- und Fototechnik, was man uns angeraten hatte. Die Lust dazu war uns ohnehin vergangen. Von unserem Public-Relations-Man hatten wir nichts mehr gesehen und gehört. Bei Fragen beim Makler nach ihm, bekamen wir immer nur ausweichende Antworten. Wenn ich mal an ihn dachte, fiel mir immer wieder der ehemalige Minister mit der fehlenden Hand ein. Wenn ich heute noch einmal die damaligen Situationen vor mir sehe – mit dem Wissen, welche „Gesetzlichkeit" selbst heute, fast 50 Jahre später, noch in Saudi-Arabien gelten könnte, schlottern mir wieder die Knie.

Bei den kleinen Fischlein

Es ging weiter, das Rote Meer runter in Richtung Golf von Aden. Direkt in den Hafen von Aden sollte jetzt die „Seestern" fahren. Doch bevor unser Schiff dieses Ziel ansteuerte, ließ der Kapitän im Roten Meer ankern. Badeausflug war angesagt. Der Weg zum Tauchkomplex war nicht weit, rein in ein Beiboot und schon waren wir da. Ein Offizier blieb mit Gewehr im Beiboot, wegen einer eventuell plötzlichen Haigefahr. Ob das was genutzt hätte? Auf alle Fälle machte das Schießeisen unser Gefühl sicherer. In den früheren Spielfilmen von Hans Hass hatte ich das schon gesehen, worin ich nun umher schwamm: bunte, kleine Fische, rötliche, gelbe, weiße Korallen. Unfassbar! Alles zum Anfassen, so nah. Mit den gelb-bunten kleinen Fischlein spielte ich, nein, sie mit mir. Sie schwammen um meinen Finger, den ich ihnen kreisend hinhielt. Eine Moräne lugte aus ihrem Versteck. Da ich über sie nicht genau Bescheid wusste, hielt ich lieber Abstand. Ich schwamm weiter, plötzlich unter mir alles schwarz und vor mir ein Hai. Ich nichts wie rauf. Entwarnung! Erstens ging das Riff von dort aus schlagartig abwärts, wo ich schwamm, so dass sich die Dunkelheit einstellte und nichts zu sehen war. Zweitens war der ominöse Hai ein großer Königsfisch, den meine Angst zum Hai werden ließ. Nachdem ein Matrose, der auch im Wasser war, mir später erklärte, was wir gesehen hatten, schnorchelte ich weiter. Die Korallen, die wie aus Stein wirkten, aber eigentlich noch lebten, waren in ihren Formen bizarr, aber hart wie Stein. Einfach so mal eine abbrechen wäre nicht gegangen. Sie waren mit ihrem Untergrund wie mit Beton verwachsen. Dem entgegen wären die filigranen Korallenzweige leicht wie Glas abzubrechen gewesen. Ein Stück Koralle, das auf dem Grund herumlag, sowie einen noch nicht toten Seeigel hatte ich als Andenken und zum Vorzeigen für Zuhause mit an Bord genommen. Damals durfte man das noch. Ich legte beides zum Trocknen aufs Deck in die Sonne und erfuhr, dass das totaler Quatsch sein würde. Die Korallen stinken immer, wurde mir von den Matrosen gesagt, auch wenn sie trocken sind, weil die lebendigen Teile der Koralle vergammeln. Man muss sie auskochen, dann gehen zwar alle Farben an den Korallen verloren, aber sie riechen dann nicht mehr. Weiß werden sie durch das Kochen, schneeweiß. Die anderen, die roten für Ketten, die man als echte Korallen bezeichnet, die gab es da nicht. Ich wusste auch nicht, wo man sie hätte finden können.

Nun lagen wir vor Aden auf Binnenreede.
Die erste Nachricht war: Wir bekommen keine Drehgenehmigung. Der Grund: Der Jemen war 1966 noch ein Teil der englischen Kronkolonie und die Engländer hatten etwas dagegen, dass wir da filmten. Der Schiffsagent zeigte sich davon sehr betroffen, dass er keine Drehgenehmigung für uns bekommen hatte und wollte was gutmachen, indem er für uns eine kleine Hafen-Rundfahrt organisierte. Hier auf der Binnenreede war für unser Schiff keine lange Liegezeit geplant, dadurch wurde auch keine Gangway ausgefahren. An Land zu wollen hieß für uns also, eine über Bord hängende Leiter benutzen zu müssen und dann in ein Boot zu steigen, was uns an den Hafen brachte. Leiter ist nicht Leiter. Das merkten wir aber erst, als wir die über Bord hängende benutzen mussten. Es war eine Jakobsleiter und keine Lotsenleiter. Für Nichtseeleute ein beschwerlicher Unterschied und für Seeleute, die uns zusahen, ein zu bejohlendes Ereignis. Ich war mit 29 jung genug und meinte auch, durch meine Tennisspielerei halbwegs fit zu sein. Doch die Reling war in Richtung Jakobsleiter ein erstes unerwartetes Hindernis. Als ich über die Reling rüber war, mussten meine Füße die „Stufen" der Jakobsleiter mit dem Gefühl suchen, denn etwas von ihr zu sehen, war in dieser Position nicht möglich. Verschärfend war, dass sich bei einer Jakobsleiter – auch Strickleiter genannt – die „Stufen" nur aus einer Art Besenstiele bestanden, die so nahe am Rumpf des Schiffes anlagen, dass den Schuhspitzen höchstens drei Zentimeter Platz angeboten wurden. Eine Lotsenleiter hätte hingegen richtige Stufen gehabt. Zum Abstieg hatten die Hände mehr zu tun als die Füße. Und man glaubt es ja nicht, wie hoch so ein Schiff aus dem Wasser ragt! Als ich dann die Leiter nach unten geschafft hatte, kam ich ja nicht einfach auf einer Wiese an, nein, da war schließlich noch das Boot, in das

ich einsteigen musste. Aber das hatte aufgrund der Dünung ein Eigenleben. Wäre ich zu weit abgestiegen, dann hätte mir der „Kahn" mit der nächsten Welle meine Füße zerquetscht. Bliebe ich zu weit oben, dann käme ich nicht in das Boot. Mit einigem Taktieren bin ich dann irgendwann in das Boot mehr gefallen als gestiegen. Zugleich lebte ich ab da in der „freudigen Erwartung", dass der Aufstieg mir nachher in ähnlicher Form wieder bevorstand. Und die johlenden Begleitrufe der Seeleute auch. Letztendlich wurden wir aber doch für diese bergsteigerische Strapaze belohnt. Wir fuhren durch Aden! Die Romantik der einzigartigen Architektur aus Lehm und Ziegel mit ihren Verzierungen hinterließen in mir einen unvergesslichen Eindruck, sodass man sich die Königin von Saba – die da nie war – nur noch hinzu zu träumen brauchte. Aber auch die Höhlenwohnungen waren beachtenswert, die in die Berge geschlagen waren. Kurios, aber einige große, alte Mercedes standen davor. Wieder nichts Grünes, nicht mal Palmen, an die man, unwissend vielleicht, dachte, wenn man in Berlin von Saudi Arabien oder dem Jemen hörte. Doch mitten in Aden befand sich ein Rondell, so groß wie der innere Teil vom Kreisverkehr am Berliner Strausberger Platz. Er war begrünt wie eine Wiese! Künstlich beregnet und gepflegt. Eine touristische Attraktion. „Ziegen, Ziegen, nichts als Ziegen" war mal eine Redewendung von mir, wenn ich später von Aden erzählte. Gelegentlich auch Schafe. Sie geisterten wild durch die Straßen wie streunende Hunde. Sie schienen niemandem zu gehören. Sie lagen vor Hauseingängen, durchwanderten den Basar, rupften sich irgendwo was zu fressen ab. Ich kam mit ihrem Status nicht richtig klar. Vielleicht waren sie so was wie die heiligen Kühe in Indien? Als ich unseren Mann danach fragte, der uns durch die Gegend fuhr, griente er nur vielsagend. Und ich? Ich wusste immer noch nichts.
Das Schiff wurde betankt und es ging weiter.

Uns erwartete eine Überraschung.

Als die Mannschaft nun begann, an Deck einen Swimmingpool aus Schalbrettern und Segeltuch zu bauen und den Pool mit Meerwasser zu füllen, fand diese Unternehmung bei uns natürlich auch unsere helle Begeisterung. Allerdings nicht wissend um den noch versteckten Hintergrund ihres Tuns. Es war ein Schaffensprozess für die baldige Zukunft, die wir noch nicht erahnten. Die hieß Äquatortaufe.

Doch bis dahin lagen noch mehr als 1000 Seemeilen auf dem Indischen Ozean vor uns und unsere DEFA-Fete an Bord auch. Wir wollten gern mal der Besatzung Dankeschön sagen, denn ohne deren Unterstützung hätten wir vieles nicht drehen können. Diese Gelegenheit bot sich für uns. Die DEFA wurde am 17. Mai 1966 zwanzig Jahre alt.

Die „Alkohol-Preise" an Bord waren alle zollfrei, daher waren sie gegenüber der Heimat Peanuts. Der Käpt'n erklärte sich mit einer Fete an Bord einverstanden. Daher konnten wir großzügig sein und mit folgendem Text einladen:
„Die folgenden Getränke können Sie hintereinander, durcheinander, miteinander, nebeneinander, füreinander trinken:
- Rosenthaler Riesling
- Weinblatt Siegel
- Weinbrand Verschnitt
- Wodka
- Vita Cola
- Glashäger Selter.

Zum schnelleren Abgewöhnen des Rauchens dient die unvergleichliche F6. Werfen Sie der Bedienung bitte nicht unentwegt Trinkgeld nach!
Der Wirt."
Das 0,3 l Flaschenbier hatte an Bord Heimatpreise und deren Qualität. Es

war daher nicht sonderlich beliebt. Nicht nur, weil es kein Radeberger oder Berliner Pilsener war, sondern die Plörre aus Rostock kam. Warm wie das Wetter war sie außerdem auch immer. Daher konnten wir Bier bei den Seeleuten von ihrer Liste der Begierde streichen. Es war von vornherein nicht auf unserem Einladungsangebot. Ansonsten wurde unsere Feierei gerne angenommen. Jedoch bedauert von dem Seemann, bei dem unsere Feierzeit in seinen Schichtwechselmodus – zweimal vier Stunden – fiel. Na ja, das war mal so ein antialkoholischer Grundgedanke und kein Matrose hielt sich daran. Keiner konnte damit rechnen, dass ein „Verkehrs-Volkspolizist zur See" mit einer Alkoholtestpuste neben dem Arbeitsplatz des Seemannes stehen könnte. Insgesamt war die Stimmung urgemütlich. „Wir lagen vor Madagaskar", im Singen, und hatten natürlich auch „na? ... die Pest an Bord". „In den Kesseln, da kochte das Wasser". All das wurde gesungen. Wir Männer fanden das toll. Plötzlich sah einer von uns am Himmel den „Sputnik". 1966 war ja gerade die Zeit, in der er ganz oben am Himmel seine sozialistischen, politischen Runden drehte. Er leuchtete hell wie ein Stern. Nach Abklärung unserer astronomischen Kenntnisse stellte sich jedoch heraus, dass der „Sputnik" ein Stern war. Als sich die „MS Seestern" im Wellengang langsam zur anderen Seite neigte, flog der vermeintliche „Sputnik", also der Stern, wieder zurück. Die Ursache war nicht etwa der Alkohol, sondern das war Wissen – gepaart mit Fantasie! Was dann Stunden später passierte, hatte mit Fantasie nicht mehr viel zu tun, sondern vielleicht doch mehr mit Alkohol. Jedenfalls kam am späten Abend, während der DEFA-Feier, das plötzliche Kommando von der Brücke, die zum Glück immer doppelt besetzt war: „Volle Kraft zurück". Was auf Grund der Spontaneität des Befehls im Maschinenraum seine Auswirkung nicht verfehlte, bedurfte dann später einer längeren Zeit der Reparatur. Man erzählte sich, wäre es mit unserem „Dampfer" weiter geradeaus gegangen, hätte sich unser Schiff mit einem anderen beinahe „geküsst". Es hatte sich uns seitlich immer mehr genähert. Gefährlich nahe. Und so schipperten wir weiter in Richtung Sansibar und Äquatortaufe. Der „Ausguck" musste offensichtlich schon den Strich vom Äquator gesehen haben, denn das Thema Äquatortaufe wurde innerhalb der Besatzung immer intensiver behandelt. 43 Seeleute, die vier Westdeutschen und wir drei, bildeten die Besatzung. Davon waren 17 Matrosen getauft. Verhältnismäßig so wenige, weil seitens der DSR nur die Südamerika- und die Ostafrika-Route über den Äquator schipperte und das natürlich nicht jeden Tag. Die 17 Insider sorgten dafür, dass die Story um Neptun immer gruseliger wurde. Ich hatte dafür Verständnis, weil ich hörte, dass man sich während der Taufe von mancher vermeintlichen Qual mit Bier und Schnaps freikaufen konnte. Dabei ging ich davon aus, je mehr Angst im Vorfeld verbreitet wurde, umso mehr war jeder Täufling bereit, während der Taufe etwas zu spendieren. Unsere Meinung: So schlimm wird es sicherlich nicht werden. Erstens weilten wir auf einem DDR-Schiff und zweitens hatten wir dem Kapitän gesagt, dass wir in Sansibar noch ein gutes Aussehen haben müssen, um verhandlungsfähig zu sein, denn man erzählte unter anderem von dem rücksichtslosen Friseur. Doch allmählich geriet unser Optimismus immer mehr ins Wanken. Erst recht, als wir erfuhren, dass der stellvertretende Chief seinen Taufschein vergessen hatte. Wie sich bald herausstellte, ist für einen Seebären so ein Äquator-Taufschein wichtiger als sein Personalausweis. Und vor dem „Dann" hatte der Vice-Chief so viel Respekt – sprich Angst –, dass er mehr als 50,- Mark vertelegrafierte. Er versuchte, den Kapitän von dem Schiff ausfindig zu machen, auf dem er getauft worden war. Als er seine Taufe nach großem Aufwand endlich bestätigt bekommen hatte, musste man ihn auf unserem Schiff für getauft erklären. Was von unserer Mannschaft unwillig zur Kenntnis genommen wurde. Ab da standen wir drei auf Habt-Acht-Stellung! Folgender Fragespiegel entwickelte sich bei uns: Warum betreibt der Vice-Chief für 50,-- Mark so einen hohen Aufwand, wenn man sich während der Taufe mit dem gleichen Geldbetrag für Bier und Schnaps freikaufen kann? Trotz unseres fehlenden Praxiswissens machte uns das Ergebnis unserer Untersuchung mächtig stutzig. Und das zu Recht. Ab jetzt waren wir die konzentrierte Aufmerksamkeit, die aber an den weiterlaufenden Prozessen der äquatorialen Vorbereitung nichts änderte. Die spätere Praxis lehrte uns, dass so etwas wie das Freikaufen gar nicht ging. Dass man sich davon etwas freikaufen konnte, war nur die Chance, Qual und Pein am jeweiligen Folterinstrument zu lindern. Vielleicht. Das gültige „Zahlungsmittel" war jeweils ein, zwei, drei Kasten Bier, obwohl das Bier später keiner wollte. Außerdem war so viel davon auch gar nicht an Bord. Die erbeuteten „Bierkästen" wurden aber später gegen eine hochprozentige alkoholische „Währung" verrechnet. Schnaps zollfrei, mit einer Flasche Wodka zu 3,17 Mark, wäre für uns Täuflinge preislich günstiger gewesen. Leider wurde sie jedoch während des Taufvorgangs selten akzeptiert. All dies wusste natürlich der Vize-Chief aus seiner schon erlittenen Taufe. Daher hatte der sich also fast überschlagen, damit seine Taufbestätigung hier an Bord eintrudelte.

Vom Schmutz der nördlichen Halbkugel gereinigt

Das weibliche Mitglied des westdeutschen Quartetts hatte sich in ihrer Kombüse verschanzt und gedroht, sollte sie mit Gewalt zur Äquatortaufe „eingeladen" werden, dann würde sie schießen. Die Angst bezüglich der „Gewalteinladung" war nicht übertrieben, denn die „Täufer" gewannen mit ihrem formulierten Programm immer mehr an Aggressivität. Wenn man sich an Deck mit dem inzwischen installierten Instrumentarium bekannt gemacht hatte, konnte man die Reaktion der Frau verstehen, weil alles nicht sehr spaßig aussah. Selbst der vormals gepriesene Swimmingpool wurde von uns als potenzieller Peiniger erkannt. Da wir „Filmfritzen" aber alles mitzudrehen beabsichtigten – das wusste der Kapitän – dachten wir, dass es wohl nicht so schlimm werden würde. Die „Seeräuber" waren ja schließlich durch unsere Anwesenheit nicht unter sich. Mitmachen wollten wir schon, denn es hieß „mitgefangen, mitgehangen". Und wann erlebt man so etwas schon? Das Meer war ruhig, manchmal sogar spiegelglatt. Seit Tagen herrschte eine drückende Schwüle bei einer hohen Luftfeuchtigkeit. Kein Schiff war zu sehen, außer eines, dass in Sichtweite parallel zu uns, vielleicht auch nach Sansibar, fuhr. Es sei ein „Fleischdampfer", meinte einer unserer Matrosen. Vor meinem geistigen Auge sah ich Schweinehälften vor sich hin baumeln. Aber das nur solange, bis er weiter erklärte, es handele sich um ein Fracht- und Passagierschiff. Daher der Spottname. Am Abend vor der Äquatortaufe kam das Telegramm vom Meeresgott Neptun, denn wir waren, laut Kartenhaus, schon vor Stunden über den Strich gefahren, der die nördliche von der südlichen Halbkugel trennte.
Im Telegramm stand:
„Wir, Neptun, der Gott der fließenden Gewässer, der springenden Quellen und der wogenden Meere, sind so gnädig, am Morgen des 22. Mai 1966 an Bord der ‚MS Seestern' zu erscheinen und in Anwesenheit unserer huldvollen Tochter Thetis die noch ungetauften Landratten in unsere geweihten Gewässer aufzunehmen. Sie sollen vom Schmutz der nördlichen Halbkugel

gereinigt und in den erlauchten Kreis der ‚Südseefahrer' aufgenommen werden." Die christliche Seefahrt hatte offensichtlich keine großen Kenntnisse von der Mythologie. Eine Taufe im religiösen Sinne war die „Taufe der christlichen Seefahrt" ohnehin nicht. Sie war ein Initiationsritus, die Einführung eines Außenstehenden in eine Gemeinschaft. Nun gut, dieses schon über Traditionen andauernde Unwissen war ja noch zu verkraften. Aber die Verbindung von Neptuns Tochter Thetis mit der christlichen Seefahrt müsste eigentlich jeden Mythologie-Experten vor Scham erblassen lassen. Neptun war der römische Gott des Meeres. Seine angebliche Tochter Thetis war eine Meeresnymphe aus der griechischen Mythologie. Sie war die schönste Tochter aus dem Kreis der 50 Nereiden des greisen Neures, dem Meeresgott aus der griechischen Mythologie. Man sieht also, dass die christliche Seefahrt den mythologischen Ursprung ihrer Äquatortaufe nie so ernst genommen hatte. Wahrscheinlich galt immer: Hauptsache, es wurde getauft und gesoffen! Der eigentliche Brauch hat seinen wahren Ursprung aus der Zeit der Entdeckungsreisen der Portugiesen, die beim Überschreiten des gefürchteten Äquators ihren Mut und ihre Gläubigkeit durch eine Taufe bekräftigen wollten. Vor den Fahrten der Portugiesen herrschte die Meinung vor, die Äquatorregion sei zu heiß, um sie zu bewohnen oder durchqueren zu können. Sie glaubten auch, eine Expedition in die südliche Hemisphäre müsste unweigerlich tödlich verlaufen. So war nun der Gott der Meere in seiner Gnade bei uns an Deck erschienen. Sein Gefolge bestand aus dem Arzt, dem Pfarrer, dem Friseur (in persona durch den Vize-Chief!), zwei Täufern, dem Schmied und nicht zuletzt seiner wunderschönen und lieblichen „Tochter" Thetis, der Nixe. Der wichtigste Mann für die bereits getaufte Mannschaft war jedoch der Schreiber. Der notierte unsere Opfergaben. Während der Taufe war er für uns der Angenehmste, denn mit seinem Kugelschreiber konnte er niemanden etwas zufügen. Der Schmerz, den wir durch ihn erlitten, entstand erst später, als die angstvoll zugerufenen Spenden bezahlt werden mussten. Die von Neptun abgesandte „Delegation" aus den Tiefen des Meeres bestand aus sieben maskierten „Seebären" und einer Frau, der Nixe, natürlich auch von einem Matrosen dargestellt. Damit standen noch neun

Seeleute bis zur Auffüllung zu den siebzehn Getauften zur freien Verfügung. Die wurden zu Henkersknechten erklärt und waren die, die ohne konkrete Aufgaben tätig werden konnten. Daher waren sie später im angetrunkenen Zustand besonders unkontrolliert und gefährlich für uns. Einen alkoholfreien Umgang konnten wir schon von Beginn an von niemanden erhoffen. Die „Abkömmlinge von Neptun" wussten aus Erfahrung, dass wir, um die qualvollen Torturen zu schmälern, erhebliche finanzielle Mittel freisetzen würden. Somit konnte schon von ihnen auf Vorrat gesoffen werden, bevor alles losging. Das war tatsächlich so, denn, als wir, taufbereit, auf dem Deck erschienen, erscheinen mussten, da schwankte schon vieles und nicht nur das Schiff. Ich schreibe „erscheinen mussten". Eigentlich hatte uns niemand gezwungen. Jeder hätte sich so verweigern können wie die junge Frau, auch ohne Gewehr. Doch wir Ungetauften hatten uns alle freimütig einer Situation gestellt, die wir im Vorfeld nicht einschätzen konnten. Wir drei „Filmfritzen" z. B. wollten interessiert mitmachen, da wir wussten, dass sich für uns ein solches Erlebnis nie mehr wiederholen würde. Da wir durch unsere von uns geplanten Filmerei ohnehin dabei sein wollten, war Mitmachen angesagt. Und bei den Matrosen? Keiner der noch „jungfräulichen" Matrosen würde sich für ein unbegründetes „Kneifen" von seinen Mitmatrosen auslachen lassen wollen. Die wollten künftig sicherlich auch mit den anderen der Besatzung gut auskommen. Gleiches galt eigentlich auch für uns „Filmfritzen" im Umgang mit den Matrosen. Besser – ihr Umgang danach, mit uns. Also … und durch! Das Schiff, vorwiegend das Deck und seine Aufbauten, bestanden aus Metall. Das hatte ich bedacht, indem ich mir alte Lederschuhe angezogen hatte, um auf dem in der Sonne „erglühten" Deck keinen Veitstanz aufführen zu müssen. Doch diese Vorsorge hielt nicht lange an, da mir die Henkersknechte bald die Schuhe auszogen und sie über Bord schmissen. Aus dem anfänglichen Spaß wurde nun Ernst. Wir, die Täuflinge, wurden alle aufs Deck getrieben und hatten vor einer der Schiffsluken mit freiem Oberkörper niederzuknien. Neptun hatte sich darüber ein Sonnensegel setzen lassen, damit es ihm und seinem Gefolge in der glühenden Sonne besser erginge als uns. Der Gott der Meere hielt seine huldvolle Rede über die uns

erwiesene Gnade. Derweil gingen die Henkersknechte durch unsere Reihen und schlugen, noch wenig schmerzhaft, mit aufgedröselten Tampen auf unsere vor Neptun geneigten Rücken. Dies hinterließ sichtbare Spuren, weil die wie ein großer Pinsel gesplitteten Tampen das Gemisch von Altöl und Silberbronze auf uns verteilten. An dem Beispiel der vor und neben mir sich verneigenden Nachbarn konnte ich ahnen, wie ich aussah und ein erster Gedanke kam bei mir auf:
„Wie geht das Zeug wieder runter?"
Doch die nächsten Aktionen vertrieben diese Frage sehr schnell, weil sich eine neue Frage der vorhergehenden aufdrängte. Der unter der daneben liegenden Luke befindliche Lagerraum war für uns vorgesehen. Natürlich unisoliert und von der Natur gut aufgeheizt. Darin wurden wir eingepfercht und hatten zu warten, bis wir einzeln aufgerufen wurden. Die Äquatorsonne brannte unnachgiebig auf die Deckplatte, der Schweiß floss, soweit der überhaupt aus den mit Altöl verklebten Poren noch herauskam. Unsere vom Körper ausgehenden „betörenden" Düfte strömten in den großen, halbvollen Lagerraum. Mein Glück bestand darin, dass ich schon als Fünfter zur Einzelbehandlung aufgerufen wurde. Zwei Henkersknechte führten mich, sträflingserprobt, vor die Luke. Neptun und der Pfarrer empfingen mich. Der Gott der Meere nickte mir huldvoll zu. Er erklärte mir kraft seines Amtes, was ich auf der südlichen Seite der Erdkugel seefahrtsmäßig machen durfte und was nicht. Danach taufte mich der Herr Pfarrer auf den Namen „Stint". Zur Dankesbekundung durfte ich Neptun die Füße küssen. Ich neigte mich gehorsam über diese und erwischte die mit Senf dekorierten Füße des Pfarrers, mit Mund und Nase. Bei meiner späteren Auswertung der gesamten Äquatortaufe war dieser Vorgang nur ein „Na und ...?" wert. Die nächste Station war ein grauer Kunststoffschlauch von vielleicht sieben bis acht Metern Länge – mit einem so großen, oder vielleicht richtiger: so kleinen Durchmesser, dass ein Mann gerade eben noch durchpasste. Damit dieser Schlauch in seiner Gesamtlänge einen gewissen Halt behielt, stabilisierten Holzreifen seine Form. Vorn und hinten lag ein Reifen über einem Fass, damit das im Schlauch befindliche Wasser nicht unkontrolliert auslaufen konnte. Da musste ich, genau wie

alle anderen auch, durchkrabbeln. Zur besonderen „Erheiterung" kam mir aus einem Schlauch immer weiteres Wasser mit entsprechendem Druck entgegen. Luft kam keine. Die hätte ich aber gebraucht, als ich mich im Schlauch unter Wasser befand. Unter salzigem Meerwasser. Von draußen nahmen die Henkersknechte meine Position wahr und schlugen mit einem aus Holz kunstvoll geschnitzten Schwert auf die sich im Schlauch ergebende Erhöhung des Körpers. Kopf oder Po? Das war der reinste Zufall. Ich war ja schon – oder erst – die Nummer fünf der Einzelbehandlung. Doch da war der Schlauch bereits zwischen zwei Holzringen aufgeschnitten, weil die Knechte einen von uns Täuflingen vor mir aus dem Schlauch befreien mussten. Irgendwann soll sich der Kandidat nicht mehr bewegt haben. Offensichtlich wurde er an der falschen Stelle getroffen und ist liegen geblieben. Jedenfalls war ich froh, als ich am Ende des Schlauches wieder Licht sah und Luft holen konnte. Mein Kopf ragte gerade aus dem Schlauch, als sich eine Schlinge um meinen Hals zuzog. „Sing mal ein Lied!" Ich tat es, um erlöst zu sein. „Ach, Du Schwein kannst ja noch singen. Na, dann mach doch alles noch einmal!" Zwei Henkersknechte griffen mich und schleppten mich wieder zum Startloch. Dabei sah ich das aufgeschnittene Schlauchteil erneut. Diesmal von außen. Ich kroch noch einmal. Das Ende der etwa acht Meter Krabbeltour war direkt am Swimmingpool, der jetzt zu einem Taufbecken degradiert worden war. Das Taufbecken war mir natürlich bekannt, der Zugang über drei Stufen auch. Nur, dass zwei Täufer da oben auf dem Treppchen schon auf mich warteten, war mir neu. Der Eine band mir mit einer Schlinge beide Beine zusammen, der Andere zog. Ich fiel rückwärts in das Becken. Jetzt war ich der Gewalt der Täufer ausgesetzt, da nur noch Waden und Füße aus dem Wasser ragten. Der Rest des Körpers befand sich wehrlos unter der Oberfläche des Swimmingpools. Es war dem Wohlwollen und der Entscheidung der beiden Täufer überlassen, wann sie mich herauszogen und wie oft sie mich wieder absinken ließen. Es war immer eine Phase kurz vor dem Ertrinken.

Mein Kollege Kameramann behauptete später von sich, er hätte bei den Täufern mit dem Leben abgeschlossen, weil man ihn zu lange unter Wasser gelassen hätte. Glaubhaft ist das schon, denn zwischen meiner und seiner Taufe war viel Zeit vergangen und daher auch viel Alkohol geflossen. Mit der nicht ganz freiwilligen Wasserkur im Taufbecken war für mich der gesamte Taufvorgang leider noch nicht vorbei. Die nächsten Stationen waren zuerst der Arzt und dann der Friseur. Beim Arzt kann ich mich nur noch daran erinnern, eine sehr große Kugel geschluckt zu haben, von der es hieß, sie bestünde aus Zusammengefegtem und Mäusehaaren. Beim Friseur ging es schon etwas haariger zu. Ich musste mich setzen. Dann wurden die Füße an den Stuhlbeinen und die Handgelenke an den Armlehnen festgebunden. Der Gedanke an körperlichen Widerstand war damit von vornherein ausgeschlossen. Nun kam der Friseur mit einer Handhaarmähmaschine. Eine elektrische Maschine hätte den Altölanteil der Haare nicht überlebt. Die Rolle des Friseurs wurde durch den Vice-Chief verkörpert, der noch vor Tagen um seinen Taufschein gebettelt hatte. Seine ehemalige Not hatte er inzwischen offensichtlich vergessen, denn er gebärdete sich aggressiver als alle anderen Peiniger vor ihm. Die Haarschneidemaschine legte sich am Nacken an.

„Na, wie viel zahlst du?" Das war die obligatorische Frage vor jeder Tortur. Die er mir natürlich auch stellte. „Einen Kasten Bier". Wer da geglaubt hätte, darauf zu hören: „Na gut, ein Kasten, du kannst gehen", der irrte. Die Maschine näherte sich immer mehr meiner Haarpracht und ich merkte, wie sie sich weiter bergauf, Haare schneidend, bewegte. Dabei fragte er: „Hast du ‚*einen* Kasten' gesagt?" Hätte ich nun auf zwei oder fünf Kästen erhöht, es hätte mir nichts geholfen. So schlau war ich inzwischen schon, denn die Maschine setzte wieder unten an und ging diesmal noch höher hinauf.

Bald hatte der Friseur ausreichend Haare von mir, den Kasten Bier auch. Und ich meine „bedingte Freiheit". Aufgrund der Einzelbehandlungen gab es immer einen zeitlichen Abstand zwischen den einzelnen „Klienten". Meist war von uns nur einer „auf der Bühne", auf dem gesamten Deck. Damit konnte er sich der Konzentration aller Henkersknechte sicher sein, was alles andere als ein Vorteil für mich war. Was ich zu diesem Zeitpunkt nicht wusste, war, dass man mir beim Start ein Zeichen auf dem Rücken geschrieben haben soll, für eine „Sonderbehandlung". Offensichtlich, weil ich einer von denen vom

Film war. Diese erhielt ich also nun. Dafür schleppte man mich an einen Ladebaum. Am Ladebaum mit Ketten gebunden, in der prallen Sonne stehend, die Poren verschmiert, das war ihre „Sonderbehandlung" – zum „Austrocknen". Es dauerte lange, bis man bemerkte, dass man mich vergessen hatte. Daher war ich in der Lage, mich Selbstvorwürfen hinzugeben. "Siehst du, Bernhard, du hättest ..." Zu spät. Der Pranger war die nächste Station. So etwas kennt man aus dem Mittelalter. Meist stehend auf dem Marktplatz. Unser Pranger jedoch lag flach auf dem Deck. Ich wurde darin genauso „verankert" wie die armen Leute früher auf dem Markt, die allerdings stehend, Arme und Beine fest in den dafür vorgesehenen Öffnungen aus Holz verankert. Der Kopf auch, sodass ich ihn nicht nach rechts oder links abwenden konnte, zumal die Täufer jetzt mit einem Feuerwehrschlauch kamen. Die Spritztülle fehlte. Also nur der Schlauch eines C-Rohres, aber doch mit seiner vollen Wasserkapazität aus dem Meer. Dieser gewaltige Strahl, der einen Mann von den Füssen reißen kann, wurde mir ins Gesicht gehalten. Viel, viel Wasser und wenig Luft. Den Kopf wegzudrehen hatte ich versucht, aber wie gesagt, es ging nicht. Als ich das überstanden hatte, gingen die Henkersknechte an meinen Körper zwei Etagen tiefer. Dort hatte ich eine Turnhose an. Eigentlich zwei übereinander, vorsorglich. Unter der Turnhose hatte ich noch eine enge Dreiecks-Badehose, weil vorher die geheime Info durchgesickert war, man würde den „Schniedelbitz" auch nicht unversehrt davonkommen lassen. Meine Vorsorge erwies sich als berechtigt, sollte mir jedoch nichts nutzen. Da unser Henker ein „äquatorialer Berufshenker" war, kannte er natürlich alle Tricks, wie sich seine Täuflinge vor Unheil zu schützen versuchten. Vergeblich versuchten. Der aufgedröselte, mit Altöl versehene Tampen fand sein Ziel durch beide Badehosen hindurch und machte auch bei „meinem Kleinen" alles schwarz. Die Tortur vollzog sich am Körper weiter bergab. Mit einer Holzraspel ging man den Zehnnägeln zu Leibe. Frontal, nicht seitlich, so dass die Vibration im Kopf endete. Mir stand jetzt nur noch eine Station bevor, die beim Schmied. Dort sollte man als stetige Erinnerung, neben dem so heiß begehrten Taufschein, einen glühenden Dreizack – das Symbol Neptuns – auf sein Gesäßteil gebrannt kriegen. Beim Schmied loderte das

Feuer. Zu mir kam die Aufforderung, mich mit meinem sichtbaren Nackten über eine Art Sägebock zu hängen. Vorher hatte ich noch eine Wahlmöglichkeit. Den großen Dreizack für einen Kasten Bier. Den kleinen Dreizack für zwei Kästen Bier. Die beiden „Dreizack" sah ich im Fegefeuer erglühen. Einer davon, natürlich der Große, wurde mir vor die Nase gehalten. Ich entschied mich für das kleine Eisen, denn auf das Geld für einen Kasten Bier mehr oder weniger kam es nun auch nicht mehr an. Nach meinem bisher Erlebten traute ich dem Schmied jetzt alles zu. Es brannte unheimlich auf dem Hintern und stank nach verbranntem Fleisch. Einige der Besoffenen grölten. Ein anderer Zustand existierte nicht mehr an Bord als Saufen und Grölen. Ursprünglich war beim Schmied ein freundlicherer Ritus vorgesehen, hörte ich mal. Der klang glaubhaft und sehr human. Ja, beinahe romantisch. Die Tauf-Schmiede. Theoretisch hätte der Schmied und Co. ab da einen Eiswürfel und ein Stück Speckschwarte parat haben sollen. Der Theorie nach hätte man nun dem zu Taufenden den glühenden Dreizack zeigen und das Eisstück auf den Po drücken müssen. Kälte gleich Hitze gleich Schmerz. Damit wären die Sinne getäuscht worden. Das glühende Eisen sollte in dieser Prozedur auf der Speckschwarte den verbrannten Fleischgeruch verströmen. Ein glühender Dreizack glüht länger als ein Eiswürfel schmilzt und ein angesoffener Schmied und sein Knecht verwechseln alles schneller, als sie in dem Zustand noch logisch denken können. Übrigens das Eis, wenn welches überhaupt da war, das hätten die Knechte eher für den Wodka gebraucht. Also denke ich mal, für die Vollstrecker war die ausgeübte Praxis praktikabler als die romantische Theorie, die mit dem Eiswürfel. Fertig. Fast. Ich war froh, alles überstanden zu haben, weil auch alles schlimmer vonstatten gegangen war, als ich es mir vorher vorgestellt hatte. Eigentlich fehlte nur noch das „Kielholen". Doch der Moment meines Aufatmens dauerte nicht lange an, weil alsbald das Problem der Körperreinigung anstand. So richtige Sorgen hatte ich mir vorher diesbezüglich nicht gemacht, denn ich hatte vorgesorgt. Während der Fahrt organisierte ich mir von Bord ein Paket Waschmittel. Damit ging ich unter die Dusche. Als das Paket verbraucht war und nur mein linker Unterarm einen Hauch von Reinheit vorzuweisen hatte, wurde ich stutzig. Ging daraufhin an Deck und fragte bei einem Offizier nach, wie und was denn nun weiter mit dem Altöl am Körper? „Geh mal in die Maschine und wasche alles mit Benzin, denn sonst bleibst du ein Neger" war sein Rat. Wie geraten – so getan. Zwei Stunden dauerte die Prozedur, mit mittlerem Erfolg, denn ich sah danach immer noch fleckig aus wie ein Dalmatiner. Nach der Taufe und wieder zu Hause wurde ich oft gefragt, was denn von meinem eingebrannten Dreizack noch zu sehen sei. Um für die jetzt lesende Außenwelt die Spannung dieses Gesamtprozesses nicht zu schmälern, lasse ich den Dreizack auf meinem Po heute noch immer so schmerzhaft brennen, wie damals in der Schmiede.

Der Text auf dem Taufschein lautet:
Wir, Neptun, der Beherrscher aller Meere, Seen und Flüsse, Teiche und Tümpel beurkunden hiermit, dass der Staubgeborene
                Bernhard Bock
an Bord des uns wohlbekannten Handelsschiffes
                „MS Seestern"
am heutigen Tage vom Schmutz der nördlichen Halbkugel gereinigt und nach unserem äquatorialen Ritus auf den Namen
                „Stint"
getauft worden ist, also, dass derselbe gehörig gesalbte und wohl vorbereitet sei, um unsere Gewässer südlich des Äquators zu befahren.
An Bord, den 22. Mai 1966.

Wir schipperten weiter

Jedoch landseitig war Öde angesagt. Das schon seit Lissabon.
Meer und – Sand, Felsen, Dünen, karges Land, verdorrter Boden. Alles in den sandigen Farben der Sahara. Und nun plötzlich am Horizont ein grüner Streifen, der immer breiter zu einem mit Palmen besetzten Uferpanorama wurde. Echte Palmen und gleich in einer so großen Anzahl. Wir waren im Paradies.
„Bitte kneife mich, damit ich merke, dass ich es erlebe."
Manchmal geht es mir noch heute so. Heute – wenn man Geld hat – kann man überall hinfahren, aber erleben, mit der Innigkeit dieser Freude, diesem Staunen, das gibt es heute sicher nicht mehr. Vielleicht doch noch irgendwo und etwas davon. Ich möchte erzählen, warum. Ich habe Angst, gleiche Ziele zu bereisen, an denen ich vor Jahrzehnten schon mal war, weil sich das exotisch Romantische sicherlich von der Modernität hat verdrängen lassen.
„Jambe, Bari gani" – sagt man auf Swahili, wenn man sich begrüßt, in Ostafrika.
„Kwa Heri" für „Auf Wiedersehen" – wörtlich übersetzt: „mit Glück".
Das zu sagen hatten wir jetzt beim Kapitän vor, denn wir mussten in Sansibar unerwartet von Bord und zu dieser Äquatortaufe hatten wir noch was zu sagen. Der Grund: Ein Telegramm der Deutschen Seereederei überraschte uns auf der „MS Seestern" mit der Nachricht, dass wir nicht mehr nach Westafrika sollen, sondern unsere Weiterreise bitte mit dem DDR-Konsul auf Sansibar bereden möchten, er hätte weitere Informationen für uns. Als wir den Konsul aufsuchten, blieb ihm unser Aussehen natürlich nicht verborgen. Nach unserem Gespräch ging er mit uns an Bord, um sich das Erscheinungsbild der Mannschaft mal näher anzusehen und mit dem Kapitän darüber zu reden. Sicher in Richtung Sozialisten, Menschenverachtung, DDR-Repräsentation und so weiter. Angeblich hätte der Genosse Konsul bisher noch nie erfahren, was etwa drei Tage vor Sansibar auf einem DDR-Schiff passierte und wollte davon in Sansibar bisher auch nichts gesehen und gehört haben.

Aber noch waren wir gerade erst in Sansibar angekommen. Ich freute mich riesig hier zu sein, obwohl uns Ghana, Togo, Nigeria gestrichen worden war. Hingegen bestand die DSR darauf, wir sollten als Repräsentations-Punkt des Films unbedingt nach *Dar es Salaam* /Tansania, vormals Tanganjika. Dann nach Mombasa /Kenia und von Mombasa aus an einer Safari im Tsavo-Nationalpark teilnehmen und da drehen!

Ich, zu meiner Sehnsucht

Der Tsavo-Nationalpark ist so was ähnliches oder sogar ein Teil von der Serengeti. Ich dachte: „Jetzt erlebst du deinen Traum: Du wirst ‚Afrika-Forscher'. Durch dieses Telegramm der DSR änderte sich vieles. So „mussten" wir in Sansibar von Bord gehen und auf das nächste Schiff, die „Seetank", warten. Der Hinweis der DSR, wir mögen uns bitte an den Konsul wenden, hatte den Grund, dass wir nun ein Visum für Kenia brauchten, weil wir in den Tsavo-Nationalpark sollten. Daher müssten wir die „Seetank" in Mombasa verlassen – hieß es nun. Mombasa, die große Hafenstadt, ist das Tor Ostafrikas zur Welt. Ein Jeep stand vor unserem Hotel, der mit uns in den Tsavo-Nationalpark fahren sollte. Meine Aufregung war groß, denn uns stand eine für mich fast unwahrscheinliche Fahrt bevor. Eine Fahrt in die Wunderwelt des Prof. Bernhard Grzimek, dem deutschen Zoodirektor und Pionier in der Erforschung der afrikanischen Lebens- und Tierwelt, dem Afrikaforscher dieser Jahre.

Es war immer noch 1966.
Vor sechs Jahren stand ich noch bei „Zeissens" hinter dem Ladentisch und jetzt war ich unterwegs auf Grzimeks Spuren. In mir war ein Gefühl von unsäglichem Stolz und Dankbarkeit. Mir wäre damals kein größerer Wunsch eingefallen. Hinzu kam, dass ich wusste, was die Dreitagestour mit Filmerlaubnis kostete – und das in D-Mark! Unfassbar! Dass ich das erleben durfte!
Mit dieser Reise, so meinte ich, hätte ich den Sechser im Lotto meines Lebens schon gewonnen. Unterwegs gesellte sich ein zweiter Jeep mit einem italienischen Ehepaar und einem Tsavopark- Kenner zu uns. Die Entfernung von Mombasa bis zum Tsavo betrug etwas über 200 Kilometer, wofür wir vier Stunden benötigten.

Ein Teil des Parks war damals für den Tourismus kaum erschlossen, wodurch die Tierwelt dort einen großen Schutz genossen hat. Die erste Entdeckung, die wir im Nationalpark machten, war seine rote Erde. Das war nicht nur eine unserer ersten Beobachtungen in der Natur, sondern, da die Jeeps offen fuhren, verfärbten sich unsere Hemden sehr rasch von rechts nach links oder von links nach rechts – je nachdem, auf welcher Position jeder von uns saß – sehr dezent von weiß in ein „Tsavo-rot". Das bemerkten wir aber erst, als wir für uns Zeit hatten. Vorerst konzentrierten sich unsere Blicke auf die einmalige Natur und die Tierwelt. Bevor wir unsere Verfärbung entdeckten, bestaunten wir die roten Elefanten, wegen denen der Tsavo-Naturpark eine besondere Berühmtheit erlangt hat. Rot – wie unsere Hemden – waren diese Kolosse, weil sie sich mit dem roten Schlamm bedeckten und sich so, im Rahmen ihrer Kosmetik, von den Parasiten befreiten. Plötzlich war diese Theorie völlig uninteressant. Der Jeep hielt spontan, denn er stand vor uns, mit aufgestellten Ohren. Scheinbar kampfbereit versperrte er uns die Weiterfahrt – ein Elefantenbulle. „Was wollt ihr hier?", hörte ich ihn fast sagen. Nach hoffnungsvollem Verharren fuhr unser Jeep dann doch lieber rückwärts und überließ dem Bullen sein Gebiet, das ihm zustand. Von den „BIG FIVE" (Elefant, Nashorn, Löwe, Büffel und Leopard) hatte der Park uns bisher Löwe und Leopard vorenthalten. Am zweiten Tag auch. Wir waren aber bisher dermaßen beeindruckt, dass wir diese beiden Tierarten gar nicht vermisst hatten. Unter Bestaunen diverser anderer Arten wildlebender Tiere steuerten wir, in Sichtweite des Kilimandscharo, unser erstes Quartier an. Eine Lodge. Darunter versteht man ein Gästehaus in Naturreservaten oder Nationalparks. Ein flacher Holzbau mit mehreren Zimmern und einer ausgiebig gestalteten Terrasse. In unserem Falle befand sich in deren Nähe ein kleiner Pfuhl. Der lockte am nächsten Morgen Elefanten, vier Zebras und einen Schreitvogel, den Marabu, an. Das war was: auf der Terrasse frühstücken und auf lebendige Wildtiere schauen. Mein Schlaflager war recht angenehm. Ein Moskitonetz über mir sorgte dafür, dass mich die kleinen „Untiere" verschonten. Über dem Zelt bewachten mich noch zwei fast weiße Geckos, die oben an der Zimmerdecke thronten und mir anfänglich unangenehm waren. Erstens gewöhnte ich mich bald an sie und zweitens fand ich sie mit ihren Kulleraugen irgend wann sogar niedlich. Zudem saßen sie ja dort auf Wache und wollten sich die Moskitos fangen.

Es hat uns erwischt und auf nach Hause

Wir sind eigentlich immer sehr umsichtig mit unserem Essen umgegangen. Doch auf der Safari muss uns ein „Erreger" erwischt haben. Jedenfalls lag danach immer einer von uns dreien flach. Und nun dachten wir, dass es Zeit war, nach Hause zu kommen. Bald war unser regulärer Abflug nach Hause gebucht. Nairobi, Kairo, Nicosia nach Berlin. Trotz noch immer existierender Begeisterung für Afrika fiel uns der Abschied nicht schwer. Obwohl es vom Klima noch afrikanischer Herbst war, hatte uns inzwischen die Sonne die Sympathie für diesen Erdteil aus unserem Körper gekocht.
Der Makler hatte für uns den Abflug und für die Nacht ein Hotel in einer Häuserzeile der Altstadt von Nairobi gebucht. Der Himmel war zur damaligen Zeit noch nicht so mit Flugzeugen verplant wie heute, so dass wir an diesem Tag nur bis Kairo kamen und dort im Hotel auf dem Flughafengelände übernachten mussten. Nach Kairo durften wir mit unseren Seefahrtbüchern nicht. Dafür hätten wir ein Visum für Ägypten haben müssen. Aber darüber waren wir, aufgrund unseres generell anhaltenden Bauchkneifens, auch gar nicht traurig. Daran gedacht, noch mal rasch die Pyramiden zu sehen, das hatte ich schon, denn sie liegen ja in der Nähe von Kairo. Am nächsten Tag bestiegen wir unseren Flieger und ab ging es. In Nicosia/Cypern landeten wir zwischen und mussten auf den Heimflug nach Berlin mehrere Stunden warten. Dabei ging es mir immer schlechter, sodass mich meine beiden Kollegen zu einer Sanitätsstelle im Flughafen brachten, wo ich mich wenigstens hinlegen konnte. Die Stunde des Abflugs rückte immer näher und meine Sorge stieg, wie ich denn nach Berlin kommen würde. Unser Flugzeugkapitän kam zu mir in die Sanitätsstelle, um nach mir zu sehen bzw. mir zu erklären, dass ich hier in Nicosia bleiben müsse, damit er kein Risiko eingehen müsse, vielleicht extra meinetwegen in Griechenland zwischenlanden zu müssen.

Da wir drei diese uns unbekannte Krankheit zumindest in ihrem Verlauf kannten, konnten wir ihm die Versicherung geben, dass ich es bis Berlin schaffen könnte. Der Kapitän traute unserer Aussage und nahm mich mit. Die Crew war so freundlich und machte für mich aus zwei Sitzen in der 1. Klasse ein Bett. So kam ich liegend bis Berlin. Dort wurden wir von unseren Frauen und Kollegen freudig empfangen. Wir mussten im Berliner Flughafen natürlich das Zoll-Kontrollorgan durchlaufen, mit all dem, was Gepäck hieß. Dazu gehörte bei mir auch ein kleines Tonbandgerät, das mit Batterien betrieben wurde. Für uns war es etwas vorher noch nie Gesehenes. Gespannt darauf, wie viel Zoll ich darauf zu entrichten hätte, zeigte ich diesen Wunderapparat vor. Der Zöllner nahm den Apparat und legte ihn auf eine Waage! Erstaunen meinerseits: Das Tonbandgerät wurde nach Gewicht verzollt. Ich ließ mir rasch den Apparat wiedergeben, entnahm die Batterien und ab da kostete der Zoll nur noch die Hälfte. Glück gehabt. Doch jetzt wollte mein Gedärm möglichst rasch nur noch ins Bett. Am nächsten Tag kam ein Tropenarzt zu mir in unsere Berliner Wohnung. Es wurde nichts Schlimmes festgestellt.

Wieder eingefangen von der Wirklichkeit

Nun wurde ich bald wieder für gesund erklärt und zog mir in Berlin bei 26 Grad einen Pullover an, weil ich fror. Ich dachte mit weher Erwartung an den mir inzwischen ungewohnten Stress im DEFA-Studio. Bei der DEFA in Babelsberg wurde ich regelrecht aufgesogen, mit keinem Hauch einer wieder Eingewöhnungsphase. Das bedeutete, ich war von heute auf morgen gleich wieder Hauptproduktionsleiter, mit dem Nachteil, dass vieles liegen geblieben war und auf mich wartete. All das, was meine Vertretung meinte, nicht erledigen zu können. Und zu Hause? Da war Helga und nach anfänglicher Freude, dass ich wieder da war, wieder *die* Helga. Ich war enttäuscht, aber wodurch sollte sie auch nach Monaten meiner Abwesenheit anders zu mir sein. Und so widmete ich mich – auch zwangsläufig – nur den sich in Babelsberg aufgestauten Problemen. Eigentlich hatte ich bis zu meiner Abreise ob der neuen Struktur nur eine zweimonatige Einarbeitungszeit zur Verfügung. Jetzt begrüßte mich Neues und gleichermaßen Altes. Zusätzlich das Liegengelassene, rücksichtslos. Nach vier Monaten Afrika tat sich eine inzwischen entwöhnte Pflicht für mich auf. Der Aufstieg zum Hauptproduktionsleiter und dann auch noch Afrika hatten mir keine Freunde geschaffen, was mir meine neue Arbeit nicht leichter machte. Neider in meinem Umfeld wären zu gern an meiner Stelle gefahren. Ja, nun saß ich als Hauptproduktionsleiter an meinem Schreibtisch. Sogar ein persönlicher Schreibtisch für mich allein stand mir zur Verfügung. Dafür war ich aber zuständig für zwölf Drehstäbe. Zwei Stäbe drehten die Bildungsserien „English for you" und „Deutsch für Ausländer" für den Deutschen Fernsehfunk. Die gehörten auch – bei vorgegebenen Sendeterminen – mit zum Produktionsvolumen. Alles war kein Pensum der kleinsten Art. Warum hatte ich denn zu dieser neuen Arbeitsaufgabe überhaupt *ja* gesagt? Ich wusste es doch im Vorfeld, was auf mich zukommen würde, nicht erst, als ich es machte. Beim Nicken hatte ich damals nicht auf mein Bauchgefühl gehört und hätte meinem Bauch auch nicht gehorcht, sondern erfreut zugestimmt, als man mich danach fragte, ob ich den Job machen würde. Das war allerdings ein Angebot mit dem Wissen: „Pirkuli" ist dann fertig. Aber mit dem Nichtwissen, dass ich am Anfang der neuen Aufgabe monatelang Richtung Afrika unterwegs sein würde. Jedenfalls musste ich jetzt der sein, der ich momentan eigentlich nicht sein wollte. Musste anderen sagen, wie und was sie machen sollen, was sie falsch gemacht hatten usw. Den Finger heben und „du, du" machen und dabei keinen direkten organisatorischen Einfluss auf nichts mehr durch mein persönliches Tun nehmen zu können, wie ich es als Produktionsleiter noch konnte. Der KAG-Leiter war der Künstler, ich war der „Finanzfritze" und Organisator dieser KAG. Die Heimstatt unserer neuen Künstlerischen Arbeitsgruppe/KAG befand sich in einem etwas höher gelegenen älteren Schlösschen im Park Babelsberg. Es lag einige Autominuten oder etwa 20 Minuten Fußweg vom Studio entfernt. Unten im Studio war für die neue Struktur kein Platz. Damit war mein Handlungskreis wesentlich beeinträchtigt. Ich musste auch mit den meisten Details nach unten, vom Schloss zum Studio. Bei jeder Vorführung, bei jeder Sitzung. Ehe ich meine Zustimmung zu dem Job gegeben hatte, machte ich den Produktionschef auf diese Problematik aufmerksam. Seine Bemerkung dazu lautete in etwa: „Das ist doch herrlich, da oben im Wald, im Grünen, da kannst du doch in Ruhe arbeiten." Wenn ich nicht gewusst hätte, dass mein Produktionschef richtig Ahnung hatte, wie der Film-Hase läuft, dann hätten sich in mir Zweifel zu seiner fachlichen Kompetenz angemeldet. Aber so war er: Mit einem linken Trick konnte er dieses Thema vom Tisch bekommen. Er hatte mich damit aber nicht übervorteilt. Ich war mir sicher, dass er so etwas nicht tat. Er hatte es mir auch schmackhaft gemacht, mich mit seinem Dienstwagen und Chauffeur täglich von Berlin mit nach Babelsberg zu nehmen. Was klappte, war, dass wir uns während der Fahrt – etwa täglich eine Stunde hin und eine wieder zurück – gegenseitig austauschen konnten. Ob das für mich ein Vorteil war? Einerseits ja, denn wenn andere ihn, den Produktionschef, mal sprechen wollten, mussten sie sich wegen eines Termins „anstellen". Andererseits hatte er auch täglich zweimal einen Termin bei mir, dem ich nicht ausweichen konnte, denn zu allen Fragen, die er zu unserer KAG hatte, sie beinhaltete schließlich die Hälfte der Filmproduktionen des Studios, musste ich zwangsläufig bereitwillig Auskunft geben. Was ich aber als günstig empfand, war, dass wir uns beide oft über unser gemeinsames Fernstudium austauschen konnten.

Student mit 26

Ab 1963 hatte ich das Glück, an einem externen Hochschul-Studium, der Fachrichtung „Filmproduktion", teilnehmen zu können. Es war das Jahr, an dem wir Berliner Kollegen dem DEFA-Studio „zugeschlagen" worden sind. Nach den Sommerferien wurde nur für unser Studio durch die „Deutsche Hochschule für Filmkunst Potsdam-Babelsberg" ein solches Fernstudium eingerichtet. Der Auslöser war, dass wir nach diesem Krieg alles Leute der Praxis waren – andere schon mehr als ich – aber nur die Allerwenigsten hatten einen Studiengang in Richtung Film abgeschlossen. Auch die leitenden Mitarbeiter unseres Studios nicht. Ich könnte mir vorstellen, dass dieser Umstand bei der „Hauptabteilung Film des Ministeriums für Kultur" auffällig wurde und das Studium von dort inthronisiert worden war. Dieses Studium war für mich eine einmalige Chance. Es fand keine Wiederholung statt. Für mich hieß es also: mitmachen und durchhalten. 1963 – ich war noch 26 und vom Alter her war es noch eine gangbare Zeit für ein Studium. Die ersten zwei Jahre nannte es sich „Grundlagenstudium der Marxistisch-Leninistischen Philosophie" und „Geschichte der Deutschen Arbeiterbewegung". Von den Inhalten der Theorien von Marx und Engels sowie Lenin zu erfahren, war schon interessant, wäre es nicht eine Pflichtübung gewesen, sich mit den Denkern beschäftigen zu müssen. Jedoch erreichte der politische Gedanke mich über die Spanne eines viertel Jahres so sehr, dass ich zu diesem Zeitpunkt in die SED eingetreten wäre, hätte man mich diesbezüglich angesprochen. Die Klassiker hatten mich von ihrer Richtigkeit überzeugt. Danach wäre es zu spät gewesen, weil die Realität mein Gehirn wieder in eine andere Richtung wies. Für diese beiden Fachbereiche, Philosophie und Arbeiterbewegung, hatten wir Externa-Studenten zwei Jahre lang alle 14 Tage sonnabends Vorlesungen. Als Fernstudent für Dreharbeiten unterwegs zu sein, bedeutete immer zwei Koffer mitzunehmen. Der zweite Koffer beinhaltete das „Studentenfutter" – zum Lernen. Leider war dieser Koffer zu oft ein vergeblicher Begleiter und blieb verschlossen, weil ich nach Drehende noch mein „Büro" wegen Abrechnungen und Tagesberichten öffnen musste. Ansonsten hatte ich abends nach dem Essen auch die „Faxen dicke". Durch den unnützen Transport des Lern-Koffers wurde er zur psychologischen Belastung. Das war nicht hilfreich, weil er verschlossen mahnend herumstand. Doch hätte ich ihn nicht mitgenommen, dann wäre die Belastung trotzdem mitgefahren, mit dem schlechten Gewissen, ihn nicht mitgenommen zu haben. Mit etwas Logik hätte ich den Koffer und auch das schlechte Gewissen berechtigter Weise zu Hause lassen können, denn an den Tagen, die wir pro Woche zum Drehen zur Verfügung hatten, machte ich den Koffer unterwegs sowieso fast nie auf. Als zwei Jahre und damit die Vorlesungen zum Grundlagenstudium vorbei waren, kam es zur Prüfung. Dazu gehörte eine schriftliche Ausarbeitung für ein Thema in der marxistisch-leninistischer Philosophie. Um die „Genialität " dieser Ausarbeitung kenntlich zu machen, nenne ich mal das Thema:

„Die marxistisch-leninistische Auffassung von der Rolle der Produktivkräfte in der Entwicklung der Gesellschaft, unter besonderer Berücksichtigung der Entwicklung der Wissenschaft zur unmittelbaren Produktivkraft, als eine theoretische Voraussetzung zur Entwicklung einer sozialistischen Filmproduktion mit optimalem Effekt". In der dazu erfolgten Einschätzung zu meiner schriftlichen Ausarbeitung wurde mir bestätigt:
„Hervorzuheben sind besonders seine ausführlichen Gedanken und Vorstellungen über die Steigerung des ökonomischen Nutzeffektes in der Filmproduktion unter Zugrundelegung der theoretischen Erkenntnisse."
Einen Monat später fand die mündliche Prüfung in Philosophie und Geschichte der Deutschen Arbeiterbewegung statt. Da habe ich das Thema verhauen. Mein Ergebnis: eine „4", die fast schlechteste Note unseres damaligen Schulsystems. Philosophie war „besser als 2", was sollte man da in dieser Doppelprüfung mit mir machen? Ich nickte jedenfalls erfreut, als der Prüfer mir sagte: „Das Fach ‚Grundlagen des Marxismus – Leninismus' haben Sie mit der Note ‚3' erfolgreich absolviert." Ich hatte bestanden und eine bedeutende Aufforderung für mein studentisches, mein weiteres Ler-

nen mitgenommen: ab jetzt mit Volldampf und Konzentration! Nach dieser, für mich glücklich ausgegangenen Prüfung fiel mir ein zu der Zeit im Sprachgebrauch üblicher Slogan ein. Meist wurde er durch seinen Widersinn absichtlich an der falschen Stelle benutzt: „Einen guten Kommunisten verlässt der liebe Gott nicht!"

In meinem Fall passte der Satz aber sogar zu meiner marxistischen Prüfung. Mein Vorsatz, in Zukunft fleißiger zu sein, erhielt noch zusätzliche Nahrung.

Wir drehten einmal auf der Leipziger Messe und ich hatte wie immer mit vielen Leuten Dinge zu regeln. Am Ende eines Gesprächs gab mir ein eher unsympathischer Gesprächspartner seine Visitenkarte, auf der stand: „M... M... , Diplomökonom". Meine negative Wertschätzung für den Mann: Wenn *der* das Diplom mal geschafft hat, dann schaffe ich es schon lange. Hatte ich künftig einen Durchhänger, musste ich nur an diesen Mann denken, um mich wieder an die Bücher zu begeben. Um ein solches Studium über so viele Jahre neben meiner Arbeit durchziehen zu können, bedurfte es viel Kraft und doppelte Konzentration. Die täglich wechselnden Arbeitsanforderungen und das Studium führten auch bei mir zu einer großen Vernachlässigung des privaten Lebens. Das ging nicht nur mir, sondern auch anderen so. Daher war es nicht verwunderlich, dass von 31 Mitarbeitern, die 1963 das Studium in der Fachrichtung „Film-Produktion" aufgenommen hatten, sich Ende 1968 nur noch sieben dem Diplom stellen konnten. Das heißt, sie hatten sich dafür angemeldet. Ob sie alle die Diplomarbeit in dem einen Jahr geschrieben und verteidigt haben, weiß ich nicht. Von zweien habe ich erfahren, dass es nicht geklappt hat, denn eine wissenschaftlich fundierte Diplomarbeit „nebenberuflich" zu erstellen, stand einer Überforderung nahe. Eine Familie hatten sie ja schließlich auch alle. Ich eigentlich auch. Doch Helga und ich hatten keine Kinder und Helgas „Leben mit der Couch" schaffte mir zu Hause den nötigen Freiraum für das Studium. Doch so etwas, wie bei der Prüfung zur Arbeiterbewegung am Rande des Absturzes zu stehen, wollte ich nicht noch einmal erleben. Ich wollte meinen „Dipl.film-oec"! Das war mein großes Ziel. Nur über mehrere Arbeiten

der verschiedensten Teilstaatsexamen führte der Weg zur Diplomarbeit. Ich schrieb sie in Politischer Ökonomie. Das selbstbestimmte Thema war: „Die Wirkungsweise des Wertgesetzes im DEFA-Studio für populärwissenschaftliche Filme unter besonderer Berücksichtigung der Rolle innerbetrieblicher Richtwerte als Hilfsmittel für die Planung der Selbstkosten."
Etwas Seltsames passierte. Heute sehe ich es lächelnd und mit Abstand. Es war die Bewertung dieser Arbeit. Zum Schluss hätte man es mit den Wertungsrichtern beim Eiskunstlauf vergleichen können, aber nicht mit Wissenschaft. Es gab bei dieser einen Arbeit durch drei Gutachter drei verschiedene Benotungen. Der Beisitzer beim Fachrichtungsleiter "Produktion" bewertete meine Arbeit mit „sehr gut". „Eine sehr qualifizierte Arbeit. Bestechend ist die folgerichtige und konsequente Durchdringung der Studioprobleme mit dazu gehörigen theoretischen Erkenntnissen."
Ein wissenschaftlicher Mitarbeiter der Filmhochschule beurteilte die gleiche Arbeit und machte den Zensurvorschlag: „gut". „Die Arbeit ist logisch gegliedert", hieß es da in der Beurteilung. Zum politisch-ökonomischen Teil der Arbeit – keine Beanstandungen. Der leitende Professor der Fachrichtung „Produktion" bewertete meine Arbeit am Original und schrieb da als Beschluss eine „3" darauf, die ich natürlich auch bekam, aber selbst nach Rückfrage nie erfuhr – warum.

Der Weg zum Diplom

Wir bekamen über die ganze Studienzeit keinen Studientag, keine Freistellung für die Ausarbeitungen. Auch nicht später für die Diplomarbeit, obwohl es vorgegeben war, dass ein Betrieb den Diplomanden sechs Monate für die Diplomarbeit freistellen musste. Nun waren wir am Ende des Studiums nur noch sieben und es fand sich durch die Studioleitung arbeitsmäßig kein Entgegenkommen. Da wir stark in der Produktion steckten und immer mehr auf eine Lösung für uns drängten, kam der Vorschlag: „Ja, ihr werdet freigestellt, aber pro Jahr immer nur einer." Eine Frechheit. Man stelle sich vor, ich wäre der Letzte gewesen, dann wäre doch nach sieben Jahren u. U. vom Gelernten nicht mehr viel in meinem Kopf gewesen! Ich fand für mich eine Lösung. Im Zeitraum des normalen Arbeitsprozesses schrieb ich den ersten Teil, den theoretischen, und für den praktischen Teil nahm ich meinen Jahresurlaub. Die konzentrierte Arbeit erforderte schon, dass man mit der Thematik aufstehen und schlafen gehen musste. Im August 1968 stellte ich bei der Deutschen Hochschule für Filmkunst einen Antrag auf Zulassung zum Ablegen einer externen Diplomprüfung und erhielt im Oktober 1968 die Zusage. Entsprechend der hochschulrechtlichen Bestimmungen musste das Diplom ein Jahr nach der Zulassung, also bis Oktober 1969, abgelegt, geschrieben und mündlich verteidigt sein. Da ich ja schon im Vorfeld zu meinem von mir gesuchten Diplom-Thema:
„Die Kennziffer Gewinn als Gradmesser der ökonomischen Tätigkeit im DEFA-Studio für Populärwissenschaftliche Filme" schwanger gegangen war, hatte ich mich auch schon entsprechend nach der diesbezüglichen Sekundärliteratur umgesehen und mich mit ihr beschäftigt. Beim Studium theoretischer Grundlagen bin ich auf Prof. Dr. oec. habil. Fred Matho gestoßen. Er war Hochschullehrer an der Parteihochschule „Karl Marx" beim ZK der SED in Berlin. Diese Hochschule war die höchste Bildungsstätte der SED. Von Prof. Matho waren in der „EINHEIT" eine Vielzahl an Veröffentlichungen über die wissenschaftliche Position des Gewinns erschienen, dem

Gewinn in der materiellen Produktion. Zu meiner Diplomarbeit hatte ich fundierte Vorstellungen. Mit diesen Gedanken und meinem Mut bin ich einfach auf Prof. Matho zugegangen. Er machte keine Zusage, aber bekundete sein Interesse, mein Mentor zu werden, wenn ich ihm eine entsprechende Gliederung zu meiner Arbeit schicken würde. Nun hatte ich bis dahin noch nichts ausgearbeitet, aber einen unheimlichen Willen, den Professor als Mentor gewinnen zu wollen und damit die ökonomische Fachwelt an der Filmhochschule zu schocken. Warum? Seine theoretischen Ausführungen hatten mir Hochachtung abgerungen und seine Thesen stießen bei mir auf großes Interesse, sie praktisch zu vergleichen und entsprechende Ansätze vorzuschlagen, die auch in der Praxis umsetzbar sein würden. Ein äußerst interessantes Thema für mich. Wodurch sah ich überhaupt die Chance, Prof. Matho für mein Thema zu begeistern? Der Grund lag in der besonderen Position des Gewinns in der immateriellen Produktion, der Filmindustrie der DDR. Prof. Matho bestätigte mir später, dass er zu der Thematik vorher noch nie etwas aus der Praxis erfahren hatte. Nachdem ich Prof. Matho meine Gliederung vorgelegt und er sie abgenickt hatte, ging es bei mir so richtig los. Motiviert hatte mich besonders seine Bemerkung: „Ich bin gespannt!" Am 17. Dezember 1968 hatte ich die Diplomarbeit abgeschlossen. Nun konnte sie noch ruhen, kochen, gären in mir. Das Gutachten von Prof. Matho war auf den 17. März 1969 datiert. Es umfasste fünf Seiten.

Da hieß es auf Seite 1:
„Mit den Fragen der ökonomischen Durchdringung des Teilsystems der sozialistischen Kultur beschäftigt sich dankenswerterweise die vorliegende Diplomarbeit. Der Kandidat hat sich nicht gescheut, eine von der theoretischen und praktischen Problematik sowie von seiner Ausbildung her schwierige Thematik anzupacken, um einen Beitrag zur Entwicklung spezifischer Elemente der Filmökonomie zu leisten. Allein diese selbst gestellte hohe Aufgabenstellung ist lobenswert. Das geschieht mit einem hohen theoretischen Niveau, was umso mehr anzuerkennen ist, als sich der Kandidat als Externer dieses Wissen weitestgehend autodidaktisch angeeignet hat."

Genug erst mal mit der Anerkennung. Es gab noch vieles und Interessantes, das die Thematik betraf. Prof. Matho schlug der Prüfungskommission der Filmhochschule die Annahme der Arbeit und als Bewertung die Note „sehr gut" vor. Jetzt könnten ruhig wieder „Eiskunstlaufschiedsrichter", also die individuellen Bewerter, anderes befinden. Matho war mir der Wichtigste. Nach der mündlichen Verteidigung erhielt ich von der Filmhochschule die Bewertung der Diplomarbeit.
„Die Diplomarbeit von Herrn Bernhard Bock über das Thema: ‚Die Kennziffer Gewinn als Gradmesser der ökonomischen Tätigkeit im DEFA-Studio für Populärwissenschaftliche Filme' erhielt die Note ‚gut'" – und besser: Das Ergebnis der mündlichen Prüfung: „sehr gut" (1).
Der Fachrichtungsleiter Prof. G. Althaus:
Die Gesamtbenotung des Studiums war ein „befriedigend" (3), weil meine wirklich glückliche Note in „Grundlagen des Marxismus-Leninismus", laut Satzung, eine bessere Note nicht zuließ.

Ausstudiert

1969 konnte ich die Last des Studierens abhaken und freute mich schon lange im Voraus auf das erhoffte wonnige Gefühl, diesen Rucksack der Belastungen ablegen zu können. Doch diese Empfindung trat nicht ein. Das war für mich eine traurige Erkenntnis, weil ich ein solches Gefühl als körperliche Belohnung für mich erwartet hatte. Dieser Studien-Druck konnte jedoch erst über die Jahre richtig abtrainiert werden. Unmerklich hatte sich die Anspannung zu sehr in Körper und Seele eingegraben.

Mein Schritt nach oben

Bald nach der Verteidigung der Diplomarbeit verließ ich die DEFA. Ich hatte mein Diplom noch nicht in der Hand und ging 1969, eigentlich so von mir nicht geplant, zum Deutschen Fernsehfunk (DFF) nach Berlin-Adlershof und zugleich weiter nach oben in meiner beruflichen Entwicklung. Wie schon beim Wechsel von der DEWAG zur DEFA brauchte ich mich nicht zu bewerben. Es reichte eine Empfehlung. Nachdem der „Deutsche Fernsehfunk" und ich uns einig waren, wanderte meine Personalakte nur von einer Kaderabteilung in die andere. Man prüfte diese Akte sicherlich gründlich. Was in meiner Kaderakte stand, bekam ich nicht zu Gesicht. Noch nicht. Erst dann, als wir 1990 „Westen" wurden. Da erhielt man die ehemalige Kaderakte im Personalbüro übergeben und durfte vor Ort alle Seiten entnehmen, die einem selbst nicht gefielen. Eigentlich unvorstellbar für mich. Vorher wurde immer ein großes Geheimnis um diese Akte gemacht und der Werktätige hatte kaum eine Chance reinzuschauen. In Adlershof zu arbeiten, nicht mehr nach Babelsberg fahren zu müssen, war für mich, neben dem Produktions-Chef-Titel und einem höheren Gehalt, ein überzeugendes Argument, beim DFF „Ja" zu sagen. Leider hatte ich jetzt wieder vergessen, meinen Bauch zu befragen, denn bei dem neuen Job in diesem Bereich war ich von meinem geliebten direkten Filme machen sogar noch weiter entfernt als zuletzt bei der DEFA. Offensichtlich war ich diesbezüglich nicht lernfähig, muss ich mir heute eingestehen. Denn sonst hätte ich doch meine Freude, nun sogar Produktionschef sein zu können, zu Hause gelassen. Aber eigentlich war es egal, ob ich hier oder da nur mit halbem Herzen „Filmemacher" war. Diese distanzierte „Begeisterung", das, was ich vermisste, begriff ich erst später richtig, als ich wieder „Kameraluft" schnupperte. Mit mir waren wir im gesamten Deutschen Fernsehfunk acht Produktionschefs. Jeder war der organisatorische Häuptling für einen Themenbereich wie „Aktuelle Politik", „Dramatische Kunst", „Landwirtschaft", „Wirtschaft" usw. Ich war nun verantwortlich für einen großen Sendeanteil und eine entsprechende

Anzahl an Beiträgen täglich auf den Sender zu bringen. Natürlich ich nicht allein. Was mir aber generell beim DFF auf die Füße fiel, war die teilweise wenig qualifizierte personelle Besetzung in Sachen Organisation. Ich hatte also abzusichern, dass alles klappte und die jeweils ausgeschriebene Sendung sendebereit am Termin vorlag. Dafür musste einiges getan werden.

Eigentlich sollte ich auf Wolke sieben schweben, war ich doch jetzt auf dem Gipfel meiner beruflichen Entwicklung und als Produktionschef beim DFF auf meiner obersten erreichbaren Sprosse angekommen. Wahrscheinlich war es Leistung, aber auch Ehrgeiz, die meinen Weg gekennzeichnet hatten. Es war ein Weg dahin, wohin ich es mir nie hätte vorstellen können, weil ich diesem Aufstieg auch nie nachgejagt war und ihn daher auch nicht vermutet hatte, ihn erreichen zu können. Zehn Jahre früher hätte ich mir solche Art Tätigkeiten nie zugetraut. Ich erinnere mich an 1957, an einen Bekannten, der in der Filmbranche tätig war. Da ich damals nach einer beruflichen Veränderung auf der Suche war, schlug er mir vor, Aufnahmeleiter zu werden. Nachdem er mir erzählte, was ein Aufnahmeleiter zu tun hätte, schüttelte ich den Kopf. Für eine solche Arbeit hatte ich damals zu wenig Vertrauen in mich.

Wieder mal in Moskau

Aufgrund meiner fachlichen Kenntnisse brachte ich einen Verbesserungsvorschlag ein, der bei den Sendungen der von uns synchronisierten 16 mm-Filmen den technischen Ablauf vereinfachte. Für diesen Neuerervorschlag, wie sich das damals nannte, wurde ich mit einer Reise nach Moskau prämiert, zum Besuch des Moskauer Fernsehsenders. Eine solche Reise erhielt jeweils ein Mitarbeiter eines jeden Bereiches. So auch ein älterer Kollege der Programmdirektion, der mein Vater hätte sein können und begeistert war, dass er nun endlich mal nach Moskau kam. Lenin im Mausoleum sehen. 1971. Unsere Reisegruppe war im drittklassigen „Kiewskaja-Hotel" am Kiewer Bahnhof einquartiert. Da wir beide im Sender gelegentlich Kontakt hatten, nahmen wir eines der zugewiesenen Doppelzimmer. Schon vor dem Abflug wusste ich durch den „Pirkuli"-Film, wie das Hotel beschaffen ist und hatte gegenüber dem Hotel keine Erwartungen. Mein Kollege besaß allerdings andere Vorstellungen von Moskau, von Moskau überhaupt. Die russische Realität entsprach dann auch nicht seinen Erwartungen. Er sagte nichts, aber ich meinte es ihm anzusehen, dass er offensichtlich etwas anderes erwartet hatte. Die Zimmertür zum Hotelflur und zu den Toiletten, die sich auf diesem Flur befanden, hatte unten an der Schwelle einen 3 cm großen Spalt. Nicht ganz so groß war der am Fenster. Der, der da war, ließ die reale Geräuschkulisse vom Bahnhof herein. Mir war das alles schon bekannt. Auch das damalige Innenleben des Kiewer Bahnhofs. Das wollte er sehen und ich war bereit, es ihm zu zeigen, ohne Vorwarnung. Wir mussten nur über die Straße gehen, um in die Vorhalle zu kommen. Ich erinnere mich, dass er am offenen Torbogen des Bahnhofs ganz plötzlich verharrte. Da lagen in den Bahnhofsecken Menschen, die keine Wohnung hatten oder die, denen der Wodka den Weg nach Hause verweigerte. Das war nicht *sein* Kommunismus, dem er da begegnete, aber seine Enttäuschung über die Realitäten. Er tat mir richtig leid. Ich hätte ihm mehr positive Anblicke gegönnt, zumal ich nicht seinen Weg zu seiner Marxistisch-Leninistischen Gesinnung kannte. Die interessanten

Besichtigungen in Moskau glätteten in den nächsten Tagen wieder seine politische Überzeugung. Das jedoch nur, bis wir einmal aus unserem Reisebus ausstiegen und er darin seinen Fotoapparat vergaß, den er im Gepäcknetz abgelegt hatte. Die Nachforschungen am nächsten Tag waren vergeblich, denn kein Finder hatte sich gemeldet. Es lag auch nichts im Bus, sagte der Busfahrer. Der Fotoapparat war also weg und seine persönliche Einstellung zum sowjetischen Menschen gebrochen, denn der sowjetische Mensch hätte ihm doch seinen vergessenen Fotoapparat zurückgeben sollen – für ihn eine vermeintliche Schädigung seiner politischen Überzeugung vom Übermenschen in der Sowjetunion. Wie sollte er das seinem Sohn erklären, von dem er sich den Fotoapparat geliehen hatte? Ab diesem Zeitpunkt hatte ich es mit einem gebrochenen, älteren Herrn zu tun, dem seine Ideale verlustig gegangen waren. Ich hätte ihm gewünscht, dass man ihn nicht mit dieser Reise ausgezeichnet und ihm somit die negative Erfahrung erspart hätte.

Nachdem ich mehrere Monate beim DFF tätig war, gab es für uns eine Strukturveränderung. Bis dahin waren wir dem Programmdirektor unterstellt. Nun wurden wir ein selbständiger Bereich, analog den anderen Sendebereichen. Damit gehörten wir, redaktionell und organisatorisch, direkt zum Intendanten. Mit dieser Aktion erhielt unser Bereich als Zugabe zur „Umorganisation", die keine war, einen Bereichsleiter. Eigentlich sollten ja Strukturveränderungen immer einen Vorteil bringen, eventuell sogar Einsparungen. Zu solcher Art Vorgänge kursierte beim DFF ein Witz: Der Intendant erhält offiziellen Besuch aus Japan. Die Besucher erkundigten sich danach, wie der DFF unsere Produktionen ökonomischer organisiert. Sie wollten dazu Genaueres wissen. Strukturveränderungen seien die Lösung, erklärt ihnen unser Intendant. Unverständnis, was das sei, beim japanischen Besuch. Die Delegation steht zufällig vor dem Eingang des Hauptgebäudes, das voll mit Efeu bewachsen war und in dem viele Spatzen saßen. Das ist „Strukturveränderung", sagt ihnen der Intendant und klatscht in die Hände. Alle Spatzen flogen weg, um anschließend wieder irgendwohin in der Hecke zurückzukehren. Die Japaner verstanden noch immer nichts von der Strukturveränderung und verwiesen ihn darauf, dass alle Spatzen doch wieder zwischen dem Efeu sitzen würden. Der Intendant: „Ja, aber jeder Spatz sitzt an einem anderen Platz!" Woher unser neuer Bereichsleiter kam, weiß ich nicht. Ich wusste nur, dass er und der Intendant sich sehr gut kannten. Von diesem Mann war ich nun der Copilot. Ob das gut gehen würde? Es würde sich zeigen.

„Bernhard, ich muss mal mit dir ..."

Eines Tages kam mir auf dem Korridor des Fernsehfunks der Leiter einer Redaktion entgegen: „Du, Bernhard, ich muss mal mit dir reden." Dieser Satz beinhaltete eine so starke von ihm ausgehende Gewichtigkeit, dass ich ihm vorschlug, gleich mit mir in mein Zimmer zu gehen. Mit einem um Verständnis heischenden Vorwort kam er endlich dazu mir zu verklickern, er hätte sich entschlossen, in die SED einzutreten. Wir beide hatten mal Zimmer an Zimmer gesessen. Daher war zwischen uns oft mal ein privates Wort gefallen, woraus ich nie vermutet hätte, dass er bereit wäre, sich zu den Genossen einreihen zu wollen. Er wusste daher eigentlich, dass ich seine ungefestigte Entscheidung nicht verstehen würde. Mein Kollege erklärte mir seine „Überzeugung". Na bitte, wenn er jetzt eine andere hatte, sollte er sie leben dürfen. Für mich war sie unverständlich, weil er nicht mehr *er* war. Aber er war Redaktionsleiter und wollte es sicherlich bleiben. Na gut. Das war nicht mein Problem. Die, die mal oder immer noch aus Überzeugung zu den Inhalten der Lehren von Marx und Engels in die SED eingetreten waren oder jetzt eintraten, wurden mit der Unehrlichkeit von Karrieremachern betrogen. Die wahren Genossen waren und blieben für mich die, die für die gute Sache des Sozialismus, auch wenn sie die DDR nicht als den Staat empfanden, der in ihrem Sinne auf den Weg dahin war, einstanden. Die sich mit ihren Argumenten und Taten auflehnten, wenn das, was geschah, nichts mehr mit dem guten Weg zum Sozialismus zu tun hatte. Ich wäre auch so einer geworden, wäre ich eingetreten. Ich wollte mir aber nicht den Verdacht überstülpen lassen, evtl. zu denen zu gehören, die unehrlich mit einer guten Idee umgingen. Das hatte ich damals bei der DEFA der Genossin Parteisekretärin so in etwa auch gesagt, die mich gern, neben sich, in der Partei gesehen hätte. Aber ich als neuer Genosse einen anderen Genossen zum guten Genossen „umzuerziehen", das wollte ich nicht, dieses Gebaren in der Partei hat mir nicht gefallen. Oftmals ging es zu sehr in die Privatsphäre von Mitgliedern. Dafür war mir mein Gefühl für den Sozialismus zu schade, weil ich z. B. für die Dreharbeiten in Buchenwald Männer kennengelernt hatte, die unter den Genossen wirkliche Kommunisten waren. Ich benutze diese Bezeichnung nur, um diese Männer herauszuheben, mit dem, wofür sie standen und einst ihr Leben eingesetzt hatten. Sie saßen teilweise für ihre politische Einstellung im KZ oder mindestens im Nazi-Gefängnis. Ich habe einige persönlich mal ganz eng kennenlernen dürfen, als wir unseren Buchenwaldfilm drehten. Da hatte ich mich ihnen gegenüber nicht geöffnet. Nicht gesagt, dass ich nicht in ihrer Partei war, aber sie sind mit mir umgegangen, als wäre ich einer von ihnen. Und wenn ich das hier schreibe, dann sehe ich die Buchstaben verschwommen, weil meine Erinnerung an sie mir Tränen in die Augen treibt. Ich war damals – und bin es noch immer – stolz, dass sie mich an ihre Seite stellten. Dann muss ich mich ja offenbar so in ihrem Sinne verhalten und geäußert haben. Neben Bruno Apitz war Robert Siewert (Widerstandskämpfer 30.12.1887 – 02.11.1973) einer der Zeitzeugen des Films. Von ihm erhielt ich in den nachfolgenden Jahren jeweils einen Neujahrsgruß, eine Postkarte mit Lenin am Schreibtisch und: „Lieber Genosse Bernhard, …" usw.

Für meinen Kollegen Redaktionsleiter stand die eigentliche Veranlassung, weshalb er mit mir das Gespräch suchte, noch immer aus. Seine Unsicherheit, mit der er sich endlich an das eigentliche Thema seines Anliegens herantastete, will ich nicht im Detail ausführen. Jedenfalls hätte er, so äußerte er sich nun, zu seiner einjährigen Bewährung als Kandidat der SED, den Auftrag erhalten, mich in die Kampfgruppe zu werben. „Mich???" – so intensiv hatte ich in letzter Zeit nichts mehr hinterfragt. „Na, das kannst du dir aus dem Kopf schlagen, ich mit Gewehr und ‚Strampelanzug?'" Das war der Spottname für die Kampfgruppenuniform, weil sie auch in etwa so aussah. „Außerdem bin ich Reserve II" fiel mir noch rettend zu meiner Armeeeinberufung ein. Dieses Argument hätte mir sicherlich im Ernstfall, in Sachen Kampfgruppe, nicht genutzt. Ich erklärte ihm meine Position, die er eigentlich schon kennen sollte: „Du willst doch in die Partei, dann beweise du dich doch mit der Waffe an der Parteifront", war meine Überzeugung ihm gegenüber. Da die Partei durch ihn auf mich gekommen war, merkte ich, dass auch ich irgendwie wieder ins politische Visier der SED geraten war. Es konnte also nicht mehr lange dauern, bis man vielleicht auch mich „werben" wollen würde. Im Gegensatz zur DEFA war der Fernsehfunk ein, in Sachen Politik, stärker orientiertes Unternehmen. Daher sollte es mich bald in die politische Aufmerksamkeit der DFF-Genossen befördern, die mich aber eigentlich so richtig persönlich nicht betraf.

Meine Eltern wollen „auswandern"

Mein Vater wurde 1904 geboren und damit im April 1969 Rentner. Meine Eltern wollten daher irgendwann in den Westen ausreisen. Und das bekam amtlicherseits eine „Stelle" des Fernsehfunks mit. Meine Eltern waren nun beide Rentner – und Rentnern gestattete der soziale Staat DDR, nach Westberlin bzw. in die Bundesrepublik umzuziehen. Das hatten sie vor. Dabei war es so geregelt, dass dann die DDR nicht mehr für die zu zahlende Rente einstehen musste. Auch Kosten für aufkommende Krankheiten im Alter wurden so prophylaktisch gespart, denn die Alten befanden sich ja dann nicht mehr auf dem Territorium der DDR. Meine Eltern redeten mit mir über ihr Vorhaben. Was konnte ich dagegen sagen, wenn es ihnen drüben, mit Westrente, besser ginge? Wie sie meinten. Meinen Weg, den ich bisher für richtig gehalten hatte, bin ich auch gegangen, ohne sie zu fragen. Doch meiner war nicht so tiefgreifend trennend, denn wenn sie in den Westen ziehen würden, wussten wir alle, dass es zu jener Zeit eine Trennung für immer war, obwohl jeder von uns in Berlin wohnen bleiben würde. Zu dem Zeitpunkt hatte die DDR jede Art der Kommunikation und persönlichen Begegnungen zwischen West- und Ostbürgern unterbunden, selbst bei den privaten Telefongesprächen, wenn man überhaupt ein Telefon mit Doppelanschluss hatte. Mutti war von dem Gedanken der Trennung stark betroffen. Niemand wusste, wie lange diese Willkür anhalten würde. Eigentlich immer, dachten wir. Eine andere Option wäre uns nicht in den Sinn gekommen. Für meinen Vater schien diese zwischenmenschliche Katastrophe keine zu werden. Er sah für sich die Chance, dass der Westen ihm einiges davon zurückgeben würde, was ihm der Krieg und der Osten von seinem Leben genommen hatte. Endlich mal richtig leben, denn er versprach sich von seiner Westrente einiges. Wenn er richtig nachgedacht hätte, hätte er im Vorfeld ahnen können, dass er mit seiner Arbeiterrente und der höheren Miete keine großen Sprünge wird unternehmen können. Er wollte aber noch einmal zu „seinem Norwegen", wo er im Krieg war. 2000,- DM sollte so etwas kosten.

Das wusste er schon vor seiner Übersiedlung. Mein Vater hat dieses Geld, obwohl er später mehr als 15 Jahre Westberliner Rentner war, nie zusammen bekommen oder eine solche Reise nicht mehr angestrebt. Das wusste er während seiner Planung im Osten natürlich noch nicht. Er malte sich ein besseres Leben aus, eines, bei dem er sich in Westberlin auch etwas mehr leisten könnte. In diesem Moment wurde für mich sehr schmerzhaft klar, dass es ihm offenbar überhaupt nicht schwerfiel sich vorzustellen, dass es für uns ggf. über Jahre keinen Kontakt geben würde. Eine erwähnenswerte Bindung hatte er auch in den Folgejahren nach seiner Rückkehr aus der Gefangenschaft nicht zu mir aufgebaut, wie sie zwischen meiner Mutter und mir bestand. Daher fiel es meinem Vater sicherlich leichter, auf seinen Sohn zu verzichten. Ich bemerkte das und war ihm deswegen nicht böse. Meine Mutter und ich lebten hingegen mit einer gemeinsamen Vergangenheit, einem Kriegs- und Nachkriegsleben. Für sie war es ein schweres Mutterlos, gehen zu „wollen", obwohl ich inzwischen schon 36 Jahre alt war. Es hatte uns auch nicht voneinander entfernt, trotzdem wir in meiner Sturm- und Drangzeit auch gelegentlich über Kreuz gelegen hatten. Das war aber längst vergessen, ganz besonders in dieser, jetzt neuen Situation. Während sie sich mit ihren „Ausreiseabsichten" beschäftigten, blieb Vater mir gegenüber so wie in den Jahren meiner Kindheit: emotionslos und sehr ichbezogen. Zwischen ihm und mir gab es zu ihrer „Auswanderung" keine tieferen Gespräche. Während der Zeit meiner bewegten Arbeitswelt habe ich oft darüber nachgedacht, wie weit Vater sein Leben mit eigenen Erlebnissen gefüllt hatte. Ich kam auf nichts Bedeutendes, sprach ihn auf diese Thematik auch nie an, weil ich vermutete, dass er meine Frage nicht verstanden hätte. In dem Zusammenhang fiel mir immer der Hauptmann von Köpenick ein, wo der Schuster in etwa sagt: „… und denn steh ick vor Gott, dem Herren, und denn fragt der mir, Schuster wat haste aus deinem Leben jemacht?" Dass sie beide in den Westen wollten, hatte mein Vater so entschieden. Vater war eigentlich kein entscheidungsfreudiger Mensch, eher stur, wenn er sich was in den Kopf gesetzt hatte. Generationsbedingt richtete sich meine Mutter nach dem Wenigen, zu dem er die Richtung angegeben hatte. Ihre Reaktion basierte auf Mutters

Grundsatzmeinung: *Vater bringt das Geld nach Hause, also geht der große Weg da lang, wo er es sagt.* So manche weiblichen Heimlichkeiten verbarg sie jedoch vor ihm. Sie war Hausfrau, mit der Bereitschaft, irgendwo, wo es auf kleiner Ebene etwas zu arbeiten gab, dabei zu sein. Außerdem liebte sie ihr Fränzchen. Also? Nun wurde es ernst.

Der Antrag und alles, was die Behörde für den „Auswanderungsantrag" sehen wollte, musste parat und bearbeitet sein. Mit einer Ablehnung war also nicht zu rechnen. Ostrentner durften zu jener Zeit einmal im Jahr nach Westberlin/BRD fahren. Diese Möglichkeit nutzten beide, um sich im Nachbarhaus von Tante Martha, der Schwester von Papa, eine Wohnung anzusehen, die sie sich schon mieteten. Im Vorfeld mieten *mussten*, um eine Heimstatt, ein Ziel, für ihren Umzug zu haben, wenn ganz plötzlich der Umzugs-Lkw vor der Tür stehen würde. Nun hieß es auf den Möbelwagen warten, der ihr ganzes Inventar nach Westberlin transportieren sollte. Der Termin war nicht näher zu erfragen, jedoch die Westmiete lief und musste bezahlt werden, ohne dort schon wohnen zu können. Eigentlich war das die erste Bekanntschaft mit ihren neuen Lebensbedingungen, besser gesagt mit ihrer künftigen neuen Gesellschaftsordnung. Irgendwann kamen die Kisten – ohne Vorankündigung, wann der Möbelwagen kommen würde, um sie wieder gefüllt abzuholen. So saßen damals alle abtrünnigen Rentner auf ihrem gepackten Umzugsgut. Meine Eltern auch, bis der LKW etwa zwei Monate später plötzlich vor der Tür stand. Damals unterstellte ich mit diesem Ablauf unseren DDR-Ämtern eine gewisse Schikane, damit die Ausreisenden ihre DDR noch etwas mehr in schlechter Erinnerung behielten. Ich bekam dann jedoch mal mit, dass LKWs diese Umzüge – statt Leertransport – zurück nach Westberlin nutzen mussten. Damit waren der terminlichen Zufälligkeit Tür und Tor geöffnet. Der Umzug musste in Westmark bezahlt werden. Und plötzlich waren sie weg.

Ich schrieb schon, dass mich – außer dem Versuch, mich in die Kampfgruppen zu werben – bald noch etwas anderes bedrängte. In der Phase der Antragstellung meiner Eltern wurde mir ein Brief mit der Aufforderung zugestellt, dass ich das beiliegende Schreiben bitte unterzeichnen möge. An die genaue Formulierung kann ich mich nicht mehr erinnern. Entweder musste ich bestätigen, dass ich mit der Übersiedlung meiner Eltern einverstanden sei oder ich brauchte nur zu erklären, dass ich Kenntnis von ihrem Umzug hätte. Natürlich unterschrieb ich, schickte es mit der Gewissheit zurück, dass ohne meine Unterschrift für meine Eltern nichts laufen würde. Knapp zwei Wochen später wurde ich im DFF zu einem Gespräch „gebeten". Man wollte dort offensichtlich meinen politischen Standpunkt zu der Entscheidung meiner Eltern abtasten. Sie fragten natürlich nicht direkt. Da das eine „Institution" im DFF war, die ja eigentlich von einem so privaten Antrag meiner Eltern amtlicherseits nichts wissen konnten, stank diese Unterredung schon drei Meter gegen den Wind, bevor sie begonnen hatte. Das Gespräch hatte nichts Kollegiales. Es war nicht so, als würde man sich menschlich erkundigen, wie es so einem „kleinen" Sohn von 36 Jahren ergeht, den die ach so bösen Eltern verlassen wollen. Es war ein verstecktes Gespräch zum Klassenstandpunkt des „ach so verlassenen Produktions-Chefs". Man wollte offensichtlich mal horchen, wie der parteilose Bernhard so tickt. Ich reagierte halb wahr, verwies auf Papas jahrzehntelange Arbeitsstelle bei seiner Druckerei und damit auf seinen eingewöhnten „Klassenstandpunkt" in Richtung Westen. Auch darauf, dass die Eltern ja „erwachsen" seien und machen sollten, was sie könnten, wollten und dürften. Daran wollte ich sie nicht hindern, nachdem sie mich über ihre Absicht informiert und ich mit ihnen über die Konsequenzen gesprochen hatte. Da unsere familiären Kontakte ohnehin nicht sehr eng seien, hätte ich meine Eltern aber doch auch auf die gegenwärtigen politischen Gegebenheiten aufmerksam gemacht. So in etwa lief meine Antwort auf die Abfrage. Danach wurde ich seitens des DFF auf die Thematik nie mehr angesprochen.

Man kann etwas tiefer auch ganz oben sein

Mir ging es die Jahre mit meinem Bereichsleiter erwartungsgemäß nicht gut. Mein Eindruck, den ich schon damals bald über ihn gewonnen hatte, wurde leider zur Realität für mich. Dabei bemühte ich mich sehr, meine vorgefasste Meinung im Rahmen unserer Zusammenarbeit nicht zu aktivieren, ja, sie möglichst auszublenden. Ob das bei ihm eine Branchenunsicherheit war, vermag ich nicht zu sagen. Später, als ich seinetwegen einige Jahre danach meinen beruflichen Gipfel verließ, tat ich das, weil er vielleicht keine eigenen, machbaren Vorstellungen der Realisierung irgendwelcher Notwendigkeiten mitbrachte, wenn er vom Intendanten kam. Vielleicht wusste er nicht mal, wozu er dort jeweils genickt hatte. Manchmal bekam ich fachliche Zweifel, wenn er sagte ... dann nehmen Sie sich eben ein paar Menschen ... " und keine waren da. Er kam mit Forderungen abladend zurück, die nicht nur bei mir erhebliche Fragen zum WIE der Realisierung zurückließen. Wir litten unter absolutem Arbeitskräftemangel, vor allem Fachleute fehlten. Ich meine von mir, dass ich mir in Sachen Organisation immer was mit den wenigen Leuten positiv einfallen ließ. Organisiert habe ich immer gern und umsichtig. Aber an der unüberlegten Herangehensweise seiner Lösungsvorschläge zerbrachen in mir mit der Zeit alle guten Vorsätze. Ich war mit mir – und ihm – am Ende. Ich wäre auch nicht mehr zu halten gewesen. Ich wollte nur noch weg, trotz meines riskanten Weges in die Zukunft.

Ich verließ also den Deutschen Fernsehfunk. Und ich schäme mich nicht einzugestehen, dass ich Tränen in den Augen hatte, als ich am letzten Tag meine Bilder von der Wand nahm, denn ich ließ das berufliche „Oben" los. Dabei hatte ich keine Siegergefühle. Im Gegenteil, ich hatte das Gefühl, ein erarbeitetes Ziel meines Lebens unwiederbringlich aufgegeben zu haben. Helga konnte ich nicht tiefsinnig in meine Problembewältigung, meine „Welt", mit einbeziehen. Natürlich tat ich das zuweilen, um manches loszuwerden. Doch es kam nichts Helfendes von ihr und außerdem hatte sich über die Zeit in mir eine Empfindung gefestigt: Wenn ich mein Arbeitsproblem abends gegenüber Helga noch einmal „hochkochte", durchlebte ich meine Sorgen noch einmal. Das wollte ich auch nicht. Daher unterließ ich manches und machte vieles mit mir selbst aus.

Ich mache mich beruflich frei

Als ich beim DFF alles „halbleise" niederlegte, da wusste ich es schon.
Etwa zehn Jahre vor meiner DFF-Flucht wurde das DEWAG-Studio für Werbefilme aufgelöst. Davon habe ich schon geschrieben. Viele dieser künstlerischen Mitarbeiter wollten sich, auch wegen der Entfernung nach Babelsberg, von der DEFA nicht vereinnahmen lassen. Sie blieben als Freiberufler in Berlin. Einige von ihnen schlossen sich zu Arbeitsgemeinschaften zusammen, Regisseur, Kameramann und weitere Experten. Je nachdem, in welche Richtung sich ihre Filme orientierten, waren diese Gemeinschaften unterschiedlich zusammengesetzt. Wenn eine freiberufliche, künstlerische Arbeitsgruppe einen staatlichen Auftraggeber vorzuweisen hatte, konnte von den Künstlern eine Lizenz zur Filmherstellung bei der „Hauptverwaltung Film" des „Ministeriums für Kultur" beantragt und erworben werden. Bei den dann produzierten Filmen handelte es sich meist um sehr kurze Werbefilme für die Fernsehwerbung „Tausend Tele-Tips". Auch bis zu Informationsfilmen über Produktion und Politik bei einer Länge bis 600 Metern, Laufzeit 20 Minuten. Diese Filme wurden vom Auftraggeber später abgenommen und bekamen von der „HV Film" bezüglich Aufführung eine Vorführlizenz. Norbert/Regie und Frank/Kamera waren ein solch kleines, schon existierendes Filmkollektiv mit einer Lizenz. Wir drei hatten seit der DEWAG-Zeit noch Kontakt und in Abständen fragten die beiden mich interessiert, wann ich denn nun endlich zu ihnen stoßen würde. Ich war zu der Zeit bei DEFA, später DFF, in der Filmherstellung gut eingebunden und warum sollte ich mich freiwillig in die Unsicherheit der Freiberuflichkeit begeben? Es schien mir zwar verlockend, wieder richtig Filme zu machen, doch ich traute mich nicht, als ich beim DFF tätig war, meine Sicherheit zu verlassen. Nun aber war ich soweit. Obwohl mein Bauch bei dem Gedanken etwas „brummte", sagte er mir, dass ich es jetzt, aufgrund der von mir geschilderten Situation beim DFF, wagen sollte. Nun traute ich mich endlich und wurde bei den beiden der dritte Mann. Norbert war meinetwegen bei der HV Film,

um mich in seine Lizenz eintragen zu lassen, natürlich als Produktionsleiter. Er kam mit der Info zurück, dass ein Produktionsleiter kein künstlerisch Tätiger ist und ein „Nicht-Künstler" daher nicht in die Lizenz mit aufgenommen werden könne. Künstlerisch Freischaffende konnten ihr Honorar mit nur 20 Prozent versteuern, ein Produktionsleiter nicht, also höher. Plötzlich die Idee: Dramaturg war die Lösung! Einerseits war Dramaturg für mich keine abwegige Beschäftigung und andererseits, die, die mit der Kunst wenig zu tun hatten, wussten sowieso gar nicht so richtig, was ein Dramaturg genau zu machen hatte. In einem so kleinen Team schon gar nicht. Im Ernstfall wäre eine Erklärung zu meiner Tätigkeit in die jeweilige Richtung biegsam gewesen, die gerade gebraucht worden wäre. Also wurde ich ein selbständiger, neben der Lizenz tätiger, freiberuflicher Dramaturg dieses Filmkollektivs. Diese Variante schien so zu funktionieren. Das war erst mal unsere Version. Unser Studio bestand aus einer ehemaligen Ladenwohnung, gelegen im Prenzlauer Berg, direkt dem Haus gegenüber, in dem ich geboren worden bin. Wunder gibt es immer wieder.

Wer zu uns wollte, musste über den Hof in den Seitenflügel. Der Eingang führte in einen langen Flur, von dem zuerst die einstige Küche abging. Sie diente uns jetzt als Labor, Werkstatt, auch als Küche. Meist als Kaffeeküche, denn mittags sind wir in einem nahegelegenen Restaurant essen gegangen, das damals noch täglich bezahlbar war. Der Raum nach der Küche war unser Büro, entsprechend brav eingerichtet, sodass sich unsere Auftraggeber darin wohl fühlen konnten, wenn Filmabnahme oder eine Besprechung bei uns angesetzt waren. Ein ehemaliges großes Wohnzimmer schloss sich an. Das war unser Kinosaal, bestuhlt für ca. 20 Plätze. Der Kinosaal war mit dem nachfolgenden ehemaligen Laden durch ein verglastes Loch in der Wand verbunden. Natürlich auch durch eine Tür, doch hinter dem Loch stand in dem Laden eine „Erneman 7b", eine gute, aber betagte 35 mm-Projektionsanlage, die ihre Bilder durch die Wand in den Kinosaal schickte. Da wir richtige Filme machten, musste man den Kunden auch bei den Abnahmen Kinoqualität anbieten, so auch unser Qualitätsanspruch. In dem

Laden stand noch ein nach und nach gebauter, aber wirklich gut nachgebauter Tricktisch, auf dem wir vorrangig unsere Titel drehten, wenn erforderlich mit technischem Trick. Vieles mussten wir daran in halb gebückter Haltung, mit der Hand, bewerkstelligen. Mir schmerzt heute noch mein Rücken, wenn ich daran denke, wie viel Zeit und Rückenschmerz uns z. B. eine auf vielen Folien gezeichnete Lokomotive abverlangte, um sie über eine längere Zeit zum Fahren zu bringen. Norbert ist damals nicht mit nach Babelsberg gekommen, hatte sich zeitig um eine Lizenz gekümmert, weil er nicht nur Regisseur, sondern auch Kameramann war und eine Arriflex 35 besaß, eine 35mm-West-Kamera, deren Besitz für ihn damals die wesentliche Voraussetzung für seine Selbständigkeit bildete. Frank ist bei Norbert dazugestoßen, zwei Jahre vor mir. Die nun von uns besetzten drei Tätigkeiten waren die Grundlage für eine gut organisierte Filmproduktion. Ich hatte mich zum Ist der bisher erfolgten Investitionen einzukaufen und so waren wir drei nach einem abgestimmten Schlüssel gleichberechtigte Partner. Das galt im Bezahlen wie im Verdienen. Von den Erlösen bauten wir unsere notwendige Technik aus und schafften uns so eine Basis, um auf jede fachliche Anforderung sofort reagieren zu können. Kam nun ein Anruf zu einem Film, den wir in Auftrag hatten, mit der Aufforderung: das und das passiert morgen oder übermorgen, ihr müsst kommen und drehen, dann hatten wir mit der sofortigen Realisierung keine Probleme, denn wir brauchten nur mit uns drei planbar sein. Wir packten alles, was dafür an Licht- und Kameratechnik gebraucht wurde, in zwei Pkws. Los ging es früh, mitunter sehr früh, zum evtl. entlegenen Drehort. Dort drehten wir die Einstellungen ab und abends waren wir wieder zu Hause. Am Drehort war jeder von uns alles, was nötig war, auch Beleuchter. Anders kannte ich es von der DEFA, selbst in bester Absicht. Deren Möglichkeiten waren ja nicht die gleichen wie jetzt unsere. Wir konnten uns unkompliziert und schnell organisieren. Bei einem solchen Anruf hätte ich am DEFA-Telefon schon gleich entgegnen müssen, dass es so schnell nicht geht. Hier war die Mobilität der gegenwärtig unsrigen nicht vergleichbar, sie konnte auch gar nicht so sein. Da gab es eventuell gerade keine Beleuchter, keine Scheinwerfer (die gewaltig größer waren als unsere), keinen Lkw für das Licht oder keinen Bus für die Beleuchter. Was weiterhin noch bremste, war die notwendige Verladezeit sowie die gesetzliche Arbeitszeit. Auch sicherlich eine Übernachtung und noch kein Hotel. Das waren alles nicht ausräumbare Fakten für einen spontanen DEFA-Moment. Diesen Unterschied hatte ich genossen. Eigeninitiative nennt man das, was ich einsetzen konnte. Wenn einer von uns eine gute Idee hatte, haben die beiden anderen sie zumeist abgenickt und mitgezogen, wenn sie wirklich was wert war. Es war für mich beeindruckend, auf welch kurzem Weg wieder vieles realisierbar wurde. Man musste es nicht nur wollen, sondern auch machen. In Aktion sein, Ideen haben. So etwas war ja mein Ding, zumal wir alles hatten, was an Technik gebraucht wurde, um spontan tätig zu werden. Meine Begeisterung für die Filmerei kehrte wieder zurück. Damit hatte das bisherige leise Gefühl, den DFF kampflos aufgegeben zu haben, keinen Platz mehr in meinem Leben. Was mich vorher davon abhielt, hier mit einzusteigen, war die finanzielle Unsicherheit. Diese Empfindung war natürlich in den ersten Monaten noch immer da, denn es fehlte die gewohnte monatliche Gehaltszahlung. Wir drei hatten jedoch stramm zu tun, so dass ich in meinem Kopf meine privaten Einnahmen und Ausgaben gelassen ausbilanzieren konnte, was mich beruhigte. Hätte ich in meiner pekuniären Situation nichts zu tun gehabt, wäre das nicht gut für mich gewesen und hätte der Grübelei sicherlich etwas mehr Platz eingeräumt. Mit der Zeit regelte sich alles. Ich gewöhnte mich allmählich an meine veränderten Ein- und Ausgänge in der Brieftasche. Nicht nur darauf musste ich mich einstimmen, auch auf meine Arbeitswelt, die sich im täglichen Ablauf gravierend verändert hatte. Er fehlte mir nicht, aber ohne Stress mit der Arbeit umzugehen, das war schon ein inzwischen ungewohntes schönes Arbeitsgefühl für mich. Wir drei trafen uns diszipliniert jeden Morgen um 8.00 Uhr im Studio, weil eventuell jeder von uns am Nachmittag des vorherigen Tages eine Aufgabe hatte, über die man sich für zukünftige Herangehensweisen abstimmen musste. Ich fand das gut. Auch, dass dieser Vorschlag nicht von mir kommen musste. Er war schon da. Furchtbar wäre es gewesen, wenn wir uns aufgrund einer Notwendigkeit immer erst hätten zusammensuchen müssen. Wir wollten unsere Zusammenarbeit nicht auf einen zeitlichen Zufall reduzieren. Im Studio gab es immer etwas zu tun und wenn es sich nur um Kleinigkeiten handelte. Generell konnten wir freier im Umgang mit unserer geplanten Zeit sein. Wenn die Notwendigkeit bestand, arbeiteten wir rund um die Uhr. Wenn nicht, dann gaben wir uns schon mal am Freitag frei. Oder wir gingen nachmittags in ein Café in der Schönhauser Allee, trafen uns dort mit Grafikern und erhielten oder vergaben dort einen Auftrag.

Ganz privater Szenenwechsel

Es war mitten in der Woche, kurz nach 21 Uhr. Ich saß „zwischen" den beiden Sesseln, die Beine über eine Rückenlehne gelegt, als das Telefon klingelte. Als ich den Anruf entgegennahm und bevor ich mich meldete, sagte die weibliche Stimme am anderen Ende: „Hallo Bernhard, hier ist Ute." Die Stimme klang nicht sehr glücklich. Für mich war der Anruf von Ute aus Dessau mehr als überraschend, verhieß die Stimme nichts Gutes. Ute hatte noch nie bei mir zu Hause angerufen, ich noch nie bei ihr. Wenn wir uns was sagen wollten, heimlich, mit viel Herz, dann schrieben wir es uns, postlagernd. „Ja, Bernhard, mein Mann hat gesucht und heute deine Briefe gefunden. Er hat es mir angemerkt, dass ich nicht mehr zu ihm die Bisherige war. Nun will er sich scheiden lassen. Er steht neben mir und will, dass ich es dir am Telefon sage. Er ist gespannt auf deine Reaktion und möchte eine Aussprache mit uns." Mein Telefon war weiß, schien jedoch jetzt vor Erregung rot anzulaufen. Ich offensichtlich auch, denn meine Frau Helga, die wie immer auf der Couch gelegen hatte, saß jetzt infolge meiner stummen Körpersprache senkrecht. In dieser Haltung wirkte sie noch größer und schlanker, als sie ohnehin war. Nun weiß ich nicht, wie ich die weitere Situation, meine Reaktion, beschreiben soll, ohne dass es abgeklärt klingt. Das war ich in diesem Moment nicht. Erschreckt und aufgeregt sagte ich zu Ute, dass ich zu ihr stehe und zu dem von ihrem Mann gewünschten Aussprachetermin nach Dessau kommen würde. Das war wahrscheinlich eine Antwort, die ihr Mann so nicht, schon gar nicht spontan, erwartet hatte. Vielleicht erwartete er eine sofortige Absage meinerseits, um dann Ute künftig und ständig unter Druck setzen zu können.

Helga fiel, symbolisch gesagt, in Ohnmacht, als sie den Inhalt des Telefonats allmählich mitkriegte. Nachdem ich das Telefon aufgelegt hatte, war in unserer Wohnung eine schockierende Stille eingetreten. Nur langsam sackte das alles bei mir, bevor mir klar wurde, in welcher Position ich mich nun befand.

Nicht, dass ich mich bedauert hätte. Nein, dazu war ich Ute zu nah und bei Helga gab es ohnehin keine Liebe mehr für mich. Zum Nachdenken über mich und meine Zukunft kam ich jetzt allmählich. Nicht tiefsinnig, denn dazu geschah alles zu plötzlich. Beunruhigt war ich jedoch nicht. Ich hatte eher das Empfinden, als wäre es der richtige Moment für das, was sich jetzt in meinem Leben anbahnte. Helga fühlte sich gedemütigt, hintergangen, betrogen. Trotzdem wirkte sie dabei unerschrocken auf mich, denn sie traf eine spontane Festlegung: Scheidung. Das könnte ihrerseits eine Schockreaktion durch das Unerwartete sein, dachte ich. Aber sie blieb dabei. Weiterhin. Wie vorbereitet. Ich erklärte ihr meine „Ute-Position", mich dabei nicht entschuldigend. Ich machte auch keine Schuld übertragende Erklärung an sie, was „unsere Liebe" oder Ehe anging. Nannte jedoch im Ansatz als eine Art Erklärung meine schon geschilderte jahrelange „Abstinenz" durch sie. Ich bedrängte sie nicht, diesen, ihren eventuell voreiligen Standpunkt zur Scheidung noch einmal zu überdenken und ihn gegebenenfalls zurückzunehmen. Dazu waren wir schon zu lange nur Kumpels. Das war nun das Aus mit uns. So schnell. Schon vor meinem Gespräch in Dessau. Was ich bei der Gelegenheit nicht verstand, war Helgas sofortige, endgültige Reaktion und doch bedeutete ihre umgehende Entscheidung, dass wir diese Ehe nie richtig gelebt hatten. Zu ungut, ohne Liebe. In der Vergangenheit hatte Helga keine vergleichbaren Sorgen bezüglich Fremdgehens mit mir. Worüber konnte sie enttäuscht sein, jetzt, denn ich hatte mich bisher immer „brav" verhalten? Hatte ich jetzt unsere „Wohngemeinschaft" durch meine Beziehung zu Ute „betrogen"? Ich habe sie nie danach gefragt. Inzwischen war bei Helga und mir die Messe gesungen. Es kam zwischen uns zum Ausbruch, was eigentlich schon lange Jahre latent über unsere Ehe geschwebt hatte. Ich zog Tage später aus. Mit meinem Federbett im Trabi fuhr ich davon und schlief, nach vorheriger Abstimmung mit meinen beiden Kollegen, in unserem Studio – im Büro auf der Couch. Ob die beiden mein Verhältnis mit Ute vorher mitbekommen hatten, das weiß ich nicht. Sie fanden Ute recht nett. Das merkte ich jeweils vor Ort an deren Umgang mit ihr. Nun ging ich in der Zeitung auf Zimmersuche. Nur „nicht erfasster Wohnraum" durfte annonciert werden, also eine Rarität. Damals ein fast aussichtsloses Unterfangen, aber ich versuchte es. Nach zwei Wochen fand ich eine Anzeige von anderthalb möblierten Zimmern. Ich schrieb an die Deckadresse und hoffte. Es dauerte einiges an Zeit, dann erhielt ich auf meinen Brief eine Einladung zu einer Wohnung am unteren Ende der Schönhauser Allee, nahe Alex und unserem Studio. Es war einstmals ein vornehmes Haus mit Metallrosen am verzierten alten Fahrstuhl. Wofür allerdings die Hoffnung notwendig war, dass er, der Fahrstuhl, bis in den zweiten Stock fuhr und dort wirklich anhielt. Als sich die Wohnungstür für mich öffnete, konnte ich im Halbdunkel in eine großräumige Diele blicken, von der sieben Türen abgingen. Es handelte sich um eine „Herrschaftswohnung" mit integrierter, ehemaliger Zahnarztpraxis. Davon sollte ich eventuell die anderthalb Zimmer, einst zum ehemaligen Dienstbotenteil gehörend, möbliert mieten können. Die Fenster gingen zum Hof und man hörte keine Straßengeräusche von der Schönhauser Allee. Von dieser riesigen Wohnung war nur noch das ehemalige Wartezimmer an eine Krankenschwester vermietet, deren Freund mein Vormieter war. Die anderen beiden sehr großen Räume waren unangetastet und träumten noch von ihren vergangenen Zeiten. Ein Steinway-Flügel und große, schwere Neobarockmöbel ließen eher einen Notar als einen Arzt vermuten. Erfreut sagte ich dem Herrn Doktor zu, diese Räumlichkeit mieten zu wollen, denn anderthalb Zimmer mit Zentralheizung und „zentral vermieteter" Küche glich einer kleinen separaten Wohnung. Mein künftiger Vermieter, von mir als ein solcher erhofft, ließ es nicht unerwähnt, wie viele Bewerber er für „meine Wohnung" hätte, doch nun sei ich es, dem er die Räume vermieten würde, was mich natürlich riesig freute. Ich hatte ihm in meiner Bewerbung was vom Filme machen geschrieben. Damit meinte er wahrscheinlich, einen adäquaten Untermieter für sich gefunden zu haben. Seine Untermietforderung konnte ich finanziell bedienen und so hatte ich eine neue Bleibe – und keinen hautnahen Vermieter. Der Herr Doktor wohnte nämlich in seinem Landhaus in Pankow. Daher war diese Herrschaftswohnung von ihm nur noch gemietet, aber nicht mehr bewohnt. Dies vielleicht aus der Furcht, sie sonst wieder als vermietbare Wohnung herrichten zu müssen, denn der Zustand der gesamten, riesigen Wohnung war noch der aus der Zeit nach dem Krieg. Mit meinem Vermieter konnte ich später abstimmen, dass ich meinen Teil seiner Wohnung mit Farbe und späterer Ummöblierung verschönern durfte. Vorher hatte ich schon größere Kriegslöcher an der Decke zugegipst. Ein noch angemeldetes Telefon stand mir sogar auch zur Verfügung. Luxus pur in dieser Zeit. Glück muss der Mensch haben. Wie ging es nun mit Ute weiter? Vielleicht beginne ich damit, den Anfang unserer Geschichte zu erzählen. Lange vor diesem „abenteuerlichen" Telefonat mit Ute, drehten wir dort für einen großen Betrieb schon den zweiten Film. Ein weiterer sollte bald folgen. Wir drei, meine beiden „Co-Piloten" und ich, fanden unsere Hotelheimstadt immer im selben Hotel, wobei es eine meiner generellen Aufgaben war – wie schon früher bei der DEFA –, freundliche Kontakte zu den jeweiligen Rezeptionen zu erzeugen, da Betten knapper waren als Honorare.

Meine attraktive Aufgabe war, dass man sich unbedingt an uns erinnern sollte, wenn wir zu einem späteren Termin wieder und mehr Betten brauchten, weil wir dann eventuell mit Beleuchtern kamen. Nichts weiter. Ich ging im Hotel die Treppen hinunter. Sie endete neben dem Tresen der Rezeption. Die Dame an der Rezeption drehte sich zu dem von oben kommenden Gast um, zu mir. Diese Frau war mir bisher fremd. Mir blieb das Herz stehen. Ich war überwältigt von dieser Frau. Sie schien mir etwas älter als ich zu sein, war aber für mich die verkörperte Sympathie. Ein solches Gefühl in mir hatte ich bisher noch nie erlebt und kam zu der Erkenntnis: Das musste also die berühmte „Liebe auf den ersten Blick" sein. Ich empfand ein Gefühl für diese Frau, das mich sofort zu ihr hinzog; eine Begeisterung, die aber nicht mit dem Wunsch gepaart war, sie besitzen zu wollen. Bei der Ausstrahlung dieser Frau handelte es sich um eine Form der Schönheit, die für einen normalen Mann unerreichbar zu sein schien – so glaubte ich. So etwas führt im Allgemeinen dazu, dass solche Frauen oft und lange solo sind, weil den interessierten Männern die Courage fehlt, auf eine schöne oder interessante Frau zuzugehen. Bei dieser Frau an der Rezeption konnte der von mir empfundene Begriff noch zusätzlich durch ihre Persönlichkeit ergänzt werden. Ich hatte keine Absicht, was sie anbelangte, weil eine solche Frau dieses Alters nur in guten, festen Händen sein konnte. In hoffentlich glücklichen. Ob es so war, sollte ich bald ergründen. Unsere zunächst gegenseitige Freundlichkeit wurde etwas persönlicher. Ihr begrüßendes Lächeln war der erste Kontakt. Der zweite war am übernächsten Abend, an dem sie wieder Spätschicht bis 22.00 Uhr hatte. Da blieb ich ungeplant bei ihr, aber nicht ungern im Gespräch hängen. Ute, so hieß sie, war eine große, schlanke Frau mit dunklen, leicht rötlich gefärbten Haaren; sieben Jahre älter als ich. Ich fand sie umwerfend. Noch immer nicht weiterdenkend, bis ich sie eines Abends nach Hause begleitete. Beim zweiten Mal wurde sie für meine Augen eine Streichelbeziehung mit anschließend leichter Lippenberührung. Die Sympathie zwischen uns entwickelte sich zur großen Liebe, wobei die Gelegenheit des Körperlichen sehr gering war, bei allem Suchen nach Möglichkeiten. Bei jeder Abreise freuten wir uns beide schon auf die danach kommenden Tage, zu denen ich zum nächsten Dreh – und zu Ute – wieder nach Dessau kam. Wir konnten uns sehen, uns sprechen und berühren.

Meine beiden Kollegen und ich drehten in Dessau immer genau so schnell wie sonst auch. Viel zu schnell für Ute und mich. Außerhalb dieser Begegnungen war jeder von uns beiden in seiner Stadt angebunden. Ute in Dessau, ich in Berlin. Wenn ich mit dem Auto allein an Dessau vorbeifuhr, bog es automatisch Richtung Zentrum ab. Ansonsten hatte ich Utes Dienstplan immer im Kopf, sodass ich ihr im Hotel begegnete, wann immer ich konnte. Was dabei störte, waren die Hotelgäste, die nun mal zu ihr gehörten. Auch wegen der Kolleginnen wagte ich mich nicht, Ute so oft anzurufen, wie ich wollte und Sehnsucht verspürte. Uns blieben ansonsten nur unsere postlagernden Sehnsuchtsbriefe, bis sie gefunden wurden und es zu der Aussprache kam. Ich bin also zu dem Gespräch nach Dessau gefahren. Utes Mann öffnete die Tür. Vielleicht 50. Vom Typ her, wie ich ihn mir durch ihre Beschreibung vorgestellt hatte. Kleiner als ich, etwas gedrungen, niveauvoll. Er bat mich hereinzukommen, in ein Zimmer, in dem sich Ute bereits aufhielt. Wir beide begrüßten uns gemäßigt herzlich, wobei Ute ihre Anspannung anzusehen war. Zu Beginn des Gesprächs erklärte Utes Mann gleich seine Scheidungsabsichten – mit der angehängten Frage, wie Ute und ich uns weiterhin verhalten würden. Wenn er sich wirklich derart betrogen gefühlt hätte, wie er es vorgab, dürfte ihn eigentlich eine solche Frage nicht interessiert haben. Das war jetzt unsere, Utes und meine Sache. Unsere Empfindung füreinander bekundend, erzählten wir von uns, von unseren Gefühlen zueinander. Ohne Anklage machte Ute zugleich seine Defizite sichtbar, seine Unaufmerksamkeiten im Umgang mit ihr, einer Frau, die er nur noch so hingenommen hatte. Ich informierte ihn ohne tiefere Erklärung, dass ich seit seinem Anruf nicht mehr in der bisherigen ehelichen Wohnung wohnte. So etwas hatte er nicht erwartet. Es irritierte ihn sichtlich. Im Laufe des Gesprächs verstärkte sich bei mir immer mehr der Eindruck, als gefiele es ihm gar nicht, dass ich gekommen und sogar schon aus meiner ehelichen Wohnung ausgezogen war. Vielleicht hatte er sich vorher gedanklich in meine Position gebracht und hätte an meiner Stelle Ute als Freundin aufgegeben, sie ihrem Mann und seinen weiteren Vorwürfen überlassen – statt sich dem heutigen Gespräch und der Aussprache zu stellen. Aus seinen weiteren Reaktionen entnahm ich, dass seine anfängliche Scheidungsdrohung wenig mit seiner jetzigen, realen Einstellung gemeinsam hatte. Ich aber hatte inzwischen, für ihn sicherlich unerwartet, Nägel mit Köpfen gemacht. Er formulierte wiederholt seinen Willen zur Scheidung. Vielleicht wollte er hier und jetzt nur sein Gesicht wahren, denn ihr Mann soll diese Drohung der Scheidung später nie mehr wiederholt haben. Eine diesbezügliche Aktivität seinerseits erfolgte später ebenfalls nie. Durch seinen vielleicht unüberlegten Schritt nach vorn hatte Utes Mann unsere Verbindung unabsichtlich indirekt legalisiert. Sein Verhalten förderte unsere weitere Annäherung zu einer offiziellen Beziehung. Das wusste er nur noch nicht. Utes Argumentation war, mich nun, aus der Entfernung in Berlin, nicht allein lassen zu können. Was sie nicht wollte und nicht tat. Ich stürzte mich in die Liebe zu Ute, mit der es alle Logik und Zukunftsgedanken nicht mehr gab, und bekam diese Liebe gleichermaßen von ihr geschenkt. Wir hatten gar keine Zeit, über Perspektiven nachzudenken, wenn wir die manchmal wenigen Stunden beieinander waren. Ute, ihr Mann und der 14-jährige Sohn, ihre Mutter und die Familie ihres 24-jährigen Sohnes bewohnten jeweils eine Etage eines gemeinsamen Hauses. Ich lernte bald Utes Mutter und den erwachsenen Sohn kennen und konnte bei ihnen keinen Widerstand gegen unsere Verbindung bemerken. Im Gegenteil, als einmal ein offizieller Termin in einer Gaststätte angesagt war und Ute darauf bestand, dass ich sie – neben ihrem Mann – begleite, lud sie zugleich ihre Mutter mit ein, die gern zusagte. Ich hatte immer den Eindruck, Utes Mutter würde unserer Verbindung zustimmen, was sicherlich Gründe aus ihrer erlebten Vergangenheit mit Ute und deren Mann hatte. Denn zu einer Zeit, als Utes Mann mit einer anderen Frau verheiratet war, war Ute dreizehn Jahre lang die junge, heimliche „Partnerin" an seiner Seite. Ohne sich Ute gegenüber verbindlich zu bekennen, denn er heiratete Ute erst, nachdem seine Frau gestorben war. Das alles war in Dessau offiziell und bekannt. Und nun? Nun widerspiegelte sich durch mich seine Vergangenheit. Er musste jetzt erleben, was Ute früher, parallel zu seiner Ehe, hinnehmen musste. Doch dieser Mann konnte Gleiches nicht ertragen, obwohl zu dem Zeitpunkt, zu dem er die Briefe fand, nichts Vergleichbares zwischen Ute und mir geschehen war. Seine momentane Eifersucht war aus seiner Sicht für ihn offensichtlich eine andere als die Situation, die Ute damals und länger ertrug. Als er anfänglich noch auf sein Scheidungsbegehren bestand, konnte er nicht ahnen, dass Ute sich danach für mich und gegen seine Eifersucht entscheiden würde. Er erlebte jetzt doch eigentlich nur das, was er Ute dreizehn Jahre lang hatte erleben lassen. So meinte es Ute und sagte es ihm oft. Weil ihr Mann nach unserem Gespräch in Richtung Scheidung keine weiteren Aktivitäten erzeugte, konnte sich Ute ihres weiteren Lebens mit mir sicher sein und ihre Liebe mit mir leben. Ihr Mann war eifersüchtig, gekränkt und beleidigt und ich liebte wie noch nie in meinem Leben. Ich wollte am liebsten immer bei Ute sein, wollte sie immer um mich haben. Das ging natürlich aus mehreren Gründen nicht. Ohne sie diesbezüglich zu bedrängen, hätte ich die Scheidung von ihrem Ehemann gern gesehen, damit wir ... Ja, was? Wie stellte ich mir das weitere Zusammenleben vor? Darüber nachdenken wollte ich nicht, denn was hätte es für eine praktikable Lösung gegeben? Keine gute, wenn man ruhig, sich besinnend, nachgedacht hätte. Doch kann man das, wenn man so liebt? Sehnsucht zu haben ist etwas sehr Schmerzhaftes. Die muss man erlebt haben, um sie begreifen zu können. Kein anderer Gedanke hatte in meinem Hirn und Herzen Platz, als mich nach dieser Geliebten, dieser Frau, zu sehen. Abends, wenn ich in Berlin war, ging ich oft über den nahen Alexander Platz spazieren; Leute betrachten, um mich abzulenken. Bei solchen Spaziergängen passierte es oft, dass ich liebevoll umarmten Pärchen begegnete. Beide hatten oft nichts an sich, was mich etwas in ihre Gefühlswelt einbezog. Trotzdem beneidete ich sie um ihre harmonische Gemeinsamkeit. Meine Liebe war 200 Kilometer entfernt und ich durfte mich nur nach ihr sehnen. Und so lebten wir unsere Liebe aus, wie und wann immer es ging. Über die Jahre musste Ute in Dessau keine Rücksicht mehr nehmen. Man wusste es. Einmal verreisten wir beide für zwei Wochen nach Rumänien. Offiziell war ich eine Freundin, mit der Ute fuhr, doch das glaubte in Dessau sowieso keiner. Ute kam gelegentlich zu mir nach Berlin. Einmal war sie zu Ostern hier, als mich meine Eltern, damals in Westberlin wohnend, besuchten. Da hatte sich mein Vater auf Ute vorbereitet, denn er kannte sie von Fotos. Er war schon von ihr durch ein Foto begeistert. So sehr, dass er ihr 50,00 DM schenkte. Das erwähne ich nur, weil mir mein Vater seit seiner Ausreise nicht eine einzige D-Mark geschenkt hatte. So fließen sogar Gefühle alter Herzen zu einer interessanten Frau, was mich natürlich freute.

Einmal habe ich für Ute einen „schrägen Stoß" produziert. Mit dieser Schilderung freue ich mich, die „Unbedarftheit" der 70er Jahre erzählen zu können, dass es in unserem Staat, der DDR, viel weniger Angst und Vorsicht vor dem Terror gab als heute in Deutschland. Die Menschen waren zu der Zeit noch gutgläubiger. Unsere Filmtruppe, wir drei, hatten bei einer Dreherei ein sehr großes Stück von einem Wildschwein „geerbt". Diesbezüglich waren wir in Sachen Wildschwein alles Junggesellen. Einer von uns, verheiratet, hatte eine Frau, die nicht kochte. Daher die Frage von uns an das Stück Wildschwein: „Wohin willst du?" Meine Zielrichtung, für meinen Anteil, war

Ute und ihre Mutter. Doch wie sollte das eine Drittel nach Dessau kommen, ohne dass es – bei dem damaligen „Tempo" der Post – nicht schon verwest gewesen wäre, wenn es ankam? Eine Idee von „Icke", die heute zu realisieren unvorstellbar wäre. Ich nahm mir vier leere Filmbüchsen. Die hatten etwa einen Durchmesser von je 40 Zentimeter und eine Höhe von vier, weil darin ursprünglich 35 mm-Film transportiert wurde. In den vier Büchsen brachte ich meinen zerlegten Anteil von dem Wildschwein unter, „versiegelte" diese Büchsen mit Lassoband, analog in einen Zustand, in dem Filmbüchsen generell transportiert worden wären. Ein Filmversand geschah aber eigentlich nie mit der Bahn. Ich klebte ein durch mich beschriftetes DEFA-Etikett darauf und ging zum Bahnhof, zu einem Zug, der nach Dessau fuhr. Dem Zugbegleiter erklärte ich meine Wichtigkeit, warum diese „Filmkopien" sofort nach Dessau müssten. Nämlich, damit der Kameramann dort in Dessau das Filmmaterial nach seiner Qualität beurteilen konnte ... Am Bahnhof Dessau, so sagte ich dem Mann von der Bahn, würde eine hübsche Assistentin von uns auf ihn zukommen und die vier Rollen abholen. Ich empfand die Begeisterung des Bahn-Menschen sehr engagiert, weil er seinen Anteil an der Kunst ganz inniglich genoss. Auch sagte ich ihm noch, dass ich meine Kollegin per Telefon über Zugnummer und Ankunftszeit informieren werde, damit sie die vier Rollen wirklich von ihm abholt. Ute war zur passenden Zeit am Bahnhof und nahm das „Wildschwein" in Empfang.

Nach fast fünf Jahren unserer Beziehung gab es auf Utes Bestreben einen Scheidungstermin. Ute kam nach der Verhandlung mit der Nachricht zurück, beide seien nicht geschieden worden, denn ihr Mann soll sich gegenüber einer Scheidung absolut verweigert haben. Ute meinte danach, dass sie unter diesen Umständen ihr Leben wieder etwas normalisieren wollte, mit geringeren Konfrontationen gegenüber dem Mann, mit dem sie nun weiterhin leben müsste. Mutter und zweimal Sohn würden sich nun mehr Normalität erhoffen. Ute wollte sich um diesen Status bemühen, ohne dabei unsere Liebe zu vergessen. Etwas Logik statt Liebe also. Wir wollten nach fünf Jahren mit dieser intensiven Fernliebe sehen, wie das weiter geht und wir ließen

uns darauf ein. Unser Liebesleben hat über eine Zeit angedauert, die manchmal nur für eine Ehe reicht. Es war umwerfend schön, zugleich anstrengend. Durch die Entscheidung des Gerichts, so glaube ich, hatten wir auch keine Kraft mehr für eine weitere Zukunft. Für eine Zukunft ohne Zukunft. Wir wollten uns weiterhin genießen, in unserer Erinnerung, ohne diesen körperlichen Einsatz. Jetzt etwas weniger intensiv, kraftloser. Ich schrieb Ute wieder postlagernde Briefe, natürlich weniger als früher. Ohne formulierter Sehnsucht. Mein Auto hielt nicht mehr in Dessau, wenn es in der Richtung daran vorbeizufahren hatte. Ich war nun allein mit meiner freien Zeit, konnte Ute nicht mehr weiter gedanklich lieben. Es gab für mich Freiraum, mit dem ich wieder über den Alex bummeln konnte und sah dort jetzt mehr Liebespaare als normale Leute, weil ich nur für sie, sie nicht beneidend, einen Blick hatte. Dabei bemühte ich mich, mich von Ute „abzutrainieren". Viele Jahre später interessierte es mich mal zu erfahren, wie es Ute so ergangen war. Auf die mir bekannte Telefonnummer reagierte niemand, sodass ich im Telefonbuch unter Utes Nachnamen suchte. Es gab nur einen Anschluss, den von Utes Schwiegertochter. So erreichte mich die Nachricht: „Ute ist kurz vor der Wende bei einer Blinddarmoperation gestorben".
Unsere Liebe ist in mir unvergessen.

Mein Loch in der Mauer

Meine Eltern waren ja nun Westberliner. Da gab es noch Ostberlin. Fünf Jahre vor der noch ausstehenden „Goldenen Hochzeitsfeier" meiner Eltern beging ich damals mit ihnen ihren 45. Hochzeitstag im 13. Stock des Interhotels „Berlin" am Alex. Weil: meine Mutter war schon seit fast zehn Jahren davon überzeugt, dass sie ihre „Goldene Hochzeit" nicht erleben würde. Sie wollte jeweils vorher feiern. Jeweils bedeutete jährlich. Ich als Ostler durfte dann nicht zu ihnen und wenn sie bei mir im Osten waren, ging ich mit ihnen immer gut essen. Diesmal war es – eigentlich wie jedes Jahr – sogar mehr als etwas Besonderes, diesmal war es der 45. Hochzeitstag, immerhin. Eigentlich war so ein Interhotelessen sehr teuer, doch es waren meine Eltern, die schließlich nicht täglich kamen. Das konnten sie auch nicht, weil sie für jeden Tag ihres Aufenthalts als „Eintritt" nach Ostberlin eine bestimmte Menge Westgeld gegen Ostgeld 1:1 eintauschen mussten. Die Höhe des Betrages veränderte sich im Laufe der Jahre immer wieder. Darüber bestimmte die DDR-Regierung. Das nächste Kunststück, neben der Finanzierung, bestand für mich darin, einen Tisch reserviert zu bekommen. Wenn man so aufs Geratewohl in einem guten Restaurant im Zentrum essen wollte, dann begegnete man meist an der Tür zum Speisesaal dem Schild „Sie werden platziert" und hatte an dem Eingang zu warten, bis ein Platz frei wurde. Bei uns gewöhnlichen Gästen war Ärger vorprogrammiert, weil Stühle im Restaurant frei waren und wir vor der Tür standen und warten mussten. Die leeren Plätze – nein, die Kellner – warteten auf Gäste aus dem Westen, die mit Westgeld bezahlten, weil dann eventuell auch das Trinkgeld in der begehrten Währung ausfiel. Wir, die Mitarbeiter der DEFA, hatten in den 60er Jahren in der „Hafenbar" gedreht. Daher kannte ich den damaligen Bar-Chef noch, inzwischen Chef vom Hotel „Stadt Berlin". Mein Vorteil war, dass ich nur bei ihm anzurufen brauchte und schon reservierte er mir einen Tisch, einfach so, ohne Trinkgeld. Daher aßen wir am 20. August im Speiserestaurant des Hotels in der 23. Etage mit Blick über Berlin. Ein wunderschönes

Plätzchen. Meine Eltern waren durch mich inzwischen gewohnt, niveauvoll zu speisen. Beide waren nicht zu anspruchsvoll in ihren Erwartungen, aber offensichtlich hatte ich sie schon daran gewöhnt.

Meiner Mutter tat für „zufällige" Besuche, „ohne ausgefüllten" Tag – also ganztägig – ihr Westgeld leid. Sicherlich lag das auch an dem Umstand, dass sie für einen halben Tag den gleichen „Eintritt" eintauschen mussten, als wären sie schon am Morgen gekommen. Mein Vater erschien jedenfalls, je nach Wetter, immer im Anzug und Krawatte, mit Mantel und Hut. Ich fand das ausgefallen, aber ich freute mich für ihn, denn das schrieb ich seinen veränderten Lebensgewohnheiten als Rentner zu. Stolz war er über das, was sie im Westen erreicht hatten. Er sonnte sich darin, bezog sich ins Ergebnis seines neuen Staates mit ein und hatte vergessen, dass er zum erworbenen Lebensstil wenig beigetragen hatte. Mit diesem Gedankengut an sich rühmte er schon die Situation, die dann eintreten würde, wenn ich zu ihnen in fünf Jahren zur Goldenen würde reisen dürfen. Ich weiß nicht, wie ich meinen Vater beschreiben soll. Als neidvoll oder geizig? Jedenfalls empfand ich ihn so. Obwohl ich ihn so nicht sehen wollte. Fünf Jahre später war die Zeit zur Feier der goldenen Hochzeit gekommen. Nun ging es für mich auf eine Reise „durch die Mauer". Ich stellte den Antrag auf einen „besuchsweisen Aufenthalt" in Westberlin, wie es hieß. Man ließ mich. Ja, ich durfte für drei Tage nach Westberlin! Für einen Tag vor und einen Tag nach dem „goldenen Termin". Doch die goldene Feier fand nicht am Ehrentag statt, sondern wurde von meinen Eltern um eine Woche verschoben, da sich von 20 Gästen ein befreundetes Rentnerpaar auf Ferienreise befand. Dadurch war ich, das einzige blutsverwandte Wesen, ausgeladen, denn unser sozialistischer Staat akzeptierte natürlich nur den korrekten Termin. Das war die beginnende unfreundliche Erfahrung für mich zu diesem Jubiläumsbesuch, für den mein Vater über die Jahre so viel Reklame gemacht hatte. Man hätte alle Gäste auch zum eigentlichen Termin einladen können, aber zwei Freunde waren ja verreist! Hätte ich mir so etwas erlaubt, dann hätte die Luft gebrannt. Meine Eltern, mehr meine Mutti, bemühten sich, mich damit zu trösten: „Dafür werden wir mit dir sehr schön essen gehen!" Darunter stellte ich mir so etwas ähnlich Gediegenes vor, wie die von mir veranstalteten Vorfeiern. Nun war an einem Wochentag der große Tag gekommen und ich war gespannt darauf, wie und was die beiden für ihren Ehrentag und mich vorbereitet hatten, um uns diesen Tag schön zu machen. Es war im August, mein erster Tag in Westberlin. Nach dem von ihnen gewohnten Frühstück in der Küche, begann sich meine Mutter allmählich für das Mittagsbegängnis mit einem netten, leichten Kleidchen fein zu machen. Papa wählte einen Anzug. Ich war gespannt. Erstens wegen Papas über die Jahre mehrfach ausgesprochenen Ankündigungen des Besonderen und zweitens, weil ich die Gastronomie im Westen nicht kannte und daher nicht ahnte, wohin wir gehen würden. Ich hatte nichts gefragt, denn ich wollte mich überraschen lassen. Von der Wohnung meiner Eltern war es nicht weit bis zum S-Bahnhof „Feuerbachstraße". Doch in den Bahnhof hinein gingen wir nicht. Also blieben wir hier in der Gegend und fuhren nirgendwo hin. Wir gingen am Bahnhof vorbei, Richtung Schlossstraße. Drei Querstraßen waren es bis dahin von der elterlichen Wohnung, die Länge der S-Bahnbrücke dabei nicht mitgerechnet. Ich lief mit, denn für mich gab es genug Neues zu sehen. Erst recht, als wir auf der Schlossstraße ankamen – eine große Geschäftsstraße, die ich noch nicht kannte. Sie bestand auf der Sonnenseite aus alten Wohnhäusern, meist mit Ladengeschäften bestückt. Gegenüber, auf der Schattenseite der Straße, stand ein Warenhaus neben dem anderen. Hier sah alles so richtig nach „Westen" aus. So hatte ich es mir in etwa nach den Erzählungen meiner Eltern vorgestellt, wenn sie mich besuchten und mir vorschwärmten, wie schön es in ihrer neuen Heimat sein würde. Wir gingen über die Straße. Ich saugte das bunte Leben in mir auf und meine Neugier begann Formen anzunehmen. Beim Vorbeigehen an den Schaufenstern beäugte ich aus leichter Entfernung die Auslagen der Warenhäuser. An zwei solcher Verkaufsgiganten waren wir schon vorbei, als Papa auf den Eingang des nächsten Warenhauses zusteuerte. Ich konnte gar nicht so schnell denken, wie ich erschrocken war. Was wollte er mit uns im Warenhaus, bevor wir essen gingen? Mutters Kleid hatte einen Hauch von Festlichkeit und wir beiden Männer unterschieden uns auch in

Sachen Kleidung von den Kaufwilligen. Ebenerdig ging es vorbei an einem Stand mit Schreibwarenartikeln und Damenhandtaschen, Richtung Rolltreppe. Ich war peinlich berührt von uns, von unserer adretten Kleidung in diesem Umfeld der anders gekleideten Leute. Man hätte uns das Besondere ansehen können. Ich hatte das Gefühl, dass alle Kunden auf uns schauten – was sie natürlich nicht taten – und sich fragten: Was machen die denn hier? Das fragte ich mich jetzt auch. Inzwischen waren wir im obersten Stock angelangt, wo es Porzellan und elektrische Haushaltsgeräte gab. Aber auch einen Hinweis „WC" und einen zum „Restaurant". Ins „Restaurant" gingen wir hinein. Ich dachte, ich wäre im falschen Film mit der Frage, die ich mir natürlich sofort selbst beantworten konnte: „Feiern" wir hier die jahrelang so gepriesene Goldene Hochzeit? Unter normalen Umständen hätte ich über dieses Warenhausrestaurant nicht meckern können. Es sah gut aus und das Essen schmeckte. Mich störte auch nicht, das Essen von einem Tresen abholen und später die Teller wieder abräumen zu müssen. Aber zur Goldenen Hochzeit? So etwa? Und das alles mit den vorausgehenden jahrelangen Lobpreisungen von Papa, dass ich durch die Terminverschiebung indirekt zur Hauptfeier ausgeladen war? Seltsamer Weise empfand ich es aber entwürdigender, dass ich zum „Festmahl" an einem Schreibartikelstand und Co. vorbeigehen musste. Abends haben wir wieder zu Hause gegessen. Für jeden von uns hatte meine Mutter auf einem Stullenbrett zwei Schnitten fertig hergerichtet. Die Stullen aßen wir allerdings diesmal immerhin im Wohnzimmer.

Ich weiß ja nicht, wie viel Kraft meine Mutter eingesetzt hat, um den eigentlichen Termin ihrer Feier zu wahren. Aber, ist das meinem Vater überhaupt als Problem aufgefallen? Das war die Frage, die sich mir immer wieder stellte. Mich erfasste eine seltsame Traurigkeit. Mama war auch bedrückt. Hatte sie wieder einmal gegen die Entscheidungsmacht meines Vaters verloren? Hatte sie sich nicht auch etwas Anderes, Niveauvolles für ihren Ehrentag erträumt? Ich weiß es nicht, dieses Thema blieb unausgesprochen, ich wollte ihre Augen nicht noch trauriger sehen.

Am dritten Tag ging Papa mir die „große Welt" zeigen. Wenige Straßen von ihrer Wohnung entfernt befand sich, diesseits der S-Bahn, ein kleiner Baumarkt. Wesentlich kleiner als die heutigen. Dieses Geschäft deckte für einen durchschnittlichen Haushaltshandwerker den nötigsten Bedarf ab. Für „Ostleraugen" wie die meinen war es ein Labsal an Kleintechnik. Die Nägel, Haken, Scharniere und Werkzeuge hingen nach Größe, Material und Ausführung fein, in durchsichtige Kästlein geordnet, in den Wandregalen. Ich ging im musealen Tempo daran vorbei. Alles individuell einzeln musternd. „Was ist das? Wofür braucht man so etwas? Was könnte ich damit – und daraus – machen?" Der Gedanke der eventuell veränderten Nutzung war stets gegenwärtig, waren wir es im Osten doch gewohnt, Dinge brauchbar zu verändern. Als ich diese kleine technische Markthalle zur Hälfte gemustert hatte, verließ meinen Vater das technische Verständnis, was ihm sowieso grundsätzlich fremd war, und er ließ mich allein weiter staunen. So ein Baumarkt war auch nicht sein Ding, denn wenn es in seiner Wohnung etwas zu „hämmern" gab, erledigte das Fritz, sein nachbarschaftlicher Freund. Papa drückte mir einen „Fuffi" in meine dankbaren Hände und ging. Ich staunte noch zu Ende und verließ den „Wunderladen" – allerdings in Richtung Schlossstraße, um die von meinen Lieben zu Hause erhofften „Reiseandenken" zu kaufen. Die seit Jahren lange erhofften drei Tage im Westen Berlins waren für mich rasch vorübergegangen. Wenn ich wieder zuhause sein und man mich dann etwas neidvoll-traurig fragen würde, wie es gewesen wäre, dann würde ich sie enttäuschen müssen. Sie würden von mir nicht die erwarteten tollen „Bilder" erzählt bekommen. Die drei Tage in Familie waren eigentlich viel zu normal, normaler als ich sie mir im Vorfeld selbst erträumt hatte. Ja – es war schon schön, in dem anderen Teil von Berlin, aber so toll wie in meinen Vorstellungen war es auch wieder nicht. Nun saß ich also schon wieder auf meinem Weg zurück in der Bahn, mit wehmütigen Gedanken, meinen Eindrücken von bunten Straßen, vollen Geschäften, halbklugen Gesprächen. Selbst ein Mal mit einem Fremden in einem Fahrstuhl, der mich fragte, warum ich denn wieder zurückfahren würde und nicht bei ihnen drüben bliebe. Alles war erklärbar. Die schönen bunten

Straßen z. B. waren kein Ergebnis der Westpolitik, sondern die der Werbung von Firmen, die etwas verkaufen wollten. Angefangen vom kleinsten „Kramladen", den es ja eigentlich schon gar nicht mehr gab, bis hin zu Coca-Cola. Alle machten auf sich aufmerksam. Doch kein Unternehmen wusste im Vorfeld, wie viel ihm diese Werbung einbringen werden würde. Unterließen sie es, sich nicht in Erscheinung zu bringen, dann gingen sie sicherlich unbemerkt unter. Schon in den 20er Jahren soll Henry Ford über die Werbung bei seiner Firma gesagt haben, dass die Hälfte seines Etats rausgeschmissenes Geld sei, da es für Werbung ausgegeben werden würde. Dann kam seine Ergänzung: Er wisse leider nur nicht, welche Hälfte! Ich finde, dass dies ein grundsätzliches Problem der Werbung ist. Schon immer und noch heute.

Der Weg zurück war etwas verschärft, denn der Zoll „grub" mit seinen Augen in meinen Taschen danach, was ich in meiner Zollerklärung vielleicht nicht aufgeschrieben hatte. Anfassen durften sie nichts, das musste ich machen. Ganz verrückt waren sie nach Westzeitungen, denn die waren klassenfeindlich orientiert und durften natürlich nicht die Grenze passieren. Westgeld auch nicht und Ostgeld schon gar nicht, weder hin noch her. Nun stand ich wieder auf dem schmuddeligen S-Bahnsteig und wartete auf meinem Zug. Dabei bemerkte ich erst nicht die immer stärker werdenden prüfenden Blicke anderer Fahrgäste. Sie sahen mir offensichtlich an, woher ich kam. Mein Gepäck hatte mich verraten. Es war keine missgünstige Beobachtung von ihnen, eher eine nachdenkliche. Da es mit der „Goldenen Hochzeit" geklappt hatte, versuchte ich von da an, meine Eltern auch anlässlich ihrer Geburtstage besuchen zu dürfen. Diesbezüglich gab es eine altersabhängige Regelung, deren Inhalt ich heute nicht mehr wiedergeben kann. Jedenfalls durfte ich ab jetzt im Oktober zu meiner Mutters und im April zu meines Vaters Geburtstag, jeweils wieder für drei Tage. Das klingt so nach: Wie gut du es hattest! Es stimmt schon. Das war etwas Besonderes, hatte aber auch seine Schattenseite. Zur Antragstellung musste ich zu den begrenzten Öffnungszeiten zur zuständigen Meldestelle, um den

Antrag abzugeben. Dann konnte ich bestimmte Tage vorher persönlich vorsprechen und nachfragen. Wenn mein Antrag bewilligt wurde, bekam ich den „Reiseschein" (ich weiß nicht mehr, wie er hieß). Die Genehmigung galt jeweils wieder für drei Tage, wobei der eigentliche Geburtstag in den beiden anderen Tagen „eingeklemmt" war. Wenn ich reisen durfte, und es lag kein Wochenende in den Terminen, musste ich dafür Urlaub nehmen. Mit der „vorausschauenden" Aussicht sollte mein Jahresurlaub so von mir geplant werden. War ich zurück, hieß es: zur Antragstelle traben, Einreisezettel abgeben und zeigen, dass ich wieder zurückgekommen war.

Da sich mein Besuchsrhythmus über die Jahre zu einer Art Gewohnheit einspielte, richtete sich auch meine Mutter darauf ein und alle Freunde wussten, wann ich kommen würde. Sie alle fühlten sich gewogen, mir Gutes zu tun. Besonders meine Mutter achtete darauf, dass nichts „umkam". Sie legte alles, was ich so brauchen konnte, für mich zurück. Es war nicht wenig, was sich zusammentrug. Diese Gaben warteten also halbjährlich auf mich. Ein T-Shirt aus dieser Sammlung habe ich noch heute, nach fast dreißig Jahren. Manchmal ziehe ich es zur Herrenfete am Himmelfahrtstag an. Es trug die Aufschrift: „Tue was für Dein Image, lass Dich mit mir sehen!" Zu manch anderen Dingen hätte ich meiner Mutter zu gern gesagt, dass ich das nicht mitnehmen will, weil wir es mit Sicherheit nicht brauchen konnten. Aber – ich verkniff es mir, packte alles ein, um keine Enttäuschung zurückzulassen, und liquidierte es dann zu Hause. Ich wollte schließlich keinem Schenkenden die Freude nehmen. Und so wurde aus einem großen, leeren Koffer, den ich auf diesen Reisen mit mir führte, stets ein übervoller, zumal mir Papa zum Einkaufen immer 100,-- D-Mark gegeben hatte und meine Mutter noch heimlich die eingesammelten 20,00 D-Mark dazu legte. Bis zum S-Bahnhof war es kein sehr weiter Weg, aber die Länge machte die Last. Daher holte Papa seinen Rentnerroller hervor, mit dem wir den Koffer leichter zur Bahn transportierten. Da das Wägelchen unter der Kofferlast auf seinem Weg stöhnte, unterließ es mein Vater nie, sich über meinen Unsinn, so viel mitzunehmen, sichtlich zu erregen. Im Koffer befand sich aber auch das Teil-

Ergebnis seiner 100,00 DM-Spende. Was ich beim Koffereinpacken stets vorführte. Diese Geste hat für mich zur Demonstration meiner Dankbarkeit gehört. Auf dem Weg zum Bahnhof unterließ ich es jedoch, mit Vater detailliert über das Kofferthema zu diskutieren, weil ich jedes Mal an den Kleiderkauf meiner Mutter dachte, als sie noch überlegte, ob ihr das Kleid richtig gefallen würde – oder nicht. Papa soll zu ihr gesagt haben: „Wenn du das Kleid nicht willst, na dann kriegst du eben gar nichts". Den Hunderter wollte ich mir schließlich nicht verscherzen. Doch konnte ich meinem Vater klar machen, dass er und meine Mutter auch immer mit vollen Taschen kämen, wenn sie mich im Osten besuchten. Dann schob Papa den Satz nach, dass ich mehr an mich denken und nicht so viel für andere mitnehmen solle, denn es sei ja *sein* Geld. So war eben mein Vater.

Mein Vater. Der starb. Ganz plötzlich, mit 84 Jahren. Er schlief immer separat von meiner Mutter im Wohnzimmer. Als meine Mutter ihn eines morgens wecken wollte, gelang ihr es nicht mehr. Er soll an Herzversagen gestorben sein. Zum Entsetzen meiner Mutter kam sogar die Kriminalpolizei, was sie zusätzlich zu ihrem Schmerz noch leidender machte, denn in Unkenntnis praktizierter Abläufe setzte sie sich daher selbst unter „Mordverdacht". Ich konnte diesmal sehr schnell „rüber" und meiner Mutti beistehen. Denke ich an diese Zeit zurück und versuche meine damaligen Gefühle zu ergründen, erschrecke ich mich dabei, wie wenig ich mich daran erinnern kann, eine besondere Traurigkeit beim Ableben meines Vaters empfunden zu haben. Über die Jahre ist er mir eher zu einem guten Familienmitglied geworden. Den Vater, den ich in ihm sehen und erleben wollte, der existierte nicht. Irgendwann habe ich damit meinen Frieden gemacht. Habe bei unserem letzten Gang mit Mutti gemeinsam die Bilder noch einmal an mir vorbeiziehen lassen, die mich in meinen Gedanken an Papa bewegten. Habe mir gesagt, okay, er konnte sich halt nur so mir gegenüber „verhalten", wie es ihm möglich war. Er hat sich meistens bemüht, aber zu einer innigen Beziehung zwischen uns ist es nie gekommen. Nach dem Tod meines Vaters blieb meine Mutti noch wenige Jahre in ihrer Wohnung, in der sie auch die Wende erlebte. So konnten wir jetzt hin und her und uns besuchen, wie man es in einer Familie tut. Eine Freundin, die im Wedding wohnte – es war die, wegen der die Goldene Hochzeitsfeier verschoben worden war – meinte es gut und überzeugte meine Mutter davon, dass sie in ein Seniorenheim in deren Nähe ziehen solle. Insofern eine bequeme Lösung, könnte man denken. Sie wollte es so.

So zog sie in dieses Heim. Es war eigentlich nicht so richtig Mutters Ding, sich den dortigen Bedingungen hinzugeben. Meine Mutter verstarb 1994 mit 88 Jahren, für mich sehr schmerzhaft. Heute denke ich oft, wie schön wäre es, wenn sie hätte noch etwas an meinem Leben teilhaben können und ich an ihrem.

Fehleinschätzung, jetzt aber unter Kontrolle

Das Leben hat zwei Seiten und parallel zu meiner Liebe ging meine Freude an der freiberuflichen Filmerei weiter. Über die Zeit expandierten wir, kümmerten uns um keinen personellen Zuwachs. Wir bekamen jedoch durch wachsende Auftraggeber folgerichtig mehr Aufträge. Die Arbeit hörte zum Glück nimmer auf. So mussten wir auch mal im „Weimar-Werk" drehen. Da ich bis vor sieben Jahren für mehrere DEFA-Filme in Weimar weilte, hoffte ich, mich bei der Hotel-Rezeption wieder in Erinnerung bringen zu können. Die Hotelsituation war in den 70er Jahren natürlich noch immer die gleiche wie in den Jahren zuvor, es gab kaum Betten. Ich hatte Glück, die Rezeptionschefin war noch dieselbe und erinnerte sich an mich. Wir hatten damals auch einige private Gespräche geführt, daher verabredeten wir uns an einem Nachmittag im gegenüber liegenden Café. Wir freuten uns beide, uns zu sehen. Wir fragten und erzählten. Da sie davon nicht sprach, ob sie inzwischen ihren damaligen Verlobten, den Hotel-Chef, geheiratet hatte, unterließ ich es, sie danach zu fragen. Sie wollte aber wissen, wie es mir in den Jahren mit meiner Filmerei ergangen ist. Ich erzählte vom Hauptproduktionsleiter, von meiner „Tätigkeit als Matrose auf großer Fahrt", vom Fernseh-Produktionschef, den ich aufgegeben hatte und von meiner jetzigen Freiberuflichkeit. Dabei berichtete ich über den wahren Ist-Zustand, also auch über unsere Lizenz. Ich sah ihr bald schon etwas an. Sie war eine große Frau und ihre Körperhöhe wurde im Sitzen immer gerader, in der Körpersprache ablehnender. Während meines weiteren Erzählens von der Freiberuflichkeit stand sie plötzlich abrupt auf: „Ich muss jetzt gehen und möchte mit dir nichts mehr zu tun haben!" Weg war sie. Ihren plötzlichen Auf- und Ausbruch schuldete ich meinem Bericht von der Freiberuflichkeit mit staatlicher Lizenz. Ich war über ihr Verhalten nicht enttäuscht; ich meinte, sie verstehen zu können. Private Menschen, die vom sozialistischen Staat DDR eine staatliche Genehmigung zur Herstellung von Filmen erhielten, waren ihr offenbar suspekt, geradezu unheimlich. In ihrem renommierten Inter-Hotel, in der Tiefe der

DDR, hatte sie als Empfangschefin über so viele Jahre sicherlich die seltsamsten Dinge mit der Stasi durchlebt. Vielleicht hatte sie dort selbst eine Funktion. Hier hatte ich zu meiner Tätigkeit eine Einschätzung und Reaktion von einer Frau erhalten und erlebt, wie man sie von Bürgern in der DDR eigentlich nicht anders erwarten konnte, die diesem Staat eine solche Toleranz, bezüglich Lizenz, auch nicht zugetraut hätten. Ich selbst brachte mich nach diesem Erlebnis gedanklich in die neutrale Situation. Damit selbst konfrontiert worden zu sein und jemanden zu treffen, der zu unseren Bedingungen im Osten Filme machen durfte. Als DDR-Bürger, mit Unkenntnis einer solchen Gegebenheit ausgerüstet, vielleicht beheimatet „am Randes des Waldes" ..., ich glaube, ich wäre auch aufgestanden und gegangen. Ein solcher Mensch wie ich wäre mir sicherlich auch unheimlich gewesen, weil er für etwas tätig war, was den eigentlichen DDR-Prinzipien in Sachen „selbständig" nicht gern gesehen war. Deutungsweise einem scheinbar fast „privat-kapitalistischen Gewerbe" ähnlich. Und doch, so unwahrscheinlich es für die DDR auch klingen mag, das mit den lizenzierten, freiberuflichen Filmherstellern war alles stasifrei, korrekt und legal. Die allgemeine Kenntnis über die privaten Filmhersteller, neben der DEFA, war aber sehr gering, was staatlicherseits wahrscheinlich gewollt war. Die „DEFA-Stiftung" veröffentlichte nach der Wende im Internet die Bedingungen, unter denen die freiberuflichen Filmhersteller arbeiten durften. Darin hieß es:
„Zur besseren Ausnutzung der selbständigen Produktionskapazitäten wird unter steuerpolitischem Druck die Kooperationsgemeinschaft DEFA (1971) beim DEFA-Studio für Kurzfilme als Einrichtung zur organisierten Einbeziehung freiberuflicher Filmhersteller in die staatlich gesteuerte Filmproduktion gegründet. Der Leitbetrieb richtet ein Sekretariat zur Registrierung, zentralen Auftragsannahme, Produktionsfreigabe ein. Freiberufliche Filmhersteller können durch Anschlussvertrag mit Anerkennung der Rechte und Pflichten der Kooperationsgemeinschaft Film beitreten. Mitglieder der Kooperationsgemeinschaft Film unterliegen nicht der allgemein üblichen Besteuerung und haben das Recht auf Vermittlung von Ersatzaufträgen sowie Inanspruchnahme von Kapazitäten anderer Filmhersteller. Im Gegenzug

besteht Meldepflicht zur Bekanntgabe der Kapazitäten, Aufträge und Kalkulationen sowie zur Kostenabrechnung über die Zentrale Auftragsannahme. Von der Meldepflicht befreit sind die Filmstudios von MdI, MfNV und MfS. (Ministerien) Die Kooperationsgemeinschaft übernimmt Genehmigungsverfahren, Produktionsfreigabe, Auftraggeber-Abnahme, Antragstellung auf staatliche Abnahme. Ansichtskopie und Abnahmeprotokoll gehen über das Sekretariat an HV (Hauptverwaltung) Film zur Zulassung." Die versteckt aufgelisteten „Drangsale" des Kooperationsverbandes gegenüber den freiberuflichen Filmherstellern begrüßten wir zwar leise, aber lebhaft. Weil: Von da konnte damit – so wie wir bisher arbeiteten – gegen uns keine Gefahr ausgehen. Zitat: „Der Leitbetrieb richtet ein Sekretariat zur Registrierung, zentralen Auftragsannahme, Produktionsfreigabe ein." Dieser Satz in die Praxis übersetzt hieß: Das DEFA Kurzfilmstudio richtet ein Sekretariat ein, besetzt mit *einem* Mitarbeiter, der sich „Sekretär" nannte und alles machen sollte, was weiter oben aufgelistet stand. Diese Organisation der Kooperation war schon vor dem Start – für uns zum Glück – unrealistisch. Bei der Anzahl an DEFA-Betrieben und privaten Filmherstellern – in der DDR verteilt – mit so vielen Filmen, konnte der gute Mann gar keinen Nerv haben, uns im Detail kontrollierend in die Suppe zu spucken. Und so war es dann auch. Diesem Sekretär der „amtlichen Überwachungsbehörde" hatten wir nun jetzt unsere Produktionsunterlagen – wie Kalkulation, Drehplan und Drehbuch – einzureichen. Das war aber kein Problem für uns, denn das machten wir schon vorher gegenüber unserem Auftraggeber, um ihm die Sicherheit einer realen Produktion zu vermitteln. Auch gab es vor dieser neuen Kooperationsanforderung schon eine Honorarordnung Film. In der war verbrieft, was wir Freiberuflichen monatlich verdienen durften. Da ich ja DEFA-mäßig durchtrainiert war, hielt ich mich, wie bisher schon, bei der zeitlichen Kalkulation etwas unter den von der DEFA gebrauchten Drehzeiten. Damit waren wir nicht angreifbar. Wenn man durch die „Kooperationsgemeinschaft Film" beabsichtigt hatte, unsere Honorare unter Kontrolle und in den Griff zu kriegen, dann erreichte man es nicht, weil wir unsere Filmerei, zeitgleich für mehrere Auftraggeber, überlappen konnten. Unser Honorar war aus meiner Sicht der Hauptsinn der ganzen „Kooperative", weil sich manche DEFA-Kollegen an dem guten Verdienst der freiberuflichen Filmhersteller neidvoll den Kopf zerrieben. Sie lagen zwar mit ihrer Vermutung nicht ganz falsch, aber so richtig dahinter ist keiner gekommen. Der einzelne Sekretär der Kooperationsgemeinschaft Film hätte das mit Emsigkeit und Fleiß vielleicht erreichen können, wenn er gewollt hätte. Es soll damals etwa 25 freiberufliche Filmhersteller in der DDR gegeben haben, plus die DEFA-Filmstudios.

Änderungen stehen an

In der DDR-Wirtschaft wurde die Warendecke immer dünner. Die im Vorfeld nicht bilanzierbaren Einnahmen bei den Freiberuflern „belasteten" die Wirtschaft und schmälerten die Kaufkraft der allgemeinen Bevölkerung, so hieß es. Dieses „Wissen" müssen sich offenbar die großen DDR-Wirtschaftspolitiker zu Nutze gemacht haben, weil unsere Auftraggeber Anfang der 80er Jahre Aufträge mit der Begründung zurückzogen, dass jetzt alle Honorare der Freiberufler aus ihrem Lohnfonds finanziert werden müssten. Das stand natürlich kein Betrieb in den bisherigen Größenordnungen durch. Auf diesem Wege versuchten die Genossen, die Freiberufler – nicht nur uns „Filmfritzen – „auszuhungern". Das war das Ende für uns, mit der Frage: Wie soll es weitergehen? Norbert, der Regisseur, war schon 1963 nicht mit uns zur DEFA gegangen und wollte es jetzt auch nicht tun. Zumal bei mir schon seit damals der Eindruck bestand, dass er finanziell abgesichert sein würde. Außerdem hatte er auch einen Hochschulabschluss, so dass er sich noch später verändern konnte. Bei Frank, unserem Kameramann, war das sicherlich anders. Frank war Kamera-Assistent bei der DEWAG, der DEFA, beim Fernsehen, bis er sich mit Norbert zusammengetan hatte. Ab da arbeitete er bei ihm als Kameramann und hatte seine Sache gut gemacht. Doch inzwischen gab es jährlich von der Filmhochschule Babelsberg eine nicht geringe Personenzahl von Abgängen diplomierter Kameraleute. Damit war, aus meiner Sicht, für Frank die Tür bei DEFA und Fernsehen geschlossen. Bei mir waren mehr als elf Jahre in der Freiberuflichkeit vergangen. Mich hatte der Produktionschef des Kurzfilmstudios vor einiger Zeit schon mal angesprochen und von dieser Maßnahme der Honorarveränderung unterrichtet. Es war keine Schadenfreude in seinem Gesicht zu erkennen. So langsam wurde alles schwieriger mit der Freiberuflichkeit und etwa nach einem Jahr sprach ich ihn auf sein ehemaliges Angebot an.

Wieder nachhause – zur DEFA

Nun wiederholte er sich mit: „... wenn du kommen willst, immer". Ich weiß nicht, warum und wodurch, aber ich hatte das Gefühl, als ginge ich nachhause, wenn ich wieder bei der DEFA sein würde. Erneut wurde ich Produktionsleiter beim „DEFA- Studio für Kurzfilme". Der ehemalige Produktionschef von Babelsberg war jetzt Chef von beiden Studios. Gern hatte ich ihm zugesagt, im ehemaligen Dokumentations-Studio wieder anzufangen, denn ich ging ja in keinen Betrieb, der mir fremd war. Als ich erfuhr, mit welchem Regisseur ich arbeiten würde, freute ich mich. Heinz kannte ich. Wir trafen vor vielen Jahren mal in der Bar vom Hotel „Elephant" in Weimar zufällig aufeinander und verbrachten, mit Quatschen über das Filmwesen und überhaupt, einen netten Abend. Inzwischen waren mehr als 20 Jahre vergangen und wir beide nicht mehr dieselben. Er war jetzt ein Regisseur mit inhaltlich großen Dokumentarfilmen. Dabei hatte er sich den Nimbus erarbeitet, alles in seinem Sinne durchsetzen zu wollen und zu können, so auch Filmthemen mit aufwendigen Produktionszeiten und entsprechenden finanziellen Mitteln. Da ich jetzt öfter im Hauptgebäude zu tun hatte, traf ich frühere Kollegen, über die ich mich freute, ihnen wieder zu begegnen. Auch der Produktionsleiter Wilfried war ein ehemaliger, mir bekannter Kollege. Ich hatte ihn fast zehn Jahre nicht mehr gesehen. Nach den üblichen, freundlichen Fragen und Antworten sind wir mit einem „Also, bis dann..." auseinandergegangen. Mir fiel eine Episode mit ihm ein, die damals im Studio die Runde gemacht hatte. Wilfried hatte mit einem Minister zu telefonieren und mit ihm terminliche Absprachen zu treffen. Nun wussten wir als Produktionsleiter aus der Erfahrung, dass man Termine am Telefon sinnvollerweise dreimal „vernageln" musste, damit auch alles klappte. Das hieß, Möglichkeiten zu finden, damit sich der Termin im Gehirn des Gesprächspartners einbrannte. So war es natürlich für Wilfried erst recht wichtig, dies beim Genossen Minister zu tun. Die Praxis hatte es uns eigentlich gelehrt, wie man da unauffällig vorging. Doch beim Genossen Minister hatte Wilfried seine erprobte Praxis verlassen, denn als er dem Minister den abgestimmten Termin noch mal vorgebetet hatte, soll er damals zum Abschluss gesagt haben: „So, Genosse Minister, nun wiederholen Sie noch mal unsere Termine." Danach brannte die Luft! Wilfried war ein Produktionsleiter, den ich immer etwas beneidet hatte, beneidet wegen seines „dicken Fells". Er hatte auf mich immer den Eindruck gemacht, als könnte ihn nur wenig aus der Ruhe bringen, nichts konnte ihn erschüttern. Umso bestürzter war ich, als ich, einen Monat nach unserem zufälligen Zusammentreffen, von ihm am Eingang ein Foto – mit einem schwarzen Band umrahmt – stehen sah. Mein rothaariger Wilfried soll sich zu Hause, im Keller, aufgehängt haben. Ein „Also, bis dann ..." gab es mit uns nun nicht mehr. Aber für mich gab es Gründe, über einiges nachzudenken. Mir fehlten die Jahre mit ihm, um über sein „Warum" tiefer nachzudenken, doch er war für mich überhaupt nicht der Typ, dem ich diese Tat zugetraut hätte. Mir tat es um ihn leid. Sehr sogar. Vielleicht auch darum, weil er immer eine „Kaltschnäuzigkeit" ausstrahlte, um die ich ihn im Stillen beneidete.

Als mein neuer Regisseur hörte, dass ich für ihn zur Verfügung stand, war er erfreut über unsere kommende Zusammenarbeit. Hatte er doch kurz davor seinen Produktionsleiter geext. Die Gründe, die die Runde machten, sprachen gegen Heinz. So sehr hatte ich mich auf ihn gefreut, weil ich nicht ahnte, wie er inzwischen dem Selbstlob und der Eitelkeit hinterherjagte. Vorsichtig wurde ich, als ich das Gerücht von ihm und seinem ehemaligen Produktionsleiter hörte, wie es zu dessen Weggang kam. Hinzu kam, dass ich im Rahmen meiner Lebenserfahrung etwas über die Physiognomie eines Menschen gelernt hatte. Heinz war nicht mehr der von damals. Nicht mal äußerlich. Er hatte jetzt etwas Abgehobenes, etwas „Gockeliges", das ihn nicht kleidete. In dem Zusammenhang fiel mir wieder die These ein, dass ein Mensch ab einem bestimmten Alter für seine Physiognomie selbst verantwortlich ist. Daher stellte ich mir die Frage, wie er sich in den vergangenen 20 Jahren wohl verhalten haben könnte, um solche Züge bekommen zu haben. Arbeitsmäßig ging es mir mit ihm, bis auf seine manchmal grenzwertigen Nebenforderungen, anfänglich recht gut. Gegen Dinge, die für einen „Heinz-Film" von ihm gefordert wurden, traute sich kaum einer zu widersetzen. Seine Art war mein Vorteil im Sinne der Organisation gegenüber von anderen. Bei den Sonderwünschen von Heinz ging es meist um Dinge, auf die *er* bestand und die *ich* zu verantworten hatte. Selbst wenn ich mich dem widersetzte, hatte ich gegen ihn kaum eine Chance. Es gehörte durch mich schon viel Kraft dazu, bei einem „Nein" zu bleiben und mein Gesicht zu wahren. Nähere Gründe dafür gab es täglich. Er, sein Kameramann und ich haben in zwei Jahren nur zwei Filme gemacht, die je 20 Minuten liefen. Heinz hatte sich die beiden Themen für den „Progress-Filmvertrieb" ausgedacht. Sie behandelten die Thematik seines persönlichen Hobbys. Damit konnte er dann in der Fachwelt glänzen. Ich schämte mich oft für ihn, für dieses Gehabe, mit dem er bei anderen prahlte. Für diese beiden Filme waren wir viel unterwegs. Niemand sprach während dieser Zeit von Planerfüllung. Laut Vorgabe hätten wir jedes Jahr drei Filme von 20 Minuten Länge zu produzieren gehabt. Natürlich bedurfte jedes Filmthema immer einer speziellen Produktionszeit, das war nicht zu ändern. Doch fertig sollte schließlich auch bald mal was werden. Oft dachte ich in verzwickten Situationen an meinen Vorgänger. Welches Druckmittel hatte Heinz damals gegen ihn in der Hand, dass der sich ins Abseits stoßen ließ? Ich stellte seltsame Überlegungen an … Mich gruselte das Ganze, zumal Heinz mich auf einiges ansprach und mich teilweise mit einbeziehen wollte. Einbeziehen in Vorgänge, die er nicht deutlich erklärte. Die ich aber erkannt zu haben glaubte. Wehret den Anfängen, sagte ich mir, weil ich in Abständen immer mal wieder an meinen Vorgänger dachte. Wenn etwas nicht mit rechten Dingen zuginge, dann waren andere zuständig, die vielleicht wissend waren, aber es nicht wahrhaben wollten. Meine anfängliche Freude, mit Heinz arbeiten zu können, ließ nach. Ich erkannte, dass ich mit einem Regisseur arbeitete, mit dem es offenbar kein anderer freiwillig wollte. Der Produktionschef hoffte offensichtlich darauf, dass ich – als der „unvoreingenommene Neue" – die Lage in den Griff bekommen würde.

Vom Film zur Uni

Meine Beobachtung und kurzen Erlebnisse in dem separaten Studio mit Heinz ließen mich vorsichtig werden, da ich viele Dinge konkreter betrachten konnte. So kam ich bald zu der Überzeugung, dass das zweite Mal DEFA leider nicht mein erhofftes Zuhause bleiben werden würde. Und noch einmal sollte der Zufall über meinen weiteren, ganz anderen beruflichen Weg entscheiden. Damals hatte meine Mutter eine Frau getroffen, die mir eine Lehrstelle besorgte. Diesmal begegnete ich einem Mann. Eigentlich sind wir beide auf der Straße fast zusammengestoßen und freuten uns darüber, denn wir hatten uns lange nicht gesehen. Wir waren früher über unsere Frauen miteinander befreundet. Auf meine Frage: „Na, noch der alte Job?" nickte er nur und ich war informiert. Seine gleich lautende Frage an mich bedurfte einer längeren Ansprache meinerseits, die mit einem Aufstöhnen endete. Er war Chef eines Direktorates an der Humboldt-Universität zu Berlin. Wie es in der DDR üblich war, durfte er offene Stellen zur Neubesetzung nicht ausschreiben. „Vielleicht kann ich helfen", sagte er und bot mir die Abteilungsleitung eines Verwaltungsbereichs in seinem Direktorat an. Wieder tiefstes Büro, aber niemand mehr, der u. a. ständig zum Genossen „Filmminister" rannte, so dachte ich. Mein Bauch vibrierte sorgenvoll mit der Frage: „Was machst du denn jetzt schon wieder?" Aber irgendwie interessierte mich das Angebot schon. Da ich mir unter der Arbeit nicht viel vorstellen konnte, trafen wir uns zu einem konkreten Gespräch vor Ort. Die Abteilung, die er mir anbot, umfasste ein großes Sachgebiet. Es war die Rede von … und, und, und. Auch über die ca. 450 Grundstücke und Gebäude, für die die Universität als Sachwalter fungierte. Über EDV wurde nicht gesprochen, denn die war 1984 in Büros noch nicht verbreitet. Nach einer Ortsbesichtigung von Büros und Mitarbeitern sagte ich erst mal zu, was meinem Bauch nicht gefiel. Meinem Kopf eigentlich auch nicht so richtig. Selbst meine Stirn bekam sehr besorgte Falten. Allerdings entschied dann, sicherlich zu meinem Glück, bald jemand anderes für meinen Bauch und gegen meine Zusage. Es war die Abteilungsparteileitung der SED. Die bestand darauf, dass ein Abteilungsleiter *Genosse* sein müsse, schon deswegen, weil er als Leiter Geheimnisträger über ein Grundgebiet sei. Also wurde das nichts mit mir. Nun fragte mich aber der Direktor, ob ich Lust hätte und mir vorstellen könnte, bei ihm sein Koordinierungsingenieur zu sein. Koordinierungsingenieur war die Titelführung des persönlichen Mitarbeiters bei einem Direktor des Verwaltungsbereiches der Humboldt-Universität. In der Wissenschaft hieß das Wissenschaftssekretär. Unter dieser wahrscheinlichen Aufgabe konnte ich mir schon besser und passender etwas für mich vorstellen. Ich ahnte und wusste bald, dass ich als Koordinierungsingenieur beim Direktor viel tiefer meine Hände in allem Wissenswertem des Direktorates hätte, als wäre ich ein Abteilungsleiter geworden. Die veränderte Titelführung „Koordinierungsingenieur" war für die Genossen wahrscheinlich das Ausschlaggebende, denn sie stimmten meiner Einstellung zu. Ich schied von der DEFA mit der Erkenntnis, dass meine Vorstellungen mit meinem zweiten Auftritt bei ihr nicht in Erfüllung gegangen waren. Dort fand ich nicht die von mir erhoffte „Vergangenheit" wieder.

Nun gut. Abhaken und sich die Zeit gönnen, mal über einiges Revue passieren zu lassen. Doch bevor ich mich von der Filmkunst in Richtung Wissenschaft verabschiedete, dachte ich über mich und die Kunst nach. Die Enttäuschung entsprach der Redewendung, die da lautete, dass man sich auf eine alten Liebe nie ein zweites Mal einlassen soll. Dieser Ausspruch passte in meinem Fall auf die DEFA. Nun arbeitete ich an der Uni, war um die 50 Jahre alt und dankbar, nicht mehr mit dem „Filmzirkus auf Tournee" gehen zu müssen. Alles hat seine Zeit, meinte ich. Die eine Zeit brachte mir bei, auf meinen Bauch zu hören. Die nächste Zeit sagte mir, nicht mit Türen zu knallen, wenn ich ging. Und die dritte Zeit, die jetzt auf mich zukam, lehrte mich in den Folgejahren, beruflich nie die Branche zu wechseln, weil das sehr viel Kraft kostete, sich in das Neue und Fremde einzufädeln. Aber das Letztere begriff ich erst, als ich mich schon mitten in dem neuen Metier befand, genannt Humboldt-Universität. Während meiner wechselnden Tätigkeiten bei der Film – und Fernsehindustrie konnte ich immer etwas auf mein Wissen zurückgreifen, das ich schon aus meinen Lehrjahren und meiner späteren Arbeit mitgebracht hatte. Ich gehe mit diesem Gedanken bewusst ganz weit zurück, zu den Anfängerjahren. Auch Menschen kannte ich aus diesen Jahrzehnten irgendwie und – woher, die mit Film und Foto zu tun hatten. Doch jetzt stand ich in einer großen Universität mit ihren mir unbekannten Strukturen. Ich kannte niemanden und wusste nicht, wo wer hingehörte, wer – wem unterstand, wie alles lief. Mich kannte auch noch niemand. Daher war es im ersten Moment für mich das Wichtigste, Bewegung zu erzeugen. Ich wollte bewirken, dass man mich und meinen Namen bald kennenlernte. Natürlich positiv. Wenn ich irgendwo anrief und hatte was auf dem Herzen, dann sollte man assoziieren, dass mein Direktor den Inhalt des Telefonats so vorgegeben hätte. Dieser Gedanke sollte sich bitte einschleichen, weil man wusste: Ich bin das Sprachrohr vom Boss. Es dauerte natürlich seine Zeit, bis das alles funktionierte, wie ich es mir erhoffte, aber da ich nicht arrogant mit den Kollegen umging, lief sich das bald alles gut ein, mich in diesem neuen Wirrwarr zurechtzufinden. Dabei half mir auch meine Menschenkenntnis, gewonnen beim Filme machen. So kurios es vielleicht klingen mag. Meine Erfahrung, meine Anpassungsfähigkeit, mein bisheriger Umgang mit Menschen halfen mir. Denn bei der Filmerei musste ich dort, wo wir drehten, auch immer gleich alles schnell erkennen. Organisation ist das halbe Leben und diese Befähigung brachte ich mit. Auch nett und zugänglich zu meinen jeweiligen Kollegen zu sein. Das alles war für mich als „Vizefahnenschwenker" eines Direktors lebenswichtig, besser gesagt: berufswichtig. Bald war ich einer von ihnen, nahm auch an den Sitzungen der Wissenschaftssekretäre teil. Im täglichen Umgang mit mir kümmerte sich nun keiner von der oberen Parteileitung noch darum, ob ich Genosse war oder nicht. Als Mitglied der Leitung des Direktorates – wir waren neun, davon sieben Genossen – war ich dazu „eingeladen" und hatte am monatlich stattfindenden Parteilehrjahr teilzunehmen. Bei der DEFA hatte ich nie bemerkt, dass es derartige Parteiveranstaltungen gab. Da waren die meisten Genossen so etwas wie Zigeuner und hätten für derartige Treffs nur sehr selten zur Verfügung stehen können. An der Uni, mit ihrer

mehr oder weniger festgeschriebenen Arbeitszeit, war ein Parteilehrjahr einzuberufen einfacher möglich. Für die diskutierten Themenkreise gab es sogar ausgedruckte Programme. Mir, als „Studierter der marxistisch-leninistischen Philosophie" war es ein Leichtes mitzudiskutieren und nicht die Decke anstarren zu müssen. Diese philosophischen Themen glitten oft und schnell ins alltägliche Problem ab. So erinnere ich mich noch daran – weil extrem – , dass plötzlich das Gespräch in der Beschwerde gipfelte, dass es keine Blumen gäbe. Ein älterer Abteilungsleiter reagierte spontan mit der erbosten Bemerkung, dass Blumen nicht so wichtig seien. Wichtiger sei es, dass wir Frieden hätten. Keiner sagte noch etwas dazu, wegen der nahezu beleidigten Reaktion. Natürlich stimmte das. Alle stimmten dem Wunsch nach Frieden zu, weil die, die wir da saßen, alle etwas vom Krieg erlebt hatten. Unpassend empfanden wir diese Antwort allerdings trotzdem.
Eine Arbeitsaufgabe für mich war auch, die Festlegungen aus den Dienstberatungen mit den Abteilungsleitern zu protokollieren sowie anschließend die Abarbeitung vorgegebener Punkte zu kontrollieren. Nun begann bald das Leben mit dem Computer, der mir, in Sachen Terminkontrolle, das Leben leichter machte. Unser Direktorat erhielt einen PC 1715 von *Robotron* und den bekam ich. Noch mit Startdiskette und jeweils immer einer Diskette für jeden Vorgang. Für einige Abteilungsleiter wurde dieses Gerät dadurch zu einer „hinterhältigen Erfindung", weil ein nicht realisierter Termin nicht mehr unbemerkt unter den Tisch fallen konnte. Schon zu dem Zeitpunkt spürte ich, dass mit der „ Elektronischen Datenverarbeitung" etwas Umfassendes auf uns zukam, was zugleich auch erst mal viel persönliche Zeit beanspruchte, um dieses – für uns neue – Medium zu erfassen.

Anfänglich war für mich der Nutzen eines Computers noch nicht in seiner Tiefe abzusehen, jedoch, wie gesagt, für einige wurde er schon damals zum penetranten Quälgeist. Für mich brachte das Computerwesen eine „Beförderung", ich wurde u. a. der „Computerbeauftragte des Direktorates" – mit nur einem Computer. Dieser Zustand sollte sich jedoch bald ändern. Es existierten allmählich mehr „Personal-Computer", und es gab junge Leute im Direktorat, die nahmen mit gierigem Interesse den Kampf mit der Software für ihren Arbeitsbereich auf, was ich gerne unterstützte.

Was sich hinter dem „Computerbeauftragten des Direktorates" verbarg, war nur ein Nebenprodukt meiner eigentlichen Arbeitsaufgabe. Dies, zum Glück, weil ich inhaltlich bald die Segel streichen musste – wegen fehlender Zeit und mangelnden Wissens. In der Folge hielt ich lediglich noch meine Hände über dieses Gebiet. Es wäre aber damals ein grober Fehler gewesen, hätte ich es bei einer „bewachenden Position" belassen, so nach dem Motto: „Es geht mich nichts mehr an", denn das Tempo um dieses Computer-Wissen entsprach selbst in diesen Jahren etwa dem eines galoppierenden Rennpferdes. Wer nicht darauf saß, der hatte verloren. Drei Jahre später besetzte ich – nun als Büroleiter – eine Ingenieur-Stelle mit einer EDV-Fachkraft.

... gedacht, bis ans Ende meiner Tage

Ich wohnte allein im 15. Stock einer neuen Wohnung in Marzahn und konnte auf einen großen Teil vom neuen Berlin schauen. Auch auf den Häuserblock, in dem Hanna wohnte. Er lag fast zu meinen Füßen. Hanna war in Frauenwald so etwas wie mein „Kurschatten". Eigentlich nur ein „Halbschatten", denn schon vier Tage nach unserer ersten Begegnung war ihre Kur zu Ende und sie reiste nach Hause ab, nach Berlin. Diese vier Tage brachten uns nahe, weil wir in dem jeweils anderen einem Gesprächspartner begegneten, bei dem wir in Sachen Ehe offensichtlich jemanden gesucht und gefunden hatten, der uns nicht nur Recht geben sollte. Wir erhofften uns eine Art Schiedsrichter, der sagt, ob diese gefühlten und erlebten Kränkungen bei ihr oder auch bei mir berechtigt waren. Es war schön, einen Zuhörer zu haben und die Seele etwas entleeren zu können. Bei Hanna konnte ich mich öffnen, obwohl sie mir hätte fremd sein können – in der Kürze der Zeit. Drei Männer, das waren wir „Kursportler", schlitterten mit unseren Ski durch den Winterwald. Ich recht unbeholfen, denn für mich war es nach sehr vielen Jahren mal wieder die erste Begegnung mit den Brettern. Das erste und letzte Mal war im Jahre 1954 gewesen und ich hatte als Berliner völlig ungeübt auf Skiern gestanden. Ich erinnere mich, an einer leichten Abfahrt auf einer breiten Waldstraße mit dem Ski über den einen Daumen gefahren zu sein. Zwei Tage später über den anderen. Das kann nicht jeder! Bei diesem zweiten Sturz hatte es gleich zwei Mal Ärger gegeben, denn ich hatte mir mit den damaligen, altertümlichen Zangen an dem Ski die Sohle von meinem Schuh, einem bis dahin braven, allgemeinen Winterstiefel, abgerissen. Mit dieser „Vorbildung" bewegte ich mich nun, 1983, an zwei wartenden Schneehäschen vorbei. Weil mir mein Abstand zu meinen beiden Vorläufern uneinholbar schien, „halfen" mir die Aufmunterungsrufe der beiden Frauen nicht sonderlich. Schon gar nicht, als sie mich kurze Zeit später noch selbst überholten. Natürlich mit einem entmutigenden, lästernden Kommentar. Eine von den zwei Frauen war Hanna. Sie war gekleidet wie eine Berlinerin, die nur jetzt mal – durch die Kur – Kontakt zum Schnee bekam. Nicht wintersportlich chic. Vieles gab es nicht zu kaufen zur damaligen Zeit, um wie ein tolles Ski-Haserl auszusehen.

Am nächsten Morgen begegnete ich ihr in einem Warteraum des Sanatoriums wieder und konnte sie in Ruhe betrachten. Dunkle Haare hatte sie, eine Haut, die sich gern von der Sonne verwöhnen ließ. Ihre wachen Augen funkelten in die Welt. Sie trug eine Brille, die ihren Typ auf angenehme Weise unterstrich. Ihre weibliche Figur mit den ansehnlichen Proportionen strahlte eine anziehende Weiblichkeit aus. Am meisten jedoch waren es ihr freundliches Wesen und ihre sympathische Art, mit Menschen umzugehen, die mich fesselten. So begann es mit Hanna und mir und hätte nach diesen vier Tagen aufhören können. Doch so einfach war es nicht mehr. Bei uns beiden nicht. Besonders nicht, als wir feststellten, dass unsere „Sympathien" in Berlin gar nicht weit voneinander entfernt wohnten. Hanna war verheiratet und hatte zwei Söhne. Ich rief gelegentlich bei ihr an. Weil durch unsere gegenseitige „Partnerklage" während der Kur jeder vom anderen dessen Sorgen kannte, brauchten wir nur noch mit unserem Bericht fortsetzen, was zwischen den Telefonaten passierte. Hanna berichtete nur, dass es keine Wiedersehensfreude gegeben hatte, als sie nach Hause kam. Bei den Jungs schon. Wenn ihr Mann anfänglich in den ersten beiden Tagen mit ihr sprach, hätte er sich mehrmals mit dem Vornamen versprochen. Ein Vorname, den sie kannte und zugleich wusste, zu welcher Frau er gehörte. Es gab Trennungsgespräche, zumal dieses Thema, ohne diese peinliche Namensverwechslung, schon vor der Kur auf dem Tisch gelegen hatte. Doch die beiden Söhne und überhaupt das Gesamtproblem bei einer damaligen Trennung, ließ die beiden sich immer wieder finden. Der Mann von Hanna, wie sie erzählte, soll sich ihr gegenüber häufig aggressiv verhalten haben. Mehr als erträglich. Schwager und Schwägerin von Hannas Ehemann – hoch dotierte Psychologen – waren schon mehrfach zur Problembehandlung beider Eheleute zu Rate gezogen worden. Es soll sich nichts gebessert haben. Hannas Mann orientierte sich bald immer stärker in Richtung der Frau, mit deren

Namen er sie versehentlich ansprach. Vorerst hielt man es jedoch noch miteinander aus. Hanna wusste von mir, dass ich solo war und so trafen wir uns häufiger, als es unter Freunden üblich ist. Aus unserer Freundschaft wurde ein Verhältnis, mit dem Nachteil, dass ich wieder der Wartende war. Warten darauf, dass sich Hanna irgendwann für einige Stunden „abseilen" konnte, von Mann und Kindern. Meine Situation wurde für mich allmählich wieder zu einer langen „Warteschleife". Wieder schmerzende Sehnsucht – wie einst mit Ute. Was bedeutete, das eigene Leben auf die freie Zeit einer Frau zu reduzieren. Es ist ein halbes Leben, weil die Rücksichtnahme einen Teil von der anderen Hälfte des Lebens stiehlt. Es ist kein zeitliches Ziel in Aussicht. Diese philosophischen Gedanken beschreiben nur den Wartenden. Doch die Gefühle des anderen, der weg will, hin zu dem Wartenden, sind sicherlich nicht weniger aufreibend.

So verging fast ein Jahr. Ich wollte nicht weiter diese schmerzende Sehnsucht verspüren und sagte mich von Hanna los. Wenn ich es zeitlich ermöglichen konnte, floh ich in mein „Hexenhaus". Es war ein kleines Stück Pachtland mit den von mir gekauften Aufbauten. In diesem „Hexenhaus" zu sein bedeutete für mich stets Arbeit. Alles unter dem Motto: „Wer nicht baut, baut ab." Dieses Häuschen thronte an einem Hang, in der zweiten Reihe zu einem See – nahe Berlin. Ein Weg zu einem schmalen Schuppen führte hinter dem Haus vorbei. Im Moment gab es an diesem Schuppen, am Ende einer kleinen Wiese, etwas dringlich zu fummeln. Ich war gerade hoch konzentriert bei der Arbeit, als ich weibliche Schritte hörte. Ich erwartete niemanden. Die Schritte kamen immer näher, schienen nicht suchend, sondern zielgerichtet zu sein. Mein Blick war gespannt auf den sich öffnenden Weg am Haus gerichtet. Hanna! In der ersten Sekunde war ich irritiert, dann freute ich mich sehr, sie zu sehen. Also, doch, auch eine Liebe, die gebunden ist, „stirbt" an der Sehnsucht. Hanna hatte ihrer Mutter von uns erzählt. Unter einem Vorwand hatten sich beide ins Auto gesetzt und sind zum „Hexenhaus" gefahren. Zu mir. Hanna mit einem mulmigen Gefühl, ich könnte eventuell weiblichen Besuch haben. Während wir uns in den Armen lagen und uns beide freuten, saß die Mutter von Hanna unten am See auf einer Bank. Sicherlich in großer Spannung. Aus dieser unschönen Position erlösten wir sie bald, indem ich Kaffee kochte und wir eine von mir unerwartet schöne Stunde erlebten. Wir hatten uns wiedergefunden. Hannas Mann war einige Zeit nach dem Hexenhausbesuch aus der gemeinsamen Wohnung ausgezogen, zu der „Frau mit dem neuen Namen". Mit den Jungs kam ich über die Zeit gut klar. Zwar war ich „untrainiert" im Umgang mit Kindern, bemühte ich mich aber, ihnen gegenüber ein väterlicher Freund zu werden. Da die Söhne wahrscheinlich bemerkten, dass ich mit ihrer Mutter liebevoller und verträglicher umging als vorher ihr Vater, fassten sie bald zu mir Vertrauen. Der Große war weniger beweglich als der Kleine. Dadurch wurde er, vor meiner Zeit, von seinem Vater mit großer Distanz behandelt. Der Kleine war Vaters Liebling. Ich war bemüht, diesen Zustand zu kompensieren und beide gleich zu behandeln. Was nicht immer gelang, weil der Kleine mich weniger brauchte und der Große aufgrund seiner negativen Erfahrung mit seinem Vater sich nicht immer traute. Im späteren Leben, als der Große wirklich „groß" war, verbarg er durch eine vorgeführte Arroganz seine Verunsicherung, die niemand an ihm bemerken sollte. Im November 1987 haben Hanna und ich geheiratet. Der Brautstrauß ist bekanntlich Männersache. Doch selbst ein Kerl wie ein Baum hätte sich damals keine repräsentativen Blumen erstreiten können. Wenn man damals in einen Blumenladen ging und einen Brautstrauß bestellen wollte, musste das Aufgebot vorgezeigt werden, aus dem der Tag der Trauung hervorging. Kein Problem – das konnte ich zeigen. Als ich im Blumenladen „Rosen" für den Strauß bestellen wollte, erntete ich ein Kopfschütteln. Stattdessen wurden Gerbera avisiert, maximal fünf Stück. Und welche Farbe? Die war vorher nicht bestimmbar. Als ich dann den „Brautstrauß" abholte, bestand er immerhin aus den zugesagten fünf Gerbera in einem „hübsch-hässlichem" sehr blassen Orange, farblich unpassend zum Kleid der Braut. So wurde es über die Zeit mit allem schlimmer, von dem, was man meinte, kaufen zu wollen. In einem Schmuckgeschäft sah ich einen zarten, kleinen Beisteckring, den ich Hanna als Hochzeitsgeschenk überreichen wollte. Den gab es nur mit Goldabgabe. Dafür habe ich den Trauring aus meiner „Vergangenheit" hingegeben. Not machte erfinderisch und ließ keine falsche Sentimentalität zu.

Hanna und ich waren nicht nur ein schönes Paar, wenn wir gemeinsam in den Spiegel sahen und lächelnd diese Feststellung trafen. Wir ergänzten uns gegenseitig und ihre natürliche Art, mit Dingen oder mit Problemen umzugehen, warf mich immer wieder um. Sie hat sich nie verbogen. Sie war Hanna. Meine Hanna.

Nun war ich „Vater" zweier Söhne. In den Ferien wollten die Jungs gern verreisen. Natürlich wollten wir das auch. Das war aber nicht einfach, weil es möglichst an die Ostsee gehen sollte. Ein Urlaubsplatz dort war „Goldstaub" und möglichst zwei Zweibettzimmer. Was war also dafür notwendig? Beziehungen! So etwas hatte ich aus meinem Vorleben in Heringsdorf in petto. Aber ein solches Quartier musste gehütet werden. Sogar im Winter wurde das Sommerquartier sorgfältig gepflegt. Im Winter gab es in Berlin viel öfter Apfelsinen, Bananen und notwendige Dinge, um den Weihnachtskuchen zu backen als an der Ostsee. So etwas gab es dort eigentlich nie. Was dort fehlte, schickte ich daher im Dezember an meine sommerlichen Quartiergeber. Daraus leiteten sich überhaupt keine absoluten Privilegien für ein gesichertes Ferienzimmer im Sommer ab, denn Berlin war groß. Alle wollten im Sommer an die Ostsee und viele Berliner waren gern bereit, die Früchte des Südens in den Norden zu schicken. Daher musste ich mich schon mal zu anderen Zeiten beim Sommervermieter spendabel in Erinnerung bringen. Meine Quartiergeber kannten mich bisher nur für ein Zweibettzimmer. Wohin nun mit den Jungs? Die Vermieterin schrieb mir zurück, dass sie noch den großen Schuppen hätten und für Jungs wäre es sicher ein Stück Abenteuer. Man könnte sie darin gut unterbringen. Und wie das stimmte! Schon allein wegen dieser abenteuerlichen Unterkunft konnten die beiden die ersten „Indianer-Ferien", wie sie es nannten, nicht erwarten. Die Bedingungen der „Quartierpflege" für die Winterferien waren ähnlich. Die Tochter meiner „Winterwirtin" hatte Jugendweihe – das war so etwas Ähnliches wie eine „sozialistische

Einsegnung". „Hinter den Bergen, mitten im Wald" gab es selbst zu solchen „halb politischen Feierlichkeiten" wie der Jugendweihe nichts für ihre Bürger an Besonderheiten. Doch der Bürgermeister der „Wintergemeinde" hatte es erreicht, dass er an die Jugendlichen der Jugendweihe ein Glas Sauerkirschen verteilen konnte. Alle sollen sich gefreut haben, vor allem der Bürgermeister soll mächtig stolz gewesen sein. Nun gab es wieder Sommerferien und die Jungs hatten den Schuppen für sich zum vierten Mal zu ihrem Urlaubsquartier erklärt. Ganz so spannend war es also für sie nicht mehr im Ostseeurlaub 1989. Aber für uns alle war er schön. Wir waren zusammen.

Eine Woche später entdeckte Hanna etwas an ihrer Brust, was sich wenige Tage später in Berlin als Brustkrebs herausstellte. Die verbleibende Woche der Unsicherheit und die Zeit danach war zermürbend. Zumal sich Hanna – und auch ich – darüber im Klaren war, dass kurze Zeit davor nichts an ihrer Brust zu bemerken war. Selbst ihr Frauenarzt hatte kurz davor nichts entdeckt, war sie doch pünktlich zu den Vorsorgeuntersuchungen gegangen. Jetzt waren es zwei bis drei ungebetene Zentimeter. Hanna war 43 Jahre jung. Bei näherer ärztlicher Untersuchung in Berlin wurde uns die Diagnose mitgeteilt, dass es sich um einen bösartigen Krebs handelte. Hanna musste ins Krankenhaus und wurde an einem Freitag, den 13. im Oktober 1989, operiert. Ein abergläubiges Datum, aber wir hofften auf Glück. Als ich nach Hannas OP an ihr Bett trat, wusste ich es, sie noch nicht. Hanna sah mich an und nickte leicht fragend, so als erwartete sie die Bestätigung, dass ihr nun eine Brust fehlte. Diese nicht ausgesprochene Frage bestätigend schloss ich kurz die Augen. Ich stellte mich neben sie und nahm ihre Hand. Sie hielt ihre Augen geschlossen, die sich allmählich mit Tränen füllten. Vor einem solchen Moment fürchtete ich mich, schon, als ich noch nichts wusste. Bevor Hanna ins Krankenhaus gegangen war, hatten wir natürlich über alles gesprochen. Auch über diese jetzt eingetretene Variante, weil aus meiner Erinnerung zur damaligen Zeit eine Total-OP nicht selten war. Frauen erzählten davon, dass sich deshalb Männer von ihren Frauen hätten scheiden lassen. Hanna brauchte sich darum nicht sorgen. Das wusste sie. Inzwischen kann ich mir in etwa vorstellen, was es den Frauen bedeutet, wenn sie nach einem solchen Eingriff um einen Teil ihrer Weiblichkeit beraubt sind. So etwas können wir Männer wahrscheinlich nicht gleichwertig nachempfinden. Es hilft nicht der Trost, dass die Außenwelt später von einer solchen OP nichts weiß, nichts sieht. Der Satz: „Du hast ja noch eine, die ich an dir streicheln kann" hilft auch nicht sehr. Ein solcher Satz beruhigt vielleicht und tut etwas für die Partnerschaft, psychisch ist eine solche Frau lädiert und trägt weiterhin die Angst in sich, ob sie eventuelle Metastasen hat und sie überlebt. Dann ist die gesamte Familie gefragt, dass solche Sorgen überwunden werden.

Neue Sorgen, alte verschwinden

Einen Monat nach Hannas Operation gab es keine Mauer mehr. Es war ein weltweit beeindruckender Moment. Sehr schnell lief das Leben auf ein Ereignis zu, das kein Mensch dieser Welt hätte voraussagen können. Doch wir hatten andere Probleme. Keine „Mauerfreude", sondern Sorgen mit sich einstellenden Notwendigkeiten nach Hannas Operation. Die Mauer ist gefallen ... am 09. November 1989! Den Moment des Geschehens, besser gesagt diese Nacht, habe ich nicht direkt miterlebt. Hanna war gerade aus dem Krankenhaus entlassen worden. So war meine, unsere Welt, in diesen Tagen anders orientiert. Als für mich die Tatsache in den nächsten Tagen publik wurde, war der Fakt zuerst sehr unglaubwürdig. Das konnte sich niemand vorstellen, der fast dreißig Jahre mit dieser Mauer gelebt hatte. Ein Staat, sich so einfach aufgebend? Die Arme heben und alles gewähren lassen? Das war doch nicht die DDR. Wo er, der Staat DDR, zu seiner Absicherung, statt aus Platten Wohnhäuser zu errichten, Wände zu seinem eigenen Schutz gebaut hatte? Wie konnte ein Staat, der vielfältig seine Bürger, auch mit Waffen und Anlagen, gefängnisgleich „absicherte", mit einem Federstrich seine Existenz und Ideologie widerstandslos aufgeben? Wer diesen vielfältigen DDR-Selbstschutz über die Jahre persönlich erlebte, ihn wenigstens beobachtete hatte – wie wir in Berlin – konnte es nicht glauben, wie einfach und ruhig das alles ablief. Da musste eigentlich noch was kommen. Mit dieser Angst dachte ich an den 04. Juni 1989, an das Blutbad auf dem „Platz des Himmlischen Friedens" in Peking. Diese Angst vor einer „chinesischen Lösung" geisterte sorgenvoll durch die Köpfe mancher Menschen. So auch durch meinen. Diese Variante traute ich unserem Staat in seiner Verzweiflung viel eher zu als die spätere glücklichere Lösung unserer dann erlebten Realität. Etwas hatte der plötzliche Mauerfall auch mit der Verunsicherung des Günter Schabowski, Mitglied des Politbüros der SED, zu tun. Wahrscheinlich. Er verkündete am 09.11.89 anlässlich einer Pressekonferenz zur Tagung des Zentralkomitees den Inhalt eines Gesetzes zur neuen Reiseregelung für DDR-Bürger, das offensichtlich unter öffentlichem Druck entstanden war. Sie sollte am nächsten Tag veröffentlicht werden. In Unkenntnis der Sperrfrist für eine verbindliche Auskunft antwortete er auf die Frage eines Journalisten, wann die neue Regelung in Kraft träte, etwas zögernd: „ab sofort, unverzüglich". Die neue Reiseordnung beinhaltete den Begriff der Antragstellung für eine Reise in den Westen. Doch die inzwischen revolutionär gestimmten Bürger deuteten diese Aussage anders, in ihrem Sinne – unverzüglich. Als viele Bürger von einer unverzüglichen Regelung hörten, ergriffen sie die Gunst der Stunde und liefen oder fuhren mit ihrem Trabi sofort an die Grenze. Jetzt wollten sie nach Westberlin, gleich und „unverzüglich" in den ersten Stunden, nachdem Günter Schabowski dieses Wort benutzt hatte. Sie wollten nicht länger warten. Sehr viele DDR-Bürger strömten über die Grenze nach Westberlin, weil die Grenzbeamten sich gegen die anstürmenden Menschenmassen nicht weiter widersetzen konnten und offenbar auch keinen Befehl dazu bekommen hatten. Es gab nun diese Chance, endlich umgehend in den Westen zu gelangen. Keiner wusste, wie lange und wie oft das noch möglich war. Jeder, der konnte, der wollte natürlich mal „rüber". Wenigstens mal gucken. Manche ließen ihre Kinder einfach zurück. Ein Chaos! Für Westluft schnuppern, Freiheit, Wohlstand. Mein Misstrauen gegenüber dem Staat gestattete mir nicht den Glauben daran, dass die Mauer, die nun ein „Loch" hatte, auch für den Rückweg geöffnet wäre. Ich traute der DDR zu, dass man die Leute, die nun unvorbereitet drüben waren, nicht mehr zurück lassen könnte. Aus Verbitterung. Aus meiner erahnten Überheblichkeit des Staates: „Wenn du unbedingt rüber wolltest, dann bleib doch drüben!"

Es gab keine Mauer mehr

Bei meiner gesundheitlichen Sorge um Hanna wollte ich kein Risiko eingehen. Die beobachtete Praxis brachte mir nach einigen Tagen jedoch die Sicherheit, zu meiner Mutter nach Steglitz fahren zu können. Einfach so.
Am „Tränenpalast", durch den ich jetzt unkontrolliert gehen konnte, um dann mit der S-Bahn nach Steglitz fahren zu können, stand ein DDR-Grenzsoldat, ohne Waffen, als Ordnungshüter oder einfach nur zur Demonstration, dass es sie, die Grenzer, noch gab. Er lächelte. Wofür man sich bei ihm durch Zurufe bedankte. Welch ein herrlicher Moment, denn das Minenspiel von denen, die mich früher amtlicherseits abfertigten, wenn ich mal zu meinen Eltern nach Westberlin fahren durfte, wirkte unnahbar und versteinert. Manchmal hasserfüllt. Ich fühlte mich damals wie ein Verbrecher beäugt. Na gut, nun war ich bei meiner Mutter und wäre dadurch erst mal mit etwas Westgeld versorgt gewesen. Mein Vater war ein Jahr vor der Wende gestorben. Die jedoch, die nur mal die Westluft schnuppern wollten, die hätten sich nicht mal einen Sahnebonbon kaufen können, wenn der Westen nicht an die „Ostbesucher" gedacht hätte. Jeder DDR-Besucher erhielt auf Banken und Sparkassen ein Begrüßungsgeld in Höhe von 100,00 DM. Das gelang manchmal nur, nachdem dieser Ostbesucher sich in den Menschenansammlungen vor den Banken herum gedrängelt hatte. Damit es mit den einhundert Mark halbwegs ehrlich zuging, wurde der Erhalt im Personalausweis vermerkt. Dieser Hunderter wurde von einigen Leuten oft und sofort „sinnvoll" angelegt. Es waren lange Lederjacken, die etwas weniger als diesen Hunderter kosteten. Die Käufer konnten aufgrund der einheitlichen Musterung ihrer neuen Kleidung Tage später in unserer S-Bahn wieder ausgemacht werden. Es waren nicht wenige. Die Mauer war durchlässig geworden, was niemand erwartet hatte. Die Menschen, die vor dem 9. November unbedingt die DDR verlassen wollten, hatten sich vorher andere Wege gesucht und nichts unterlassen, um für immer „rüber" zu kommen.

Noch gab es keine direkte telefonische Verbindung zwischen Ost- und Westberlin, nur mit Vorwahl, die oftmals besetzt war. Es gab noch keine Handys. Wir waren also aus Westberlin telefonisch noch nicht direkt erreichbar. Da war eine der Kontakt suchenden Firmen bald bereit, unserem Direktor ein damals übliches Monstrum von Feldtelefon zur Verfügung zu stellen. Eine Art „Ersatz-Handy". Damit konnte eine fernmündliche Verbindung von Ostberlin nach West oder Westberlin nach Ost „per Luft" zustande kommen. Über Düsseldorf oder Stuttgart in den anderen Teil der Stadt Berlin. Alle Menschen waren froh, dass sich wieder ein einheitliches Berlin abzeichnete. So auch meine Erfahrungen an der Uni. Viele Westberliner zeigten sich gerne und selbstlos bereit, uns das neue Leben bei uns lebbarer zu machen. Und wenn sich einer der Westunternehmer der Hoffnung hingegeben hätte, von der Uni ein Grundstück im Zentrum zu ergattern, dann wurde er bald enttäuscht, denn der Berliner Senat war kurz über lang ein gesamter Senat und hatte im Jahr darauf das Sagen über unsere Grundstücke. Das war gut so, wie der spätere Berliner Oberbürgermeister Wowereit in abgewandelter Form sagte.

Bevor die DDR am 03. Oktober 1990 der Bundesrepublik Deutschland beigetreten war, erfolgte am 1. Juli 1990 die Einführung der D-Mark in der DDR – im Rahmen der Währungsunion mit der DDR. Aus meiner Sicht eine beeindruckende Toleranz dieses BRD-Staates den mehr als 17 Millionen DDR-Bürgern gegenüber. Ich fragte mich damals, wie dieser Staat das wirtschaftlich verkraftete. Aber solche Gedanken durften sich andere machen. Die Menschen „von da drüben" waren im Sprachgebrauch keine Westler mehr, sondern *Wessis* und wir waren die *Ossis*. Über die Zeit machten die Ossis mit den Wessis und die Wessis mit den Ossis im gegenseitigen Umgang ihre Erfahrungen, sodass aus den Ossis „die stöhnenden Ossis" und aus den Wessis die „besser wissenden Wessis", also die „Besserwessis" wurden. Das kam daher, weil wir Ossis den Eindruck hatten, der Wessi glaubte, dass wir von manchen Dingen noch nichts gehört hätten, was wir aber schon lange wussten, vorsichtig ausgedrückt. Die Realität war teilweise härter als dieser

Wortwitz, weil einige der Wessis meinten, die Wissenderen zu sein, uns dies zeigen und bei uns durchsetzen zu müssen. Darüber stöhnte natürlich der Ossi. Dass sich so etwas halbwegs regulierte, brauchte seine 20 Jahre. Also, nun waren wir bald DM-Verdiener. Was 1991 in unserem Direktorat an der Uni während einer Dienstberatung geschah, habe ich jedoch bis heute nicht nachvollziehen können. Wir saßen zur Dienstberatung bei unserem Direktor in der Leitungssitzung. Plötzlich öffnete sich die Tür und der Verwaltungsdirektor, der noch für alle nichtwissenschaftlichen Bereiche zuständig war, trat unerwartet ein. Ihm folgte ein Mann mittleren Alters, den wir alle nicht kannten. Selbst mein Direktor war überrascht. Ich beschreibe die folgende Situation nur kurz, weil sie viel länger nicht war, dafür aber unverhofft und peinlich genug. Mit wenigen Worten machte der Verwaltungsdirektor meinem Direktor klar, dass der Mann, von dem er begleitet wurde, ab sofort sein Nachfolger sei. Mir läuft es noch immer eiskalt über den Rücken, wenn ich an diese Situation denke. Kein öffentliches Wort über das „Warum", mit welchem Recht? Warum dieser Wechsel überhaupt und so spontan erfolgte? Der „Alte" ging raus, der „Neue" blieb drin. Auf gleich, in der Leitungssitzung. Als der Ehemalige dem Verwaltungsdirektor folgte und im Türrahmen stand, den er fast ausfüllte, drehte er sich um und sah uns alle noch einmal ganz ruhig an. Ein großer Mensch verließ diesen Raum, den man „klein" machte. In dieser Situation sehe ich den bisherigen Direktor noch vor mir. Er war körperlich ein Riese von Mensch. Seine geistige Potenz stand seiner Statur in nichts nach. An Aktivität ein Übermensch, der in puncto Einsatzbereitschaft von jedem Maximales abverlangte, was er selbst immer eingebracht hatte. Dass er neben seiner Tasche täglich zwei „ostdeutsche bunte Stoffbeutel" mit Post mit nach Hause nahm, um die noch abends zu bearbeiten, war sprichwörtlich. Er war größer als ich, vielleicht zwei Meter, hatte „Schippen" statt Hände. Was nicht zu seinen Händen passte, war, dass sie zart wie von einem sensiblen Arzt waren. Sie hatten die Anforderung ihrer früheren Tätigkeit auf dem Bau über die Zeit abgelegt. Manchmal war er zu sich selber sensibel wie ein Rennpferd, dieser große Mann. Das war er auch gelegentlich gegenüber der Obrigkeit. Eine Position, die man von ihm nicht erwartete, aber er hatte mal im Offiziersrang gestanden. Daher also und vielleicht dieses Exempel? Trotzdem hatte er rücksichtsvolle Züge im Umgang mit „Außerirdischen", also mit anderen, die nicht zu seinen Mitarbeitern zählten. Gegenüber seinen „Vasallen" setzte er sich und seine Vorstellungen voll durch. Sein Wort war Gesetz. So setzte er es bei den Bauleitern durch, dass sie täglich eine Krawatte trugen. Das stieß auf keine Begeisterung. Es wurde aber vom Direktor durchgesetzt. Wenn ein Bauleiter bei einem Dekan oder Professor vorsprechen musste, trug er so sein Niveau zur Schau. Selbst wenn die Wissenschaftler anfingen, immer legerer mit sich umzugehen. Dieser Bauleiter war kein „Baulude", mit dem man so einfach machen konnte, was man wollte. Die Krawatte sollte zu dieser Meinung beitragen, was sie mit ihrer Wirkung auch tat. Obwohl ich beruflich nahe an jeder Informationsquelle war, habe ich nie davon erfahren, was der wahre Grund dieses plötzlichen Rollentauschs unseres Direktors war. Später ist es mir immer wieder durch den Kopf gegangen, wie es unbemerkt möglich war, dass dieser Wechselprozess so schlagartig ablaufen konnte. Eigentlich ging das gar nicht, denn eine solche Tätigkeit in dieser Größenordnung entsprach der eines Baudirektors, für einen Beamten im Höheren Dienst. Für deren Neubesetzung war selbstverständlich eine Auswahlentscheidung notwendig. Dem ging normaler Weise eine öffentliche Ausschreibung voraus. Soweit das Förmliche. Diese Voraussetzung wird vielleicht schon intern und hinter verschlossenen Türen stattgefunden haben. Der Wechsel zwischen altem und neuem Chef vollzog sich jedenfalls ohne eine Form der Übergabe, der Einarbeitung. Was unter diesen Umständen auch nicht zu erwarten gewesen wäre. Vielleicht lag es an mir, dass ich mir so einen Wechsel aus dem Stand nicht gut vorstellen konnte, weil der inhaltliche Umfang, über den „unser Alter" bisher geherrscht hatte, so gewaltig war. Es wurde aber durchgezogen und lief irgendwie, denn jeder Sachbereich hatte seinen eigenen Leiter.

Der Weg in die erhoffte Zukunft

Unser Schreck bei Hanna durch die eine fehlende Brusthälfte wurde abgelöst durch jahrelange, ständige Arztbesuche bei einer Onkologin, mit Chemotherapien, nachfolgendem Haarausfall, Perücke kaufen, Begegnung mit Leidensgefährtinnen, wieder wachsen der Haare, mit Hoffnung und süßen Locken und Kuraufenthalt. Abgelöst mit dem Kenntnisnehmen von Metastasen in der Leber. Neue Chemotherapie und neue Hoffnung, neuer Kuraufenthalt, einen neuen Port einoperieren, weitere Krankschreibungen bis zur Berentung, Vergrößerung der zwei Metastasen auf 8 und 13 Zentimeter in der Leber. Dazwischen immer ein strahlendes, hoffnungsvolles Lächeln von Hanna. Die Krankheit bei ihr war in die Jahre gegangen, mit Ruhephasen der Hoffnung, die wir erlebnisreich gefüllt haben. Wir sind verreist. Peking, Marokko, Bodensee, Grand Canaria, Riesengebirge, Teneriffa ... All das waren Ziele, um Hanna etwas vom Leben zu bringen. Wir sind miteinander umgegangen, als wäre das Leben unendlich und voller Zuversicht. Diese Hoffnung war etwas berechtigt, denn seit dem letzten Test wusste Hanna, dass die Metastasen, bis nur noch auf einmal 4 Zentimeter, zurückgegangen waren. Die Mutter von Hanna besaß ein Gartengrundstück mit Holzhaus. Dort hatte ich es innen, über den ganzen Sommer, ausgebaut. Künstliche Deckenbalken eingezogen, seitlich eine Terrassentür eingebaut sowie andere Fenster in die Veranda. Nun war das Bauen abgeschlossen und wir kauften Bauernmöbel, die in etwa sechs Wochen, Ende November, geliefert werden sollten und wurden. Der letzte Schrank war endlich da und übermorgen wollten wir beide hinfahren, Hanna alles vorführen. Das kleine Holzhaus war ein bäuerliches Schmuckstück geworden. Wieder ein Stück Leben, ein großes Stück Gemeinsamkeit – und Liebe. Ich freute mich auf Hannas Freude. Auf ihr Lächeln. Am Morgen vor dem Tag mit dem erhofften Erlebnis, sah Hannas Gesichtsfarbe gelb aus. Sie hatte starke Schmerzen. Die kannte sie bisher nicht. Hanna blieb im Bett und ich rief die Ärztin. Informierte sofort meine Schwägerin, die Hanna extern medizinisch betreute, war sie doch

Oberärztin für Inneres in einem Krankenhaus. Hanna lag krank auf der rechten Seite des Ehebettes. Es stand so, dass ich schnell bei ihr sein konnte, wenn sie mich rief. Ich sah es ihnen an. Die beiden Ärztinnen sagten mir weniger, als sie wussten. Die Onkologin klebte Hanna morphine Pflaster, täglich stärkere. Und Hanna wurde täglich gelber. Diese Verfärbung war weit über ihr Gesicht, hoch über der Stirn wahrnehmbar, war doch ihr Kopf seit der letzten Chemotherapie noch immer haarlos. Ich stand am Bett neben Hanna. Machtlos, verunsichert, hilflos. Mein Bett wurde inzwischen zur Hilfsapotheke, sah zumindest so aus. Meine Matratze hatte ich herausgenommen und schlief darauf neben dem Bett von Hanna. Ich wollte ihr möglichst nahe sein. Es waren nur wenige Tage vor dem Heiligen Abend, da konnte Hanna dank der Pflaster noch einmal aufstehen. Der Große hatte sich mit Schwiegertochter angesagt und der ganz kleinen, neugeborenen Enkeltochter. Hanna freute sich riesig auf diesen Moment, würde sie doch das Baby erstmalig sehen und auf dem Arm halten dürfen. Verunsichert darüber, was mit ihr in den letzten Tagen geschehen war, saß Hanna auf der Couch und hatte, den Besuch erwartend, ein Tuch um ihren Kopf gebunden. Sie wollte nicht immer das haarlose Ergebnis der Chemo vorführen. Die Ärztin hatte ihr mit dem Pflaster den Schmerz genommen. Und damit Hanna bewusste Stunden ihres Lebens geschenkt. Spürte sie jetzt die auf sie zukommende Endlichkeit? Hanna hatte bisher keinen „Kampf" verloren, weil man den Krebs – im Sinne des Wortes – nicht "besiegen" kann. Eine für mich unmögliche Formulierung (in den Medien oder im umgangssprachlichen Bereich), wenn man sich mit ihm „einigen" will, darauf, weiter leben zu dürfen. Oder nicht? Wenn man es schafft, dann sollte man ihn „annehmen", als einen Teil des eigenen Körpers. So absurd dieser Gedanke auf den ersten Moment klingen mag, jedoch, wenn er als ein Teil des Körpers akzeptiert ist, kann man ihn von sich gehen lassen – wenn man es schafft.

Manchmal klopft er etwas später wieder an. Hanna ist mit ihm hoffnungsvoll umgegangen, ihn ertragend und dabei doch das schwarze Loch in der Ferne nicht auszuschließend .

Meistens dabei auch für ihre direkte Umwelt immer Optimismus ausstrahlend … In meiner Erinnerung sehe ich Hanna auf der Couch sitzen, das Baby auf dem Arm, dieses wunderbare neue Leben. Innerlich darüber glückstrahlend, dass sich *ihr* Leben durch das Baby fortsetzt. Uns diese Gefühle zu zeigen, dazu hatte sie keine Kraft mehr. Aber sie wirkte selig. In dieser Ruhe des stillen „Glücks" erzählte plötzlich der Große, dass sie über Weihnachten und Silvester nach Thüringen fahren werden, die Festtage bei der Mutter seiner Frau zu verleben, um dort auch mit Freunden ins neue Jahr zu feiern.
Nachdem er das gesagt hatte, habe ich mir den Großen gegriffen und bin mit ihm auf den Korridor gegangen. Fragte ihn, ob er sich bewusst sei, was er jetzt eben seiner Mutter angetan hätte, mit dieser Ankündigung. „Du, Großer, deine Mutter stirbt und wenn du dich nicht zur richtigen Zeit von ihr verabschiedest, dann wirst du es dir dein Leben lang nicht verzeihen." Er antwortete: „Wir sind aber in Thüringen verabredet und können nicht absagen. Wenn es während dieser Zeit passieren sollte, dann kannst du mich ja anrufen." Ich sah ihm in die Augen uns sagte: „Ich hoffe für dich, du wirst es nicht eines Tages bereuen, dass du beim Heimgang deiner Mutter nicht in ihrer Nähe warst." Ich wusste, dass er es sich ewig vorwerfen wird.

Hanna starb.
Mit 49 Jahren ist sie zwischen Weihnachten und Silvester 1995 eingeschlafen, etwa eine Woche nach dem Besuch der neuen, kleinen Familie. Ich sah meine Frau von mir gehen, mit der ich bis ans Ende meiner Tage leben wollte. Als Hanna sich von ihrem „Hier" verabschiedet hatte, war ihr Sohn, der „Kleine" da. Ich hörte sein „Glöckchenlachen" aus dem Nebenzimmer, in dem er mit seinem Freund saß. Sollte ich ihm sagen, dass sein Lachen gleich verstummen wird, weil seine Mutter aufgehört hat zu atmen?

Als ich anfing, dieses Teilkapitel von Hanna zu schreiben, da habe ich nicht vermutet, dass Hanna heute für mich erneut gestorben ist. Mit meinem Schmerz in mir – im Jetzt.

1998 konnte ich, der Büroleiter per „Goldenen Handschlag", mit Abfindung in Rente gehen. Schluss. Ich habe meinen Ausstand gegeben für alle die, die gerne kommen wollten. Es waren viele.

Abgelenkt, aber kein Trost

Um mich nach dem Tod von Hanna wieder einzufangen, wollte ich mich auf andere Gedanken bringen und buchte eine Reise nach Ägypten. Drei Wochen mit Kairo, den Pyramiden und den Nil rauf und runter. Danach rüber zum Roten Meer und mit einem kleinen Passagierdampfer von Hurghada, den Golf von Suez bis Suez rauf, in den Golf von Aqaba – rüber nach Jordanien mit Petra und Israel mit Eilat, über die Sinaihalbinsel mit Sharm el Sheik nach Safaga, Ägypten – wieder zurück. Das war meine kleine Weltreise. Voll der ausländischen Erlebnisse war ich wieder zu Hause. Nach drei Wochen mit der Empfindung, ich wäre die doppelte Zeit unterwegs gewesen.

Durch eine „artige" Empfehlung aus meinem weiblichen Freundeskreis wurde ich telefonisch mit einer Frau aus Cottbus bekannt gemacht, weil man offenbar dachte, dass es an der Zeit wäre, meine Zeit des Alleinseins zu beenden. Diese Frau rief mich an und in dem Gespräch kam von ihr so viel angenehm rüber, dass ich danach recht interessiert war, sie kennen zu lernen. Sie wohnte in Cottbus und war Lehrerin. Cottbus ist mit etwas mehr als 100 Kilometern so nahe, dass der Berliner sagt: „Cottbus? Na, det is ja och bei Berlin". In diesem Moment meines Lebens hatte ich ein, mein mir auferlegtes Prinzip, unbeachtet gelassen: nie eine Lehrerin! Das aus einigen beobachteten Erfahrungen. In der Ehe meines ehemaligen Schwagers – seine Frau war Lehrerin – hatte ich einiges bemerkt, was diese Beobachtung bei mir zu einer Grundeinstellung gegen Lehrerinnen in der Partnerschaft werden ließ. Zwei Freunde von mir hatten auch eine Frau mit diesem Beruf. Lehrerinnen müssen wahrscheinlich oft in der Schule ein Auftreten haben, was für mich im Eheleben abträglich schien. Dieser in mir verschütteten Erkenntnis wurde ich mir erst etwas spät wieder bewusst. Verzeihung, ihr lieben Lehrerinnen, die ihr doch so ganz anders seid. Wie sollt ihr halbtags bestimmen müssen und an dem anderen halben Tag ein Kätzchen sein können? Ich fuhr nach Cottbus, sie, Lisa war ihr Name, kam nach Berlin. Sie wirkte wie eine inzwischen länger alleinstehende Lehrerin. Ich, der nicht gerne unter psychischen Aspekten kämpft, entsprach meist ihren Wünschen und Vorstellungen. Was sicherlich schon am Anfang ein Fehler war. Anfänglich meinte Lisa, ich wäre etwas ganz Besonderes. Davon ließ ich mich nicht einfangen, denn ich bemerkte anfangs nicht, wodurch bei ihr dieser Eindruck entstanden sein könnte. Es schmeichelte mir trotzdem, machte mich allerdings stutzig und unbeeindruckt. Dann beobachtete ich jedoch, dass sich ihre Meinung manifestierte, sie diese glaubwürdig begründen konnte und entsprechend mit mir umging. Ich fand die Lisa ganz nett, sympathisch, unter verschiedenen Aspekten durchaus zu mir passend. Aber die große Liebe war es nicht. Ihre Art des Umgangs mit mir war keine Ute und keine Hanna. Die Konsequenz daraus hatte ich wieder mal verdrängt. Helga hätte mir doch in meiner Erinnerung zur Genüge als negatives Beispiel dienen können, was passiert, wenn die Liebe fehlt. Ich blieb noch ein Jahr in Berlin. War noch kein Rentner, wollte aber bald mit Abfindung um zwei Jahre früher in Rente gehen. Dann würde ich zu Lisa nach Cottbus umziehen, denn Lisa war fünf Jahre jünger als ich und musste noch weiter als Lehrerin in Cottbus arbeiten. Eigentlich hätte ich durch einige Situationen gelernt haben müssen, wieder mal auf meinen Bauch zu hören. Der machte sich diesmal aber erst später bemerkbar, als alles zu spät war, denn „mein Schicksal" hatte mich schon nach Cottbus getrieben. Ich saß an den Wochenenden im Zug nach Cottbus, bat ganz leise den Zug, dass er langsamer fahren möge, nicht so schnell, weil ich mich nicht aufs Ankommen freute, nicht auf Lisa. Und wenn ich an das kommende Gegenüber und an die Stunden und Tage mit ihr dachte, erreichte mich ein mulmiges Gefühl im Magen. Mir ging es nicht gut. Mein Rücken unterstützte noch zusätzlich zu Magen und Bauch die Rebellion, indem ich im Rücken bald unter großen Schmerzen litt. Deren Ursache wurde von verschiedenen Ärzten nicht erkannt. Zwischen Lisa und mir kam es durch den „Einspruch" meines Rückens zu einem von Lisa unverstandenen, nicht immer ehegerechten Leben. Missstimmung war angesagt, weil dem Rücken nicht geglaubt wurde. Vielleicht glaubte ihm aber meine Seele. Damals dachte ich oft, dass mein verspätetes Bauchgefühl dem Rücken einen solchen Schmerzauftrag gegeben haben könnte, wäre nicht wirklich mal ein Dorn im Spinalkanal diagnostiziert und operiert worden. Doch den Empfindungen meiner Seele hätte ich eine solche „Hilfeleistung" durchaus zugetraut. Die Einstellung von Lisa zu mir, dass ich was Besonderes sei, war über die Zeit merklich verflacht. Doch dann, ich weiß wirklich nicht mehr warum, gab es von Lisa ausgehend mit mir und über mich – besser gesagt gegen mich – lange Gespräche. Oft über vier Stunden. Es kann nichts Tiefgreifendes gewesen sein, sonst wüsste ich noch die Themen. Trotzdem ging ich in Rente und zog nach Cottbus. Einmal ging es um eine moralische Verantwortung aus meiner Vergangenheit, zu der ich stand. Die sie aus ihrem Verständnis nicht begriff, weil es vielleicht meine Konzentration auf sie schmälerte. Lisa tat mein Problem mit Nonsens ab. Als ich einmal ihrer Interpretation nicht entsprach, ist sie sogar mit den Fäusten auf mich losgegangen und hat sich später über die blauen Flecke auf ihrem Oberarm aufgeregt, weil ich sie festgehalten hatte. Dieses Vorkommnis geschah in dem zweiten Jahr unserer Gemeinsamkeit. Zu diesem Zeitpunkt hatte ich noch meine Wohnung in Berlin und ich hätte dortbleiben können – eigentlich sollen. Ich hätte von dort diese Beziehung „austrocknen" lassen müssen. Aber was habe ich gemacht? Ich bin unbegründet zu Kreuze gekrochen. Wegen der Harmonie, was ich mir später nicht verziehen habe. Wie in Trance reagierte ich, denn eigentlich wäre in Berlin zu bleiben die glücklichere Lösung für mich gewesen. Diese Idee kam zu spät für mich, denn die Kündigungszeit der Wohnung war längst verstrichen. Berlin und Wohnung gab es für mich nun nicht mehr. Symbolisch gesagt: Die vierstündigen Gespräche wiederholten sich in immer kürzeren Abständen. Die Antipathie und das gegenseitige Unverständnis wuchsen, sodass wir nach sechs Jahren zu der einheitlichen Erkenntnis kamen, dass es gemeinsam nicht mehr geht. Wir einigten uns über die Verteilung des gemeinsamen Gutes. Ich war mit der sich ergebenden Variante zufrieden, denn der andere Teil entsprach ohnehin nicht meiner gedanklichen Zukunft. Insofern klappte die Teilung ganz gut, auch weil wir das vorhandene Geld zu gleichen Teilen trennten, unabhängig, von wem es ursprünglich kam. Ich wollte damit jede weitere Diskussion vermeiden, die Lisas Zustimmung zu unserem „Trennungsbegehren" wieder zunichtegemacht haben könnte. Monate vor dem verabredeten Trennungstermin fand ich meine zukünftige Wohnung in einer Hauptstraße mit Straßenbahnbetrieb. Eine kleine, recht hübsche Zweizimmerwohnung, mit eingebauter Küche, Balkon und Bad. Die Wohnung lag komplett nach hinten raus, zu einem Park; von Straßenbahn und Autos war nichts zu hören. Gelegentlich hatte ich auf meinem Balkon ein Eichhörnchen zu Gast. Nachdem ich diese Wohnung bezogen hatte, ging es mir gut. Ich richtete sie mir schön ein und konnte endlich zur Ruhe kommen und mich wieder wohl fühlen. Meinem Bauch ging es wieder gut.

Rentner mit Traumberuf

Nach Hannas Tod zog ich also nach Cottbus, zu Lisa. Eigentlich könnte ich ja noch was machen, dachte ich. Das meinte besonders Lisa recht intensiv und bedrängte mich diesbezüglich immer wieder. Was könnte es aber sein, dass mir auch Spaß machen würde?

Beim Surfen durch die Fernsehprogramme bin ich bei einem privaten TV-Sender in Cottbus hängen geblieben, der aktuelle Beiträge vom Stadtgeschehen sendete. Fast rund um die Uhr lief ein täglich wechselndes einstündiges Informationsprogramm, ergänzt mit ortsgebundener Werbung, durch die sich dieser Sender offensichtlich finanzierte. Als ich mir dieses Senders bewusster wurde, kam ich auf den Gedanken, dass dieser TV für mich die richtige Größe haben könnte, um mich dort eventuell einzubringen. Ich beschloss, bei ihm mal anzurufen. Das tat ich dann auch und erzählte dem Geschäftsführer von mir und meiner letzten Tätigkeit als Produktionsleiter. Ich wurde zu einem Gespräch eingeladen. Nach dem Telefonat war bei mir erst mal Freude und Neugier angesagt. Beim Sender stellte ich mich vor, ehe dann gleich die Enttäuschung folgte, denn ein Produktionsleiter wurde – aufgrund der geringen Größe des Unternehmens – nicht gebraucht und Bedarf für einen, der organisieren kann, den gab es auch nicht. ‚Pech gehabt', dachte ich so. Doch der Redaktionsleiter, der Gesprächsführender war, fragte mich, ob ich mit einer Kamera umgehen könne. Da ich das konnte, wie ich meinte, drückte er mir einen Camcorder in die Hand mit dem Vorschlag, ein Sujet über die zurzeit stattfindende Blumenschau in Luckau zu drehen. Eine Blumenausstellung zu filmen, etwas Schöneres gibt es fast nicht. Kurz, ich realisierte die übertragene Aufgabe zu seiner vollsten Zufriedenheit, wie er ausführte. Er sah sich nur wenige Einstellungen an, ging mit mir zum Geschäftsführer und ich war von da an ein freiberuflicher Videojournalist, auf monatlicher 400 Euro-Basis, bei 50,00 € pro Beitrag. Meine Haupteinsätze seien an den Wochenenden, wurde mir gesagt und jeweils am Freitag würde ich erfahren, wo und wann ich zu welchem Thema zu drehen hätte. Den Text zu meinen Beiträgen könne ich auch schreiben und ein Timecode müsse ebenfalls angefertigt werden. Das ist, in Anlehnung an meinen Text, der Hinweis für den Schnittmeister, welche Einstellungen, in welcher Länge eingeschnitten werden sollten. Ich sagte zu, bei ihnen einzusteigen. Innerlich jubelnd kreuzte ich zu Hause auf und erzählte Lisa freudig von meiner Zukunft. Jetzt kam das „Doch" von Lisa, denn sie war nicht von meiner künftigen Betätigung begeistert. Schon gar nicht beeindruckt. Warum? Später hatte ich den Eindruck, wegen der Exotik meiner neuen Aufgabe, die nicht ihre war. Doch im Moment musste meine Arbeit an den Wochenenden als Grund für ihren Widerspruch herhalten. „Du gehst arbeiten, wenn ich hier herumsitze." Noch war Lisa Lehrerin und keine Rentnerin. ‚Manchmal kann man machen, was man will, es ist alles und immer falsch', dachte ich.

Da hätte jetzt passieren können, was wollte, ich wäre von meinem Traumjob, geboren schon in meiner Jugendzeit, nicht mehr abzubringen gewesen. Ich war happy, euphorisch und einfach nur glücklich. Jedenfalls ließ ich es bei meiner Zusage und war ab jetzt ein gelegentlicher Videojournalist. Ein Videojournalist ist ein Kameramann mit journalistischen Aufgaben. Kameramann, natürlich erst mal Kameraassistent, das wollte ich schon zu gern zu der Zeit werden, als ich zwischen 1953 und 1960 auf der Suche nach der vergeblichen Veränderung meiner Arbeit war. Jetzt – als Rentner – bot sich für mich die Chance, mir meinen Jugendtraum zu erfüllen. Eigentlich war es eine kuriose Situation, wie so ein Lebensweg rund werden konnte. Es gab bei mir mal eine Zeit, zu der ich über einen Weg als Regisseur nachgedacht hatte. Da hatte mich mein Wunschdenken für den Kameramann wegen Unrealisierbarkeit völlig verlassen, weil es die Laufbahn über den Kameraassistenten zum Kameramann ab etwa 1960 nicht mehr gab. Die Arbeit eines Kameramannes bedingte zu der Zeit schon ein vorausgehendes Studium. Wenn ich mir jetzt in Cottbus meinen Jugendtraum erfüllen wollte, dann musste ich natürlich wieder mal in etwas Neues eintauchen, obwohl ich das Große und Ganze meinte zu kennen. Unbekannt war mir schon noch einiges, aber ich wollte diese Chance jetzt zu gern nutzen, weil ich meinte, etwas in mir zu haben, das Bildgestaltung hieß. Mit viel Freude und Interesse nahm ich das Neue in Angriff. Ich musste mich auf ein Kamerasystem einschießen, wie man es bei Reportagen im Fernsehen sah. Die Arbeit am Schneidetisch mit Timecode und der zweckorientierte Umgang mit dem Text waren Dinge, in die ich mich auch hineinüben musste. Dabei hatte ich in meinem kollegialen Umfeld vier junge Journalisten, die meine Enkel hätten sein können, von denen ich interessiert, aber auch beobachtend aufgenommen wurde. So etwa nach dem Motto: *Mal sehen, was der alte Knacker auf dem Kasten hat.* Von den jugendlichen Praktikanten, die hier auch herumgeisterten, waren die vier in Sachen Arbeitsfreude und fachlichem Interesse bisher nie verwöhnt worden. Ich konnte sie bezüglich aller mir noch fremden Abläufe befragen und erhielt bereitwillige Auskünfte. Zunächst sorgte ich bei ihnen für Erleichterung, indem ich einen Teil des Wochenenddienstes abdeckte, wodurch sie dann frei hatten. Das brachte mir schon mal einen Hauch von Sympathie ein. Über die Zeit gelang es mir auch, ihnen fachlich zu beweisen, dass ich einer von ihnen war. Wir fanden einen Umgang miteinander, der mir bald die Rolle des „kollegialen Großvaters" einbrachte: vom Meckern, mal über einem „schrägen Stoß" zu beichten bis hin zum Rat fragen , auch zu den Dingen der Liebe; es waren alle Themen dabei. Ich pries mich glücklich, dass sie mir vertrauten und mir gestatteten, bei ihnen diese Stelle einnehmen zu dürfen. Ganz besondere Kontakte bauten sich für mich bei der einzigen jungen Frau in unserer Truppe auf, einer sympathischen Blondine und einem anfänglich vierschrötig wirkenden, großen jungen Mann, der seine Sendebeiträge scheinbar unauffällig, aber sehr bestimmt realisierte, zu denen die Chefs nichts zu reklamieren hatten und wenn ja, sie es lieber hätten bleiben lassen sollen. Später hatte ich Verständnis für sein anfängliches, etwas abwartendes, fast arrogant wirkendes Verhalten mir gegenüber, denn der tägliche Schock beim Umgang mit den oft neuen, häufig wechselnden Praktikanten saß bei ihm offensichtlich so tief, dass er mir vorerst lieber aus der Entfernung abwartend zusah. Als wir uns dann später näher kannten, entstand zwischen uns eine tolle Zusammenarbeit. Er war für mich mein „Anlehnpunkt" im

Sender. Ich glaube aber nicht, dass er sich dessen jemals bewusst wurde. Ich ließ es ihn spüren, sagte es aber nicht. Schade. Mitten in meiner „Amtszeit" – sie dauert von 2000 bis 2005 – verließ er uns und ging zur Universität Senftenberg. Dort war für ihn die allmonatliche Gehaltszahlung verständlicher Weise verlässlicher als bei diesem Privatsender. Die blonde Haarfarbe war nicht das, was unser einziges weibliches Mitglied auszeichnete, sondern sie war eine richtig verlässliche „Kumpeline", die ihre Arbeit gut machte. Sehr sympathisch. Sie zog auch mit der Kamera durch die Gegend, wie wir Männer. Doch ich denke, dass dieser Umgang mit dem „Gerät" für sie über die Zeit zu schwer wurde, denn irgendwann konzentrierte sie sich mehr – bzw. hatte offenbar mehr Freude – auf die redaktionelle Arbeit und begleitete dann einen Kameramann, führte die Interviews, machte den Text und schnitt selbst, derweil der Filmoperateur schon und wieder anderswo drehte. Das lag ihr mehr.

In der Regel erfuhr ich freitags von der Redaktion, was ich zu drehen hatte. Es handelte sich pro Wochenende meist um zwei Beiträge, die ich versuchte, je nach Thematik und Termin des Ereignisses, an einem Wochenendtag zu realisieren. Damit erreichte ich eine gewisse oppositionelle Ruhe bei Lisa, allerdings kein merkliches Interesse für das, was ich machte. Anfänglich war ich euphorisch, drehen zu wollen. Wenn man mir am Freitag sagte, es gäbe nichts für mich, war das die größte Enttäuschung. Damit ich bei der Redaktion nicht eventuell in Vergessenheit geraten würde, ließ ich mir einfallen, die „Lausitzer Rundschau" zu abonnieren. Über die Woche konnte ich aufmerksam in dieser Zeitung studieren, wer, was und wo am Wochenende welche Veranstaltung durchführt, die für unseren Sender zum Berichten von Interesse sein könnte. Wenn nun vom Redakteur die Nachricht kam: „Wir haben nichts für dich", hatte ich meist was in petto, was ich vorschlagen konnte. In den meisten Fällen ging der Redakteur auf meinen Vorschlag ein und ich war glücklich. Er meist auch. Der Wochenend-Dreh musste am Montag, 18 Uhr, stehen. Da war für meist 24 Stunden der Sendebeginn des jeweiligen Zyklus. Also hatte ich Sonntagabend die Texte fertig, damit ich

Montag früh die Liste mit den Timecodes am Schneidetisch machen konnte. Dazu musste ich mir rechtzeitig am Montagmorgen einen Platz an einem der beiden Schneidetische ergattern und anschließend den Schnittmeister davon überzeugen, dass „mein Beitrag der wichtigste war", damit wir beide den Sendebeitrag bald fertigstellten konnten. Obwohl der Cutter meinen Code hatte, war es sinnvoll, beim Schnitt dabei zu sein. Die Wirklichkeit für meine Agilität bei Schnitt war, dass ich möglichst bald aus dem Studio wieder verschwinden wollte. Um 18 Uhr „zappelte" ich anfänglich natürlich zu Hause vor dem Fernseher, interessiert und aufgeregt, um die jeweilige Wirkung der Premiere meiner Beiträge zu erleben. Also den ersten Durchlauf, denn wie schon gesagt, ab da lief ja alles rund um die Uhr, immer wieder. Warum dieser Moment immer wieder etwas Besonderes für mich war und blieb, das weiß ich nicht, es war wie das Lampenfieber vor einem Auftritt, wie wir sie heute unternehmen, aber dazu später. Vielleicht auch, weil jetzt mein Produkt die Öffentlichkeit erreichte. Ansonsten kannte ich ja alles nach dem Schnitt, denn dann war das Bild fertig. Der Text war passend eingelesen, erst mal von mir. Vom Sprecher, für die Sendung, wurde er später hinzugefügt. Meine Freude, und ehrlich auch meinen inneren Stolz zu dieser Premiere, wollte ich gern mit Lisa gemeinsam erleben und teilen. Geteilte Freude ist doppelte Freude. Doch meist kam ein: „… das läuft ja noch so oft, daher kann ich es mir ja später mal ansehen." Und so saß ich dann allein, nur mit halber Freude, in meiner Premiere. Wichtig war für mich dafür, mit einem gewissen Insiderwissen ins Rennen zu gehen. Das konnte ich mir meist zuvor aus der Cottbuser Tageszeitung erlesen oder holte es mir aus dem Internet. Es war wichtig, so meinte ich, vorher erfahren zu haben, worum es gehen würde, denn so konnte ich mir schon im Voraus Gedanken über die Gestaltung machen. Quasi ein „Drehbuch" über etwa zwei Minuten Sendezeit pro Beitrag, mit einem Text über zwei, für den Sprecher größer geschriebene Computerseiten. Zwei Minuten scheinen kurz zu sein, doch wenn Du mal zwei Minuten konzentriert auf die Uhr siehst, ahnst Du, wie viel Information in diese Zeit passt und wie viel Bild dafür gebraucht wird. Die Thematik war gelegentlich so, dass ich schon im Vorfeld mit einem Textentwurf starten konnte.

Diese Methode gelang mir – und war besonders sinnvoll –, wenn ich manchmal abends bei Lesungen in der Buchhandlung drehte. Da es in der Regel um einen konkreten Buchtitel einer Neuerscheinung ging, brachte mir das Internet eine hervorragende Information über Autor, Inhalt und Details für meinen Text. Wenn ich dann in der Buchhandlung erschien, in der diese Lesung stattfand, wusste ich schon alles über den jeweiligen Autor und den Inhalt des Buches. Eigentlich ging ich immer mit einem halbfertigen Text hin. Entsprechend meinen Vorstellungen und dem Erarbeiteten. Für etwaige Überraschungen hatte ich natürlich immer einen Platz. Der Buchhändler kannte das schon inzwischen von mir, ließ sich meinen Text zeigen, griente und wusste nun auch alles, was an diesem Abend thematisiert würde. So sagte er es scherzhaft. Was natürlich noch fehlte, waren die individuellen Aussagen der Autoren und die Antworten auf Leserfragen im O-Ton, am Ende der Lesung. Das würzte noch meinen Textinhalt. Damit mein Entwurf dieses gesprochene Wort anlehnend ergänzte, musste ich dann meinen Text nur noch passend angleichen. Das war nicht weiter schlimm, immerhin hatte ich meine große Linie. Vor der Lesung, während die Zuhörer eintrafen, musste ich einen Weißabgleich machen, indem ich das Kameraobjektiv auf einen weißen Bogen richtete, was unverstandene Neugier bei den eintreffenden Zuhörern hervorrief. Ich erklärte es den Fragenden, dass die Kamera dumm sei und ich ihr damit zeige, wo sie ist und bei welchem Licht sie arbeiten muss. Der Spaß kam an. Zu Beginn der Buchlesung waren die verschiedensten Schnittbilder vom Autor und den Zuhörern fällig. Dann kam die „Mühle", wie man im Fachjargon eine Kamera auch nannte, auf das Stativ; sie wurde eingeschaltet und wartete, ständig laufend, auf irgendwelche schlauen Sätze der Autoren oder Fragenden. Mit der Autogrammstunde, in den mitgebrachten älteren oder neu erworbenen Büchern, endete dann jeweils mein Filmbeitrag. So ein Ablauf hört sich so genormt an. Das war er nicht, denn jeder Autor verhielt sich anders, hatte seine Lesung auch anders angelegt. Vor Drehbeginn musste ich mir natürlich von den Schriftstellern ihr Einverständnis einholen, dass ich ihre Lesung filmen durfte. Diese Dreherei in der Woche reduzierte mein Limit der Sendeanteile für das Wochenende, denn ich durfte wegen des finanziellen Limits nur acht Sendungen pro Monat produzieren. Oft waren es nur sechs. Das Drehen an den Abenden in der Woche verbesserte jedoch bei Lisa die Gesamtstimmung nicht. Da war es der Abend, der störte, dann war es der nächste Tag, wo Text und Sendung fertig werden mussten. Und hätte ich woanders gearbeitet, wären es andere störende Dinge gewesen. Wenn zum Drehen rausgefahren wurde, dann tat man es zu zweit. Also mit einem Assistenten, der für den Akku und für das Stativ zuständig war. Daher war er im Fachjargon der „Stativkutscher". Diese Assistenten stammten aus dem Stab der Praktikanten. Junge Leute, die sich dafür interessierten, wie man Filme macht. Deren zeitliches Interesse war begrenzt und passte ihnen meist gar nicht in den Zeitrahmen, den ich am Wochenende, auch mal abends, abdecken musste. Wenn nun auch noch am Wochenende mal meine „Begleit-Assi" mit mussten, dann wollten sie aber bitte nur die notwendigste Zeit dafür hergeben. Es sei schließlich Sonntag und die Freundin wartete. Doch was notwendig war, legte ich fest, denn eine Sendung, so kurz sie auch sein mochte, sollte ja umfassend informieren. Bei einer Sportveranstaltung zum Beispiel gehörten in den Beitrag der Start, Schnittbilder von Favoriten und vom Lauf, die Zielankunft und die Siegerehrung. Kurz geht so etwas eben nicht, wenn man nicht nur die Hälfte des Ereignisses bieten möchte. Fehlte ein Teil davon, indem wir früher gegangen wären, wäre es „Krümelmist" gewesen. Manchmal war eben ein zeitlich breiter Rahmen notwendig für diese zwei Minuten Sendezeit. „Brauchst du denn den Sieger etwa auch noch?" Mit solcher Art Diskussionen machten mir die Assistenten die Arbeit nicht leichter, weshalb sie ja eigentlich mit dabei waren. Irgendwann entschied ich mich daher, weil ich auch ihre Seite verstand, künftig allein loszuziehen und auf sie zu verzichten. Das gab mir mehr Ruhe, auch mehr Freude. Es brachte mir anfänglich aber auch manche Probleme. Beispielsweise beim Interview. Der Fernsehzuschauer ist bei Interviews gewohnt, dass der Befragte meist dem links oder rechts neben der Kamera stehenden Reporter antwortet. Ich hatte zwar meine Fragen, aber niemand stand neben mir, der wirklich fragen konnte. Ich wollte jedoch nicht auf die authentischen Antworten verzichten, machten sie doch die Sendung aktueller, glaubhafter. So besprach ich mit dem Interviewten meine Fragen. Der hielt selbst das Mikrofon, sah bei der Antwort links an der Kamera vorbei und antwortete das, was wir vorher besprochen hatten. Links das Stativ, den Akku über die Schulter, rechts die Kamera – so erschien ich künftig solistisch am Drehort. Ich gestehe, dass ein solches komplettes Erscheinen zugleich meine Eitelkeit stärkte. Aber auch meine Ruhe. Dort am Drehort angekommen, kannte ich zum großen Teil meine örtlichen Ansprechpartner oder sie kannten mich. Ich musste am Drehort um nichts lange bitten, denn die Unterstützung stellte sich meist von selbst ein. Mein jetziger Bekanntheitsgrad war daher für mich manchmal sehr wichtig.

So tagte an einem Wochenende die „Junge Union" mit einer Großveranstaltung in der Stadthalle. Mein Redakteur meinte am Freitag, dass ich da mal hingehen solle, um über diese politische Veranstaltung einen Bericht zu drehen. „Ja, gut, und wo hast du eine Einladung für mich?" Obwohl er mit Sicherheit wusste, dass man dafür so etwas brauchte, machte der Redakteur ein ganz erstauntes Gesicht, als wäre ihm die Notwendigkeit für eine solche völlig neu. „Haben wir nicht. Geh mal trotzdem hin. Wird schon klappen." Zwei große Türen der Stadthalle waren weit geöffnet. Die Delegierten gingen hinein. Die, die das taten, zeigten ihre Einladung vor und wurden eingelassen. Mein Kunststück des „Eintritts" stand mir noch bevor. Ich musste jetzt nur den Einlassdienst mit einer gehörigen Gewichtigkeit beeindrucken. Innerlich des Erfolges „sicher" mit dem Rat des damaligen Produktionschefs ausgerüstet, der da hieß: „Geht nicht, gibt es nicht" marschierte ich auf mein Hindernis zu. Das große Stativ über der Schulter, den Akku auf der anderen Seite und die große TV-Kamera in der rechten Hand, so schritt ich mittig auf die Eingangstür zu. Freundlich grüßend wollte ich an einem der zwei Einlasser vorbei. Der links stehende schien mir der Passendere von den beiden zu sein, hatte er doch eine Physiognomie, die mir den wenigsten Widerstand versprach. „Kann ich mal bitte Ihre Einladung sehen?" Das war ja genau der Satz, den ich von ihm nicht hören wollte. Aufgrund meiner „Kunstgerätschaften", die ich trug, konnte ich nur den Kopf schütteln und ihm erklären, von welchem Sender ich kam. „Na, dann den Presseausweis", sagte er. Keiner von unserem Sender hatte einen Presseausweis, obwohl jeder von uns hätte einen haben können. Doch wofür so etwas, mit unserem Bekanntheitsgrad in Cottbus? Selbst die Bürgermeisterin nickte mir freundlich zu, wenn wir uns gegenseitig gewahr wurden. Der Kontrolldienst, der noch immer meinem Schaffen unfreundlich im Wege stand, schien weiterhin unnachgiebig. Jetzt rühmte ich ihn noch ob seiner Möglichkeiten, mich einlassen zu können. Bei einem „Nein", so sagte ich ihm, bedauere ich seine „Junge Union", weil durch einen fehlenden Beitrag im Fernsehen die Menschen in Cottbus nichts über die Großveranstaltung der „Jungen Union" erfahren würden. Er aber sah mich nur an, griente und blieb hart, derweil der zweite Kontrolleur den kompletten Einlass abfertigen musste. Ich gestand mir inzwischen ein, dass mein Eindruck in Sachen Physiognomie hier offensichtlich den Falschen getroffen hatte. Sehr wahrscheinlich war es aber, dass der, der meinen Eintritt stoppte, so strenge Auflagen hatte, dass er mich ohne Einladung nicht reinlassen *durfte*. Er war also ganz anders gepolt als der damalige Zugbegleiter, der mal meine Filmbüchsen mit dem „Wildschwein" transportiert hatte. Jetzt war ich zu der Erkenntnis gekommen, dass die Weisheit mit dem „Geht nicht, gibt es nicht" sein Ende gefunden hat, als aus dem Halbdunkel der Vorhalle der Vorsitzende der CDU Cottbus auftauchte. Ab nun war ich drin, denn der „CDU-Häuptling" und ich grüßten uns beide immer, wenn wir uns begegneten. Meist sogar per Handschlag. Der Vorsitzende nahm mich für eine gewisse Zeit unter seine persönliche Obhut, so lange, bis mich alle Bewacher kannten, die mich bis dahin an meiner Dreherei hätten hindern können. Sogar im Bühnenbereich, dem Terrain der politisch bekannten Redner, gelang mir mein Freiraum. Edmund Stoiber, der damalige Bayrische Ministerpräsident, begann zum Zeitpunkt meines Eintreffens gerade seine Rede. Den Herrn Stoiber am Rednerpult wollte ich nicht verpassen. Die anderen Schnittbilder von der Veranstaltung konnte ich etwas später drehen. Ich betrat den unteren Bühnenrand, stieg die Stufen zur eigentlichen Bühne hinauf, trat etwas hinter Stoiber, drehte ihn und die Delegierten in der Totalen im Hintergrund. In jeder meiner Position filmte ich, ohne dass jemand dagegen Einspruch einlegte. Nicht mal bei der nächsten Einstellung. Da stellte ich mich für einen Moment sogar hinter den Ministerpräsidenten und filmte über seine Schulter hinweg, sein Manuskript nur als Schnittbild. Also keine Spionage des Inhalts. Wenn dagegen jemand etwas gesagt hätte, wäre es okay gewesen. Aber meine unbändige Freude, hier rein gekommen zu sein und überall drehen zu können, hatte mein Jagdfieber ausgelöst. Eigentlich hatte ich mit der zuletzt beschriebenen Einstellung das Normalmaß überschritten, ohne damit Ärger ausgelöst zu haben. Am Montag sah der Redakteur erstaunt, dass ich aus der Stadthalle einen Sendebeitrag hatte. Er fragte mich: „Wie hast du das denn gemacht?" Ich zog meine Augenbrauen hoch und vollzog eine Geste des vollkommenen Könnens. Wir grinsten uns an. Auf der Veranstaltungsbühne in Cottbus hatte ich einige bekannte Leute gefilmt, auch von hinten – wie Herrn Stoiber. Doch von vorn waren sie mir alle lieber, nicht nur wegen und für die Kamera.

Bei den Buchlesungen hatte ich Gelegenheit, sie vor, während und nach den Lesungen etwas persönlicher kennenlernen zu dürfen. Bis 2005 habe ich mehr als 350 Sendebeiträge gedreht. Da kamen einige Begegnungen zusammen. Eine hochinteressante Zeit. Ich habe unter anderem Heinz-Florian Oertel erlebt, mit welch persönlicher Begeisterung er auf die Frage eines Lesers zur historischen Begebenheit – damals zu „Waldemar" – antwortete und hier zum Besten gab.

Als ich nach Jahren in meinen Memory-CDs den Oertel suchte, fand ich auch die Buchlesung von Heiner Geißler. Damals beim Drehen und nun wieder beim CD-Abspielen, erreichte mich ein überwältigender Eindruck von diesem Mann – einst Bundesminister und Generalsekretär der CDU –, weniger wegen der Zugehörigkeit zur Partei als viel mehr wegen seiner Persönlichkeit. Er las damals aus seinem Buch: „Was würde Jesus heute sagen? – Die politische Botschaft des Evangeliums." Da saß er, Heiner Geißler, ein Mann, der über den Inhalt seines Buches sprach. Ein Mann, der mich schon zu Ostzeiten begeisterte. Hier zeigte er Wissen auf einer Ebene, die ich von ihm an diesem Abend nicht erwartet hatte. Diese Unkenntnis über ihn war natürlich meine Schuld. Von einem ehemaligen CDU-Generalsekretär hatte ich bei dem Buchtitel etwas über den Glauben, angelehnt an die Politik, erwartet und nicht so ein breites Spektrum an Religionsthemen. Ich ging unvorbereitet ins Rennen, aber ich wurde durch die Redaktion von jetzt auf gleich zu dieser Buchlesung beordert, ohne vorher das Internet befragen zu können. Nach eigener Aussage war für Herrn Geißler seine Erziehung bei den Jesuiten von prägender Bedeutung. Aus dieser Zeit stammte wahrscheinlich sein Interesse, sich dem Thema zu widmen: "Was würde Jesus heute sagen?" So befasste er sich bei seiner Lesung mit dem Evangelium – und der Glaubwürdigkeit vergangener Übersetzungen. Dabei kreidete er dem Kirchenlehrer Hieronymus (347 n. Chr. – 420 n. Chr.) an, aus theologischen Gründen den Urtext absichtlich falsch vom Griechischen ins Lateinische übertragen zu haben. Man muss dabeigesessen haben, um Geißlers Darstellung der fälschlichen Veränderung mitzuerleben. Das Temperament seines Vorwurfs, dass durch diese falsche Deutung Millionen von Menschen in ihrem Glauben theologisch falsch geführt wurden, war beeindruckend. Hieronymus hatte aus dem griechischen Original „Ihr müsst umdenken" ein lateinisches „tu et Buße" gemacht. Somit liefen Generationen von Menschen schuldbewusst, vom Sündenwahn der Theologen angeprangert, demütig durch ihr Leben. Für die Mehrzahl der zuhörenden Leser war eine solche Information natürlich etwas Besonderes, weil ihnen eine solche unbekannt war. Ich wusste natürlich auch nichts davon. Das Interesse aus dem Hörerkreis zu weiteren Informationen aus dem Buch war enorm gewachsen.

Ich hatte auch die Gelegenheit, bei der Buchpräsentation von Harald Kretzschmars Buch " Wem die Nase passt" vor Ort zu sein. Harald Kretzschmar ist ein Karikaturist, der einst schon und das über Jahre im „Eulenspiegel" durch seine Portraitkarikaturen bekannt wurde. Er ist ein Schnellporträtist, was er nach seiner Lesung den Zuhörern in den von ihnen erworbenen Büchern bewies, wenn sie wollten. Ich wollte. Auch später noch mal. 2016 illustrierte er, Harald Kretzschmar, mein Gedichtbüchlein „BockSpäße".

Eines Tages baten mich der Geschäftsführer vom Sender und sein Redakteur zu einem Gespräch. Was ungewöhnlich war, denn ansonsten wurde alles im Vorübergehen auf dem Korridor besprochen. „Gebündelt" wollten sie mit mir reden. Eine nochmalige „Arthur- Becker- Medaille"? Darum konnte es sich nicht handeln, eher um Geld. Um mehr Geld bestimmt nicht. Da ich die finanzielle Situation des Senders zu kennen glaubte, ging ich mit einer entsprechend negativen Erwartung in dieses Gespräch, mit dem Satz: „Wollt ihr mir etwa eine Gehaltserhöhung geben?" Wie gedacht, das wollten oder konnten sie nicht, wie sie sagten. „Nein, sieh mal, Bernhard ..." Sie wollten mir ab jetzt nur noch 35,-€ pro Sendung zahlen. Als ich ihnen klar machte, dass pro Sendebeitrag bis zu 10 Stunden Arbeit zusammenkommen können, meinten sie, dass ich schließlich Rente bekäme. Worauf ich dem Geschäftsführer die Frage stellte, ob er ab jetzt ebenfalls weniger Geld erhielte, da er doch mietfrei in seinem Haus im Spreewald wohnte. Trotz meiner ungebrochenen Begeisterung, mit der Kamera durch die Gegend zu ziehen, sagte ich ein klares „Nein" und empfahl beiden scherzhaft, meine bisherige Arbeit von einem Praktikanten machen zu lassen. Seine erbrachte Qualität entspräche dann eventuell den 3,50 € pro Stunde, die der arme Kerl sicherlich nicht mal bekommen würde. Ich verabschiedete mich freundlich von den beiden, ging in den Schneideraum und machte meine letzte Sendung fertig, zufällig eine Buchlesung von Oskar Lafontaine zu seinem Buch: „Politik für Alle", – und ich ging. Damit kam 2005 der unerwartete Abschied von meinem Traumberuf, fünf Jahre nach meinem Start.

Marion, die Frau mit dem liebevollen Lasso

Das Jahresende 2003 kam auf die Menschheit zu und wie jedes Jahr Weihnachten. Mein Noch-Freund Freddy nebst Frau luden mich zu sich zum zweiten Weihnachtsfeiertag nach "bei Berlin" ein und er verkündete, auch Freunde eingeladen zu haben, die ich seit meiner Ehe mit der verstorbenen Hanna gut kennen würde. Wer das war, wurde mir nicht verraten. Damit hatte ich keine Vorahnung, um wen es sich handeln könnte. Da ich zum Mittagessen eingeladen war, saß ich schon am Kaffeetisch, als die beiden kamen. Es war Marion mit ihrem Ehemann, mit dem sie schon lange verheiratet war. Beiderseits gab es ein großes Hallo, denn wir kannten uns wirklich aus zahlreichen Begegnungen ganz gut, teils auch von Geburtstagen bei Freund Freddy und Frau. Wir tauschten erst mal unsere Schicksale aus, in die jeder in letzter Zeit geraten war. Meine Freunde bedauerten in diesem Zusammenhang meine Trennung von Lisa sehr. Ich war jedoch froh, auch die innere notwendige Trennung inzwischen erreicht zu haben. Alle Vier bewunderten an diesem Besuchsabend meine Energie und dass ich mich im Alter von 67 Jahren nicht dem Schicksal ergeben hatte, sondern mein Leben selbstbestimmend weiterleben wollte.

Es gab auch Positives. Beispielsweise meine interessante Tätigkeit beim Sender, über die sich sehr interessiert ausgetauscht wurde. Aber auch bei Marion gab es einiges Neues. Eines davon war, dass sie ihren Chefsessel verlassen und sich damit von der Hausverwaltung der Wohnungswirtschaft und der Juristerei verabschiedet hatte. Stattdessen widmete sie sich in den letzten Jahren schon der ayurvedischen Heilmedizin. Es war ihr anzumerken, wie sehr sie in dieser Aufgabe als angehende Heilpraktikerin aufging. Ich saß neben Marion auf der Couch. Während des Erzählens legte sie mir plötzlich ihre Hand auf meinen Rücken. Nur so. Tat das gut! Sie erzählte mir später, dass sie mit ihren Händen wahrnehmen könne, wenn bei einem Menschen große Energie-Defizite vorhanden wären. Ich wusste es: viel Spürbares, Wahrnehmbares würde sie in mir finden, denn ich war noch beladen mit Seelenschmerz, war ich doch erst Ende August aus der gemeinsamen Wohnung mit Lisa ausgezogen. Marions abstrahlende wärmende Hand in meinem Rücken war ein Labsal, eine Wohltat. „Labsal wirkt so tröstlich, als gelange man nach großem Schrecken sicher nach Hause zurück", so bezeichnete Günther Grass einmal diesen Begriff in einem Spiegelinterview. Genauso hatte ich Marions Hand empfunden. Wäre ich um ein Vielfaches kleiner gewesen, so hätte ich mich gern ganz in diese Hand begeben. Mir war ihre Zuwendung angenehm, obwohl sie als solche sicherlich nicht gedacht war. Ich vermutete allein ein medizinisches Interesse, mir Gutes zu tun. Etwas später jedoch spürte ich diese Hand in meiner „nachempfindenden" Gefühlswelt ganz anders, ohne dass die Hand ihre Position verändert hatte. Ihre Hand hat mich fühlen lassen, dass etwas Wünschendes von ihr ausging. Ich konnte mir aber diesbezüglich nichts erklären. Einbildung, sagte ich mir. Während Marion ihre Hand auf meinem Rücken beließ, erzählten wir weiter.

Freddy, mein Freund, und ich hauten uns nach einer kleinen Gesprächspause wieder mal gegenseitig die Taschen voll. Der Abend verlief sehr harmonisch und wir trennten uns alle mit Freude über diesen Tag. Aufgewacht am nächsten Morgen hatte ich ganz merkwürdige Gefühle, die ich mir nicht so richtig erklären konnte. War da doch einerseits in mir ein unbedingter Wunsch nach Alleinsein, nach dem Erholen von der letzten „Partnerschaft". Andererseits nahm ich ein Kribbeln in mir wahr, was mich erschreckte und mich denken ließ, dass jetzt wohl die Pferde mit mir durchgehen würden. Meine Gedanken kreisten. Was passierte da mit mir? Auch vor dem Gefühl einer Sehnsucht fürchtete ich mich plötzlich. Dass sie sich bei mir dazu eventuell entwickeln könnte, hielt ich überhaupt nicht für ausgeschlossen, denn Marion entsprach schon immer einer Frau nach meinen Vorstellungen. Eine Liebe mit stürmischem Beginn und offenem Ausgang ohne Termin? Nein! In welche Gedanken hatte ich mich denn da verstiegen? Doch sie kreisten weiter. Wusste ich doch zur Genüge, wie sehr Sehnsucht schmerzte. Das vergisst sich nie. Ich würde für mich eine Unruhe erzeugen, die zu meinem Alter nicht mehr passte. ‚Was entstehen denn hier für Gedankengänge? Unfassbar!', dachte ich. Es gelang mir einfach nicht, diese stetigen Gedanken aus meinem Kopf zu kriegen. Was würde Marion dazu sagen, würde sie meine Gedankengänge kennen? Jedoch Alter und Liebe sind nichts Gegensätzliches, dachte ich. Nur nicht wieder so ein Hin und Her. Das wollte ich nicht. Schon gar nicht so schnell. Außerdem wusste ich von Marion überhaupt nicht, was sie bewegte, als sie mich wiedersah. Mein Herz schlug interessiert. Mein Bauch schien einverstanden. Doch meine Erfahrung tat sich schwer damit: Ich war richtig durcheinander. Wieder eine verheiratete Frau. Dieses Gedankenkarussell wollte einfach nicht aufhören. Der Bauch warnte nicht, zweifelte nicht. Ich wollte Urlaub von Frauen, meinte mein Verstand.

Es vergingen Monate mit netten SMS hin und her; „schaumgebremst", wie ich immer sage. Etwas zog mich – ich war neugierig auf ihre nächsten E-Mails und SMS.
Dann gab es ein Schlüsselerlebnis, als mich Marion eines Abends anrief, um mit mir das Gespräch zu suchen. In ihrer Verzweiflung über eine entstandene, für sie sehr wichtige Situation wurde daraus ein Zwei-Stunden-Telefonat, in welchem sie mir kleine Einblicke in ihr Gefühlsleben bezüglich des besprochenen Themas gestattete. Ich meinte zu bemerken, dass ihr mein Rat sehr wichtig war. Und ich wollte ihr gern zuhören, für sie da sein. Am Ende unseres Telefonats vermittelte sie mir, dass ihr mein beratendes Gespräch sehr geholfen hätte. Irgendwie war ich glücklich darüber, aber so richtig traute ich mir gar nicht, es vor mir selbst zuzugeben. Wieder verstrich Zeit, in der ich die Verbindung zu ihr nicht forcierte. Dabei hatte ich das Empfinden, manchmal in meinen Gedanken zwei Schritte voran-, um dann drei Schritte zurückzugehen. Ich will nicht vorgreifen, aber als sich mit Marion und in meinem Leben doch einiges bewegt hatte, also Zeit verstrichen war, schrieb mir Marion zu unserer weihnachtlichen Begegnung:

„Als wir uns am zweiten Weihnachtstag bei unseren gemeinsamen Freunden trafen ... hat mich etwas berührt – von Dir –, ich hätte mich sofort anlehnen mögen, mochte mich nur noch ausruhen. Du wirst es nicht glauben, dass mir

sofort das „Orakel" in meinen Kopf kam. Es war ganz merkwürdig, ich war so sehr ganz tief in mir berührt, dass ich fast Angst bekam, ‚erkannt' zu werden."

‚Aha', dachte ich, ‚Orakel, was wird das sein?' Näher nachfragen, dazu hatte ich keinen Mut. Vielleicht würde mir das Erklärende zu weit gehen? Na ja, ich habe mich dann aus der Affäre gezogen, indem wir allgemeine Gedanken austauschten. Dieses Neutrum musste ich für mich schaffen, weil mich sonst meine Angst vor Nähe wirklich umgehauen hätte.
Dann ging wieder mein innerer Kampf los: ‚Du spinnst dir was vor. Jetzt höre auf damit, du hast keine Zeit dafür, dich in Träumereien zu begeben. Ordne erst mal dein Leben hier in Cottbus und dann weiter sehen ...'

„Dieser Mann hat ganz andere Probleme als deine Backfisch-Empfindungen", schrieb sie in einer späteren Mail. „Er ist ein vom Leben gezeichneter Mann, er wird dich vielleicht innerlich auslachen. Als dann Deine SMS neutral verliefen, lieber Bernhard, habe ich das Gehen auf Distanz von Dir sehr wohl bemerkt. Oh, dachte ich, was für ein Mann. So bist Du noch in meiner Meinung ‚gestiegen' und ich habe mich dafür geschämt, so offensiv zu sein. Ich konnte aber nicht anders, irgendwie. Mein gezeigtes Interesse für Dich hat mir ein noch schlechteres Gewissen gemacht. Dann immer wieder die Frage: ‚Was mag er wohl von Dir denken?'
Ich habe so eine Sehnsucht endlich anzukommen. Endlich Ruhe zu finden, mich nicht permanent unter Druck zu fühlen. Dennoch gebe ich mein Ziel nicht auf, einen solchen Menschen zu finden, bei dem es mir gelingen kann, zur Ruhe zu kommen. Es ist nach vielen Jahren das erste Mal, dass ich durch Dich mich überhaupt so öffnen kann. Das hast Du mit mir gemacht. Ist das nicht wunderbar? Ich danke Dir so sehr dafür. Ich möchte jetzt, in diesem Moment, so gern bei Dir sein. Ich fühle endlich wieder. Bin aus meinem Laufrad heraus, wieder zum Leben erweckt - und möchte Dich an mich heranlassen. Seitdem wir uns sahen, versuche ich meine Grenzen zu finden. Ich weiß nicht, wo sie geblieben sind, auch habe ich kein Verlangen, welche zu setzen. Ist das nicht einzigartig? Bei mir ist eine Revolution im Gange."

War das eine Ansage! Ich war erschrocken.

Marion weiter: „Mir kommt eine wichtige Begebenheit in den Kopf, die mich nicht mehr loslässt: Vor einiger Zeit war ich auf Anraten einer Freundin bei einem Orakel. Zu dieser Zeit befand ich mich in einer verzweifelten persönlichen Lage. Lache bitte jetzt nicht! Ich bin mit der Voraussicht zu ihr gegangen, dass ich nichts von meinem Leben und meinen Verhältnissen erzähle. Ich werde keine Reaktionen und keine ‚Kommentare' zu ihrem Gesagten abgeben, so mein Vorsatz. Es war fast ein Stundenmonolog. Die Frau sagte mir damals Zutreffendes zum Zustand meiner Ehe und schlussfolgerte:
‚Sie müssen aber unbedingt etwas verändern, um in dieser Situation nicht zugrunde zu gehen. Vor allem ist es ganz besonders wichtig für Sie, dass Sie dies endlich vor sich selbst zugeben, nur so werden Sie es schaffen, von ihren harten Prämissen und Forderungen an sich selbst abzugehen. Sie werden begreifen, dass Sie ein Recht haben, innig zu lieben, ja, das Gefühl zu genießen, geliebt und begehrt zu werden. Denn im Inneren sind Sie bereit dazu, sehnen sich diesen Zustand herbei, aber Sie leben ihn im Moment noch nicht, weil noch nicht der richtige Partner gekommen ist dafür. Er wird – und dagegen werden Sie nichts, aber auch gar nichts tun können - eines Tages vor Ihnen stehen. Sie werden ihn sofort erkennen. Sie werden sich gegen ihn nicht wehren können, so sehr Sie sich das von Ihrem Kopf her vornehmen. Er wird plötzlich da sein, er wird Sie verblüffen mit seiner ganzen Art, mit seiner Kultiviertheit, mit seiner Ausstrahlung und Aufmerksamkeit für Sie. Er wird größer sein als Ihr derzeitiger Lebenspartner, er wird helle Haare haben, vielleicht schon ergraute, er wird geschmackvoll gekleidet sein, er wird die Ausstrahlung eines Mannes haben - ganz so, wie Sie es sich schon immer gewünscht haben. Er wird Ihnen endlich die Geborgenheit geben wollen, die Sie schon immer gesucht haben.
Er wird Sie annehmen, wie Sie sind, er wird keine Bedingungen stellen, er wird Sie nicht schulmeistern, so wie Sie es Ihr Leben lang gewohnt waren', so das Orakel.
Meine Gefühle an Deiner Seite wurden an dem Weihnachtsabend nicht

durch das Orakel bestimmt. Doch die Gedanken gingen da hin, ohne mich davon leiten zu lassen. Oder doch? Da wir uns schon eine Zeit kennen, wusste ich, wer und wie Du bist, hatte ich Dich doch im netten Zusammenleben mit Deiner leider verstorbenen Hanna oft erleben können. Nun saßest Du an meiner Seite und ich fühlte Dich neben mir, mit all dem, was von Dir ausging". So endete ihre Mail.

Diese Gefühle von Marion, bei unserer Wiederbegegnung am 2. Weihnachtsfeiertag, kannte ich damals zu Weihnachten natürlich nicht. Ich glaube, es war gut so, denn sonst hätte ich mich noch mehr angesprochen gefühlt und mich vielleicht verschlossen. So aber reagierte ich freundlich und unverbindlich, nach dem Motto: Wehret den Anfängen. Ich meinte, nicht mehr die Kraft zu besitzen, die man für solche Art Liebesausflüge brauchte. Wäre Marion eine Frau gewesen, die ohne Mann auf mich in Berlin gewartet hätte, dann wäre mir die Fahrt dorthin viel leichter gefallen, dennoch: Marion gefiel mir. Sympathisch und herzlich war sie, verträglich und kulturvoll hatte ich sie in Erinnerung. Ich musste aber immer wieder daran denken, dass Marion noch einen Mann hatte – den ich kannte – und? Ich war schon 67 und kein Amor. Wie ich es schon zu Weihnachten angedeutet hatte, so kam es dann auch: Im Februar 2004 wurde ich von Lisa geschieden. In engen Abständen erhielt ich danach von Marion weitere E-Mails, die sich mir immer mehr näherten. Wir tauschten uns fernmündlich aus und ich gestand ihr, wie angenehm einerseits die Verbindung mit ihr für mich ist, aber wie sehr ich zunächst erst einmal zur Ruhe kommen wollte. So bewegten wir uns in der Folgezeit eng freundschaftlich miteinander. Die Inhalte unserer Begegnungen waren mit sehr großem Interesse, ja, mit Sorge um mich von ihrer Seite formuliert. Sie wurden rücksichtsvoll ausgedrückt, damit sie nicht in das Leben des anderen zu sehr eindrangen. Ich fühlte mich nicht wohl in meiner Haut bezüglich dessen, wie ich mich Marion gegenüber mit meinen Antworten verhielt. Es war so etwas wie Selbstschutz, gestand ich mir ein. Aus Angst, dass es mir mit meinen Sehnsuchtsgefühlen so ergehen könnte wie bei Ute und auch anfänglich bei Hanna. Ich kam mir damals in den Situationen mit Ute und Hanna sehr verlassen vor, obwohl ich wusste, wie sehr ich geliebt wurde. Wenn ich mich nicht bemüht hätte, mich in den Griff zu bekommen, hätte Marion die Nummer drei werden, vielleicht schon sein können. Als das Jahr Richtung Frühsommer ging, fiel es mir immer schwerer nicht „einzuknicken", Marion nicht einfach ganz lieb auf ihre SMS und E-Mails zu antworten. So, wie es mir ums Herz war. Ende Juni 2004 kam nach einem vorangegangenem Telefonat wieder eine E-Mail von Marion:

„Hallo, mein Lieber,
es kann ja sein, dass ich meine ‚Antennen' sehr weit draußen habe … aber mir will ein Satz nicht so richtig aus meinem Kopf gehen, den Du heute am Telefon sagtest. Ich wollte Dir mit meinem Angebot – sich unterwegs zu treffen – auf keinen Fall zu nahe treten und Dir damit signalisieren, dass ich in irgendeiner Weise von Dir was erwarte … Ich hatte Dir dieses Angebot nur in meiner Euphorie unterbreiten wollen, Dich bald wieder einmal zu treffen. Wenn Dich das in irgendeiner Weise unter Druck bringt, möchte ich das natürlich nicht … also bitte verzeih mir und vergiss mein Angebot. Es kam ein ganz kalter Hauch bei mir an, der mich bis ins Innerste berührt hat. Er hat mir gezeigt, wie sehr Du verletzt worden sein musst.
Wenn ich kann und Du mir die Möglichkeit dazu einräumst, möchte ich Dir gern dabei helfen, diese Verletzungen zu überwinden – locker und im Fluss –, auf gar keinen Fall unter irgendeinem Druck oder Zwang – so wie Du das möchtest – oder auch nicht. Dein wieder gefundenes Freiheitsgefühl wird Dir dabei helfen.
Ja, mein Lieber, das wollte ich Dir unbedingt noch schreiben, um zu verhindern, dass Unstimmigkeiten etwas in uns stören."

Dieser E-Mail ging voraus, dass Marion mit einem Musiker, ihn pflegerisch begleitend, durch Ostdeutschland auf Tour ging. Da war es aus Marions Sicht eine gute Idee, mir dazu ein Treffen vorzuschlagen. Für mich jedoch schlugen damit die mich erschreckenden Wünsche immer näher ein. Nicht,

dass ich was dagegen gehabt hätte, aber ich wollte was dagegen haben, weil ... Na ja wegen ... Diese Band-Tour führte auch nach Senftenberg. Das hatte mir Marion kurze Zeit nach dieser E-Mail am Telefon gesagt, ohne mir noch einmal etwas zu einem Treffen vorzuschlagen. Senftenberg. Das waren nur 40 Kilometer von Cottbus entfernt. Eine Entfernung, kürzer als quer durch Berlin, ging es mir durch den Kopf. Und da reagierte mein Bauch, und der sagte am Telefon zu Marion, dass es von Cottbus nach Senftenberg ganz nahe sei und mein Herz schlug ihr vor, dass ich hinkommen könnte. Eigentlich freute ich mich und war trotzdem auf mich sauer. Gesagt ist gesagt und am 09. Juli fuhr ich gen Senftenberg.
Im tiefsten Innern mit mir zornig, aber doch sehr erfreut. Ambivalent. Offensichtlich freuten wir uns beide, uns wieder einmal zu begegnen.

Marion schrieb mir dazu am 02.Juli:
„Ja, ich freue mich auf die nächste Woche genauso wie Du. Sobald ich Bescheid weiß, wann wir in Senftenberg eintreffen, simse ich Dich an. Okay? Ich wünsche Dir einen schönen Tag. Könnte mir jetzt vorstellen, mit Dir gemeinsam irgendwo ins Grüne zu fahren und zu reden. Das wäre schön, aber leider ... Liebe Grüße"

Alles war so formuliert, um bei mir im Vorfeld kein Porzellan zu zerdeppern. Über die Realität an diesem Tag in Senftenberg erzählt Marion immer wieder, dass sie dann über den Kuss von mir zur Begrüßung erschrocken aus dem Auto geflüchtet sei. Sie ist danach aber gern wiedergekommen. Für mich war mein Kuss für Marion nichts Erstaunliches, denn offensichtlich hatte sich bei mir Bauch und Herz so stark mit Marion beschäftigt, dass ich mit dem Kuss für meine Begriffe nichts Unüberlegtes tat. Der verabredete Freitag wurde für mich ein wunderschöner Abend. Wir beide saßen im Senftenberger Amphitheater in der ersten Reihe. Marion musste gelegentlich unauffällig hinter die Bühne zu ihrem Klienten. Ich befand mich danach immer wieder neben ihr. Da vorn sitzend konnten uns alle Zuschauer sehen und ich hatte ein besonderes Gefühl. Ich war stolz und fühlte mich

ausgezeichnet, neben dieser Frau sein zu dürfen. Für alle kenntlich, dass sie zu mir gehört.
Ich war verliebt. Am nächsten Tag schrieb ich an Marion eine E-Mail:

„Wie es mir geht, fragst Du? Ich habe gestern – infolge des zwangsläufig entwöhnten Anblicks von Dir – einer irren, faszinierenden Frau gegenübergestanden. ‚Pionier-Ehrenwort‘, das war mein ehrlicher Eindruck. Und bei so vielen Zuschauern war ich stolz, an Deiner Seite sitzen zu dürfen. Diese Frau neben mir hatte die gleichen Augen wie ich, mit den gleichen Blicken, ihren Gefühlen, wie ich, behaupte ich. Ich hätte noch mit Dir bleiben wollen, noch etwas, nein, viel länger. Durch Dich ist mir am Freitag wieder richtig klar geworden, was ich wirklich will. Denn nur das wollte und möchte ich:
Ich möchte in meinem restlichen Leben noch einmal im tiefen Inneren lieben und selbst geliebt werden. Nicht versorgt. Um versorgt zu sein, dafür brauche ich keine Frau. Dem Wunsch meiner Seele möchte ich nachkommen. Das ist noch einmal mein Lebenswunsch – und Du hast mir durch Dich wieder die Richtung gezeigt.
Nun bin ich mit Dir und durch Dich, seit gestern, wieder auf der richtigen Schiene, ohne Weiche. Ich will in Freitagsgefühlen leben und keine gut schmeckende Suppe essen. Mit diesen Gefühlen umarme ich Dich dafür, denn es war gestern ein Erfühlen und Empfinden vom Geben und Nehmen großer ‚Sympathien‘ für uns. Ich wünsche mir, dass Du Dich jetzt von mir in den Arm nehmen lässt, etwas länger. Im Gedanken tue ich es und merke, wie gut Du mir tust.
Ich weiß, dass ich damit das für mich angedachte ‚Sehnsuchtsprinzip‘ jetzt gedanklich verlasse. Ich tue es gern, seit gestern. So ist eben das Leben. Vielfältig, aber es kann so schön sein."

Sie schrieb mir zurück, dass es für sie auch ein besonderer Abend gewesen sei, sie habe sich gut gefühlt in meiner Gegenwart und die Zeit mit mir genossen. Trotzdem hatte ich irgendwie den Eindruck, dass sie sich über unsere Nähe erschrocken hatte, so wie ich, denn ich hatte eindeutig meine „Deckung" verlassen. Die nächste Zeit war wieder von Mails bestimmt. Und dann kam die Knaller-Mail. Marion am 24.07.2004 aus Dresden an mich:

„Ich war soeben in der katholischen Hofkirche zu Dresden und habe das erste Mal in meinem Leben Kerzen angezündet: Die erste Kerze für meinen Vater, dem ich damit ein für alle Mal verziehen habe.
Und die zweite für Dich, weil ich durch Dich erfahren habe, dass es einen Mann gibt, der mir so viel Gutes tut, der mich alle schlimmen Dinge, die ich jemals erleben musste, vergessen lässt.
Ich habe an Dich gedacht und dafür gedankt, dass Du mir geschickt wurdest, um endlich angekommen zu sein, einen Menschen zu haben, der mich so annimmt, wie ich bin und dem ich meine Liebe schenken kann, der sie auch haben möchte.
Ich glaube, ich habe mich verliebt."

Von nun an suchten wir, Marion und ich, nach den vielfältigsten Möglichkeiten, um uns zu begegnen. Für Marion begann eine schwierige Zeit. Sie ist nicht der Mensch, dem es leicht fällt, „doppelgleisig" zu fahren. Sie hatte mit ihrer Ehe bereits vor unserer damaligen Begegnung zu Weihnachten abgeschlossen. Zudem befand sich ihr jüngerer Sohn noch in Ausbildung und Marion wollte nicht dafür verantwortlich sein, dass ihm sein „Nest" genommen würde, indem sie eine Trennung von seinem Vater herbeigeführt hätte. Deshalb war es ihr ursprünglicher Plan vor unserer Begegnung, abzuwarten, bis er auf eigenen Füßen stehen würde, um dann ihr weiteres Leben allein zu verbringen. Insofern war sie natürlich durch die Duplizität der Ereignisse mit dem entstandenen Zustand mit mir völlig überfordert. Zunächst hatte sie sich versucht zu wehren gegen diese geahnte neue Zweisamkeit mit mir. Dennoch suchte sie meine Nähe. Da wurde mir ihr Dilemma so richtig klar. In mir war auch nicht die Ambition, sie nun zu einem Schlussstrich in ihrer Ehe zu drängen – ganz im Gegenteil, ich wollte ihr genügend Raum lassen, um sie in die Lage zu versetzen, ihre Entscheidungen ohne Druck zu treffen. Das war schwer, aber mir war klar, dass es so richtig sein würde.

In meiner Wohnung war es längst Advent in diesem Jahr geworden. Friedlich und feierlich war er eingekehrt. Wir hatten den Wunsch, uns zu sehen. Ich hatte eine „Mohn-Marzipan-Torte" gebacken, bei dem die Sahnesternchen durch den Mohnhimmel leuchteten. Wir freuten uns beide schon im Vorfeld auf diesen Tag. So ein wenig wie Kinderweihnacht. Marion kam am Donnerstag vor Weihnachten bei mir an. Als es an der Wohnungstür klingelte und ich die Tür öffnete, verschlug es uns beiden die Sprache. Wir mussten beide lachen, aus Freude über uns. Marion war festlich gekleidet und ich stand in einem Smoking empfangsbereit im Türrahmen. Wir haben diesen Tag miteinander genossen. Einig waren wir uns darüber, dass wir mehr Zeit miteinander verbringen wollten. Damals gab es noch keine Flatrate oder ich wusste davon nichts. Die Entfernung zehrte an uns und so dachten wir mal darüber nach, was dagegen sprach, wenn ich wieder nach Berlin ziehen würde. Nichts.

Parallel zu unserer Fragestellung kam es am Sender zu einem Gespräch bezüglich meiner Bezahlung. Man könne mir nur noch zwei Drittel meines Gehalts aus wirtschaftlichen Gründen zahlen, andernfalls „Tschüss". Ich sagte „Tschüss", im Juni 2005, fast ein ganzes Jahr nach unserem Juli in Senftenberg. Mit Marion war ich an einem Sonntag in Berlin unterwegs, um für mich eine Wohnung zu suchen. Bei der Gelegenheit erzählte sie mir, dass ihr Wohnungsvermieter im Internet eine Anderthalb-Zimmer-Wohnung als frei angezeigt hätte. Näheres wusste sie jedoch noch nicht. Diese Wohnung wollte ich mir am nächsten Tag im Internet ansehen und beim Vermieter anrufen, um Näheres zu hinterfragen. Ich habe Marion von meiner Begeisterung gesimst, sie hat sich den Schlüssel dieser besagten Wohnung besorgt und nach Feierabend die Wohnung besichtigt. Es war ein Montag. Das Ergebnis ihrer Besichtigung: Ich bin sofort am Dienstag nach Berlin gefahren, Wohnung ansehen. Als ich die Wohnung zum ersten Mal sah, da dachte ich, ich sei im Film. Eine sechs Meter Fensterfront mit seitlich verschiebbarer Terrassentür. Mit einer Terrasse, acht mal vier Meter, vor dieser Tür. Eine große, verschiebbare Holz-Wand zwischen Diele und Wohnzimmer. Zwei

Wände konnten aus der Seitenwand kommend diesen Komplex abteilen. Einen begehbaren Kleiderschrank von 2 mal 2 Meter gab es auch. Eine irre Wohnung zu einem bezahlbaren Preis. Nun war ich bald wieder ein Berliner. Hatte Donnerstag den Vorvertrag unterschrieben, Freitag meine Wohnung in Cottbus gekündigt, in der Zeitung einen passenden Nachmieter gesucht und gefunden, der sich drei Tage später meine Wohnung angesehen hat und – nach einer Überlegungspause – einziehen wollte. Nun konnte ich fast sofort nach Berlin ziehen. So etwas nennt sich Tempo. Die Umzugskartons warteten bald. Meine in Cottbus gekauften neuen Möbel passten hervorragend in meine neue Wohnung. Wir konnten uns nun häufiger sehen. Sie selbst ging jedoch abends, egal von wo kommend, immer in ihre Wohnung zurück und kümmerte sich weiterhin um ihr Familienleben. Die dadurch entstandene Situation blieb bei Marion natürlich nicht in den Kleidern hängen. Ihre Freundin, die von unserem Zusammensein wusste, gab Marion bald die ernsthafte Empfehlung, doch nun endlich „Nägel mit Köpfen" zu machen. Von dem Tag an, es war zufällig mein Geburtstag, blieb Marion bei mir. Nach einer weiteren grundsätzlichen Aussprache waren sich beide, Marion und Mann, einig, dass es bei dem neuen Zustand bleiben würde. Es gab schlussendlich viel Unzufriedenheit auf beiden Seiten, sodass diese einstmals so große Liebe auf der Strecke blieb, bis auf einen Teil, der sie beide veranlasste zu entscheiden, den jeweils anderen nicht länger unglücklich sehen zu wollen. So waren beide sehr bemüht, die Trennung so sachlich wie möglich zu vollziehen, weil auch keiner den anderen noch zusätzlich verletzen wollte. Im Einvernehmen wurde alles Weitere geregelt. Damit war klar, dass, angenommen wir beide wollten heiraten, es nicht ginge. Marion blieb absprachegemäß verheiratet. So führten Marion und ich eine harmonische „wilde Ehe", wie man so etwas früher mal nannte. Ohne Gedanken an anderes. Unser Beisammensein blieb natürlich nicht unbemerkt und rief die unterschiedlichsten Reaktionen in unserem Bekanntenkreis hervor. Damit mussten wir leben. Einige wandten sich von uns ab und es bewahrheitete sich die Erkenntnis, dass die Umwelt manchmal schwerer mit einer solchen Trennung umgehen kann als die Beteiligten selbst. Meinen doch viele, sich auf eine Seite der ehemaligen Eheleute stellen zu müssen. So stellte auch mein Freund Freddy seine relativ regelmäßigen Telefonate und seinen E-Mail-Verkehr zu mir ein. Nur Anstandstelefonate zu den Geburtstagen gibt es heute noch. Mittlerweile besteht die Einsicht, dass die Trennung von Marion und ihrem Mann beiden die Möglichkeit gegeben hat, ein neues Leben zu beginnen, was ihnen gut getan hat.

Nun sollte also unser gemeinsames Leben beginnen. So wurde von uns unser „Kennenlerntag" von Senftenberg, der 9. Juli, jährlich so begangen, wie Paare vielleicht ihren Hochzeitstag feiern. Jeder von uns war abwechselnd „dran", ein „Blind Date" vorzubereiten. Das rief jedes Mal große Spannung bei demjenigen von uns hervor, der nicht wusste, was passieren würde.

Mein „Blind Date"

2007 war Marion an der Reihe, das „Blind Date" zu organisieren. Ich aber drängelte mich diesmal vor. Der 9. Juli 2007 näherte sich. Marion war natürlich gespannt, was an dem Tag passieren würde, zumal ich sie gebeten hatte, ihren Dienst auf der Arbeit so einzutragen, dass sie an diesem Sonnabend, plus drei Tage, allerdings in der Woche danach, frei haben würde. Ein so langes „Blind Date" gab es bei uns bisher noch nicht. Vorerst orientierte ich Marion darauf, dass wir am Samstag mittags in die Stadt fahren würden. Über die Zeit hatte es sich zwischen uns so ergeben, dass Marion alle Autofahrten, die wir zusammen unternahmen, chauffierte. Sie fuhr sehr gern Auto, ich nicht mehr. „Wohin?", fragte sie mich. „Fahre mal zur Frankfurter Allee. Nein, nicht weiter geradeaus, biege mal nach links und dann die nächste Querstraße rechts rein", antwortete ich. „Und jetzt rechts in die Toreinfahrt", so meine „Ansage". Als wir über eine Wendeltreppe aus der Tiefgarage nach oben kamen, standen wir auf einem modern verglasten Innenhof, mit Restaurants rundherum. Ich steuerte auf ein großes Thai-Restaurant zu. Sehr interessant war es darin, mit in die Erde eingelassenen Sitzplätzen, Tischen und einem Bächlein, das an uns vorbei durch die Gaststätte floss. Alles war dort sehr exotisch und Marion kannte dieses Restaurant bisher nicht. Der Moment der Überraschung war ja immer der eigentliche Sinn unseres „Blind Dates". Nachdem wir gut gegessen hatten, lenkte ich, wie unabsichtlich, unser Gespräch auf das Thema, dass wir nicht heiraten können - und wenn, dann täten wir es an einem Tag wie heute, einem 9. Juli, stellte ich fest. Marion nickte zustimmend. Wie zufällig und nebenbei fragte ich Marion danach, ob sie mich noch immer heiraten würde, wenn wir könnten. Ein Strahlen ging über ihr Gesicht, bevor sie bejahend nickte. Daraufhin griff ich in die Seitentasche meines Sakkos und zauberte ein Etui mit zwei Eheringen hervor. Größere Augen hatte ich bei Marion noch nie gesehen. Ich steckte ihr ihren Trauring an den Ringfinger der linken Hand und gab Marion meinen für mich. Ihre Augen füllten sich mit Tränen. Ich hatte auch ganz schön zu kämpfen. Einen Moment blieb ich noch sitzen, um mich dann für einen Moment zu entschuldigen. Marion dachte, ich wäre auf dem „stillen Örtchen" verschwunden. Als ich wiederkam, hatte ich einen richtigen Brautstrauß in der Hand. Der war vorher von mir bestellt worden und hatte an der Rezeption auf seine feierliche Übergabe gewartet. Marion sah mich an, als wäre der Blitz eingeschlagen. Tränen der Freude waren da immer noch in ihren lieben Augen. Aber nicht nur bei ihr.

Wir hatten also für und mit uns geheiratet. Das Ganze mag vielleicht für Außenstehende etwas merkwürdig anmuten, aber für uns war es ein sinnbildlicher Meilenstein in unserer Verbindung. Und so herrlich romantisch, fanden wir beide. Irgendwann gingen wir noch kurz auf der Frankfurter Allee spazieren und fuhren dann nach Hause. Diesmal fuhr ich, weil mich die Zeit drückte, denn zu 18 Uhr waren heimlich Marions Freundinnen in unsere Wohnung eingeladen. Die „Braut" wollte es sich zuhause gerade etwas bequem machen und sich umkleiden, als es für sie überraschender Weise an der Tür klingelte. Marion musste sich rasch wieder fein machen, ich ging zur Tür. Ein weiblicher Arm streckte eine Rose in den Raum. Das war die erste, Marions mütterliche Freundin, die mit dem Rat der „Nägel und der Köpfe". Die Überraschung war gelungen. Doch bevor Marion ihre aufkommende Sorge verarbeiten konnte, was sie zu Essen anbieten könnte, klingelte es wieder. Zwei weitere Freundinnen kamen, wovon die eine Freundin ein von mir mit ihr verabredetes indisches Speisemenü mitbrachte. Es wurde ein sehr unterhaltsamer Hochzeitsabend, mit einer weiteren Überraschung. Als mich, mehr spaßig, eine Freundin fragte, wohin unsere Hochzeitsreise denn ginge, sagte ich zu Marion, dass wir am Freitag der darauffolgenden Woche früh um 10 Uhr losfahren würden. Wohin? Wurde nicht verraten. Überraschte „Ohnmacht" war angesagt. Der besagte Freitag kam und es ging los. Diesmal fuhr wieder Marion und die Fahrt wurde gleichermaßen abenteuerlich wie die Fahrt in Berlin zur Thai-Gaststätte. Nur, die Spannung dauerte länger, weil das Ziel entfernter lag. Für Marion wurde es ein „Blind Trip", bei der sie oft meinte, gedanklich richtig zu sein, aber dann doch nicht so abbiegen sollte. Hinter Zittau kam ein Schlosshotel in Sicht, woran ich meine „Chauffeurin" erst mal vorbeifahren ließ, um ihr anschließend zu gestehen, dass ich mich geirrt hätte und wir dorthin wendeten. Marion war in „ihrem" Schlosshotel, schwärmte sie doch immer von Schlössern und Kirchen. Eine schöne Suite, zwei Abendessen, davon ein Candle Light Dinner, und erlebnisreiche Trips in die Umgebung verschönerten uns die drei Tage, ganz zu schweigen von einem Wellness-Programm. Wir haben unsere kleine „Hochzeitsreise" genossen.

Der von Marion noch nicht geschiedene Ehemann lernte über die Zeit ebenfalls eine Frau kennen. Da sich die beiden wahrscheinlich mit dem Gedanken befassten zu heiraten, wollte er von Marion dann doch die Scheidung. Ich hätte bei Marion bezüglich Heirat keinerlei Bedenken gehabt, es zu tun. Zudem hatte ich eine ergänzende Denkrichtung. Eine für Marion, weil ich schon Anfang 70 war. Da durfte, ja musste ich schon mal an das „endliche Leben" denken und an die Verantwortung, die ich gegenüber meiner Partnerin habe. Ich wollte sie einfach versorgt und materiell abgesichert wissen. Es ging mir durch den Kopf, dass nun unsere „romantischen" Trauringe als echte Eheringe ihren traditionellen Platz einnehmen könnten. Zeitnah stellte ich dann Marion die Frage aller Fragen. Ihre strahlenden Augen werde ich nie vergessen. So gaben wir uns am 09. Juli 2010 in einer wunderschönen Zeremonie in einer ehemaligen nun entweihten Schlosskirche unser Ja-Wort. Unsere Hochzeit war für uns eine richtige Traumhochzeit. Täubchen flogen zu unserer und unserer Gäste Freude. Viele Überraschungen haben wir uns gegenseitig geschenkt an diesem Tag. Unsere Gäste haben ihn mit uns gemeinsam genossen, das haben sie uns in einem Hochzeitsfilm, den ein lieber Freund aus der Cottbuser Zeit für uns drehte, erzählt. An einem lauschigen Plätzchen am Wasser haben wir ausgelassen gefeiert und diesen herrlichen Tag unvergesslich werden lassen.

Jetzt ist bald wieder Weihnachten. Dann jährt es sich zum siebzehnten Mal, das Handgefühl von Marion auf meinem Rücken. Manchmal glaube ich, dass ich spinne, denn es ist immer wieder da, wenn ich es so will. Ich will

sie noch oft nachempfinden, diese Wohltat. Nun nicht mehr als Labsal, als Trost, sondern als Erinnerung an damals und welch schönes Leben für mich aus dem Trost entstanden ist. Ich brauchte alsbald keine Sorge vor einer aufkommenden Sehnsucht mehr zu haben, denn Marion hatte mir ihr Lasso der Liebe zugeworfen, mit dem sie für uns die Tür zu einem Zusammenleben geöffnet hatte. Ab dann konnte ich meine Liebe und Verehrung für sie unbesorgt ausleben. Das tat mir unheimlich gut, weil mir vorher die Angst vor der Sehnsucht eine Zurückhaltung auferlegt hatte, die ich nicht wollte.
Mich unüberlegt in die Liebe fallen lassen, das wollte ich nicht noch einmal, tat es aber in Senftenberg doch. Liebe statt Logik. Nun aber konnte ich frohen Herzens zu Marion sagen: „Ich liebe dich" – was bisher nur sehr wenige Frauen von mir hörten. Nur die, die ich wirklich liebte.
Wir befinden uns im dreizehnten Jahr nach unserem heimlichen ersten Versprechen und im zehnten, seitdem wir verheiratet sind. Ich sehe Marion noch immer unvermindert gern an meiner Seite, freue mich darüber, dass es uns, dass es dieses Miteinander gibt. Manchmal denke ich, Marion wird immer schöner. Wenn sie ihre „Sternchenaugen" angesteckt hat, dann sehe ich, wie glücklich sie ist, heute. Dann strahlt meine Seele mit.

Marion hat sich über ihr „Sternchenaugen-Gedicht" gefreut.

Deine Sternchenaugen

*Ich schaue zu gern in das Strahlen deiner Augen.
Das sind Sterne, die für die Helligkeit
nichts taugen,
denn dafür ist dein Blick, zu mir, auch
nicht gedacht.*

*Es ist ein Strahlen, das mich glücklich macht.
Sterne deiner Liebe, die mein Herz erreichen.
Sie lassen mich nie mehr von
deiner Seite weichen.*

*Doch verdunkeln sich mal deine Augen,
irgendwann
und ich bin der, der hat so seine Schuld daran,
dann werde ich die Sternchen
versöhnend putzen.
Zum Küssen werde ich deine Lippen nutzen.*

*Und - mit ganz großem Dank
küsse ich die Sternchen, deine, wieder blank.*

Ich selbst bin nun auf dem Lebensweg nach dem Achtzigsten, aber geniere mich nicht, meine Frau in den Arm zu nehmen, mit ihr liebevoll umzugehen und sie zu küssen, auch wenn andere dabei sind.
Marion hat mir meinen Lebenswunsch erfüllt, durch ihre Art mit mir zu leben, durch ihre Liebe, die sie mir täglich schenkt. Immer wieder. Ich gebe ihr Gleiches zurück. Gern, sehr gern und immer wieder.
Sie hat mir mehr geschenkt als nur das, was ich ihr damals, am Tag nach unserem Treffen in Senftenberg, als meinen Lebenswunsch geschrieben hatte:

„Durch Dich ist mir am Freitag wieder richtig klar geworden, was ich wirklich will, denn nur das wollte und möchte ich!
Ich möchte in meinem restlichen Leben noch einmal im tiefen Inneren lieben und selbst geliebt werden. Nicht versorgt. Um versorgt zu sein, dafür muss ich keine Frau haben. Dem Wunsch meiner Seele möchte ich nachkommen. Das ist noch einmal mein Lebenswunsch – und Du hast mir durch Dich wieder die Richtung gezeigt."
So ist es geworden.

Epilog

Bis zum Ende hast Du es also geschafft. Vielleicht schenkst Du mir noch einige Minuten, bevor Du das Buch zuklappst?

Du hast in meinem Leben gestöbert. Ich fühle mich geehrt. Warum ich die vertraute Anrede „Du" wähle? Die Entscheidung fiel mir leicht: Ich möchte Nähe schaffen und mich zeigen. Es würde mich sehr freuen, wenn mir das gelingt und hoffe, Du bist einverstanden. Den Anlass für diese Biografie gaben mir meine Freunde aus alten Zeiten. Schon lange hatten sie mich aufgefordert, mein Leben in Worte zu fassen. Vor einiger Zeit erfüllte ich ihnen diesen Wunsch. Ich wusste nicht, worauf ich mich einließ, doch die folgenden Wochen und Monate ließen mich meine Vergangenheit zum zweiten Mal durchleben. Sie führten mich zum Kern meines Lebens, denn:
Schon immer wollte ich zum Film.
Mein Leben mit der Erfüllung des Wunsches, beim Film zu arbeiten, erzählte ich in diesem Buch. Film war und ist noch immer meine Leidenschaft. Sie wurde Wirklichkeit.

Als ich 1936 in Berlin geboren wurde, war der Film schon etwa zehn Jahre alt. Die Erfindung der Filmkamera und die Entstehung der Stummfilmindustrie legten die Grundsteine. Wir waren uns also nah, der Film und ich. Bilder schienen mir schon früh reizvoll. Als Kind entwickelte ich den Berufswunsch, ein Rembrandt zu werden. *Der Mann mit dem Goldhelm* hatte es mir angetan. Schöne Bilder wollte ich schaffen. Ich ahnte noch nicht, wie viele Steine auf meinem Weg zu den bewegten Bildern lagen. Aber ich war getrieben von der Liebe zum Zeigen. Deshalb ließ ich mich nicht beirren. Politische und private Meilensteine in meiner Entwicklung kennzeichneten meinen Weg. Jeder dieser Steine führte in eine einzige Richtung: zu mir selbst und zum Film.

Ist es Dir aufgefallen? Der Krieg und alles Erlebte, das mich schon früh prägte, konnte mir nie mein Lebensmotiv nehmen:
„Das Leben ist schön, man muss es nur so sehen wollen. Spannend ist es auf alle Fälle."

Besinnen auf mich

Ein Artikel aus einer Zeitung brachte mich zum Nachdenken über mich. Er handelte von einem Moderator und – von Narzissmus. Der Psychotherapeut Prof. Borwin Bandelow äußert sich in diesem Artikel über den Moderator: „Er ist ein Narzisst, sonst hätte er es nie geschafft, so berühmt und beliebt zu werden. Der Narzisst kann nicht aus seiner Haut heraus. Er brennt auf das Gefühl, im Rampenlicht zu stehen". Und etwas weiter heißt es: „Narzissmus setzt wahnsinnige Energien frei. Das Problem ist nur, dass dieser Ehrgeiz nach der eigentlichen Karriere nicht endet. Noch einmal: Narzissten können einfach nicht aufhören". „Er wird noch ein paar Jahre brauchen, bis er die nötige Ruhe gefunden hat. Irgendwann, mit 75 oder so, wird er sich sagen: *Prima, ich habe ein tolles Leben gehabt.* Aber jetzt mit 60 bin ich noch lange nicht soweit."

Als ich diesen Artikel las, erschrak ich. In dieser Schilderung fand ich Spuren meines eigenen Lebens. Ich hatte ähnliche Empfindungen, aber bisher verstand ich nicht, sie einzuordnen. Dann kam dieser Moment, in dem ich mich allein auf einer Bank wiederfand. Allein mit mir ließ ich mich selbst Revue passieren. Szene für Szene betrachtete ich den Mann, der ich war und den Mann, der ich wurde. Ich beobachtete mich. In dem, der ich war, erkannte ich einen Mann, der sich selbst mit Begeisterung vorangetrieben hat. Dabei war Eitelkeit nur selten mein Antrieb. Es war das Interesse am Besonderen in meinem Leben. Begeisterungsfähigkeit ist eine Eigenschaft, die mir bis heute erhalten geblieben ist. Eine Anforderung, mich an einer Aufgabe zu beteiligen, die in mir wieder Feuer legt, würde mich noch immer sofort aus dem Bett treiben. Es brennt in mir bei der Vorstellung, bei etwas Schönem mitmischen zu können. Das Thema ist mir fast egal, es muss mich nur ergreifen – und da höre ich auf meinen Bauch, jetzt. In mir bestand eigentlich immer der Wunsch zum Interessanten, ohne mich und meine Fähigkeiten dabei zu überschätzen, denke ich. Dieses Gefühl habe ich in der Vergangenheit oft gespürt. Ich habe aber nicht verstanden, was mich ohne Druck getrieben hatte. Und wohin es mich trieb. Es war immer die Begeisterung für eine Sache, in einem nicht alltäglichen Prozess dazuzugehören. Leute zu kennen spornte mich an. Die Kehrseite der Medaille war, ich habe diese Bekanntschaften nicht gepflegt. Das geschah nie aus Missachtung, sondern weil mich anderes bei der Filmherstellung oder dem Studium ablenkte, forderte, anderes, auch Neues, hervorrief. Etwas später habe ich mir mein Verhalten diesbezüglich noch nicht „verziehen". Ich habe mich auch, ehrlich gesagt, noch nicht gebessert. Jede Begeisterung für eine Sache wurde, sobald sich ein längerfristiger Erfolg eingestellt hatte, von einem neuen Interesse abgelöst. Diesen Prozess habe ich sehr wohl an mir bemerkt, doch ich wertete dies nicht tief negativ, da die neue Ebene, meist ein Teilgebiet der Kunst, mich dann voll vereinnahmt hatte. Ich wollte erfahren, wie ich mich bewährte. Die Ergebnisse waren gut. Diese Note habe ich mir immer selbst gegeben. Ich war aber zugleich über mich enttäuscht, dass ich nie ein mich überzeugendes Gefühl, ein „Sehr gut", empfand. Warum war das so? Weil ich meinte, dass das vorzeigbare Ergebnis nicht gut genug war. Ich vermochte mich nicht als sehr gut einzuschätzen.

Gekämpft habe ich selten, aber ich habe gewollt. Ich ließ die Chancen auf mich zukommen, um sie dann zu ergreifen. Vieles habe ich aus Freude gemacht, doch das meiste hatte ich bei einem Auftraggeber abzuliefern. Wozu sollte ich etwas machen, wenn es keinen Empfänger gab? Mit sich selbst löst nichts wahre Freude aus. Dazu wird ein Zweiter gebraucht. So zumindest ist meine Einstellung immer gewesen. Mir fehlte etwas, wenn ich keine Resonanz erlebte. Dabei ging es mir nicht um Beifall. Der Reflektor fehlte, der meine direkte Freude über das mir Gelungene in mir auslöste. Was sind prächtige Fotos von mir im Computer wert, wenn ich sie mir nur im Monitorformat und allein ansehe? Warum sind Laienkünstler, egal welchen Genres, daran interessiert, sich oder ihre Kunst darzustellen, zu zeigen? Nur immer für ihr eigenes, alleiniges Tun, mit sich? Nein! Doch was motiviert mich? Ich könnte auch fragen, was mich motivierte, dieses Buch zu schreiben. Dieses Buch habe ich angefangen, weil man mir sagte: „Schreibe doch das mal auf, was du von dir erzählst." Das tat ich, doch als ich etwa auf Seite 100 war, sagte ich mir, dass ich gar nicht weiß, was mich an den Computer treibt. Ja, es trieb mich.

Ich wollte diesem *Es* auf die Spur kommen. Meine Frau Marion erklärte mir: „Du machst es doch für dich, um dich zu erleben". Sie hatte recht. Ich freute mich, wenn ich schon einige fertige Seiten las. Da sind Formulierungen, die mir gut gefallen. Ich mache mich frei, schreibe mich frei, meinte Marion. Das wollte ich erst gar nicht wahrhaben und doch war ich manche Tage um vier Uhr früh aus dem Bett geflüchtet, weil ich dieses gegenwärtige Gefühl in mir loswerden musste. Also ist es doch eine Befreiung. Vielleicht will ich auch nur Teile meiner Vergangenheit wieder auferstehen lassen und mich dann daran erfreuen. Aber ich möchte es nicht allein erleben.

Es ruhen über 350 von mir für den TV-Sender gedrehte Filmbeiträge aus Cottbus auf DVD`s und warten. Warten worauf? Und in mir drängt es, sie mal wieder vorzuführen. Wem? Will ich mich einfach nur präsentieren? Bin ich stolz? Auf meinem Computer versteckten sich einige Vierzeiler von mir, die lustig sind, um die Ecke pointiert. Doch ich traue mich nicht, sie meinen Nachbarn, die gelegentlich gern bei uns sind, mal vorzulesen oder sie beiläufig zu einer Cottbuser DVD-Betrachtung einzuladen. Es stimmt. Ich traue mich nicht, aus Angst vor einer „gähnenden" Geste. Marion war überzeugt, dass man die Gedichte „der Welt nicht vorenthalten dürfe". Aus dieser Ermutigung entstand etwas. Nicht gleich, aber immerhin die „BockSpäße". Fast 200 Gedichte, mit denen Marion, zwei Musiker und ich inzwischen auftreten und einige von den Versen vortragen.

Aber kommen wir noch einmal zurück zum Mann auf der Bank.
Es war Mitte März und es gab Schnee in Berlin. Bei herrlichem Wintersonnenschein leistete ich mir den Luxus einer kleinen stillen Pause. Eigentlich war es ein Parkgelände, doch mein Blick fand, ohne sie zu suchen, eine dunkle Häuserfront, nur durch helle Fensterrahmen unterbrochen. Bei meinem unkonzentrierten Hinsehen wurde diese Wand zu einer neutralen Fläche, die mich von nichts Konkretem ablenkte. Eigentlich wollte ich zurück in die Wohnung gehen. Doch die Bank, besser meine Empfindung, die mich allmählich umfing, ließ mich bleiben.

Ich bemerkte ein befremdliches Gefühl in mir, das allerdings nicht unangenehm war. Ich begann in mir zu ruhen, indem ich anfing, diesen Zustand zu genießen. Die wonnige Leichtigkeit, die sich in mir ausdehnte, war wie eine Erlösung von einer Belastung. Alles war so schön, dass ich es nicht loslassen wollte.

Ich hatte endlich ein Ruhen in mir entdeckt, konnte mich beobachtend genießen, konnte mein Drängen nach Neuem loslassen. Es ging so weit, dass ich begann, stolz auf mich in meinem Leben zu werden, dabei aber nicht arrogant zu sein, denn ich wurde mir über einiges klar. Ich war mein Leben. Kein Schicksal war es. Oder dass mir gar jemand in der Vergangenheit zu diesem Leben verholfen hatte. Mein Leben war ich und hatte allen Grund, nichts zu vermissen und auch auf nichts mehr zu warten. Als ich spürte, dass ich keine Resonanz mehr von außen brauchte, fühlte ich mich frei. Prima, ich habe schon bis jetzt ein tolles Leben gehabt.
Ich saß da, mit mir auf der Bank und genoss die Ruhe in mir, die ich nie wieder loslassen will.

Dein Bernhard Bock

Danksagung

Mein großer Dank dafür, dass dieses Buch ein Buch geworden ist, geht von Herzen an drei Frauen.
An Marion, meiner „Hauptdarstellerin" im letzten Teil meines Buches und auch meines Lebens. Sie war es, die während der Entstehung dieses biografischen Romans als starke Frau mit einfühlsamer Geduld hinter mir stand.
Ich danke auch der Lektorin dieses Buches, Sylvia Kling. Sie hat mein Buch und mich liebevoll an die Hand genommen und zu diesem Ergebnis geführt. Auch an Karin Biela vom „Apollon Tempel Verlag" geht mein Dank. Ist sie doch maßgeblich daran beteiligt, dass mein „Baby" aus der Wiege gehoben werden kann. Das heißt, dass mein Buch am „rechten Fleck" Veröffentlichung findet. An dieser Stelle bedanke ich mich bei Danilo Schreiter – Telescope Verlag – für das Engagement und die Mühe beim Entstehen dieses Buches.

Autoren – Vita

Als Bernhard am 25. September 1936 das Licht der Welt erblickte, wurde er vom Klapperstorch, der offenbar etwas flügellahm war, im vierten Stock eines Seitenflügels im Berliner Arbeiterbezirk Prenzlauer Berg abgelegt. Damit war für ihn eine Vorbestimmung getroffen.
Noch als ein Kind des Friedens wuchs er zunächst behütet auf. Danach erlebte er Bombardements, seine fürsorglich liebende Mutter, mit der er die Kriegswirren gemeinsam durchlebte und einen durch den Krieg abwesenden Vater. Als Nachkriegskind, immer hungrig, freute er sich mit zwölf Jahren auf die Heimkehr des Vaters, der für ihn leider keiner sein konnte, musste er schmerzlich konstatieren.

Er zeichnete gern und wollte mit der irrealen Vorstellung eines Kindes unbedingt Rembrandt werden. Oder Afrikaforscher.
Als geborener „Ossi" durchlebte er den Aufbau der sowjetisch besetzten Zone, erlebte die Gründung der DDR, bekam die Bedingungen der geteilten Stadt Berlin zu spüren und ist dabei aber trotzdem immer ein lebensbejahender fröhlicher Mensch geblieben.
Seinen Zeichenstift tauschte er später symbolisch gegen einen Fotoapparat und stellte dabei fest, wie gut es sich damit „malen" lassen würde.
Zunächst als Foto-Kino-Kaufmann bei „Carl Zeiss" Jena ausgebildet, brauchte er einen langen politisch bedingten Anlauf, um dann das Studium an der Filmhochschule Potsdam-Babelsberg zu absolvieren. „Filmfritze" zu werden war sein Ziel. Als Produktionsleiter bei der DEFA nicht, aber später als Produktions-Chef beim Deutschen Fernsehfunk musste er bald bemer-

ken, wie störend für ein Kunstempfinden das Administrative auch in diesem Genre sein kann.
Fahnenflucht.
Zurück als freiberuflicher Dramaturg schnupperte er gern wieder die Filmluft.
Selbst im Rentenalter lies ihn das gestaltende Element nicht los. Als Videojournalist erfüllte er sich einen Traum für einen Privatsender viele Beiträge, es waren über 350 an der Zahl, zu schreiben, zu drehen und zu cutten.

Doch zwischenzeitlich bekam er immer wieder so eine besondere Lust zu schreiben.
Ob es nun Krimis, Fachliches für die „Berliner Zeitung" oder auch Gedichte mit Sinn und Unsinn waren, es lies ihn nicht los. So kam es, dass sich einiges sammelte und seine Frau, die die Meinung vertrat, dass die von ihm ins Leben gebrachten Gedichte der Öffentlichkeit nicht vorenthalten werden sollten. So entstand ein Hörbuch, „BockSpäße" getauft, literarisch – musikalisch aufwendig gestaltet, vom Artrocker Manuel Schmid produziert und Reinhard Fißler unterstützt. Auch hier leistete Harald Kretzschmar vom „Eulenspiegel" mit seinen Illustrationen einen wunderbar ergänzenden Beitrag, der sich schlussendlich auch in dem danach erschienen Gedichtband fortsetzte. Eine runde Sache.
Ja, damit nicht genug: Seit 2015 gibt es ein gleichnamiges Bühnenprogramm und erfreut sich großer Beliebtheit. Und auch die „Freitags-Novität" bei Facebook bringt jedem Interessierten die Möglichkeit, in seinen Gedichten zu stöbern und sich daran zu erfreuen.
Nun soll ein weiteres Baby die Welt erblicken: „Schon immer wollte ich zum Film", sein Erstlingsroman.
Aber keine Sorge, er ist selbst mit seinen 84 Jahren noch nicht Willens, seinen Stift beiseite zu legen. Er tüftelt schon an den nächsten Kurzgeschichten herum. Frei nach seinem Lebensmotto:

„Das Leben ist schön, man muss es nur so sehen wollen."